NEW YORK

Mehr wissen – besser reisen

Tipp Die persönlichen Tipps der National Geographic-Experten laden zum Entdecken ein

Wissen Hintergründe und Fakten zu Geschichte, Kultur, Gesellschaft, um das Land besser zu verstehen

Erlebnis Erlebnisse und Aktivitäten, die Sie sich nicht entgehen lassen sollten

NEW YORK

INHALT

Rücksichtsvoll reisen   8
Über die Autoren   9
Top 10 Tipps   10
Top 5 Foto-Tipps   14
Die Reise planen   18

Geschichte und Kultur   25
New York heute   26
New York damals   32
Kunst und Kultur   42

Lower Manhattan   61
Die Freiheitsstatue   64
Ellis Island National Monument   66
Das historische Viertel an der
Südspitze Manhattans   67
National Museum of the
American Indian   70
Trinity Church   71
New York Stock Exchange   72
Federal Hall   73
City Hall und Umgebung   76
Ground Zero und 9/11 Memorial   77
South Street Seaport Museum
und Marketplace   78
Die Neighborhoods   80
Weitere Sehenswürdigkeiten
in Lower Manhattan   85

Greenwich Village
und East Village   89
Washington Square Park   92
East Village   96

Seite 2/3: New York bei Nacht
‹ Grand Central Terminal

Midtown South   99

Chelsea   102
Whitney Museum of American Art   104
Gramercy Park   108
Empire State Building   112
Herald Square   113
The Morgan Library & Museum und Umgebung   114
New York Public Library   118

Midtown North   121

Grand Central Terminal und entlang der 42nd Street   124
Chrysler Building   126
United Nations Plaza   127
Times Square   128
Broadway Theater   133
Rockefeller Center   136
St. Patrick's Cathedral   140
Fifth Avenue heute   141
Museum of Modern Art   142
Weitere Sehenswürdigkeiten in Midtown North   148

New Yorks U-Bahn in der Abendsonne

Upper East Side   151

Frick Collection   154
Metropolitan Museum of Art   156
Guggenheim Museum   169
Cooper-Hewitt National Design Museum   172
Jewish Museum   174
Museum of the City of New York   176
Neue Galerie New York & weitere Stopps an der Fifth Avenue   178
Upper East Side und Umgebung   181
El Museo del Barrio   184
Weitere Sehenswürdigkeiten in der Upper East Side   185

Central Park   187

Unterwegs im Central Park   190

Upper West Side   195

Lincoln Center   198

Time Warner Center   201
New-York Historical Society   204
American Museum of Natural History   206
Weitere Sehenswürdigkeiten in der Upper West Side   209

The Heights und Harlem   213
Cathedral Church of St. John the Divine   216
Columbia University   217
General Grant National Memorial   218
The Cloisters Museum und Umgebung   219
Harlem und Umgebung   222

Die Außenbezirke   229
Brooklyn und Umgebung   232
Staten Island und Umgebung   242
Bronx und Umgebung   247
Queens und Umgebung   252

Ausflüge   257
Hudson River Valley   260
Long Island   264

Reiseinformationen   267
Reiseplanung   268
Unterwegs vor Ort   269
Praktische Tipps   270
Einrichtungen für
behinderte Menschen   270
Notfall   270
Hotels und Restaurants   271
Einkaufen   299
Unterhaltung   306

Register   312

Bildnachweis   318

Impressum   319

Indian Summer im Central Park

Umsichtige Urlauber brechen voller Neugierde auf und kehren reich an Erfahrungen nach Hause zurück. Wer dabei rücksichtsvoll reist, kann seinen Teil zum Schutz der Tierwelt, zur Bewahrung historischer Stätten und zur Bereicherung der Kultur vor Ort beitragen. Und er wird selbst reich beschenkt mit unvergesslichen Erlebnissen.

- Möchten nicht auch Sie verantwortungsbewusst und rücksichtsvoll reisen? Dann sollten Sie folgende Hinweise beachten:
- Vergessen Sie nie, dass Ihre Anwesenheit einen Einfluss auf die Orte ausübt, die Sie besuchen.
- Verwenden Sie Ihre Zeit und Ihr Geld nur auf eine Weise, die dazu beiträgt, den ursprünglichen Charakter eines Ortes zu bewahren. (Auf diesem Weg lernen Sie ein Land auch sehr viel besser kennen.)
- Entwickeln Sie ein Gespür für die ganz besondere Natur und das kulturelle Erbe Ihres Urlaubslandes.
- Respektieren Sie die heimischen Bräuche und Traditionen.
- Zeigen Sie den Einheimischen ruhig, wie sehr Sie das, was den besonderen Reiz ihres Landes ausmacht, zu schätzen wissen: die Natur und die Landschaft, Musik, typische Gerichte, historische Dörfer oder Bauwerke.
- Scheuen Sie sich nicht, mit Ihrem Geldbeutel Einfluss zu nehmen: Unterstützen Sie möglichst solche Einrichtungen oder Personen, die sich um die Bewahrung des Typischen und Althergebrachten bemühen. Entscheiden Sie sich für Läden, Restaurants, Gaststätten oder Reiseanbieter, denen offensichtlich an der Bewahrung ihrer Heimat gelegen ist. Und meiden Sie Geschäfte, die den Charakter eines Ortes negativ beeinflussen.
- Wer auf diese Weise reist, hat mehr von seinem Urlaub, und er kann sicher sein, dass er seinen Teil zum Erhalt und zur Verbesserung eines Ortes oder einer Landschaft beigetragen hat.

Diese Art des Reisens gilt als zeitgemäße Form eines sanften, auf Nachhaltigkeit bedachten Tourismus; NATIONAL GEOGRAPHIC verwendet dafür auch den Begriff des »Geo-Tourismus«. Gemeint ist damit ein Tourismus, der den Charakter eines Ortes – seine Umwelt, seine Kultur, seine natürliche Schönheit und das Wohlergehen seiner Bewohner – nicht aus den Augen verliert. Weitere interessante Informationen zu diesem Thema gibt es im National Geographic's Center for Sustainable Destinations unter *travel.nationalgeographic.com/travel/sustainable*.

ÜBER DIE AUTOREN

Michael S. Durham, in New York geboren und aufgewachsen, lebt heute fern der Metropole im ländlichen Norden des Staates New York. Dass er sich weiter für sie interessiert, bezeugen seine Arbeiten, vor allem der Mid-Atlantic-Band der *Smithsonian Guides to Historic America*. Durham war Redakteur bei der American Heritage Publishing Company und Korrespondent, Autor und Redakteur für das *Life*-Magazin in Paris und New York City. Zu seinen Veröffentlichungen zählen: *Desert Between the Mountains* (1997) und *Powerful Days* (1991), ein Buch über seine Erlebnisse als Berichterstatter von der Bürgerrechtsbewegung in den 1960er-Jahren.

Patricia Shaw und **Matt Hannafin** aktualisierten die letzten Auflagen und schrieben neue Beiträge. Shaw kennt New York schon seit mehr als 20 Jahren und arbeitet als Redakteurin bei verschiedenen Verlagen. Daneben lektoriert und illustriert sie Bücher. Hannafin ist freiberuflicher Autor, Redakteur und Musiker. Er hat zahlreiche Reiseführer verfasst und schreibt in Blogs und Zeitungskolumnen über verschiedene Themen. Zu seinen Auftraggebern zählen Kandidaten für den amerikanischen Kongress, internationale Beratungsfirmen und UN-Agenturen ebenso wie Verlage.

Karin Hanta aktualisierte die vorliegende Ausgabe. Sie befindet sich seit 20 Jahren ständig auf dem Sprung nach New York, Neuengland, Rio de Janeiro, Paris und Wien. Die gelernte Dolmetscherin spricht fünf Sprachen fließend. Ihr fundiertes New-York-Wissen und Kenntnisse der neuesten Hot Spots vermittelt sie in diversen Reise- und Bildbänden renommierter Verlage. In der amerikanischen Metropole spaziert sie am liebsten durchs Village und Brooklyn, wo die Häuser nicht an den Wolken kratzen.

Blick von einem der Wolkenkratzer auf das Straßengewimmel in Manhattan

TIPPS DER NATIONAL GEOGRAPHIC-REISEEXPERTEN

ZEHN SPOTS, DIE SIE NICHT VERPASSEN DÜRFEN

1

Ellis Island und die Freiheitsstatue

Seit 1886 wacht die Freiheitsstatue (siehe S. 64 f.) über die Einfahrt zum New Yorker Hafen. Ehrfurcht gebietend und zugleich Hoffnung versprechend, wurde sie zum Symbol der Freiheit für Millionen von Menschen. Das benachbarte Ellis Island (siehe S. 66) war bis Mitte des 20. Jh. für zahllose Einwanderer das Tor nach Amerika. Heute dokumentiert die einstige Kontrollstation die Prozedur, die Neuankömmlinge zu durchlaufen hatten, bevor sie sich ein neues Leben in Amerika aufbauen konnten.

2

Der Blick auf Manhattan vom Empire State Building

Es ist einer der schönsten und elegantesten Wolkenkratzer New Yorks: das Empire State Building an der 5th Avenue (siehe S. 112). Ein unvergleichliches Erlebnis erwartet Besucher auf der Aussichtsetage im 86. Stock auf 320 Metern Höhe, besonders zur Abenddämmerung. Wohl niemand wird sich dem Zauber entziehen können, wenn sich beim atemberaubenden Blick über Manhattan und die Metropolregion der Stadt die Skyline nach und nach in ein riesiges glitzerndes Lichtermeer verwandelt.

Lichterglanz am Times Square und Besuch einer Broadway-Show

Es ist ein faszinierender Sog, der vom Gewimmel der Menschen und den um Aufmerksamkeit buhlenden, flackernden Leuchtreklamen am Times Square (siehe S. 128 ff.) ausgeht. Um ihn herum liegen rund 40 Broadway-Theater (siehe S. 133 f.) wie das Barrymore, in dem Marlon Brando sein Debüt gab, oder das Lyceum mit seiner Beaux-Arts-Fassade, die mit aufwendig produzierten Shows für Unterhaltung sorgen.

Moderne Meister im MoMA

Die Sammlungen des Museum of Modern Art (siehe S. 142 ff.) im Stadtteil Manhattan reichen vom Ende des 19. Jh. bis in die Gegenwart und sind ebenso umfangreich wie spektakulär. So viele bedeutende Meisterwerke wie hier sind an kaum einem anderen Ort der Welt zu sehen. Zu den Highlights zählen neben wichtigen Designobjekten Vincent van Goghs *Sternennacht* und Andy Warhols *Campbell's Soup Cans*.

Gedenken am 9/11 Memorial

Am ehemaligen Standort der Zwillingstürme des World Trade Center erinnern ein bewegendes Denkmal und ein Museum (siehe S. 77) an die Terroranschläge vom 11. September 2001, denen mehrere Tausend Menschen zum Opfer fielen. Das neue One World Trade Center wurde 2014 fertiggestellt, die Aussichtsetage 2015 eröffnet.

Eine Bootsfahrt auf dem See im Central Park

Wer zwischendurch eine Pause vom hektischen Großstadttrubel einlegen möchte, kann sich im Central Park mitten in Manhattan ideal erholen und neue Kraft tanken. Besonders reizvoll ist eine Runde mit dem Ruderboot (siehe S. 191) über den zweitgrößten See des Parks, The Lake, vor idyllischer Kulisse und umgeben von den stattlichen Hochhäusern der Upper West Side. Anmieten kann man die Boote am idyllisch gelegenen Loeb Boathouse.

Große Kunst im Metropolitan Museum of Art

New York ist eine Stadt der Superlative, da macht auch das Metropolitan Museum of Art (siehe S. 156 ff.), das größte Kunstmuseum der USA, keine Ausnahme. Mehr als 3 Millionen Werke gehören zur Sammlung. Die einzelnen Abteilungen mit ägyptischer, amerikanischer, antiker griechischer und römischer, afrikanischer sowie europäischer Kunst, jeweils aus den wichtigsten Epochen, sind so groß, dass jede ein eigenes Museum ausstatten könnte.

Spaziergang durch Greenwich Village

Frei- und Querdenker, Künstler, Literaten und Rebellen haben sich schon immer in Greenwich Village wohlgefühlt und ihm seine besondere Atmosphäre verliehen. Eine Entdeckungstour durch das Viertel (siehe S. 94 f.) und seine charmanten Straßenzüge führt ebenso zu historisch bedeutsamen Orten wie zu wichtigen kulturellen Stätten.

Manhattan

NEW YORK

6
7
4
3
2
10
8
5
9
1

9

Zu Fuß über die Brooklyn Bridge

Ein Spaziergang über die monumentale Brooklyn Bridge (siehe S. 235) mit ihren gewaltigen, 85 Meter hohen Pylonen garantiert fantastische Ausblicke. Sie ist eine der ältesten Hängebrücken des Landes und verbindet Brooklyn mit Manhattan. Hoch über dem East River und über den Fahrbahnen des dahinbrausenden Verkehrs verläuft der über einen Kilometer lange Fuß- und Radweg. Früh am Morgen oder in der Abenddämmerung bieten sich die schönsten Eindrücke.

10

Blick auf die Stadt vom High Line Park

Die Stadt aus einer ungewohnten Perspektive können Besucher im High Line Park (siehe S. 106 f.) erleben. Eine stillgelegte Hochbahntrasse im Meatpacking District wurde bis 2014 in einem beispielhaften stadtplanerischen Projekt in eine lang gestreckte Grünanlage verwandelt. Neun Meter über Straßenniveau gibt es zwischen »Gartenzonen« mit heimischer Vegetation immer wieder Bereiche zum Ausruhen und interessante Kunstobjekte am Wegesrand.

**TOP 5
FOTO-TIPPS**

Die NATIONAL GEOGRAPHIC **Your** Shot Community, 2006 gegründet, hat mehr als eine halbe Million Mitglieder aus 196 Ländern. Sie steht allen Interessierten offen, ob Hobbyfotograf oder Profi. Dieses Reisehandbuch präsentiert Ihnen die fünf schönsten Fotos zum Thema New York – als Inspiration oder zum Nachfotografieren.

1

Morgenstunde am Times Square

Um den Times Square so menschenleer und mit einem prominent in Szene gesetzten Yellow Cab abzulichten, musste Marc Gianfriddo früh aufstehen und sein Stativ aufbauen. Die Aufnahme mit Grauverlaufsfilter entstand um 6 Uhr morgens, nachdem er über eine Stunde gewartet hatte. Es hat sich gelohnt! Seit 2017 ist der Platz allerdings eine Fußgängerzone.

Brennweite: 28 mm – Belichtungszeit: 1/60 s – Blende: f/11 – ISO 400

2

Herbstliche Töne im Central Park

Wenn sich im Herbst das Laub färbt, entfaltet der Central Park einen besonderen, melancholischen Zauber, dem sich der Saxofonist im Bild selbstvergessen hingibt. Gene Krasko hat diesen Moment an einem Novembertag festgehalten.

Brennweite: 85 mm – Belichtungszeit: 1/500 s – Blende: f/2,8 – ISO 200

3

Ansichten einer Brücke

Nicht nur die Ausblicke von der Brooklyn Bridge hinüber nach Manhattan sind imposant. My Nguyen hat das Spiel aus Licht und Schatten, Schrägen und Geraden auf der gewaltigen Brücke aus einer faszinierenden Perspektive fotografiert.

Brennweite: 11 mm – Belichtungszeit: 1/160 s – Blende: f/11 – ISO 100

4

Der Blick in die Zukunft

Mit seiner Aufnahme gelang es Juan Osorio, Vergangenheit und Zukunft zu verbinden. Vom 9/11-Denkmal »Empty Sky« in Jersey City fällt der Blick auf Manhattans One World Trade Center jenseits des Hudson River.

Brennweite: 35 mm – Belichtungszeit: 1/60 s – Blende: f/11 – ISO 100

5

Traumstimmung am Hudson

Eine lange Belichtungszeit und ein Graufilter kamen bei diesem Foto von Tsuyoshi Shirahama zum Einsatz, um dem Sonnenuntergang einen spektakulären dynamischen Effekt zu verleihen. Zu sehen ist der Hudson River mit der Skyline von Jersey City am gegenüberliegenden Ufer, aufgenommen vom Hudson River Park auf der Höhe von Greenwich Village.

Brennweite: 18 mm – Belichtungszeit: 300/1 s – Blende: f/16 – ISO 100

Sie wollen mit Ihren Fotos Teil der Your Shot Community werden? Nähere Infos finden Sie unter yourshot.nationalgeographic.com

Bei Tausenden von Sehenswürdigkeiten, Museen, Läden und Restaurants, die es zu entdecken gibt, lässt sich viel in eine Woche New York packen. Sie werden das Flair der Stadt genießen wollen – wie schon Thomas Wolfe zu Beginn des 20. Jh. schrieb: »Man gehört sofort zu New York, man gehört nach fünf Minuten genauso dazu wie nach fünf Jahren.«

Wie viele andere großartige Städte lässt sich auch New York bestens zu Fuß erkunden. Ein Auto in Manhattan ist angesichts des unablässig starken Verkehrs und der geringen Anzahl an Parkplätzen mehr ein Hindernis als eine Hilfe. Falls Sie in die Stadt fahren, sollten Sie Ihr Auto in der Hotelgarage oder in einer öffentlichen Garage (30–60 $ oder mehr pro Tag) abstellen und Taxis, U-Bahnen und Busse nutzen – es ist definitiv die bequemste und schnellste Art, sich in der Stadt fortzubewegen.

Wenn Sie nur eine Woche zur Verfügung haben, beginnen Sie an **Tag eins**, wo auch die Immigranten begonnen haben: mit einer Tour nach **Ellis Island** und zur **Freiheitsstatue**. Touren starten am **Battery Park** an der Südspitze Manhattans. Danach erforschen Sie das historische Lower Manhattan. Battery Park und die Straßen der Umgebung waren einst der Sitz der ersten niederländischen Siedler. Spazieren Sie weiter zur **Wall Street**. Weiter nördlich lohnt sich der Weg auf die **Brooklyn Bridge**, um den fantastischen Blick auf die Stadt zu genießen. Zurück in Manhattan, geht es dann nach Norden in die bunte Atmosphäre von **Chinatown**, **Little Italy** und **SoHo**, wo Sie unter Dutzenden hervorragenden Restaurants die Qual der Wahl haben.

Planen Sie für **Tag zwei** einen Spaziergang durch Midtown, das wirtschaftliche Zentrum der Stadt, ein. Begin-

Die Freiheitsstatue und ihr Sockel

nen Sie Ihren Tag wie die Pendler am prachtvollen **Grand Central Terminal** *(42nd St. und Park Ave.)*; besuchen Sie dann die großartige Lobby des benachbarten **Chrysler Building** und die **Public Library** mit ihrem würdevollen Lesesaal und dem Bryant Park an der 42nd Street. Etwas nördlich der Bibliothek liegt ein Art-déco-Meisterwerk, das **Rockefeller Center**. Das **Museum of Modern Art (MoMA)** mit seiner herausragenden Kunstsammlung liegt nur zwei Blocks nördlich, an der 53rd Street. Vom MoMA aus empfiehlt sich ein Schaufensterbummel auf der **Fifth Avenue** zu Klassikern wie Tiffany's und Saks, bevor es westlich durch den Central Park South zum **Columbus Circle** geht, einer Mischung aus neuer Architektur, Läden und Restaurants. Spazieren Sie den **Broadway** entlang zum **Times Square**. Beenden Sie den Tag im **Empire State Building** an der 34th Street. Das Observation Deck im 85. Stock ist täglich bis 2 Uhr geöffnet.

Genießen Sie an **Tag drei** New Yorks Grüne Lunge, den Central Park. Betreten Sie ihn an der südöstlichen Ecke, an der 59th Street beim eleganten **Plaza Hotel**. Versäumen Sie nicht den See mit seinen hübschen Booten (die Sie mieten können) und die Wege des naturbelassenen 15 Hektar großen Areals des Ramble. Gehen Sie dann zur Fifth Avenue am Ostrand des Parks, wo sich an der 82nd Street das beeindruckende **Metropolitan Museum of Art** erhebt. Gönnen Sie sich zur Stärkung einen Hotdog von einem Straßenverkäufer und verbringen Sie den Rest des Tages umgeben von großartigen Kunstwerken.

☐ Wissen

UNTERWEGS I: ORIENTIERUNG

Das Straßenraster der Stadt macht die Orientierung größtenteils unkompliziert. Die nummerierten Querstraßen verlaufen von der First Street im East Village bis zur 220th Street am Nordende Manhattans. Die Avenues verlaufen in Nord-Süd-Richtung und sind von der First bis zur Twelfth nummeriert, nach Westen hin ansteigend (allerdings: Lexington, Madison und Park Avenue liegen zwischen Third und Fifth Avenue, sie ersetzen die Fourth Avenue. Und die »Avenue of the Americas« wird von den New Yorkern meist mit ihrem alten Namen bezeichnet: Sixth Avenue). Der Broadway folgt einem alten Indianerpfad und durchbricht das gleichmäßige Raster. Und in einem großen Teil von Lower Manhattan treffen die Straßen in den unterschiedlichsten Winkeln aufeinander, weil sie bereits angelegt worden waren, bevor die Stadtplaner eingriffen. Manhattan teilt sich in die East und West Side – Fifth Avenue ist die Symmetrieachse. Denken Sie daran, dass die Hausnummern ab der Fifth Avenue zählen, wenn Sie eine bestimmte Adresse suchen. Und seien Sie sich klar darüber, was Sie suchen: 300 East 23rd Street ist z. B. ganz woanders als 300 West 23rd Street.

Das Rockefeller Center verwandelt sich in der Vorweihnachtszeit in ein Winterwunderland

Tag vier führt Sie wieder nach Downtown in die Boheme-Atmosphäre der Villages. Starten Sie an der **Lower East Side**, einem alten Viertel, das heute absolut angesagt ist. Das beliebte **Lower East Side Tenement Museum** *(Orchard St., südlich der Delancey)* zeigt, wie die mittellosen Immigranten vor einem Jahrhundert in dieser Gegend lebten. Von hier aus schlagen Sie einen Bogen von rund 3 Kilometern in nordwestlicher Richtung durch das hippe **East Village**, dann geht es zur Bleecker Street und nach **Greenwich Village**. Im nahen Washington Square Park zeigen oft Straßenkünstler ihr Können. Bummeln Sie westlich durch das Village bis zum **Whitney Museum of American Art** *(99 Gansevoort St.)* beim hoch gelegenen **High Line Park** *(Eingang an der Gansevoort St.)*, einem weiteren Stückchen des alten

▢ Wissen

BESUCHERINFORMATION

Offizielle **Visitor Information Center** *(Tel. 212/484-1200, www.nycgo.com)* sind an mehreren Orten in der Stadt zu finden. Führungen vermittelt **Big Apple Greeter** *(Tel. 212/669-8159, www.bigapplegreeter.org)*, eine nichtkommerzielle Organisation, die kenntnisreiche New Yorker mit Besuchern zusammenbringt. Die Führungen sollten zwei bis drei Wochen vorab gebucht werden. Hilfreiche Publikationen sind das *New York Magazine (www.nymag.com)* und *Time Out New York (www.timeout.com/newyork)*. Beide listen Restauranttipps und Veranstaltungshinweise. In allen städtischen Belangen erteilt die Bürger-Hotline 311 Auskunft.

New York mit neuer Identität. Steigen Sie an der 20th Street auf Straßenniveau herab und besuchen Sie die Kunstgalerien von **Chelsea**.

An **Tag fünf** ist die schicke Upper East Side Ihr Ziel. Beginnen Sie beim berühmtem Kaufhaus **Bloomingdale's** an der 59th Street und Lexington Avenue. Besuchen Sie dann die Museen an oder nahe der Fifth Avenue. Das **Guggenheim** *(an der 89th St.)* zeigt moderne Kunst, die **Frick Collection** *(an der 70th St.)* klassische Kunstschätze.

An **Tag sechs** können Sie die Wohnviertel der **Upper West Side** erkunden. Vielleicht steht eine Veranstaltung im **Lincoln Center for the Performing Arts** *(Broadway und 65th St.)* auf dem Programm. Weniger als 1,5 Kilometer nördlich erwarten Sie in **Zabar's Market** *(Broadway und 80th St.)* Gourmet-Genüsse. **H&H Bagels** bietet einige der besten Bagels der Stadt an. Weiter in Richtung Uptown, bei der nordwestlichen Ecke des Central Park, liegen die ein Jahrhundert alte und noch immer unvollendete **Cathedral Church of St. John the Divine**, der Campus der **Columbia University** sowie das **Grabmal des Nordstaatengenerals und 18. US-Präsidenten Ulysses S. Grant**. Beenden Sie den Tag am Westrand von Manhattan mit einem Besuch des **Riverside Park**.

An **Tag sieben** könnten Sie sich auf die Museen konzentrieren: das **Museum of Natural History** oder die **New-York Historical Society** an der Upper West Side, das **Cooper-Hewitt National Design Museum** oder das **Jewish Museum** an der Upper East Side oder das **Museum of the American Indian** in Downtown.

 **Wissen**

UNTERWEGS II: ÖFFENTLICHE VERKEHRSMITTEL

Hier finden Sie einige nützliche Tipps zum ausgedehnten öffentlichen Verkehrssystem New Yorks:

- MetroCards gibt es an U-Bahn-Stationen und in vielen Kiosken – jedes Mal, wenn Sie mit der U-Bahn oder dem Bus fahren, werden 2,75 $ abgezogen. U-Bahn-Fahren geht nur mit MetroCards, im Bus reicht auch abgezähltes Kleingeld.
- Einige Züge und Busse halten überall, andere sind Expresslinien. Informieren Sie sich darüber, wo Sie aussteigen möchten, damit Sie weder über das Ziel hinausfahren noch unnötig viele Stopps abwarten müssen.
- Zwischen Houston und 42nd Street fährt jede U-Bahn in Nord-Süd-Richtung (bis auf die Linien L und S).
- Busse halten nur, wenn jemand ein- oder aussteigen will. Drücken Sie den gelben Streifen an der Wand, um Ihren Aussteigewunsch anzuzeigen.
- An U-Bahn-Stationen gibt es kostenlose U-Bahn-Pläne, in den Bussen Buspläne. Alle Information unter *www.mta.info*.

WENN SIE MEHR ZEIT HABEN:
BESUCH DER AUSSENBEZIRKE

Sie können einen Tag in **Brooklyn** verbringen, den Prospect Park und das Brooklyn Museum besuchen, durch den Brooklyn Botanic Garden und den historischen Bezirk Park Slope oder die Umgebung von Brooklyn Heights schlendern. Oder Sie fahren nach Norden zu **The Cloisters**, der Mittel-alterabteilung des Metropolitan Museum of Art, die oberhalb des Hudson River liegt. Eine weitere Möglichkeit im Norden ist die **Bronx**, wo Bronx Zoo, New York Botanical Garden und das alte italienische Viertel an der Arthur Avenue beieinanderliegen.

Oder besuchen Sie ein Baseball-Spiel im Yankee Stadium. Und dann ist da noch die **Staten Island Ferry**. Zugegeben, eine Pendlerfähre, aber sie bie-tet eine kostenlose Fahrt durch den Hafen. Außerdem empfiehlt sich ein Schaufensterbummel auf der **Fifth Avenue** zu Klassikern wie Tiffany's und Saks, bevor es westlich durch den Central Park South zum **Columbus Cir-cle** geht, einer Mischung aus neuer Architektur, Läden und Restaurants. Spazieren Sie den **Broadway** entlang zum **Times Square**. Beenden Sie den Tag im **Empire State Building** an der 34th Street (*mit Observation Deck im 85. Stock, tägl. bis 2 Uhr*).

Genießen Sie an **Tag drei** den Central Park, die grüne Lunge New Yorks. Wenn Sie ihn von der 59th Street beim **Plaza Hotel** aus betreten, sollten sie sich den See ansehen und vielleicht eines der Boote mieten. Oder Sie schlendern auf den Pfaden des 15 Hektar großen Areals des Ramble.

An der Ostseite des Central Parks, wo die 5th Avenue verläuft, erhebt sich das beeindruckende **Metropolitan Museum of Art**, das genug interessan-te Kunstwerke für den Rest des Tages beherbergt.

Tag vier führt Sie dann wieder nach Downtown in die Boheme-Atmosphäre der Villages. Starten Sie den Tag an der **Lower East Side**, einem alten Vier-tel, das heute absolut angesagt ist. Das beliebte **Lower East Side Tene-ment Museum** (*Orchard St., südlich der Delancey*) zeigt, wie die mittellosen Immigranten vor einem Jahrhundert in dieser Gegend lebten.

Von hier aus schlagen Sie einen Bogen von rund 3 Kilometern in nordwest-licher Richtung durch das hippe **East Village** und von dort zur Bleecker Street und nach **Greenwich Village**.

Im nahe gelegenen Washington Square Park zeigen oft Straßenkünstler ihr Können – ideal für eine kleine Pause. Bummeln Sie westlich durch das Village bis zum **Whitney Museum of American Art** (*99 Gansevoort St.*) beim hoch gelegenen **High Line Park** (*Eingang an der Gansevoort St.*), einem weiteren Stückchen des alten New York mit neuer Identität. Steigen Sie denn an der 20th Street auf Straßenniveau herab und besuchen Sie die Kunstgalerien von **Chelsea**.

☐ Wissen

UNTERWEGS III: WICHTIGSTE U-BAHN-LINIEN

- **1:** Die Linie 1 bringt Sie zu Zielen am Broadway zwischen 42nd Street und Manhattans Nordende (u. a. Times Square, Lincoln Center, Columbus Circle/Central Park und Cathedral Church of St. John the Divine).
- **R:** Diese Linie eignet sich für den Besuch von Sehenswertem am Broadway von der 42nd Street südlich bis zur City Hall (Times Square, Union Square, Greenwich Village, East Village und SoHo). Sie fährt weiter zur Wall Street und zur Südspitze der Insel.
- **C:** Die Linie C nehmen Sie auf dem Weg zu Sehenswürdigkeiten der West Side zwischen West Fourth und 168th Street (High Line Park, Columbus Circle/Central Park und Museum of Natural History). Der legendäre »A Train« bedient dieselbe Strecke, fährt aber zwischen West 59th und 125th Street als Expresszug.
- **6:** Die beste Wahl für Punkte an der East Side, von der City Hall bis zur 125th Street (u. a. East Village, Grand Central, das Met und das Guggenheim).
- **L:** Die Linie L verläuft entlang der 14th Street zwischen First und Eighth Avenue.
- **S:** Dieser Zug verkehrt von Osten nach Westen an der 42nd Street vom Grand Central Terminal zum Times Square.

16 Brücken verbinden Manhattan mit den Außenbezirken

Geschichte und Kultur

New York heute   26–31

New York damals   32–41

Kunst und Kultur   42–55
Special: Theater   46–47
Special: Ankunft in New York   56–59

❮ Das Chrysler Building

Die irrwitzige Blütezeit der Wall Street zu Beginn des neuen Jahrtausends (vor der ebenso irrwitzigen Baisse) ließ die Stadt auf Hochtouren laufen. Gewagte ultramoderne Gebäude wuchsen in der bekanntesten Skyline der Welt und brachten dieser Stadt, die sich schon immer zu erneuern wusste, eine aufregende Architektur.

Heute legt man genauso viel Wert auf Erhalt wie auf Neubau, etwa am Times Square, wo alte Theaterfassaden supermodernen Multiplexkinos gegenüberstehen, oder am abgelegenen Ende der West Side, wo eine stillgelegte Hochbahnlinie, die High Line, in einen der originellsten Parks der Welt verwandelt wurde. Kennzeichnend für diesen Trend sind auch die Maßnahmen des früheren Bürgermeisters Michael Bloomberg (geb. 1942) zur Verbesserung der CO_2-Bilanz – etwa der Bau von Windturbinen auf Wolkenkratzern und Brücken.

Auch in manchen Vierteln lässt sich die Entwicklung beobachten: Chelseas einst düsterer Westrand wurde zum Zentrum der Galerien; der Meatpacking District *(zwischen 15th und Gansevoort St.)* ist ein Hotspot der Modewelt, wo sich die Schönen und Berühmten nachts vergnügen.

Polizisten des NYPD beim Umzug am St. Patrick's Day

Der Big Apple ist mehr als je zuvor das pulsierende Herz der Nation. Und das, obwohl die Stadt zeitweilig ein Durcheinander aus heruntergekommener Infrastruktur, zerstrittenen Politikern, Verkehrsstaus und auf den Bürgersteigen aufgeschichteter Müllsäcke zu sein scheint. Doch was immer die Probleme der Stadt auch sein mögen, ihre Stärken und Errungenschaften sind so groß, die Vitalität ihrer Einwohner so erstaunlich, dass sie sich durch nichts entmutigen lässt – nicht durch die Anschläge auf das World Trade Center (2001), nicht durch die Sommerhitze, nicht einmal durch Streiks der öffentlichen Verkehrsmittel. Seit 200 Jahren ist New York die Antriebskraft der Nation.

Die Vorfahren vieler Millionen Amerikaner betraten den Kontinent in dieser Stadt, und noch im-

mer hoffen Menschen aus aller
Welt hier auf ein besseres Leben.
Immigranten und Reisende, Träu-
mer und Pläneschmieder, Studenten und Professoren, sie alle suchen
hier ihr Glück und entfalten jene
Kreativität, die New York so faszinierend macht. Egal ob Ire, Italiener,
Chinese, Russe, Jamaikaner, Grie-
che, Araber oder Irokese, jeder findet ein Viertel, das genau auf ihn zu
warten scheint – oder gründet seine eigene *neighborhood*. Das Geheimnis der Stadt liegt in der sich
stetig verändernden Bevölkerung,
die in ihrem Wandel eine große Stabilität besitzt. Die Menschen kommen mit ihren Traditionen hierher.
Sie finden einen Arbeitsplatz, lassen sich nieder und passen sich an,
vergessen aber nicht ihr kulturelles
Erbe. Es gibt Feste und Umzüge, ei-

Die Freiheitsstatue, ein Geschenk Frank-
reichs 1886, über dem New York Harbor

nige groß und laut, andere von intimerem Charakter. Die Paraden zum
Puerto Rican Day und zum St. Patrick's Day ziehen durch die großen Ave-
nues von Manhattan, und die Italiener tragen bei ihren Prozessionen ihre
Heiligen durch die engen Straßen von Brooklyn.
Dieses Nebeneinander von Traditionen und Neuem verleiht New York ein
Gefühl von Zeitlosigkeit und zugleich von absolut Neuem. Die Jahrzehnte

 **Wissen**

EIN TAXI ANHALTEN

Um eines der gut 13 000 New Yorker Taxis anzuhalten, stellen Sie sich an eine
belebte Straße und halten Sie Ausschau nach einem beleuchteten Taxizeichen.
Wenn es ausgeschaltet ist, hat das Taxi einen Fahrgast. Wenn das »off duty«-
Zeichen leuchtet, ist der Fahrer auf dem Heimweg. Ein erhobener Arm reicht
in der Regel, um ein Taxi zu bekommen, auch wenn andere vielleicht das Gleiche versuchen. Es gilt allerdings: Wer zuerst kommt, mahlt zuerst. Es muss
hier aber festgehalten werden, dass Taxifahrer bevorzugt für Menschen mit
weißer Hautfarbe stehenbleiben. Rassismus zieht sich leider auch durch die
Taxifahrergemeinde.

Schaufenster für Kommerz und amerikanische Kultur: der abendliche Times Square

bestehen quasi nebeneinander; Alteingesessene besuchen noch immer ihre Lieblingsplätze, die in den 1940er-, 1950er- oder 1960er-Jahren eröffnet wurden, während die Neuankömmlinge ihr eigenes New York gestal-

☐ **Wissen**

NEW YORK HEUTE: HÖHER, GRÜNER, GESÜNDER

New York ist in ständigem Wandel begriffen und geht mit großen Schritten in Richtung Zukunft. Unter Bürgermeister Michael Bloomberg (2001–13) gab es einige bemerkenswerte Veränderungen: Acht der 20 höchsten Gebäude entstanden, darunter das One World Trade Center (siehe S. 77) und das New York Times Building (siehe S. 175). In der Stadt wurden 757 386 Bäume gepflanzt und mehr als 300 ha neue Grünflächen geschaffen. 2003 wurde das Rauchen in Lokalen verboten. Seither nahm die Zahl der Raucher um ein Drittel ab. Bürgermeister Bill de Blasio (geb. 1961) unterzeichnete 2017 das Pariser Klimaschutzabkommen für die Stadt New York.

ten. New York ist genau das, was die Werbeleute behaupten: die Hauptstadt der Welt. Es ist ganz ohne Frage die Stadt, die nie schläft, ein Ort, an dem man zu jeder Tages- und Nachtzeit Essen, Unterhaltung, Läden, Verkehrsmittel und architektonische Highlights findet. John Updike hat das Lebensgefühl der New Yorker auf den Punkt gebracht: Sie denken, dass Leute, die nicht hier leben, das irgendwie nicht ganz ernst meinen können. Um in New York City zu überleben, muss man auf seine Umgebung achten und bereit sein, sich anzupassen, man muss besser sein wollen, sich immer auf den Prüfstand stellen und – vor allem – stets über alles und jeden Bescheid wissen.

NEW YORK, NEW YORK

Wer sorgte und sorgt mit seinem Einsatz, seiner Persönlichkeit dafür, dass New York ist, was und wie es ist? Michael Bloomberg, Senator Charles Schumer, die Bauunternehmer Jerry Speyer und Bruce Ratner, Rupert Murdoch und viele Finanzgrößen – die Liste ließe sich beliebig verlängern. Weit oben auf ihr stehen aber der U-Bahn-Fahrer, der Parkmitarbeiter von Ellis Island, der Bäcker und viele andere, die New York Tag für Tag zu einem echten Erlebnis werden lassen. Und natürlich Feuerwehrleute, Polizisten und Rettungskräfte, die andere schützen. Und was wäre New York ohne seine Kreativen, ohne Musiker, Schriftsteller, Schauspieler und Künstler? Ohne die Filme von Woody Allen und Martin Scorsese, die Bücher von Paul Auster und Richard Price, die journalistische Arbeit von Thomas L. Friedman und Maureen Dowd, Tina Fey und ihre Freunde von *30 Rock* oder das aktuelle Comedian-Team von *Saturday Night Live*? Sie alle zeigen das wahre Gesicht von New York.

ESSEN IN NEW YORK

Nirgendwo in Amerika ist die kulinarische Vielfalt größer. Auf der Straße werden warme *pretzels* (Brezen) und Hot Dogs verkauft. An Sushibars lockt

SPAZIERGANG IM RIVERSIDE PARK SOUTH

Ein Fußweg am Hudson und Historisches zum Thema Eisenbahn prägen den Riverside Park South. Der Park schließt im Norden an den Riverside Park an der 72nd Street an und dehnt sich nach Süden bis zur 59th Street, wo er mit dem Hudson River Park verbunden ist. Um in den Riverside Park South zu gelangen, betreten Sie den Riverside Park beim Denkmal für Eleanor Roosevelt an der 72nd Street und dem Riverside Drive. Durch einen Tunnel führen ein Weg und Treppen zum Fluss hinunter. Gehen Sie am Baseball- und Fußballplatz vorbei zum über 200 m langen **Pier I**, wo man sich vom Fluss umgeben fühlt. In den Sommermonaten finden Filmvorführungen und Konzerte statt *(Programm: Tel. 212/870-3070, www.nyc.gov/parks/soh oder riversidepark fund.org)*. Ein Café im Freien *(saisonal geöffnet)* liegt gegenüber vom Pier. Bummeln Sie weiter nach Süden zum neuesten Bereich des Riverside Park South. Zwischen hohen Gräsern, Rosenbüschen und Trauerweiden gibt es viele Sitzplätze für ein Picknick oder eine Lesestunde. Die restaurierte Lokomotive »**No. 25**« steht an der 62nd Street und lädt zum Begehen ein. In der Abenddämmerung können Besucher beobachten, wie die Scheinwerfer von No. 25 aufleuchten, während im Norden die Lichter der George Washington Bridge glitzern. Ein einmaliges und lohnendes Erlebnis ist es, den Park und das westliche Manhattan von einem Kajak aus zu erkunden. Von Mai bis Oktober bietet das **Downtown Boathouse** *(www.downtownboathouse.org)* kostenlos Kajaks am Hudson. An drei Stellen gibt es helfende Mitarbeiter und Kajaks *(geöffnet am Wochenende und an Feiertagen)*: **72nd Street**, **Pier 96** *(56th St.)* und **Pier 40** *(Houston St.)*.

roher Fisch. Wer will, kann sich von den Künsten einiger der weltweit besten Küchenchefs überzeugen. *Seafood* und *soulfood*, feinen Fisch und Deftiges aus Amerikas schwarzem Süden bietet New York, daneben chinesische, japanische, koreanische, thailändische, nahöstliche, südamerikanische und indische Restaurants an jeder Ecke. Einfache Hausmannskost gilt hier als etwas Besonderes, und die wenigen Restaurants mit einheimischer Küche gelten für viele als schick. Vieles, was man heute in den ganzen USA trinkt und isst, wurde erstmals in New York getrunken und gegessen. Das Rezept für den runden Bagel war lange Zeit ein gut gehütetes Geheimnis der jüdischen Bewohner der Stadt.

Vichyssoise, ein Lieblingsgericht aller Amerikaner, hat einen französischen Namen und wurde im Hotel Ritz-Carlton erfunden, das es heute nicht mehr gibt. Egg Cream ist eine Mischung aus Mineralwasser, Schokoladensirup und Milch, die man nur in New York kennt. Das Reuben Sandwich – eine gewaltige Kombination aus Corned Beef, Schweizer Käse und Sauer-

Zabar's Delicatessen an der Upper West Side hat internationale Köstlichkeiten im Angebot

kraut (auf echtem New Yorker Roggenbrot) – ist im ganzen Land beliebt. Das Delmonico's Restaurant *(56 Beaver St.)* nimmt für sich in Anspruch, den Lobster Newburg und Baked Alaska erfunden zu haben. Und es hat dem Delmonico Steak seinen Namen gegeben. Vor seiner Eröffnung im Jahr 1837 gab es in den USA keine feinen Pariser Lokale. Es war das erste Restaurant, das eine Speisekarte in französischer Sprache hatte und das auch Frauen Zutritt zum Lokal erlaubte. Und es existiert heute noch immer dort, wo es 1891 hinzog.

Eine kulinarische Tour durch New York wäre nicht vollständig ohne den Besuch in einem Delicatessen oder Coffee Shop. In diesen einfachen Lokalen ist das Essen herzhaft, der Service pragmatisch. Eingeführt wurden die Delicatessen von Einwanderern aus Deutschland und Mitteleuropa. Einige sind streng koscher, und ihre Spezialitäten (Pastrami, Whitefish und Matzo Ball Soup) werden manchem Gaumen vertraut anmuten. Schauen Sie einfach mal bei Katz's Delicatessen oder Zabar's vorbei. Die Coffee Shops, meist von Griechen geführt, bieten teils ähnliche Gerichte wie Delicatessen, teils wie Diners (Burger, Frikadellen), dazu Kaffee.

In den »heißen« Vierteln eröffnen und schließen trendige Restaurants im fliegenden Wechsel, nur die Restaurants von Drew Nieporent in TriBeCa (inkl. das Nobu bei der Wall Street), scheinen langlebiger zu sein. Doch selbst die Erwartungen der extravagantesten Persönlichkeiten werden wohl vom Masa *(10 Columbus Circle)* mit 26 Plätzen übertroffen: Dort kostet ein mehrgängiges Menü schlappe 400 bis 600 Dollar pro Person. ∎

Fragen Sie New Yorker nach der geschichtlichen Bedeutung der Stadt, werden Sie bemerken: New York hat es ihrer Meinung nach schon immer gegeben und wird es immer geben. Jahrhunderte überlagern einander wie Werbeplakate des 21. Jh. in Rahmen des 20. Jh. an Häusern des 19. Jh. in einer im 17. Jh. entworfenen Stadt.

Als die Stadt 1988 ihr hundertjähriges Bestehen in den heutigen Grenzen feiern wollte, reagierten acht Millionen New Yorker mit einem herzhaften Gähnen. 1888 waren Brooklyn, die Bronx, Staten Island und Queens zu Manhattan gekommen – was doch selbstverständlich war, schließlich ist New York der Ort, an dem alle leben wollen.

Zu den wichtigen Episoden in der Geschichte der Stadt zählen das Jahr 1609, als der englische Entdecker Henry Hudson (um 1565–um 1611) auf seinem Weg entlang dem später nach ihm benannten Fluss auf die Insel Manhattan stieß.

Oder das Jahr 1625, als die erste Siedlung auf Manhattan entstand. Oder, für Bewohner der Bronx, das Jahr 1639, als sich der Däne Johannes Bronck nördlich von Manhattan niederließ. Englandfreunde könnten das Jahr 1674 feiern, als die Engländer die Stadt von den Holländern übernahmen; Patrioten ziehen den 25. November 1783 vor, den Tag, an dem die Engländer New York nach dem Unabhängigkeitskrieg verließen.

Manhattan und Umgebung wurden aber schon vor 11 500 Jahren von Paläoindianern »entdeckt«. Ihre Nachfahren lebten in dieser Gegend, als 1524 Giovanni da Verrazano (1485–1528) als erster Europäer den Hafen von New York erreichte.

Andere denken eher an andere Daten. 1626 kamen versklavte Afrikaner nach Neu-Amsterdam – in dem Jahr, in dem Peter Minuit (1580–1638) den indigenen Einwohnern die Insel Manhattan abkaufte. Bis 1799, als die Regierung den »Act for the Gradual Abolition of Slavery« verabschiedete, gab es keinen wirklichen Versuch der Befreiung der versklavten Menschen. Juden haben allen Grund, das Jahr 1654 zu feiern: Damals flüchteten 23 sephardische Juden aus Brasilien nach New York – und gründeten Shearith Israel, die erste jüdische Gemeinde Amerikas.

DAS HOLLÄNDISCHE NEU-AMSTERDAM

Die ersten Europäer, die sich auf der Insel Manhattan aufhielten, waren der niederländische Pelzhändler und Seefahrer Adriaen Block (1567–1627) und seine Mannschaft. Sie verbrachten den Winter 1613/14 hier, nachdem ihr Schiff »Tyger« im südlichen Manhattan in Brand geraten war. Mithilfe der Indianer baute Block ein neues Schiff, die »Onrust«, und setzte dann die Segel zur Heimfahrt.

Im selben Jahr 1614 entstand die Kolonie New Netherland flussaufwärts am Hudson River bei Albany. 1625 wurden holländische Familien aus anderen Teilen der Kolonie nach Manhattan beordert, im folgenden Jahr erwarb ihr Gouverneur Peter Minuit (1580–1638) die Insel von den Indianern mit billigem Schmuck, Stoff und Metallwaren im Wert von rund 24 Dollar. Obwohl Minuit als einer der größten Schnäppchenjäger aller Zeiten gilt, könnte man 24 Dollar auch einen stolzen Preis für eine Insel nennen, die abgesehen von ihrer südlichsten Spitze nur aus Wildnis bestand.

Der einzige Zweck der Kolonie war der Handel mit Biberfellen, die in Holland zu Pelzmützen verarbeitet wurden. Die Zahl der Felle, die man von den Indianern bekam, stieg von 7520 im Jahr 1629 innerhalb von 30 Jahren auf fast 30 000. Als Pfarrer Jonas Michaëlius (1577–ca. 1638) im Jahr 1628 in der Stadt eintraf, war er entsetzt über die unchristlichen Zustände unter ihren 270 Bewohnern. Die Kirche, die er gründete, besteht heute noch als Marble Collegiate Church (*29th St. und 5th Ave.*).

1644 wurden die elf Sklaven, die mit den ersten Siedlern gekommen waren, für »halbfrei« erklärt, das heißt, sie waren frei und durften Land besitzen, aber ihre Kinder blieben in der Leibeigenschaft. Gouverneur Peter Stuyvesant (1610–72) war ein guter Verwalter: Er belebte den Handel, sorgte für eine Stadtverwaltung, und ihm gelang ein dauerhafter Friede mit den Indianern. Als er sich durch die englische Präsenz bedroht sah, baute er eine 700 Meter lange Mauer vom East River zum Hudson River, um Neu-Amsterdam vor Angriffen aus dem Norden zu schützen. Nach dieser Mauer wurde die Wall Street benannt.

Karte Neu-Amsterdams (1664) mit dem Gebiet des heutigen Lower Manhattan

Die zwischen den Bürotürmen zwergenhafte Fraunces Tavern hat die Kolonialzeit überdauert und beherbergt heute ein Museum und ein Restaurant

DAS ENGLISCHE NEW YORK

Die Engländer kamen über den Seeweg. Am 26. August 1664 landete Richard Nicolls (1624–72) im Auftrag von James, Duke of York und Bruder des englischen Königs, mit 450 Soldaten in Brooklyn. Ein Teil der Mannschaft blieb auf den Schiffen, die rund um Manhattan ankerten. Stuyvesant und seine Soldaten widersetzten sich tapfer, doch einflussreiche Bürger brachten ihn zum Aufgeben. Nicolls wurde der erste englische Gouverneur und gab der Stadt den Namen seines Auftraggebers.

Unter den Engländern verlor New York seine Rolle als Handelsplatz. Beschränkungen und unsinnige Maßnahmen wie die Abtrennung von New Jersey als Kolonie standen Handel und Wachstum im Weg. 1683 entwarf eine Bürgerversammlung unter dem englischen Gouverneur Thomas Dongan (1634–1715) eine Charta, die Religionsfreiheit und das Recht auf Selbstbestimmung vorsah. Als das Papier England zur Absegnung erreichte, war James, der Dongan noch als Duke of York damit beauftragt hatte, New York eigenständiger zu machen, zu König James II. geworden.

Aus königlicher Sicht befand er, dass den Kolonien nicht so viel Freiheit zugestanden werden könne. Er verwarf die Charta. Durch die Glorious Revolution von 1688 wurde der römisch-katholische König James abgesetzt, und keiner wusste mehr, wer nun eigentlich New York verwaltete. Der in Deutschland geborene Kaufmann und Milizoffizier Jakob Leisler (1640–91) nahm im Mai 1689 Fort George (Fort Amsterdam) ein und hielt es fast zwei Jahre unter Kontrolle. Als der neue König William III. seinen Gouverneur sandte, wurde Leisler wegen Landesverrats verhaftet und am 16. Mai 1691 gehängt.

☐ **Wissen**

DAS FRÜHE GREENWICH VILLAGE

Lange bevor die ersten Siedler kamen, jagten und fischten Canarsee-Indianer in dem sumpfigen Gebiet, aus dem später Greenwich Village wurde. Die Holländer bauten am Minetta Brook Tabak an, und bald lag hier die beste Tabakplantage der Kolonie. 1644 siedelten versklavte Menschen, die von der Westindien-Gesellschaft ihre (eingeschränkte) Freiheit erhalten hatten, nahe der Minetta Lane, die später Teil der Underground Railroad (eines Weges für entflohene versklavte Menschen) wurde. Unter den Engländern wurde das Gebiet Greenwich (bzw. Greenwich Village) genannt. Das West Village lockte in den 1820er-Jahren reiche New Yorker an, die vor den Gelbfieber- und Choleraepidemien flohen. Zu den Bewohnern des 19. Jh. zählte Henry James, der das Haus seiner Großmutter am Washington Square 18 (heute abgerissen) als Kulisse für seinen Roman *Washington Square* (1881) wählte. Die Intellektuellen, Schriftsteller und aufstrebenden Künstler, die Greenwich Village seinen Ruf als Boheme-Viertel verschafften, tauchten Ende des 19. Jh. auf.

1734 wurden die Kolonialisten erneut auf die Probe gestellt. John Peter Zenger (1697–1746), Herausgeber des *New York Weekly Journal*, wurde verhaftet, weil er den britischen Gouverneur William Cosby (1690–1736) mit Hetzschriften verunglimpft hatte. Vor Gericht überzeugte Zengers Anwalt die Geschworenen davon, dass seine Schriften die Wahrheit sagten. Der Prozess ging als Meilenstein für die Durchsetzung der Pressefreiheit in die amerikanische Geschichte ein.

Die Verteidigung der Freiheit blieb in jener Zeit eine Angelegenheit, die sogar bei scheinbar neutralen Ereignissen wie der Gründung des King's College (heute Columbia University) 1754 für Streit sorgte. England war siegreich, aber verschuldet aus den Kriegen mit Franzosen und Indianern hervorgegangen. Die New Yorker ärgerte es, dass sie für die englischen Truppen aufkommen mussten, die ihr Hauptquartier in der Stadt eingerichtet hatten. Um Geld zu beschaffen, erließ das britische Parlament 1764 den »Sugar Act«, durch den die Zölle auf den Handel mit Zuckersirup angehoben wurden. Durch den »Stamp Act« von 1765 wurden für jede geschäftliche Transaktion Stempel erforderlich. Daraufhin berief New York am 7. Oktober 1765 einen Stamp Act Congress ein, der dem Parlament übermitteln ließ, dass es die Kolonien ohne deren Einwilligung nicht besteuern dürfe.

Die zur Gewalt neigende Geheimorganisation der »Sons of Liberty« stachelte im Kampf gegen den Stamp Act Teile der Bevölkerung an und überfiel Häuser von britischen Beamten. Als die Sons of Liberty in den Fields einen »Freiheitspfahl« aufstellten, sägten englische Soldaten ihn wieder ab – woraufhin ein »Spiel« begann, das beide Seiten mit dem Aufstellen und Absägen von Freiheitspfählen beschäftigt hielt. Die Spannungen nahmen erst ab, als das britische Parlament Anfang 1766 den Stamp Act aufhob und die Steuern auf Zucker und Sirup senkte. Jetzt war König George III. der große Held, und eine Statue, die den Monarchen als römischen Eroberer feierte, wurde im Bowling Green aufgestellt.

Die Ruhe währte jedoch nur kurz. Die Townshend-Steuern auf verschiedene Güter entfachten 1767 erneut Proteste. Anfang 1770 schlugen sich Bürger und Soldaten nach einer weiteren Freiheitspfahl-Szene auf dem Golden Hill nahe der John Street mit Bajonetten, Fäusten und Pflastersteinen. Diese Auseinandersetzung gilt einigen als das erste Blutvergießen der Revolution. Dann wurde Tee besteuert, was im Dezember 1773 zur Boston Tea Party führte und am 22. April 1774 zur New York Tea Party. In New York schütteten die Sons of Liberty, wie in Boston als Indianer verkleidet, vor einer jubelnden Menge den Tee ins Meer.

In den folgenden zwei Jahren wurde es wieder ruhiger, da die New Yorker die Fronten für einen Krieg klärten. Die Geschäftsleute der Stadt meinten, dass der Wohlstand von Frieden und Stabilität abhinge, und wollten den Konflikt nicht weiter schüren. Außerdem wussten die New Yorker, dass ihre Stadt im Fall eines Krieges zum strategisch bedeutenden Kampfplatz werden würde. Auch George Washington (1732–99), Befehlshaber der Continental Army, war klar, dass die britische Kontrolle über New York die Ver-

☐ Erlebnis

EINE TAVERNE AUS DEM 19. JAHRHUNDERT

New York hat einige echte Bar-Klassiker. Auf der West Side, Ecke 11th Avenue und 46th Street, liegt die elegante **Landmark Tavern** *(Tel. 212/247-2562, www.thelandmarktavern.org)*, die seit 1868 besteht. An der 18th Street eröffnete 1892 die **Old Town Bar & Restaurant** *(zwischen Broadway und Park Ave., Tel. 212/529-6732, www.oldtownbar.com)*. In **Pete's Tavern** *(129 East 18th St., Tel. 212-473-7676, www.petestavern.com)* soll O. Henry den Klassiker *Das Geschenk der Weisen* geschrieben haben. Im East Village öffnete 1854 **McSorley's Old Ale House** *(15 East 7th St., nahe 3rd Ave., Tel. 212/474-9148, www.mcsorleys oldalehouse.nyc)*; die Atmosphäre ist heute noch spürbar. Die **White Horse Tavern** *(Tel. 212/989-3956)* im West Village an der Ecke Hudson und 11th Street gibt es seit 1880; Schriftsteller wie Dylan Thomas und Jack Kerouac waren dort in den 1950er-Jahren zu Gast. Richtung Downtown liegt das **Ear Inn** *(326 Spring St., nahe Greenwich St., Tel. 212/431-9750, www.earinn.com)* in einem zweistöckigen Gebäude von 1817.

bindung von nördlichen und südlichen Kolonien unterbrechen würde, was die Sicherheit Amerikas gefährden könnte.

DIE REVOLUTION

Der Krieg kündigte sich an, und Washington begann die Stadt zu mobilisieren. Als die Unabhängigkeitserklärung New York am 9. Juli 1776 erreichte, ließ Washington sie seinen Männern vorlesen. Zu diesem Zeitpunkt war New York de facto besetzt. Fast 500 britische Schiffe mit 32 000 Mann unter dem Befehl von General William Howe (1729–1814) waren angekommen. Die Männer wurden auf Staten Island stationiert.

Am 27. August, fünf Tage nachdem Howe begonnen hatte, seine Leute über die Narrows nach Brooklyn zu bringen, trafen die Briten in den Brooklyn Heights auf die Amerikaner und drängten sie in der »Battle of Long Island« zurück. Doch die Amerikaner hatten Glück, denn Howe zögerte. In der Nacht vom 29. auf den 30. August verschiffte Washington seine Mannschaft über den East River nach Manhattan. Howe ließ sich Zeit und wartete auf eine erfolglose Friedensverhandlung mit den Amerikanern, die auf Staten Island stattfinden sollte, bis er am 15. September bei Kip's Bay auf Manhattan landete. Als die unerfahrenen und unterlegenen Amerikaner flohen, versuchte Washington, rasend vor Wut, sie wieder zu sammeln und musste von einem Adjutanten aus dem feindlichen Feuer gerettet werden.

Alexander Hamilton (1757–1804), der New York entscheidend mitgestaltete, liegt auf dem Friedhof der Trinity Church begraben.

Obwohl die Amerikaner auf der Flucht und zwischen Nord- und Südteil der Insel aufgeteilt waren, nützte Howe seinen Vorteil nicht. Es heißt, dass Mrs. Robert Murray, eine patriotische Dame, ihn durch eine Einladung zum Tee absichtlich aufgehalten habe. Wahrscheinlicher ist, dass der Besuch stattfand, während Howe darauf wartete, dass seine Truppen auf Manhattan landeten. Die Amerikaner nutzten den Aufschub, um nach Süden vorzudringen und sich wieder Washington anzuschließen. Am nächsten Tag trieben sie die Briten in einer kurzen Schlacht bis auf die Höhe der 125th Street zurück. Das stärkte die Moral, obwohl klar war, dass die Amerikaner die Stadt nicht halten konnten.

Die Mulberry Street, Little Italys Hauptschlagader, um 1900

In den Kriegsjahren 1776–83 hielten die Briten New York besetzt. Viele Loyalisten hatten die Stadt bei Ausbruch des Krieges verlassen, und während des Sommers 1783 flohen rund 60 000 Menschen über New York aus dem Land. Die amerikanischen Kriegsgefangenen wurden in der Stadt eingepfercht, viele von ihnen auf Schiffen im Hafen gefangen gehalten. Schätzungsweise 11 000 Mann starben – weit mehr als die 6824 Männer, die im ganzen Land gefallen waren. Das Blatt wendete sich zugunsten der Amerikaner, als sich Charles Cornwallis 1781 in Yorktown, Virginia, ergab. New York City sollte jedoch erst befreit werden, nachdem am 3. September 1783 im Frieden von Paris die Unabhängigkeit der Vereinigten Staaten anerkannt worden war.

Die britische Besatzung endete mit dem Rückzug am 25. November, als Washington seine Leute in die Stadt führte. Am Abend des 4. Dezember 1783 verabschiedete sich Washington in der Fraunces Tavern von seinen Offizieren. Er kehrte 1789 zurück, um als erster Präsident der Vereinigten Staaten vereidigt zu werden. New York City war Hauptstadt des Staates New York und der Vereinigten Staaten von Amerika.

WIEDERAUFBAU UND ANERKENNUNG

Obwohl New York nicht lange Hauptstadt bleiben sollte – Hauptstadt der Vereinigten Staaten wurde 1790 Philadelphia, Hauptstadt des Staates New York 1797 Albany –, stürmte die Stadt ins 19. Jh. In nur 30 Jahren – von 1790, dem Jahr der ersten Volkszählung, bis 1820 – stieg die Bevölkerung von 33 000 auf 123 706 Einwohner, wodurch New York zur größten Stadt des Landes wurde. Jene Zeit nach der Revolution ist die erste Periode, aus der viele Gebäude erhalten sind.

Castle Clinton wurde 1812 als Artilleriestellung in Vorbereitung auf den Krieg mit Großbritannien vor der Uferlinie von Manhattan errichtet. Der Handel mit China und Kalifornien ließ den South Street Seaport entstehen, heute ein belebtes, denkmalgeschütztes Quartier. Die City Hall wurde 1812 fertiggestellt. Die Federal Hall, erbaut an jener Stelle, an der Washington seinen Amtseid leistete, stammt aus dem Jahr 1842. Die Trinity Church entstand 1846. Ab 1812 gewann auch die New Yorker Börse an Bedeutung. Schon 1784 hatte Alexander Hamilton (1757–1804) die Gründung der Bank of New York unterstützt. Später trieb er als erster Finanzminister der Vereinigten Staaten Wirtschaft und Handel der Stadt voran. Er starb bei einem Duell mit Aaron Burr. New York wurde zum wichtigsten Handelshafen des Landes, als 1825 der Erie-Kanal eröffnet wurde und die Great Lakes mit dem Hudson River und mit der Stadt verband.

New York wurde zum wichtigsten Handelshafen des Landes, als 1825 der Erie-Kanal eröffnet wurde und die Great Lakes mit dem Hudson River und mit der Stadt verband.

DER COMMISSIONERS' PLAN VON 1811

1811 begann die Stadt ihre künftige Entwicklung in geordnete Bahnen zu lenken, indem sie ein Straßenraster für das bis dahin nicht erschlossene Gebiet zwischen der 14th und 155th Street anlegte. Bis dahin war das Areal 300 Jahre lang nach dem Zufallsprinzip gewachsen.

Von Norden nach Süden zog man zwölf weit auseinanderliegende Avenuen (in der Mitte der Insel bis zu 280 m). Die 155 Querstraßen vom East bis zum Hudson River liegen enger beisammen (rund 61 m). Diese Anordnung führte dazu, dass lange rechteckige Grundstücke entstanden, die sich nach den Ideen der Planer hervorragend für »rechtwinklig angelegte Häuser mit durchgehender Front« eigneten.

Der Broadway, damals hieß er noch Bloomingdale Road, durfte als einzige Straße das Raster durchschneiden. Zu jener Zeit ahnte niemand, auch die Planer nicht, wie schnell die Stadt wachsen würde.

Die langen geraden Avenuen und Seitenstraßen schafften den gewünschten Effekt der »freien und großzügigen Luftzirkulation«. Kritiker sagten, das Ganze sei monoton, es gebe zu wenig Parks und manche Seitenstraßen seien zu eng für den aufkommenden Autoverkehr.

DAS 19. JAHRHUNDERT: EPIDEMIEN UND KRIEGE

Die Gelbfieberepidemie von 1798 kostete mehr als 2000 Menschen das Leben. Der Großbrand von 1835 zerstörte fast 700 Gebäude. Embargos und Blockaden während des Krieges 1812 trafen New York hart. Nach dem Krieg führten die Finanzkrisen von 1837 und 1857 zu enormen Verlusten. Im Sezessionskrieg traten die New Yorker weniger militant auf – besonders die Händler, die mit dem Süden Geschäfte machten. Obwohl sie auf den ersten Truppenaufruf reagiert hatten, war ihr Eifer bis zum Sommer 1863, als Lincoln die Ersten einziehen ließ, ziemlich erloschen. Die aus Irland immigrierten Arbeiter waren empört über die Einberufung, besonders über eine Klausel, mit der man sich befreien lassen konnte, wenn man 300 Dollar zahlte. Es brodelte in der Stadt. Eine rasende Menschenmenge griff am 13. Juli Polizisten an, demolierte die Einberufungsbüros und plünderte die Häuser von bedeutenden Republikanern und Verfechtern der Sklavenbefreiung. Dann wendete sich die Gewalt gegen die schwarze Bevölkerung: Ein Waisenhaus wurde angezündet, und auf der Bleecker Street, die damals zum Schwarzenviertel gehörte, wurden mehrere Männer brutal ermordet. Nur mit vereinten Kräften gelang es schließlich, wieder Ordnung herzustellen.

NACH DEM SEZESSIONSKRIEG

In den Jahren nach dem Krieg blühte die Stadt trotz Korruption und Ineffizienz der Stadtverwaltung auf. Einrichtungen wie das American Museum of Natural History (1869), das Metropolitan Museum of Art (1870), die Carnegie Hall (1891) und der Botanische Garten verliehen der Stadt die kulturelle Vorreiterrolle, die sie immer angestrebt hatte. Die Einweihung der Freiheitsstatue im Jahr 1886 fiel in die Zeit der zahlenmäßig größten Völkerwanderung der Geschichte. Von geschätzten 23 Millionen Europäern, die 1880–1919 nach Amerika kamen, wanderten 17 Millionen über New York ein. Die meisten blieben in der Stadt. Das Stadtbild änderte sich gewaltig, als 1888–89 am unteren Broadway der erste Wolkenkratzer entstand, das Tower Building. Es war typisch für das Tempo in dieser Stadt, dass das Tower Building nur bis 1913 stehen blieb. Aber viele Bauten dieser Zeit gibt es noch: das dreieckige Flatiron Building, das alte New York Times Building, das grandiose Woolworth Building und zwei Meisterwerke des

> **Von geschätzten 23 Millionen Europäern, die von 1880 bis 1919 nach Amerika kamen, wanderten 17 Millionen über New York ein. Die meisten blieben in der Stadt.**

Spiderman schwebt hoch über der alljährlichen Macy's Thanksgiving Day Parade

Art déco: das Chrysler und das Empire State Building. Auf Kontinuität können New Yorker aber dennoch nicht zählen. So konnte niemand voraussagen, dass an einem Septembermorgen des Jahres 2001 zwei entführte Flugzeuge in die Twin Towers rasen und die Stadt wie die Nation in ihren Grundfesten erschüttern würden.

Doch nach nur einem Jahr hatte sich New York wieder gefasst und blickte nach vorne. Heute ist der Zauber der Stadt, trotz Finanzkrise von 2008 und folgenden Protesten der Occupy-Bewegung, ungebrochen. Lieb gewonnene Gebäude wie das Grand Central Terminal sind nach aufwendigen Renovierungen fit für die Zukunft, das Museum of Modern Art wächst stetig, während das Whitney einen neuen Standort in Downtown bezieht. Es sind Fantasie, Mut und Anpassungsbereitschaft, die Städten wie New York das Überleben sichern. ∎

New York gilt als das weltweite Zentrum der Künste. Wegen der Künstler, die hier leben? Wegen der Galerie- und Museumsszene? Weil es hier Geld, Mäzene und Sammler gibt, Kritiker und Kenner? Oder weil New York sich selbst als Kunstobjekt eignet? – Es sind alle diese Faktoren, die zu New Yorks Rang in der Kunstwelt geführt haben.

BILDENDE KUNST

Die Energie New Yorks macht die Stadt seit vier Jahrhunderten zu einem Magneten für Künstler. Zur Kolonialzeit beschäftigten sich New Yorker Künstler wie Gerardus Duyckinck (1695–1746) mit der Porträtmalerei. Der aus New York stammende Abraham Delanoy (1742–95) studierte Porträtmalerei bei Benjamin West in London und malte nach seiner Rückkehr Mitglieder der Familien Livingston, Beekman und Stuyvesant. Zu Beginn der Republik galten Robert Fulton und Samuel F. B. Morse als anerkannte Maler. John Vanderlyn kam aus Paris und malte ein Panoramabild von Versailles, das er in einer Rotunde im City Hall Park ausstellte.

Die Hudson-River-Schule unter Thomas Cole und Asher Brown Durand wollte den Charakter des Landes in Landschaftsbildern festhalten. Zwei Mitglieder der Gruppe, John Frederick Kensett und Thomas Worthington Whittredge, waren 1870 Mitbegründer des Metropolitan Museum of Art. Während des 19. Jh. schlossen sich New Yorker Künstler zusammen, um sich im Streit wieder zu trennen. 1825 rebellierten Morse und andere junge Künstler gegen die konservative American Academy of Fine Arts und ihren Leiter, den Historienmaler John Trumbull (1756–1843). Sie gründeten die National Academy of Design. Als auch diese schwerfällig wurde, schlossen sich Künstler wie John La Farge und Albert Pinkham Ryder 1877 zur American Society of Artists zusammen. Diese Organisation half, die Art Students League zu schaffen, eine Kunstschule, an der Robert Henri, William Merritt Chase und Thomas Hart Benton lehrten. Unter ihren Schülern befanden sich George Wesley Bellows, Rockwell Kent und Edward Hopper.

> Die ungestüme, unkalkulierbare Energie New Yorks macht die Stadt seit vier Jahrhunderten zu einem Magneten für Künstler und Kunsthandwerker.

Eine als die »Ten« bekannte Gruppe von Impressionisten aus New York trennte sich ebenfalls von der National Academy of Design und gründete 1898 eine eigene Galerie. Zu Beginn des 20. Jh. erklärte sich eine weitere Gruppe, die »Eight«, für unabhängig und organisierte 1908 eine Ausstellung in der Macbeth Gallery – die Bilder von Glackens, Luks, Shinn und

Das Museum of Modern Art liegt im Herzen von Midtown

Sloan zeigten realistische Szenen aus New York. Darauf folgten 1910 die Exhibition of Independent Artists und 1913 die Armory Show, in der Werke von jungen New Yorker Künstlern ausgestellt wurden: Stuart Davis, Marsden Hartley, John Marin, Joseph Stella und Edward Hopper.

Einflussreich war auch der Fotograf Alfred Stieglitz. In seiner Galerie in der 291 Fifth Avenue stellte er die Bilder von John Marin und Max Weber aus. Er unterstützte die Arbeit von Arthur Dove, Charles Demuth und Georgia O'Keeffe, die er 1924 heiratete. Einige New Yorker Maler gründeten 1936 die American Abstract Artists. Die Mitglieder dieser Gruppe – darunter Mark Rothko, Willem de Kooning, Robert Motherwell und Jackson Pollock – experimentierten mit einer Kunstform, die zur New Yorker Schule avancierte. Ab Mitte der 1960er-Jahre schlug die abstrakte Kunst mit Robert Rauschenberg und Jasper Johns neue, realistische Wege ein. Dies führte zur Pop-Art und den Arbeiten von Roy Lichtenstein, Andy Warhol und James Rosenquist. Viele dieser Künstler machten New York zum Thema ihrer Arbeit, aber als Gruppe haben die Actionpainter die Stadt am besten erfasst – und keiner besser als Jackson Pollock (1912–56). Seine Gemälde, in denen er die Farbe in der Technik des *dripping* direkt auf die Leinwand spritzt und mit Chaos Schönheit hervorbringt, könnten auch als bildliche Metapher für New York dienen.

KLASSISCHE MUSIK

Schon immer haben Talente aus dem Ausland die New Yorker Musikszene bereichert. 1833 gründete Lorenzo Da Ponte das Italian Opera House. 1850

Die renovierte Alice Tully Hall des Lincoln Center

brachte P. T. Barnum die schwedische Sopranistin Jenny Lind im Castle Garden auf die Bühne. Antonín Dvorák war 1892–95 musikalischer Leiter des National Conservatory of Music. Pjotr Iljitsch Tschaikowski dirigierte 1891 das Eröffnungskonzert in der Carnegie Hall. Kurt Masur war 1991–2002 Chefdirigent der New Yorker Philharmoniker.

Wohlhabende New Yorker haben die Musik immer unterstützt. John Jacob Astor IV, der ein Musikgeschäft besaß, bevor er zu einem der reichsten Männer Amerikas wurde, sorgte 1825 für die Aufführung von Rossinis *Barbier von Sevilla*. Das ursprüngliche Metropolitan Opera House mit 3700 Sitzplätzen am Broadway/Ecke 39th Street wurde 1883 von reichen Bürgern der Stadt geschaffen, weil sie in der 1854 gebauten Academy of Music in der 14th Street keine Logen bekamen. 1891 eröffnete in der West 57th Street die Carnegie Hall. Sie wurde die Heimat eines der besten Orchester der Welt: der New Yorker Philharmoniker, die 1842 gegründet wurden. Obwohl weitere Konzertsäle entstanden, wurden die Metropolitan Opera und die Carnegie Hall nicht entthront, bis 1961 das Lincoln Center for Performing Arts eröffnete. Heute durchdringt klassische Musik die Stadt, sie erklingt in Sälen oder in privater Atmosphäre, in Museen, Schulen, Kirchen, oder unter freiem Himmel.

SCHRIFTSTELLER UND NEW YORK

New York liefert reichlich Stoff für Literatur. 1791 veröffentlichte Susanna Rowson *Charlotte Temple, a Tale of Truth*, den Roman über eine gefallene Frau. Edgar Allan Poe ließ sich durch einen Mord in der Stadt inspirieren und schrieb 1845 *Das Geheimnis der Marie Roget*. Nachdem er 1866 nach New York gekommen war, verfasste Horatio Alger Romane über Straßenjungen, die sich durch harte Arbeit nach oben kämpfen. In *Grashalme* von 1855 feiert der Lyriker Walt Whitman die Stadt als Krönung der westlichen Welt. In den 1950er-Jahren brachten Jack Kerouac und die Autoren der Beat-Generation das Stadtleben in neue sprachliche Formen. Auch heute machen Autoren wie Caleb Carr *(Die Einkreisung)*, Paul Auster *(Die New-York-Trilogie)* und Pete Hamill *(Für alle Zeit)* ihre Stadt zum Thema.

Washington Irving war einer der ersten in New York geborenen Schriftsteller. Sein satirisches Werk *Eine Geschichte New Yorks* wurde 1809 veröffentlicht. Herman Melville wurde 1819 in der Pearl Street 6 geboren. Er verließ die Stadt, um zur See zu fahren, und schrieb nach seiner Rückkehr Werke wie *Taipi*. Der große Erzähler Henry James nahm das Haus seiner Großmutter in Greenwich Village als Handlungsort für *Washington Square*

(Fortsetzung auf S. 48)

◻ Wissen

ERMÄSSIGUNGEN

Die hohen Kosten für das Kulturangebot in New York lassen sich reduzieren, wenn man die vielen Ermäßigungen und freien Vorstellungen wahrnimmt. Aufführungsorte wie die Carnegie Hall geben oft Ermäßigungen für Kinder, Studenten und Senioren, während Museen an bestimmten Tagen oder Abenden freien Eintritt gewähren (z. B. Freitagabend im MoMA, Samstag im Jewish Museum). Beachten Sie auch, dass Sie, wenn ein Museum um eine Spende bittet, einen geringen Betrag geben können. Reduzierte Tickets für Broadway-Shows verkaufen der TKTS-Kiosk am Times Square und am South Street Seaport oder Websites wie *www.broadwaybox.com* und *www.nytheatre.com*. Die meisten Broadway-Theater verkaufen direkt vor der Vorstellung günstige Stehplätze; einige verlosen täglich gute Plätze zu ermäßigten Preisen. Beim jeweiligen Theater nachfragen. Wenn Sie viele Sehenswürdigkeiten besuchen wollen (Top of the Rock Observation Deck, Freiheitsstatue und Guggenheim Museum, um nur einige zu nennen), lohnen sich vielleicht der **City Pass** *(Tel. 888/330-5008, www.citypass.com/new-york)*, der **Explorer Pass** *(Tel. 866/629-4335, www.smartdestinations.com)* oder Online-Dienste wie *www.nytix.com* und *www.cityguideny.com*.

Außerdem werden viele thematische Führungen angeboten, ebenso Führungen hinter die Kulissen einer Vielzahl von Aufführungsstätten.

»Der Broadway ist tot!« und »Lang lebe das Broadway-Theater!« – Variationen dieser beiden Ausrufe sind zu hören, seit es in New York Theater gibt. Doch das Theater am Broadway lebt weiter. Über die Jahre hat es sich verändert, aber es existiert immer noch. Von allen Einrichtungen, die mit New York in Verbindung gebracht werden, hat das Theater vielleicht die größte Bedeutung.

Das Theater hatte in Krisenzeiten wie der Weltwirtschaftskrise, dem Zweiten Weltkrieg und der Finanzkrise von 2008 besonders zu leiden. Radio, Film und Fernsehen, die Verbreitung von regionalen Theatern und das *home entertainment* haben einige Leute unken lassen, das Theater sterbe aus. Finanziell stehen die Theater der Stadt auf wackeligen Beinen. Heute kostet es einige Millionen Dollar, ein Stück auf die Bühne zu bringen, was zu hohen Preisen führt.

Häufig wird der Mangel an ernsten oder experimentellen neuen Stücken am Broadway kritisiert, doch diese Lücke wird von anderen Theatern gefüllt. Seit 1952, als Tennessee Williams *Sommer und Rauch* im Circle in the Square Theater in Greenwich Village gezeigt wurde, ist das alternative Theater »Off Broadway« zu einem bedeutenden Teil der Theaterwelt geworden. Das Circle in the Square Theatre wurde 1951 vom Produzenten und Regisseur Theodore Mann mit dem Regisseur José Quintero gegründet. Jason Robards, George C. Scott und Geraldine Page begannen ihre Karrieren hier. 1971 bezog das Theater größere Räume am Broadway 1633 zwischen der 49th und der 50th Street.

> ▬▬▬▬ ☐ **Tipp** ▬▬▬▬
>
> **Gehen Sie vor oder nach der Vorstellung zum Dinner oder auf einen Drink zu Sardi's (www.sardis.com). Schauspieler lassen sich gern hier blicken, und die Wände sind mit Showbiz-Karikaturen bedeckt.**
>
> EDWARD BELLING
> BROADWAY-INSIDER

Als nun auch das Off-Broadway-Theater zum Mainstream tendierte, entstand in den 1960er-Jahren das Off-off Broadway als Prüffeld für experimentelles Theater. Der Theaterautor Sam Shepard zählt zu denjenigen, die als Erste ihre Stücke im Caffe Cino aufführen ließen, wo das Off-off Broadway 1958 begann.

Das Theater spielt seit Mitte des 18. Jh. eine besondere Rolle in der Kulturlandschaft New Yorks. Die erste bekannte professionelle Aufführung war *Richard III*. Das Stück wurde 1750 von einer englischen Truppe in einem Theater an der Nassau Street gezeigt. Der vielseitig begabte Schauspieler und Theaterautor William Dunlap war zu Beginn des 19. Jh. der bedeu-

Hakuna Matata – »Der König der Löwen« wird am Broadway schon seit 1997 aufgeführt

tendste Impresario der Stadt. Er leitete das Park Theater an der Park Row. Das Theaterviertel der Stadt verlagerte sich vom südlichen Manhattan an den unteren Broadway und dann an den Union Square. Dort entstand das Vaudeville, und zwar im New 14th Street Theater von Tony Pastor. In der Academy of Music wurden große Opern aufgeführt. 1900 war der letzte Umzug an den Longacre Square, wie der Times Square damals hieß, abgeschlossen.

Die 1920er-Jahre war die Zeit des anspruchsvollen Theaters: Eugene O'Neill und andere amerikanische Dramatiker wie Maxwell Anderson und Robert E. Sherwood wurden am Broadway gezeigt. Das amerikanische Musical wandte sich von der Revue dramatischeren Formen zu wie *Show Boat* von Jerome David Kern und Oscar Hammerstein II. Heute zielen Produktionen wie *The Lion King* auf ein familienorientiertes Publikum ab.

Die Renovierung alter Gebäude verhalf dem Broadway zu neuem Glanz, vor allem am westlichen Teil der 42nd Street: Wo einst kleine Theater standen, dominiert nun der 39-stöckige Turm des Theater-Row-Komplexes (*410–412 W. 42nd St.*). Aufwendigere Produktionen finden im Little Schubert Theater (*Nr. 422*) statt.

□ **Erlebnis**

WORKSHOPS FÜR KINDER UND JUGENDLICHE

Das **New Victory Theater** (*209 W. 42nd St., Tel. 646/223-3010, www.newvictory. org*) eröffnete 1900 mit einem Stück mit Lionel Barrymore in der Hauptrolle. Neu gestaltet lockt das Theater seit 1995 mit Unterhaltung für die ganze Familie. Kinder können hier nicht nur ein Konzert hören, eine Tanzaufführung, eine Zirkusvorstellung oder Puppentheater ansehen, sie können auch an einem der vielen Workshops teilnehmen. In jüngster Zeit fanden z. B. statt: »All the World's a Circus«, »Storytelling and Music« und »Breakdancing«. Checken Sie das Programm online und reservieren Sie.

von 1881. Seine Nachbarin Edith Wharton schrieb 1920 *Zeit der Unschuld*, einen Roman über die Oberschicht der Stadt. Der Schriftsteller Nathanael West wurde 1903 als Nathan Wallenstein Weinstein in der East 81st Street geboren. Henry Roth nahm seine Kindheit als Immigrant zur Grundlage für seinen Roman *Nenn es Schlaf*.

In *Gehe hin und verkünde es vom Berge* schrieb James Baldwin über das Leben der Schwarzen in New York. Obwohl sie nicht in New York geboren sind, haben Richard Wright, Ralph Ellison und Langston Hughes ihre Erfahrungen in Harlem literarisch verarbeitet. In den 1920er-Jahren zog die Strömung der Harlem Renaissance afroamerikanische Autoren an, darunter Zora Neale Hurston, von der *Und ihre Augen schauten Gott* stammt.

New Yorker Autoren haben sich stets in Literaturkreisen, Clubs, Salons oder zu gemeinsamen Publikationen versammelt. In den 1820er-Jahren gehörte Irving zu der Autorengruppe Knickerbockers. Ein paar Jahre später gründete James Fenimore Cooper den Bread and Cheese Club. Herman Melville war von den Young Americans angetan, weil er sich eine amerikanische Nationalliteratur wünschte. Zur Jahrhundertwende war Greenwich Village Brutstätte für literarische Aktivitäten rund um Zeitungen wie *New Masses*, Theatergruppen und Salons.

Walt Whitman (1819–92) hörte in den Liedern der Menschen von Manhattan und Brooklyn Amerika singen

In den 1920er-Jahren wurden auch Kritiker, Herausgeber und Intellektuelle in der Literaturszene bekannt: Mark Van Doren, Lionel Trilling, Malcolm Cowley und der aus Brooklyn stammende Alfred Kazin. Eine Gruppe von Autoren und Künstlern traf sich während dieser Zeit im Algonquin Hotel zum Algonquin Round Table. Die Mitglieder, darunter Harold J. Ross (Herausgeber des *New Yorker*) und der Theaterkritiker Alexander Woollcott, waren bekannt für ihre Spötteleien. Im East Village wird heute mit dem St. Mark's Poetry Project Lyrik als Performance gepflegt. Und in Vierteln wie Park Slope in Brooklyn trifft man an allen Ecken auf Romanautoren, Essayisten, Kritiker und Blogger.

HISTORISCHE DRUCKEREIEN

Um zu lernen, wie man Schrift setzt und druckt, können Sie an einem ein-
tägigen Buchdruck-Workshop bei **Bowne & Co. Stationers** *(211 Water St., Tel.
212/748-8651; siehe S. 78)* teilnehmen. In der Atmosphäre des 19. Jh. werden
Sie mit den Werkzeugen eines Druckers aus jener Zeit bekanntgemacht –
etwa mit Setzkästen für die Lettern des Bleisatzes –, und Sie lernen, wie man
die metallenen Abstandshalter um die Lettern setzt, bevor das Ganze einge-
färbt und mittels einer pedalbetriebenen Maschine gedruckt wird. Neben der
Erfahrung in einer historischen Druckerei nehmen Sie handgemachtes Brief-
papier mit.

Selbst im digitalen Zeitalter ist New Yorks Stellung als Zentrum der eng-
lischsprachigen Verlagsbranche gesichert. Verlage, Redakteure, Agenten,
Anwälte, Kritiker, Preisverleiher und Medien sind hier fest verwurzelt. Was
die Autoren angeht, so wird der nächste Philip Roth oder Tom Wolfe (üb-
rigens beide New Yorker) früher oder später sein großes Werk vollenden
und dann auf einen guten Vertragsabschluss im Four Seasons oder im Da
Silvano in Greenwich Village hoffen.

NEW YORK IN FILM, FERNSEHEN UND SONGS

Frage: Was haben *Take the A Train*, *Taxi Driver* und *Sex and the City* gemeinsam? Antwort: Sie sind von New Yorkern, über New York und Produkte
der New Yorker Unterhaltungsbranche. *A Train* ist ein Jazzstück des Harlemer Komponisten und Bandleaders Duke Ellington. *Taxi Driver* ist ein New-
York-Film des New Yorker Regisseurs Martin Scorcese mit dem New Yorker
Schauspieler Robert De Niro in der Hauptrolle und in den Straßen New
Yorks gedreht. *Sex and the City* war eine erfolgreiche Fernsehserie (und kam
ins Kino), in der typische New Yorkerinnen im Mittelpunkt standen – mo-
disch, erfolgreich und völlig verdreht.
Film und Fernsehen nahmen in New York ihren Anfang, siedelten dann
nach Hollywood über, kehrten der Stadt aber nie den Rücken. Besonders
in der Filmindustrie gibt es einige Produzenten und Regisseure, die den
Großteil ihrer Arbeit nach New York verlegt haben – so Scorcese, Sidney
Lumet, Spike Lee und Woody Allen.
Ab der Wende zum 20. Jh., als Filmemacher im Umfeld von Thomas Edison in der Stadt zu arbeiten begannen, war New York das Zentrum für die
Filmbranche und blieb es bis zum Ersten Weltkrieg. Sogar als 1920 alles
nach Hollywood zog, eröffnete Famous Players-Lasky Corporation (später
als Paramount bekannt) die Astoria Studios in Queens, um dort bis 1937

Einer der berühmten Löwen vor der
New York Public Library

Spielfilme zu drehen. Im Zweiten Weltkrieg übernahm das Militär das Studio, in den 1960er-Jahren wurde es geschlossen, um 1975 wieder zu eröffnen: Bob Fosses *All That Jazz* (1979) und Woody Allens *Radio Days* (1987) gehören zu den dort produzierten Höhepunkten. 1988 bezog das Museum of the Moving Image (siehe S. 254), das die Filmgeschichte New Yorks dokumentiert, einen Teil des Gebäudes.

Auch das Fernsehen begann in New York. 1927 wurde ein Bild des damaligen Handelsministers Herbert Hoover von den New Yorker AT&T Labs zu einem Empfänger in Washington gesendet. Die erste Sendung der CBS stellte 1931 New Yorks Bürgermeister Jimmy Walker und den Komponisten George Gershwin vor. Ende der 1940er-Jahre verfügte New York über vier Sendernetze. Anfang der 1950er-Jahre wurden erste Sitcoms in New York gedreht. Kurz darauf wanderte die Unterhaltungsbranche an die Westküste.

Dennoch bleibt New York von großer Bedeutung für das Fernsehen. Hier werden zum Beispiel Nachrichtensendungen produziert sowie die Shows *60 Minutes* und *Saturday Night Live*. Polizei- und Gerichtsserien wie *Law and Order* und *Criminal Intent* zeigen hingegen die härteren Seiten des New Yorker Stadtlebens.

ARCHITEKTUR

Zu New York gehört, dass gebaut, abgerissen und neu gebaut wird – obwohl in den letzten Jahren viel für den Erhalt von Bauwerken getan wurde. Es gibt nur noch wenige Gebäude aus der Kolonialzeit. Viele stehen in den Außenbezirken, etwa Historic Richmond Town auf Staten Island. Die nach der Unabhängigkeit erbauten Häuser sind besser erhalten: Es gibt einige alte Reihenhäuser und *brownstones*, Backsteinhäuser aus braunem Sandstein, aus New Jersey. Aus dieser Zeit stammen auch Astor House (1836), der Vorläufer eines modernen Hotels, und das Kaufhaus A. T. Stewart (1846). Der Kirchenbaustil des Gothic Revival wurde 1846 mit der Fertigstellung der dritten Trinity Church eingeführt.

1857 gründeten Richard Morris Hunt, Leopold Eidlitz, Richard Upjohn, sein Sohn Richard M. und andere das American Institute of Architects, um

Architektur als Fach zu etablieren. Um 1850 wurde von James Bogardus erstmals Gusseisen an einem Bau verwendet. Der erste Personenaufzug der Welt – jene Erfindung, die New Yorks späteres Wachstum gen Himmel ermöglichte – trat seine Reise nach oben und unten 1857 im Haughwout Building *(Broadway und Broome St.)* an.

Nach dem Sezessionskrieg wurden Luxuswohnungen für reiche Bürger eingeführt: Die ersten konnten im 1869 in der East 18th Street errichteten Stuyvesant-Apartmenthaus von Richard Morris Hunt bezogen werden. An der Upper West Side wurden die vornehmen Dakota-Apartments im Jahr 1884 fertiggestellt. Arme Leute wohnten in fensterlosen Mietskasernen, den *tenements*, von denen eine als Lower East Side Tenement Museum (siehe S. 82) erhalten ist.

In den Nachkriegsjahren wurden Beaux-Arts-Gebäude errichtet: das Metropolitan Museum of Art, die New York Public Library, Audubon Terrace und das Brooklyn Museum. An der Fifth Avenue entstanden die frei

☐ Wissen

LITERARISCHES NEW YORK: BUCHTIPPS FÜR DIE REISE

Wer in New York zum Lesen kommt, findet hier passende Lektüre:

- *Fegefeuer der Eitelkeiten* von Tom Wolfe: Wolfe seziert die Maßlosigkeit der Wall Street der 1980er-Jahre.
- *Nenn es Schlaf* von Henry Roth: Das Einwandererleben, geprägt von Armut und Gewalt, beschrieb Roth 1934.
- *Falling Man* von Don DeLillo: Eindrücklicher Roman über die Ereignisse des 11. September.
- *Inside the Dream Palace* von Sherill Tippins: Geschichte des legendären Chelsea Hotel (siehe Kasten S. 107).
- *Die große Welt* von Colum McCann: Der virtuose Roman zeichnet ein Bild des New Yorker Lebens der 1970er-Jahre über eine Vielzahl von Figuren.
- *Open City* von Teju Cole: Schlaglicht auf die Identitätssuche heutiger Einwanderer.
- *The New York Nobody Knows* von William B. Helmreich: 6000 Meilen zu Fuß durch die New Yorker Boroughs.
- *The New York Stories* von John O'Hara: Erzählungen von einem der besten Chronisten der Stadt.
- *Washington Square* von Henry James: James Klassiker ist ein unvergleichliches Porträt der New Yorker Gesellschaft Mitte des 19. Jh.
- *Wonderful Town* von David Remnick (Hrsg.): Kurzgeschichten aus dem *New Yorker*, ideal für die Kaffeepause.
- *Writing New York* von Phillip Lopate: Gute und umfassende chronologische Anthologie.

Blick auf die sich ständig wandelnde Skyline New Yorks vom Brooklyn Bridge Park gesehen

stehenden Millionärsvillen, so 1912 die Villa von James B. Duke *(5th Ave. und 78th St.)*, die der afroamerikanische Architekt Julian F. Abele entwarf.

DIE NEUE SILHOUETTE DER STADT

Dann kam der *skyscraper,* ein Gebäude, bei dem das Mauerwerk wie ein Vorhang in ein Stahlgerüst gehängt wird. Der Wolkenkratzer, der die Silhouette der Stadt in ein modernes Weltwunder verwandelte, wurde in Chicago erfunden, gelangte aber in New York erst zur vollen Blüte. 1889 baute der Architekt Bradford Gilbert New Yorks ersten Wolkenkratzer, das Tower Building, das so schmal und hoch (elf Stockwerke) war, dass die New Yorker dachten, ein Windstoß könne es umwerfen. Im nun folgenden Wettkampf um das höchste Gebäude der Welt gehörten H. H. Richardsons Park Row Building (1897, 30 Stockwerke), Ernest Flaggs Singer Tower (1908, 47 Stockwerke), Napoleon LeBruns Metropolitan Life Insurance Tower (1909, 50 Stockwerke) und Cass Gilberts Woolworth Building (1913, 60 Stockwerke) zu den ersten Rekordhaltern.

Publikumsliebling bleibt das dreieckige, 21 Stockwerke hohe Flatiron Building von Daniel Burnham, das nach seiner Errichtung (1901–03) zum höchsten Gebäude nördlich des Finanzviertels wurde. Das Equitable Building von 1915 nahm so viel Sonnenlicht weg, dass die Stadt die Bauvorschriften änderte, und besonders hohe Gebäude sich nach oben verjüngen mussten – das sogenannte Wedding-Cake-(Hochzeitstorten-)Profil entstand. Der Wettkampf um Höhe gipfelte 1930 im Chrysler und im Empire State Building. Letzteres war mit 102 Stockwerken Rekordhalter der Stadt, bis es 1970 vom World Trade Center ausgestochen wurde.

Nach dem Zweiten Weltkrieg wurde der Akzent mehr auf Form, nicht auf Höhe gelegt. Der einfache, kantige *International Style,* der auf Bauhaustraditionen beruht, zeigt sich im Gebäude der Vereinten Nationen, dem Lever House und dem Seagram Building aus bronzefarbenem Glas und Stahl, das Mies van der Rohe entwarf. Das AT&T Building von Philip Johnson (1984, heute Sony Building) brachte die Postmoderne nach New York. Weitere Meilensteine moderner Architektur sind Frank Lloyd Wrights Guggenheim Museum (1959), Marcel Breuers Whitney Museum of Modern Art (1966) und das Citicorp Center (1978).

Die Glanzzeit der Wolkenkratzer mag vorbei sein, in New York wird aber weiterhin umgebaut und neu errichtet, sowohl in traditionell reichen Vierteln als auch in eher unspektakulären Bezirken wie der Lower East Side oder dem Meatpacking District. Das Time Warner Center hat den lange vernachlässigten Columbus Circle wieder zum Leben erweckt. Das Museum of Modern Art wurde 2004 grandios umgebaut und vergrößert, während im gleichen Block weiter westlich ein 75-stöckiger Turm von Jean Nouvel entsteht. Nahe dem Hudson River bringen Projekte wie Richard Meiers luxuriöse gläserne Zwillingsgebäude (*173 und 176 Perry St.*) und Frank Gehrys IAC Building (siehe S. 175) neues Leben in einst marode Viertel. Und so wie der Times Square in den 1990er-Jahren verwandelt wurde, hat die Stadt jetzt Pläne, einen Teil der Züge aus der Penn Station in das James A. Farley Post Office von 1913 zu verlegen, einen Bau, der an die alte Penn Station erinnert, die abgerissen wurde. Auch wenn Gebäude aus der Stadt verschwinden, werden sie nicht vergessen, und oft leben sie in einer Mischung aus Alt und Neu weiter.

1889 baute Bradford Gilbert New Yorks ersten Wolkenkratzer, das Tower Building, das so schmal und hoch (elf Stockwerke) war, dass die New Yorker dachten, ein Windstoß könne es umwerfen.

ERHALT UND ABRISS IN NEW YORK

Erfüllt von jenem Phänomen, das Walt Whitman als *pull down and build over again-spirit* (den Hang, immer wieder abzureißen und neu zu bauen) beschrieb, kümmerten sich die frühen Bewohner New Yorks nicht sehr um den Denkmalschutz. Auf Manhattan ist das Land zu knapp, um bei solch vergänglichen Dingen wie Bauwerken sentimental zu werden.

So wurde in New York immer viel abgerissen, nicht immer zum Nachteil des Stadtbildes. 1899/1900 musste die 13 Meter hohe Granitmauer um das Wasserreservoir an der Fifth Avenue/Ecke 42nd Street weichen, um Platz für die New York Library zu schaffen, heute eines der schönsten Gebäude der Stadt. Auch den Abriss des prächtigen ersten Waldorf-Astoria-

Hotels bereut niemand, weil an seiner Stelle das unvergleichliche Empire State Building errichtet wurde. Als 1939 opulente Sandstein-Wohnhäuser in der West 53rd Street abgerissen wurden, um das Museum of Modern Art zu bauen, wurden kritische Stimmen laut. Aber das im Bauhausstil errichtete Museum ist nun selbst ein Denkmal.

Dennoch gibt es einige Gebäude, deren Abriss die New Yorker überaus bedauern. Der Ernest Flaggs Singer Tower mit 47 Etagen war wohl das größte Gebäude, das dem Erdboden gleichgemacht wurde. Die Brokaw Mansions (*Fifth Avenue/70th Street*) waren wahre Symbole des Reichtums, die heute nicht mehr zu ersetzen sind. Ein großer Schock für alle New Yorker war 1963/64 der Abriss der Pennsylvania Station, den die anerkannte *New York Times* »einen ungeheuren Akt des Vandalismus« nannte. Die beiden Adlerskulpturen am Eingang zur jetzigen Penn Station sind als Relikte eines der einstmals schönsten Gebäudekomplexe der USA geblieben. Es musste damals dem neuen Madison Square Garden (siehe S. 113) und dem neuen unterirdischen Bahnhof weichen.

DENKMALSCHUTZ

Nach dem unrühmlichen Abriss der alten Penn Station begann man in New York den Denkmalschutz ernst zu nehmen. 1965 wurde die Landmarks Preservation Commission gegründet, um erhaltenswerte Gebäude und Viertel sowie öffentliche Innenräume und Panoramen der Stadt zu kennzeichnen und zu bewahren. Brooklyn Heights war eines der ersten Viertel, die als historische Stadtteile unter Denkmalschutz gestellt wurden. Inzwischen sind 1000 einzelne Bauten, neun Stadtlandschaften und 82 historische Viertel mit etwa 21 000 Gebäuden geschützt.

Die Kommission musste ihren Einfluss mehrere Male unter Beweis stellen. Als sie Pläne zum Bau eines 54-stöckigen Büroturms über Grand Central zurückwies und auch verweigerte, dass ein ähnlicher Komplex gegenüber der St. Bartholomew's Church in der Park Avenue entstand, gingen die Gegner vor Gericht. Das Oberste Bundesgericht entschied in beiden Fällen, dass die Bewahrung des architektonischen Erbes Vorrang habe. Bei einer anderen Auseinandersetzung ging es um die Edgar Rice Villa Ecke 89th Street/Riverside Drive, die im Besitz einer jüdischen Schule ist. Im Streit um ihren (durchgesetzten) Erhalt fiel der Vorwurf der Diskriminierung. Es wurden auch Kompromisse geschlossen: Das New York Palace Hotel durfte sich an die

> **Nach dem unrühmlichen Abriss der alten Penn Station begann man in New York den Denkmalschutz ernst zu nehmen.**

☐ **Wissen**

PLAYLIST NEW YORK: DER SOUNDTRACK FÜR DIE STADT, DIE NIEMALS SCHLÄFT

Mit dem passenden Soundtrack macht der Stadtbummel noch mehr Spaß. Hier ein paar Vorschläge für Ihre Playlist:

- *Angel of Harlem* von U2: *It was a cold and wet December day, as we touched the ground at JFK,* singt Bono in seiner Hommage an Billie Holiday.
- *Central Park West* von John Coltrane: Perfekt für einen Spaziergang durch den Park (siehe S. 190 ff.).
- *Chelsea Hotel #2* von Leonard Cohen: Insiderbericht aus New Yorks Mekka der Boheme.
- *Dirty Blvd.* von Lou Reed: Der 2013 verstorbene Rockrebell besang die Schattenseiten des Big Apple. Mehr davon auf dem Album *New York*.
- *Fairytale of New York* von den Pogues: Bittersüße Folkpunk-Weihnachtsballade über irische Einwanderer.
- *New York City* von John Lennon und Yoko Ono: Zwei der berühmtesten Zuwanderer der Stadt zollen dem Rock'n'Roll ihren Respekt.
- *New York Serenade* von Bruce Springsteen: Eine frühe Hymne vom »Boss«.
- *New York Minute* von Don Henley: Düstere Story eines Wall-Street-Bankers.
- *New York, New York* von Frank Sinatra: Warum nicht »The Voice« persönlich als Begleiter durch die Straßen wählen?
- *Positively 4th Street* von Bob Dylan: Dylans bitterer Abgesang auf die Folk-Szene im Greenwich Village der 1960er-Jahre (siehe S. 94 f.).
- *Stayin' Alive* von den Bee Gees: Schlaghosen anziehen und zum Discosound von 1977 durch die Straßen tigern.
- *Take the A Train* von Duke Ellington: Jazzklassiker, der auch als Wegbeschreibung für die U-Bahn funktioniert: *Take the A Train to go to Sugar Hill way up in Harlem.*

Rückseite der Villard Houses in der Madison Avenue einfügen, das Museum of Arts and Design das Äußere der Huntington Hartford Gallery am Columbus Circle neu gestalten.

Dennoch blieben Misserfolge nicht aus. Unwiederbringlich verloren sind so wichtige Facetten New Yorks wie das deutsche Restaurant Luchow's in der 14th Street, das Airlines Terminal Building im Art-déco-Stil an der Ecke 42nd Street/Park Avenue South, das Hotel Biltmore in der Madison Avenue oder die 71st Regiment Armory in der East 34th Street.

Die Anstrengungen der Denkmalpfleger mögen einiges gerettet haben; das neu erweckte Bewusstsein der New Yorker selbst, die den Grand Central Terminal und die historischen Theater am Times Square vor dem Abriss bewahren konnten, gibt Anlass zur Hoffnung, dass die architektonischen Schätze der Stadt kommenden Generationen erhalten bleiben. ■

Ob mit Flugzeug, Auto, Bus, Zug, Schiff, einer Fähre oder zu Fuß über die George Washington Bridge: Die Ankunft wird immer ein besonderes Erlebnis sein. Die Skyline der Stadt wird Sie überwältigen. Am Tag schimmert das Chrysler Building, bei Nacht strahlen die Lichter der Brücken, des Verkehrs und der Wolkenkratzer durch die Dunkelheit. Sie betreten den »Big Apple«.

TUNNEL

Manhattan lässt sich nur über eine Brücke oder durch einen Tunnel erreichen. Der Holland Tunnel und der Lincoln Tunnel im Westen führen unter dem Hudson hindurch nach New Jersey. Der Brooklyn-Battery- und der Queens-Midtown-Tunnel im Osten führen in die Außenbezirke. Als der **Holland-Tunnel** 1927 eröffnete, war er der erste Fahrzeugtunnel New Yorks und der längste der Welt. Der **Brooklyn-Battery-Tunnel** von 1950 ist mit 2778 Metern der längste Autotunnel Nordamerikas. Den zwischen 1937 und 1957 erbauten **Lincoln-Tunnel** passieren jährlich 40 Millionen Fahrzeuge – er ist der meistbenutzte Tunnel der Welt. Der **Queens-Midtown-Tunnel** hält keinen Rekord, stellt aber eine wichtige Verbindung zum LaGuardia und zum Kennedy Airport dar.

BRÜCKEN

Die Hauptbrücken, von Manhattans Südspitze Richtung Norden, sind die Brooklyn Bridge, Manhattan Bridge, Williamsburg Bridge, Queensboro Bridge und Triborough Bridge (in Robert F. Kennedy Bridge umbenannt). Weit im Nordwesten der Insel führt die George Washington Bridge nach New Jersey. Die Ära der großen New Yorker Brücken begann 1883 mit der

☐ Erlebnis

BUSRUNDFAHRTEN

New York ist eine Stadt, die zu Fuß erkundet werden will, doch um sich einen Überblick zu verschaffen, ist eine Busrundfahrt eine gute Wahl. Die meisten Rundfahrten werden von **Gray Line New York Sightseeing** (Tel. 800/669-0051 oder 212/445-0848, www.graylinenewyork.com) angeboten, deren rote Doppeldeckerbusse auf kommentierten Rundfahrten und auf Rundstrecken mit der Möglichkeit zum Aus- und Zusteigen unterwegs sind. Ein Ticket für 48 Stunden für alle Strecken kostet 69 Dollar (84 Dollar für 72 Stunden). Tickets gibt es online und an verschiedenen Verkaufsstellen, etwa im **Times Square Visitor Center** (1560 Broadway), im **Gray Line New York Visitor Center** (777 8th Ave., zw. 47st und 48nd St.) und im **Grand Central Terminal** (125 Park Ave, zw. 41st und 42nd St.).

Zug in der Penn Station

Eröffnung der **Brooklyn Bridge**. Die über einen Kilometer lange Brücke mit einem 480 Meter langen Mittelstück zwischen massiven Steinpfeilern war jahrelang die längste der Welt und die erste Hängebrücke aus Stahl. Im Jahr 1867 war eine Hängebrücke aus Stahl ein gewagtes Vorhaben, aber der Ingenieur John Augustus Roebling hatte sich ihre Konstruktion in den Kopf gesetzt. Als der aus Deutschland stammende Ingenieur starb, kümmerte sich sein Sohn Washington Roebling um ihre Vollendung. Washington war durch die Druckluftkrankheit gelähmt, die er sich 1872 bei Unterwasserarbeiten zugezogen hatte. Er beobachtete die Arbeiten an der Brücke mit einem Fernrohr und erteilte Anweisungen durch seine Frau.

Wenn man über den Fußgängerweg läuft, kann man ihre Konstruktion betrachten und hat einen guten Ausblick. Die Uferpromenade in Brooklyn eröffnet eine eindrucksvolle Perspektive auf Lower Manhattan.

In New York gibt es 2027 Brücken, davon 76 über Wasser. Die erste Brücke der Stadt, die King's Bridge, wurde 1693 von Frederick Philipse über den Spuyten Duyvil Creek zwischen Manhattan und der Bronx erbaut. Sie blieb bis 1917 erhalten. Die älteste noch existierende Brücke New Yorks ist die

High Bridge, die 1837–48 konstruiert wurde, um über das Croton-Aquädukt Wasser nach Manhattan zu leiten. Die **Verrazano Narrows Bridge** von 1964 zwischen Staten Island und Brooklyn dient als eindrucksvoller Startpunkt für den New York Marathon. Sie ist die letzte Brücke, die der aus der Schweiz stammende Othmar H. Ammann entwarf, der größte Brückenbaumeister der Stadt. Zu seinen Projekten zählen die **George Washington Bridge** (1931), die **Triborough Bridge** (1936), die **Bronx-Whitestone Bridge** (1939) und die **Throgs Neck Bridge** (1961).

DER HAFEN VON NEW YORK

Den Hafen von New York sollten Sie auf jeden Fall besichtigen. Es bietet sich kein besserer Blick auf New York als jener vom Wasser aus. Sobald Sie sich auf dem Wasser befinden, werden Sie begeistert sein – egal, ob Sie nun auf der Staten Island Ferry oder einem Schiff der Circle Line Cruise sind, ob Sie an der Freiheitsstatue vorbeischippern oder auf dem Weg nach Ellis Island sind.

Die holländischen Siedler erkannten schnell die Vorteile des New Yorker Hafens. Er ist groß, nah an der offenen See und außerdem so tief, dass er leicht zugänglich ist. Dieser natürliche Hafen zog den Handel geradezu an, der einst mit Fellen begann. Peter Stuyvesant baute 1648 den ersten Kai am East River. Die Amerikanische Revolution, der Krieg von 1812, das Dampfschiff, die industrielle Revolution und die Fertigstellung des Ambrose Channel – all dies trug zum Wachstum bei. In der ersten Hälfte des 20. Jh. war der New Yorker Hafen das größte Handelszentrum der Welt.

Nach der Jahrtausendwende wurden der Hudson River Park und der Riverside Park erweitert, sodass am Westrand von Manhattan eine grüne Zone entstand.

Kreuzfahrtschiffe legen noch heute regelmäßig hier an. Teile der Hafenanlagen von Manhattan und Brooklyn wurden restauriert – so durch das **South Street Seaport Museum** (siehe S. 78 f.) nahe der Spitze Manhattans. Im historischen Viertel des ursprünglichen Port of New York stehen Häuser aus dem 18. und 19. Jh., außerdem gibt es einen Jachthafen. Am Hudson liegen die **Chelsea Piers**, ein ehemaliger Anlaufhafen, der zu einem Sport- und Freizeitzentrum auf den schön restaurierten Piers 59 bis 62 umgestaltet wurde.

Nach der Jahrtausendwende wurden der **Hudson River Park** (der zweitgrößte Park von Manhattan) und der **Riverside Park** am Ostufer des Hudson River erweitert, sodass am Westrand von Manhattan eine grüne Zone entstand. Währenddessen umfasst das **East River Waterfront Project** eine mehr als 3 Kilometer lange Promenade und einen Park von der Battery bis zur Williamsburg Bridge.

FLUGHÄFEN

Man erreicht die Stadt über drei große Flughäfen: In LaGuardia werden Inlandsflüge abgefertigt, am John F. Kennedy International (JFK) und Newark in New Jersey landen Flugzeuge aus Übersee.

Der **Newark Liberty International Airport** war in den 1930er-Jahren der einzige Flughafen der Stadt. Das ärgerte den streitlustigen New Yorker Bürgermeister Fiorello LaGuardia so sehr, dass er sich schließlich weigerte, in Newark aus dem Flugzeug zu steigen, da auf seinem Ticket »New York« als Ziel angegeben war. Wenig später, im Dezember 1939, wurde der **LaGuardia Airport** im Norden von Queens eröffnet.

1948 begann der **John F. Kennedy International Airport** seinen Betrieb auf Jamaica Bay, 24 Kilometer von Manhattan entfernt. Hier durften die einzelnen Fluglinien ihre Terminals selbst entwerfen – was so beeindruckende Gebäude wie das TWA-Terminal A (1956–62) von Eero Saarinen entstehen ließ: ein geschwungenes Gebäude aus Beton und Glas.

New York hat in der Geschichte der Luftfahrt eine große Rolle gespielt. Bereits 1830 sahen 30 000 Menschen im Castle Garden einen Heißluftballon aufsteigen. 1927 startete Charles Lindbergh vom Roosevelt Field auf Long Island zu seinem Transatlantikflug. Zu jener Zeit waren New York und Long Island Zentren der Flugzeugherstellung.

Im Jahr 1958 begann der moderne Linienflug in New York. Und 1969 ließ Pan Am seine ersten Jumbojets vom JFK International Airport starten.

Blick aus dem Helikopter auf Manhattan

Lower
Manhattan

61

Erster Überblick — 62–63

Die Freiheitsstatue — 64–65

Ellis Island National Monument — 66

Das historische Viertel an der Südspitze Manhattans — 67–69

National Museum of the American Indian — 70

Trinity Church — 71

New York Stock Exchange — 72

Federal Hall — 73
Special: Spaziergang den Broadway entlang — 74–75

City Hall und Umgebung — 76

Ground Zero und das 9/11 Memorial — 77

South Street Seaport Museum und Marketplace — 78–79

Die Neighborhoods — 80–84

Weitere Sehenswürdigkeiten in Lower Manhattan — 85
Special: Spaziergang durch SoHos Gusseisen-Architektur — 86–87

Hotels und Restaurants — 272–275

‹ Vergangenheit und Zukunft: Manhattan vom Hudson River aus

Laufen Sie von irgendeinem Punkt Manhattans Richtung Süden, und Sie landen im Zentrum Lower Manhattans. Hier lässt sich die Entwicklung der Stadt nachspüren: von der Festung zur blühenden Kolonie, vom Regierungssitz zum Anlaufpunkt für Einwanderer, vom Seehafen zum globalen Finanzzentrum und seit dem 11. September 2001 zu einer Art Wallfahrtsort.

Lower Manhattan

Zur Orientierung

Wenn Sie Ihre Besichtigungstour dagegen am Hafen beginnen, erleben Sie New York aus der Perspektive heutiger Einwanderer: Familien, Schulklassen und Touristen von nah und fern wuseln durcheinander. Viele Besucher gehen direkt zur Battery, um Tickets für Liberty Island oder Ellis Island (siehe S. 66) zu besorgen oder eine Fahrt mit der Staten Island Ferry zu unternehmen. Andere bevorzugen vielleicht einen historischen Spaziergang über den Broadway; Heritage-Trail-Markierungen und Schilder geben die nötigen Hinweise (siehe S. 74 f.). Das James Watson House (*7 State St. zw. Pearl und Whitehall St.*) im Föderationsstil steht ganz in der Nähe. Das letzte Überbleibsel der eleganten Residenzen dieser Gegend beherbergt heute die sterblichen Überreste der hl. Elizabeth Ann Bayley Seton (1774–1821), der ersten in Amerika geborenen Heiligen. Weiter nördlich zieht das 9/11 Memorial Besucher aus der ganzen Welt an. Im angeschlossenen Museum sind zwei Stahlträger der eingestürzten Twin Towers zu sehen.

Das neue One World Trade Center (Freedom Tower) erhebt sich mit einer symbolischen Höhe von 1776 Fuß (541 m) über Manhattan, die sich auf das Jahr der Unabhängigkeitserklärung bezieht. Um die beiden Wasserbecken des Mahnmals sind die Namen der Opfer der Anschläge in die Bronzeplatten eingraviert (siehe S. 77).

Die Viertel zwischen Brooklyn Bridge und Houston Street – Chinatown, Little Italy, die Lower East Side, SoHo und TriBeCa – rufen den Besuchern die Einwanderungsschübe vergangener Zeiten in Erinnerung.

Boutiquen, Galerien und Bars sorgen für modernes Flair. Cafés und modische Shops laden zum Verweilen in diesem lebendigen Treiben ein. ∎

Lower Manhattan

❶ Museum of Jewish Heritage ❷ Castle Clinton ❸ Bowling Green ❹ National Museum of the American Indian ❺ New York Unearthed ❻ Fraunces Tavern ❼ Museum of American Finance ❽ African Burial Ground National Monument ❾ Shearith Israel Graveyard ❿ Lower East Side Tenement Museum ⓫ St. Patrick's Old Cathedral ⓬ The Drawing Center ⓭ New York City Fire Museum

Da sie weit draußen in der Bucht steht, sehen New Yorker ihre Freiheitsstatue nur selten. Bis heute haben die Worte von Emma Lazarus am Sockel ihre Wirkung nicht verloren: *Give me your tired, your poor, your huddled masses yearning to breathe free* (Schickt mir die arm sind und geschlagen, bedrückte Massen, die es zur Freiheit drängt). Die Freiheitsstatue wurde Amerika 1886 von den Franzosen zum Geschenk gemacht, um das Bemühen der beiden Nationen um die Unabhängigkeit der Vereinigten Staaten zu feiern.

Der Bildhauer Frédéric-Auguste Bartholdi bildete die Statue dem antiken Weltwunder des Kolosses von Rhodos nach. Ihre Fackel symbolisiert die Aufklärung, die sieben Strahlen an ihrem Kopf stehen für die Kontinente. Die Tafel, die sie im linken Arm hält, stellt die Unabhängigkeitserklärung dar. Gustave Eiffel, der von 1887 bis 1889 den Eiffelturm baute, gelang es, 88 Tonnen dünner Kupferplatten in ein Eisengerüst zu hängen und die Statue damit so flexibel zu konstruieren, dass sie auch einem Sturm standhält. Richard Morris entwarf Unterbau und Sockel, die Lady Liberty 50 Meter über dem Boden stehen lassen. Bartholdi wählte Liberty Island, das einst Bedloe's Island hieß, als Standort. Die Einweihung der Freiheitsstatue fand am 28. Oktober 1886 statt. In

Blick von der Fackel aus

GOVERNORS ISLAND ERKUNDEN

Aufgrund der strategischen Lage im Hafen von New York kam Governors Island oft die Rolle als militärischer Vorposten zu, so im Unabhängigkeitskrieg, im Krieg von 1812, im Bürgerkrieg, in beiden Weltkriegen und im Golfkrieg. Anfang 2003 verkaufte die US-Regierung die Insel an die Stadt New York – für einen Dollar. Die Erschließung der Insel ist noch nicht abgeschlossen, aber schon jetzt hat das Eiland viel zu bieten: Castle Williams und Fort Jay, Arsenale aus der Zeit vor dem Bürgerkrieg, viktorianische und neoromanische Wohnhäuser und vieles mehr. Besucher können mit Rangern des National Park Service einen Spaziergang unternehmen oder eine Fahrt mit der Straßenbahn rund um die Insel genießen. Wer lieber alleine losziehen möchte, kann nach Ankunft bei **Bike and Roll** *(Tel. 866/RENT-A-BIKE oder 866-736-8224, www.bikeandroll.com/newyork)* ein Fahrrad mieten oder sich in der Buchhandlung am Landesteg die Broschüre mit Vorschlägen für Spaziergänge besorgen.

Die **Governors Island Ferry** braucht von Lower Manhattan bis zur Insel 10 Minuten. Sie legt am Battery Maritime Building *(10 South St. an der Whitehall St.; U-Bahn 1 bis South Ferry, 4 oder 5 bis Bowling Green oder W bis Whitehall St.; Bus M1, M6, M9 oder M15)* ab. Veranstaltungen, die hier bereits stattgefunden haben, waren Kunstmessen, ein Gratiskonzert der New Yorker Philharmoniker sowie das »Battle of Brooklyn«-Wochenende *(Weitere Information unter www.govisland.com, www.nps.gov/gois oder unter Tel. 646/241-2670).*

einer Episode erzählt der russische Schriftsteller Maxim Gorki von seiner Ankunft in New York: »Was ist das denn?«, flüsterte ein polnisches Mädchen, das die Freiheitsstatue anstarrte. »Der amerikanische Gott«, gab jemand zur Antwort.

Besucher haben Zugang zum Observation Deck, dem Aussichtspunkt im Sockel, zur Promenade, zum Museum und dem Fort-Wood-Bereich. In die Krone darf allerdings nur aufsteigen, wer vorab ein entsprechendes Ticket reserviert hat. ■

STATEN ISLAND FERRY
Siehe S. 243
www.nps.gov/elis

STATUE OF LIBERTY NATIONAL MONUMENT
🅰 Karte S. 62 f.
✉ Liberty Island, New York Harbor
☎ 212/363-3200
　　Fährtickets: 877-LADY-TIX oder
　　201/604-2800

🕐 Tägl. außer 25. Dez.
　　9.30–15.30 Uhr
💲 $$$ (Tickets unter
　　www.statuecruises.com
　　oder im Castle Clinton)
🚇 U-Bahn: 1 bis South Ferry;
　　4, 5 nach Bowling Green;
　　R bis Whitehall
⛴ Fähre von Battery Park im
　　30-Minuten-Takt
www.nps.gov/stli

Etwa hundert Millionen Amerikaner haben Vorfahren, die als Einwanderer über Ellis Island nach Amerika kamen. Ein Besuch der restaurierten Kontrollstation, dem Ellis Island Monument, ist eine bewegende Erfahrung. Wenn Sie das hohe Gebäude der Great Registry betreten, stellen Sie sich den Raum mit langen Menschenreihen vor, die ängstlich auf ihre Abfertigung warten.

Gepäckstücke einstiger Einwanderer am Eingang zum Ellis Island Museum

Die Insel wurde nach Samuel Ellis benannt, der sie 1785 kaufte. 1892 errichtete die Regierung hier eine Kontrollstelle für Einwanderer. Als diese 1897 abbrannte, wurde sie durch das jetzige neoklassizistische Gebäude von 1900 ersetzt. Im Jahr 1907 kam die Rekordzahl von 1 004 756 Immigranten über Ellis Island. Drei Viertel stammten aus Italien, Russland und Österreich-Ungarn, der Rest aus Nordeuropa und anderen Ländern.

1924 legte der Kongress strenge Einwanderungsbeschränkungen fest. Von da an sank die Zahl der Ankömmlinge erheblich. Die Kontrollstelle wurde 1954 geschlossen und 1990 als Ellis Island Museum of Immigration für Besucher geöffnet. Die Ausstellung auf drei Etagen veranschaulicht die Einwanderungsprozedur auf Ellis Island und betont den Beitrag der Immigranten zur Entwicklung Amerikas. So kann man ihrem Weg durch die Eingangskontrollen, die medizinische Untersuchung, den Schlaf- und den Speisesaal folgen und ihre Geschichten miterleben. Auf einer Gedenktafel außen am Gebäude stehen die Namen von einigen Tausend Ankömmlingen, jeder kann seine Vorfahren hinzufügen. An der Südseite der Insel befinden sich 29 Gebäude, die zur medizinischen Versorgung dienten. Sie sind verlassen und verfallen langsam. ■

ELLIS ISLAND
- ⛰ Karte S. 62 f.
- ✉ New York Harbor
- ☎ 212/363-3200
- 💲 $$ (inkl. Fähre)

- 🚇 U-Bahn: 1 bis South Ferry; 4, 5 nach Bowling Green; R bis Whitehall
- ⛴ Fähre von Battery Park im 30-Minuten-Takt

www.nps.gov/elis

Der zehn Hektar große Battery Park liegt an der Südspitze Manhattans. Hier stehen Denkmäler für holländische und jüdische Siedler, für die Küstenwache oder für Giovanni da Verrazzano. Im Süden lockt das Meer.

Das größte Gebäude ist **Castle Clinton**, die einzige Festung Manhattans. Der Rundbau wurde vor dem Krieg mit den Engländern 1812 errichtet und stand eigentlich 90 Meter vor der Küste auf einer Insel. Nach und nach wurde das Gebiet, in dem heute der Battery Park liegt, aufgeschüttet. Castle Clinton, dessen 28 Kanonen nie auf einen Feind feuerten, wurde zu verschiedenen Zwecken genutzt. 1823 wurde es zum Vergnügungspark. Von 1855 bis 1890 diente es als Einwanderungszentrum. 1896–1940 beherbergte das Gebäude das New York Aquarium, in den 1970er-Jahren wurde es renoviert und als Sehenswürdigkeit mit Museum wieder eröffnet.

Das 1907 von Cass Gilbert entworfene Zollhaus, das **U.S. Custom House** (*Ecke Broadway/Wall St.*) steht dort, wo einst das von den Holländern 1625 erbaute Fort Amsterdam (später Fort George) lag. Blickfang sind vier allegorische Figurengruppen von Daniel Chester French, *Die Vier Kontinente*, die jeweils von einer weiblichen Skulptur beherrscht werden. Asien ist heiter, Amerika kraftvoll, Europa ist königlich, und Afrika schlummert. Drinnen befindet sich das **National Museum of the American Indian** (siehe S. 70).

☐ Tipp

Eine City-Bike-Tour zum Battery Park verspricht herrliche Blicke auf den Hafen und die Freiheitsstatue.

KENNY LING
NATIONAL GEOGRAPHIC-AUTOR

☐ Wissen

NEW YORKER U-BAHN-ETIKETTE

In der New Yorker U-Bahn gibt einige zu beachtende Regeln:

1. Machen Sie sich dünn, vor allem in den Stoßzeiten. Platz ist rar, und Menschen, die sich breit machen oder wild gestikulieren, sind nicht beliebt.

2. Erwarten Sie keine Privatsphäre. Egal, ob Sie sitzen oder stehen.

3. Sprechen Sie leise. Nichts macht Sie deutlicher als Auswärtigen erkennbar als eine laute Unterhaltung.

4. Stehen Sie nicht im Weg. Gehen Sie beim Einsteigen weg von den Türen, damit weitere Passagiere einsteigen können. Lehnen Sie sich nicht gegen die senkrechten Haltestangen. Auch andere möchten sich dort festhalten.

5. Haben Sie keine Angst, nach dem Weg zu fragen. New Yorker sind stolz auf ihre U-Bahn-Kenntnisse und helfen gern.

Der Bulle von Bildhauer Arturo Di Modica symbolisiert eine Hausse an der Wall Street

Nördlich des Museums liegt das winzige **Bowling Green** mit Bänken und einem Brunnen. 1733 wurde es zum ersten öffentlichen Park New Yorks. 1770 errichteten die Engländer eine Statue von George III. Während der Revolution wurde sie umgestürzt. Der massige bronzene Bulle nördlich davon war das Geschenk eines New Yorker Bildhauers in den 1980er-Jahren an die New Yorker Börse. Er wurde erst später an seinen jetzigen Standort gesetzt.

Die Wall Street ist benannt nach der hölzernen Barrikade, 1653 von den Holländern errichtet, um die Nordseite ihrer Siedlung zu schützen. Rector Street erinnert an die Pfarrer der Trinity Church. In der Beaver Street wurde reger Handel mit Biberfellen betrieben, und die Pearl Street lag einst an der Küste: Ihren Namen verdankt sie den glitzernden Muscheln. Battery Park wurde nach der Geschützgruppe benannt, die die Engländer im 18. Jh. zur Verteidigung des Hafens aufstellten.

DER HISTORISCHE BEZIRK UM FRAUNCES TAVERN

Der historische Häuserblock, in dem die **Fraunces Tavern** liegt, ist eine Zeitreise zurück in die Kolonialzeit. Die Schenke stammt aus dem Jahr 1719 und zählt zu den gediegenen Lokalen des Finanzviertels. Samuel Fraunces,

---

 **Wissen**

WASHINGTONS ABSCHIED

Nach seinem Sieg über die Briten lud General George Washington am 4. Dezember 1783 seine Offiziere zu einem Abschiedsessen in die Fraunces Tavern (siehe S. 69). Der General zeigte sich zu diesem Anlass ungewöhnlich emotional und eloquent: »Mit dem Herzen voller Liebe und Dankbarkeit nehme ich nun von euch Abschied. Ich hoffe, dass euer kommendes Leben so erfolgreich und glücklich sein möge, wie euer vergangenes glorreich und ehrenhaft war.«

☐ Erlebnis

RADFAHREN IN MANHATTAN

Die auf Nachhaltigkeit ausgerichtete Politik von Bürgermeister Bloomberg (2002–13) hat Radfahren in New York populär gemacht. Mehr als 1100 km Radwege gibt es in New York, auf denen sich die Stadt hervorragend erkunden lässt.

Der 20 km lange **Hudson River Greenway** führt vom Battery Park im Süden bis zum Inwood Hill Park an Manhattans Nordspitze größtenteils am Flussufer entlang. Er ist Teil des **Manhattan Waterfront Greenway**, eines 50 km langen Rundwegs um Manhattan. Auf dem Weg zur Brooklyn Bridge können Radler eine eigene Spur auf der Warren Street und einen Radweg durch den nördlichen City Hall Park nutzen.

Der 10 km lange **Park Drive** im Central Park ist an Wochenenden und wochentags von 10 bis 15 Uhr für den Autoverkehr gesperrt *(Routenkarten unter www. nyc.gov/html/dot, Menüpunkt: Bicyclists).*

Citi Bike ist das neueste Leihrad-System *(www.nyc.gov/bikeshare)* mit 330 Stationen in Manhattan und Brooklyn *(www.citibikenyc.com/stations).* Anmelden kann man sich über Touchscreens an jeder Station; per Code lassen sich die Fahrräder entsperren. Im Angebot sind Pässe für 24 Stunden oder 7 Tage.

Fahrräder verleihen auch **Dannys Cycles** *(75 Varick St., Tel. 212/334-8000, www.dannyscycles.com)* in Tribeca, das **Loeb Boathouse** *(zw. 75th und 76th St., Central Park, Tel. 212/517-2233)* und weitere Anbieter in der Stadt.

---

ein Farbiger aus der Karibik, kaufte das Backsteinhaus 1762 und eröffnete eine Schenke. Sie blieb aus patriotischen Gründen erhalten: George Washington kehrte hier ein. Wie durch ein Wunder blieb auch der gesamte Häuserblock erhalten.

Nach dem Verfall der Fraunces Tavern wurde sie 1907 im ursprünglichen Stil wieder aufgebaut und als Restaurant und Museum eröffnet. Heute steht der Häuserblock um die Taverne unter Denkmalschutz. Es gibt hier einige Gebäude des frühen 19. Jh. im Stil des Greek Revival. Coenties Slip ist heute ganz von Land umgeben. In der Nähe *(55 Water St.)* steht das **New York Vietnam Veterans Memorial**. ■

CASTLE CLINTON
🄰 Karte S. 62 f.
✉ Battery Park
☎ 212/344-7220
🚇 U-Bahn: 4, 5 bis Bowling Green;
    1 bis South Ferry
www.nps.gov/cacl

FRAUNCES TAVERN MUSEUM
🄰 Karte S. 62 f.
✉ 54 Pearl St.
☎ 212/425-1778
💲 $$
🚇 4, 5 bis Bowling Green; 1 bis
    South Ferry; R, W bis Whitehall
www.frauncestavernmuseum.org

Eine Million Artefakte trug der reiche New Yorker George Gustav Heye (1874–1957) auf seinen Reisen durch Nord- und Südamerika zusammen.

Ein Museumspädagoge zeigt Kindern eine traditionelle handgewebte Decke

Die Ausstellungsstücke im U.S. Custom House, einem Gebäude im Beaux-Arts-Stil stammen von wichtigen Siedlungsplätzen amerikanischer Ureinwohner. Schnitzarbeiten des Pazifischen Nordwestens gehören ebenso dazu wie Federhauben aus den Prärien, Navajo-Webarbeiten, Keramiken aus Costa Rica, Mexiko und Peru, Jadeschmuck der Maya und Federschmuck vom Amazonas. Die Dauerausstellung »Infinity of Nations« zeigt die gesamte zeitliche und geografische Bandbreite der Sammlung. Unter den Exponaten sind ein mit Raubstücken eines Kriegers geschmückter Umhang der Apsáalooke (Stamm der Crow), ein Kalkstein-Flachrelief der Maya, das einen Ballspieler darstellt, und ein mit Perlen verziertes *tuili,* das Futter einer Frauentracht. Seit seiner Eröffnung 1994 zieht das Museum Millionen von Besuchern an. Es untersteht der Smithsonian Institution, deren Erweiterungsbau 2004 in Washington D.C. eingeweiht wurde. ∎

NATIONAL MUSEUM OF THE AMERICAN INDIAN: THE GEORGE GUSTAV HEYE CENTER
🅐 Karte S. 62 f.
✉ 1 Bowling Green
☎ 212/514-3700

🚇 U-Bahn: 1 bis Rector St. oder South Ferry; 2,3 bis Wall St.; 4, 5 bis Bowling Green; J, Z bis Broad St.; R bis Whitehall; Bus: M5, M15, M20
www.nmai.si.edu

Seit 300 Jahren steht die Trinity Church am Beginn der Wall Street und hat einen wichtigen Platz im Leben der Finanzwelt. Am besten besichtigt man die Kirche mittags während einer Messe, eines Konzerts oder eines Spaziergangs über den Friedhof.

Trinity Church, eine spirituelle Oase zwischen Wolkenkratzern

Trinity Church ist wohlhabend, da Queen Anne der Gemeinde 1705 ein großes Stück Manhattans überließ. Der heutige Bau ist die dritte Kirche an diesem Platz. Die erste wurde 1698 fertiggestellt, fiel dem Großbrand von 1776 zum Opfer und entstand 1788 neu. Ein Jahr später wurde hier eine Messe anlässlich der Vereidigung von George Washington zum Präsidenten abgehalten. Nach dem Abriss dieser Kirche entwarf Richard Upjohn das heutige Bauwerk.

Der 85 Meter hohe Kirchturm war bis in die 1860er-Jahre der höchste Punkt der Stadt. Richard Morris Hunt entwarf die drei Bronzeportale der Kirche als Andenken an John Jacob Astor IV. Im Kirchenmuseum sind Zeitungen, Sterberegister, Karten und Kunstgegenstände zu sehen. Auf dem Friedhof ruhen viele berühmte New Yorker. ∎

TRINITY CHURCH
🅐 Karte S. 62 f.
✉ Broadway an der Wall St.
☎ 212/602-0800;

Konzertinfos: 212/602-9632;
Museum: 212/602-0872
www.trinitywallstreet.org

In der New Yorker Börse (NYSE) herrscht wildes Durcheinander. Manch ein Betrachter wundert sich, dass der Wertpapierhandel trotz Börsenticker und Bildschirmen immer noch durch Handzeichen und Rufe vonstatten geht. Früher saßen die Händler auf Stühlen. Heute sind die Börsianer zu beschäftigt, aber eine Mitgliedschaft wird immer noch »Sitz« genannt.

Trotz der jüngsten harten Zeiten ist die NYSE nach wie vor der größte Börsenplatz weltweit und das Zentrum der globalen Wirtschaft. Hier werden die Aktien von rund 3000 Firmen gehandelt. Keiner hatte dieses Wachstum bei ihrer Gründung vorhersehen können, als sich 1792 die ersten 24 Händler unter einer Platane versammelten. Dort, an der Wall Street/Ecke William Street, beschlossen sie, Aktien und Wertpapiere nur untereinander zu handeln.

1903 zog die Börse in ihr heutiges Gebäude. Die Giebelskulptur trägt den Titel *Rechtschaffenheit schützt der Menschen Werk*. Zu den Tiefpunkten zählten der Börsenkrach im Oktober 1929 und die Verurteilung des betrügerischen Präsidenten Richard Whitney 1938. Die NYSE kann nicht besichtigt werden. ■

Nachdem ein Gong den Handel eröffnet hat, beginnt in der NYSE der An- und Verkauf von Wertpapieren

NEW YORK STOCK EXCHANGE
🅰 Karte S. 62 f.
✉ 11 Wall St.
☎ 212/656-3000 (Information)

🚇 U-Bahn: 2, 3, 4, 5 bis Wall St.; J, M, Z bis Broad St.; R, W bis Rector St.
www.nyse.com

FEDERAL HALL

Federal Hall, wohl das erste Gebäude der Stadt im Stil des Greek Revival, steht inmitten des Finanzzentrums der Welt. Werktags strömen unzählige Börsianer hier vorbei. Sie mögen wissen, dass die Statue vor der Federal Hall George Washington darstellt, aber viele sind sich nicht bewusst, dass er genau hier seinen Amtseid als erster Präsident der USA leistete.

Die Statue George Washingtons vor der Federal Hall steht dort, wo der erste Präsident der USA den Amtseid ablegte

Die Federal Hall wurde 1842 nach den Plänen von Ithiel Thomson und Alexander Jackson Davis erbaut. An dieser Stelle befand sich der erste Kongress, der erste Oberste Gerichtshof und Amtsgebäude für die Exekutive. Je acht dorische Säulen zieren Vorder- und Rückseite *(Pine St.)*. Die Washington-Statue wurde 1883 von John Quincy Adams Ward gefertigt. Im originalen Bau befanden sich einst der erste Kongress der USA und der Oberste Gerichtshof. Die Federal Hall beherbergte 20 Jahre lang die amerikanische Zollbehörde, bis sie im Jahr 1955 in ein Museum umgewandelt wurde, das 2006 nach der Renovierung neu eröffnet wurde. Ganz in der Nähe der Federal Hall steht die Bank of Manhattan, das jetzige **Trump Building** *(40 Wall St.)*. Mit 282 Metern war es von 1929 an das höchste Bauwerk der Welt, bis es im Jahr 1930 vom Chrysler Building übertroffen wurde. Im 1840 erbauten First National City Bank Building *(55 Wall St.)* ist die **Citibank** untergebracht. ∎

FEDERAL HALL NATIONAL MONUMENT AND MUSEUM
▲ Karte S. 62 f.
✉ 26 Wall St.

⬜ **Tipp**

In der Federal Hall gibt es ein interessantes Museum mit Ausstellungen zur Bedeutung dieses einstigen Kapitols in der amerikanischen Geschichte. Ranger führen durchs Haus.

BRIDGET ENGLISH
NATIONAL GEOGRAPHIC-AUTORIN

☎ 212/825-6990
🕐 Sa/So geschl. Führungen
    Mo–Fr 9–17 Uhr
🚇 U-Bahn: 2, 3, 4, 5 bis Wall St.
www.nps.gov/feha

Wenn Sie Menschenmassen meiden möchten, machen Sie diesen Spaziergang an einem Wochenende. Er beginnt am Ende des Broadway beim Battery Park und führt durch den Financial District zur City Hall.

Der Spaziergang beginnt am **National Museum of the American Indian** (siehe S. 70) ❶. Das Gebäude **25 Broadway** ❷ ist das frühere Cunard Building von Benjamin Morris. Es wurde 1921 im Renaissancestil für die Transatlantiklinie Cunard Lines errichtet, die hier Tickets für die »Titanic« oder die »Lusitania« verkaufte. Gegenüber von Bowling Green liegt das **Museum of American Finance** (siehe S. 85). Folgen Sie dann dem Broadway Richtung Norden. Das Gebäude bei Nr. 26 mit einem pyramidenförmigen Dach wurde von Carrère and Hastings entworfen.

Kehren Sie zum Broadway zurück. Nördlich der **Trinity Church** steht der 40-stöckige Koloss des **Equitable Building** ❸ *(120 Broadway)* von 1915. Proteste von Kritikern, die befürchteten, Gebäude dieser Art würden die Stadt in eine dunkle Schlucht verwandeln, führten 1916 zu neuen Bauvorschriften. Danach mussten hohe Gebäude abgestuft werden. Dem Equitable Building folgt das schlanke **Marine Midland Building** ❹ *(140 Broadway)*, das 1967 von Skidmore, Owings and Merrill erbaut wurde. Auf seiner Plaza steht der rote Würfel (1973) des Bildhauers Isamu Noguchi. Gegenüber liegt der Zuccotti Park, wo 2011 Occupy Wall Street die Zelte aufschug. Gehen Sie an der Liberty Street nach rechts.

Die **Federal Reserve Bank** ❺ *(33 Liberty St., Tel. 212/720-5000, www.new yorkfed.org, kostenlose Führungen auf Anfrage)* entstand im Stil eines Renaissance-Palastes. Nummer 65 erbaute man 1901 für die Handelskammer des Bundesstaates New York. Gehen Sie an der Nassau Street nach links, dann an der John Street nach rechts. Die nüchterne **John Street United Methodist Church** ❻ *(44 John St., Tel. 212/269-0014)* wurde 1841 erbaut. Einer ihrer Küster war ein versklavter Mensch, der sich seine Freiheit von den Treuhändern erkauft hatte und später die erste Black Methodist Church des Landes gründete.

Gehen Sie links weiter in die William Street. Auf der rechten Seite vor der Fulton Street stand das Geburtshaus des Schriftstellers Washington Irving

> **□ Tipp**
>
> **An der südöstlichen Ecke des Friedhofs der Trinity Church eröffnet sich vom Broadway eine interessante Fotoperspektive: Hinter der alten Kirche ragt das One World Trade Center auf.**
>
> CHRISTOPHER AUGER-DOMÍNGUEZ
> NATIONAL GEOGRAPHIC-FOTOGRAF

(131 William St.). Links folgen Sie der Fulton Street und dann rechts dem Broadway. Die **St. Paul's Chapel** 7 (Tel. 212/602-0800) und ihr Friedhof werden seit ihrer Eröffnung 1766 als Ableger der Trinity Church genutzt. Die Kirche dient

Siehe auch Karte S. 62 f.	
National Museum of the American Indian	
2,1 km	
2½ Std.	
City Hall	

auch zur Erinnerung an die Opfer des 11. September 2001. Nicht weit davon liegt das Gelände des **9/11 Memorial** mit dem Freedom Tower, einer Gedenkstätte und einem Umsteigebahnhof (siehe S. 77). Am Broadway 233 steht das **Woolworth Building** 8 von 1913. Mit seiner goldenen Spitze war es bis 1929 das höchste Gebäude der Welt. Durchqueren Sie den City Hall Park zum Endpunkt der Tour Richtung City Hall. Gehen Sie dann zurück zum Broadway oder zum **South Street Seaport**.

City Hall Park, unter den Holländern einst eine Kuhweide, ist heute eine idyllische Parkanlage. Die Bronzefigur des Freiheitskämpfers Nathan Hale von Frederick MacMonnies erinnert daran, dass sich hier Amerikaner gegen die britische Herrschaft erhoben hatten. Spazieren Sie von hier über die Straße zur Brooklyn Bridge, von der sich herrliche Blicke eröffnen.

City Hall Park, eine grüne Oase nahe der Wall Street: Die City Hall ist von Bäumen verdeckt, rechts das Municipal Building

Die City Hall ist das New Yorker Rathaus und Sitz des Bürgermeisters. Die Konfetti-Paraden, die hier enden, gehen auf eine Tradition von 1886 zurück, als Büroangestellte bei einer Parade zur Einweihung der Freiheitsstatue Lochstreifen aus den Fenstern warfen. Man könnte sich fragen, warum die Architekten John McComb Jr. und J. F. Mangin die Front des Rathauses gen Süden richteten. Doch als die City Hall 1812 erbaut wurde, glaubte niemand, dass sich die Stadt im Norden noch weiter ausbreiten würde. In der Eingangshalle grüßt eine Statue von George Washington. Der **Governor's Room** ist heute ein Museum, in dem auch George Washingtons Schreibtisch zu bewundern ist.

In der **Gemäldesammlung** hängt ein Porträt George Washingtons am Evacuation Day im Jahr 1783. In der Ausstellung sieht man außerdem Werke von John Wesley Jarvis, von Samuel F. B. Morse, dem Erfinder des Telegrafen, der den Marquis Lafayette porträtierte, nachdem der siegreiche Freiheitskämpfer 1824 nach Amerika zurückgekehrt war, und von George Catlin, einem Kenner der Indianerkultur im 19. Jh., der für Bilder aus dem amerikanischen Westen berühmt wurde.

Nordöstlich der City Hall, nahe der Park Row, steht eine Statue Horace Greeleys, die den Verleger mit einer aufgeschlagenen Zeitung zeigt. Die Park Row war jahrelang Zentrum der Manhattaner Zeitungsverlage. Seit der Jahrtausendwende veranschaulicht eine Tafel an der Südseite die Geschichte des Parks. ■

CITY HALL
🅰 Karte S. 62 f.
✉ City Hall Park
☎ 212/788-3000

🕐 Sa/So geschl., Besichtigung nur nach Voranmeldung
🚇 U-Bahn: 4, 5, 6 bis Brooklyn Bridge; R bis City Hall; 2, 3 bis Park Place

Als die Twin Towers des World Trade Center (WTC) einstürzten, änderte dies das Gesicht Manhattans unwiderruflich. In den Jahren des Wiederaufbaus um Ground Zero war man bestrebt, das Gedenken an die 2983 Menschen zu bewahren, die bei den Anschlägen 1993 und 2001 starben.

Ein Besuch des **9/11 Memorial and Museum** ist ein bewegendes Erlebnis. Die von Daniel Libeskind entworfene Gedenkstätte wurde 2011, am zehnten Jahrestag des Anschlags, eröffnet.

In zwei Becken, eingelassen auf der Grundfläche der einstigen Twin Towers, strömt Wasser neun Meter tiefe Wände hinab, bevor es in den Abgrund in der Mitte fällt. Zum beruhigenden Klang des Wassers umrundet man die Becken. In Bronzeplatten sind die Namen der Opfer eingraviert. Um die Stätte herum wurden mehrere neue Türme errichtet, darunter das **One World Trade Center** (Freedom Tower) mit einer symbolischen Höhe von 1776 Fuß (541 m) – die Zahl steht für das Jahr der Unabhängigkeitserklärung.

Es ist heute das höchste Gebäude der USA. Besucher betreten das Museum durch einen Pavillon aus Glas und Stahl. Im Zentrum des Ausstellungsraumes stehen die zwei gabelförmigen Stahlträger, deren Anblick den New Yorkern noch von der Fassade des alten Nordturmes vertraut ist. ∎

Die Wasserbecken des 9/11 Memorial sind in die Grundflächen der eingestürzten Türme eingelassen

▯ Tipp

Der »Survivor Tree« auf der Westseite des Südbeckens wurde aus den Trümmern geborgen und als Symbol für Überlebenswillen und Widerstandskraft wieder eingepflanzt.

PETER GWIN
NATIONAL GEOGRAPHIC-AUTOR

9/11 MEMORIAL UND MUSEUM
🅰 Karte S. 62 f.
✉ World Trade Center, 1 Albany St.
☎ 212/266-5211, 212/312-8800
💲 $$$$ (Di 17–20 Uhr kostenlos)

🚇 U-Bahn: A, C, J, Z, 2, 3, 4, 5 bis Fulton St.; 2, 3 bis Park Place; E bis WTC; R, 1 bis Rector St.; R bis Cortland St.
www.911memorial.org

SOUTH STREET SEAPORT MUSEUM UND MARKETPLACE

Einst war New York der größte Umschlaghafen der Welt. Wer in diese Zeit eintauchen möchte, besucht das historische Viertel am East River an der South Street und Fulton Street. Hier befindet sich der South Street Seaport, der dem Hafen des 19. Jh. nachempfunden wurde. Nach den Zerstörungen durch Hurricane Sandy im Jahr 2012 ist das Gebiet einmal mehr im Wandel begriffen.

Das gesamte Seaport-Gebiet ist ein einzigartiges maritimes Museum. Unter den Folgen der Sturmflut von 2012 hat die Gegend jedoch erheblich gelitten. Ein Leuchtturm, das **Titanic Memorial Lighthouse** an der Kreuzung von Pearl, Water und Fulton Street, zeigt an, dass Sie das Hafengebiet erreicht haben. Westlich des Franklin D. Roosevelt East River Drive, vor dem Leuchtturm, liegen mehrere Gebäude. Sie beherbergen das Hafenmuseum, Ausstellungen, Büros und Geschäfte. Östlich des Drive befinden sich die Piers, an denen historische Schiffe liegen. Von den Piers eröffnen sich schöne Ausblicke auf den Fluss und die Brooklyn Bridge.

◻ Tipp

Haben Sie Schwierigkeiten, die Brücken, die Sie vom Seaport aus sehen, auseinanderzuhalten? Die Reihenfolge von Süden nach Norden lautet BMW: Brooklyn, Manhattan, Williamsburg.

LARRY PORGES
NATIONAL GEOGRAPHIC-REDAKTEUR

DEN SEAPORT ERKUNDEN

Solange das Seaport Museum im Wiederaufbau begriffen ist, lohnt das Gebäude an der Water Street einen Besuch. **Bowne & Co. Stationers** *(211 Water St., Tel. 646/315-4478, tägl. 11–19 Uhr)* ist eine restaurierte Druckerei aus dem 19. Jh., die noch in Betrieb ist (siehe Kasten S. 49). Schiffsmodelle und Erinnerungen an die großen Ozeandampfer sind in der **Walter Lord Gallery** *(209 Water St., Tel. 212/748-8786)* zu sehen. Die **Melville Gallery** *(213 Water St., Tel. 212/748-8649, southstreetseaportmuseum. org)* zeigt Gemälde. Von der Water Street gelangt man durch die Fulton

SOUTH STREET SEAPORT MUSEUM UND MARKETPLACE
🄰 Karte S. 62 f.
✉ Fulton und South St.
🕓 Mo/Di geschl.;
Nov.–März Mi–So 11–17 Uhr
💲 $$
🚇 U-Bahn: 2, 3, 4, 5, J, Z, M
bis Fulton St.;
A, C bis Broadway/Nassau
**www.southstreet
seaport.org**
Besucherinformation
✉ Pier 16
☎ 212/748-8600 (Hauptschalter);
212/732-767

South Street Seaport: Das Viertel ist umgeben von den Türmen des Financial District

Street zu den Piers. Viele Geschäfte und Restaurants entlang der Fulton Street sind noch immer geschlossen. Der Komplex rechts ist die Schermerhorn Row von 1812, bestehend aus zwölf Backsteinbauten. In der John Street befand sich einst der Burling Slip, ein Hafen für Schiffe aus China, die ihre Waren im Kontor des **A. A. Low Building** *(171 John St.)* entluden. Heute ist hier ein riesiger interaktiver Spielplatz.

Wer sich zum Hafen wendet, entdeckt an Pier 16 die historischen Schiffe. Am Besucherzentrum gibt es Tickets für Hafenrundfahrten. An **Pier 15** und **16** kann man mit der Circle Line um die Insel fahren oder eine Tour mit einem Schnellboot machen *(Tel. 212/748-8786)*. Hier liegen auch der Leichter »Ambrose« (1908) und der Viermaster »Peking« (1911). ■

🔲 **Wissen**

HURRICANE SANDY UND DIE FOLGEN

43 Menschen starben, als der Wirbelsturm im Oktober 2012 über New York hinwegfegte. Straßen und U-Bahn-Linien standen unter Wasser. Battery Park wurde von einer 4 m hohen Flutwelle überspült. In Lower Manhattan fiel der Strom aus, und in Queens setzten Leitungsschäden mehr als hundert Wohnhäuser in Brand. Die Börse schloss, der NYC Marathon wurde abgesagt. Auf größere Sturmstärken und den prognostizierten Anstieg des Meeresspiegels um 2 m muss die Stadt Antworten finden. Im Gespräch waren Deiche und Wehre um den Hafen sowie künstliche Riffe. Nachdem Präsident Trump aus dem Pariser Klimaabkommen 2017 ausgestiegen war, verpflichtete sich der New Yorker Bürgermeister Bill de Blasio, dass die Stadt es einhalten würde.

Neighborhoods heißen die Wohnviertel, in denen einst Einwanderer ihr neues Leben begannen. Heute streben diese Viertel nach Ausgleich und Aufwertung.

CHINATOWN

Das Herz des alten Chinatown liegt in der Mott und der Pell Street. Die erste chinesische Siedlung entwickelte sich ab Mitte der 1870er-Jahre an der Mott Street – heute ist das Viertel voller Restaurants, Cafés und Geschäften mit alten und neuen Waren.

Die **Church of the Transfiguration** (*25 Mott St., Tel. 212/962-5157*) entstand 1801 ursprünglich für Lutheraner aus England, 1853 wurde sie an eine römisch-katholische Gemeinde verkauft. Bevor die Kirche vorwiegend chinesisch wurde, kamen viele Italiener. Das Hauptmerkmal von Chinatown sind die chinesischen Schilder an den Geschäften und die pagodenartigen Dächer. An der Mott Street 41 steht die einzige hölzerne Pagode, die hier erhalten blieb. In den **Eastern States Buddhist Temple** (*64 Mott St., Tel. 212/966-6229*) werden Kerzen und Gaben für die goldenen Buddhas gebracht. Eine faszinierende Ausstellung zeigt das kleine **Museum of Chinese in America**.

Vielleicht möchten Sie auch Enklaven wie die Doyers Street erforschen, die einst eine Sackgasse namens Bloody Angle war, in der feindselige *tongs* (Banden) einander überfielen. Die Confucius Plaza am Chatham Square ziert eine Bronzestatue des Philosophen. Chinatown wächst weiter, bis hinein nach Little Italy. In der Canal Street, einst die Grenze zwischen Chinatown und Little Italy, findet heute ein geschäftiger Markt statt. Weiter westlich auf der Canal Street wimmelt es hingegen von chinesischen Souvenir- und Modegeschäften.

> ☐ **Tipp**
>
> **Im Sara D. Roosevelt Park in Chinatown treffen sich morgens ältere Chinesen, um ihre Singvögel zur Schau zu stellen. Lauschen Sie dem Gesang der gefiederten Schar.**
>
> KENNY LING
> NATIONAL GEOGRAPHIC-AUTOR

HISTORISCHE ORTE

Das **Edward Mooney House** (ca. 1785–89, *18 Bowery St.*), erinnert an jene Ära, in der das Viertel für vornehme Wohnhäuser bekannt war. Stanford White entwarf das Gebäude der Bowery Savings Bank (1895, *130 Bowery St.*) im Stil eines römischen Tempels; heute werden dort Partys veranstaltet. Die **St. James Roman Catholic Church** *(32 James St.)* ist die zweitälteste römisch-katholische Kirche New Yorks. Der **First Shearith Israel Graveyard** *(55–57 St. James Pl.)* war der Friedhof der ersten jüdischen Gemeinde Nordamerikas. Sie wurde 1654 von sephardischen Juden aus Brasilien gegründet.

LITTLE ITALY

Die Mulberry Street nördlich der Canal Street ist die Lebensader des heutigen Little Italy. Hier befinden sich italienische Restaurants, Cafés und Geschäfte sowie legendäre Mafia-Lokale. Wie wäre es mit einem Cappuccino im **Ferrara's** *(195 Grand St.)*, einer hundert Jahre alten Konditorei? Mitte September wird in Little Italy das Fest des hl. Gennaro gefeiert. In einem Umzug wird eine Figur durch die Straßen getragen, überall gibt es Essen, Musik und Tanz. Mittelpunkt der

In der Mott Street sind Geschäfte chinesisch und englisch beschildert – Touristen mischen sich unter die Bewohner

Feiern ist die **Church of the Most Precious Blood** *(109 Mulberry St.)*. Mulberry Street wird aber auch mit der Mafia in Verbindung gebracht.

Einige historische Gebäude standen zunächst nicht in Verbindung mit der italienischen Bevölkerung. Die gotische **St. Patrick's Old Cathedral** *(260–264 Mulberry St., Tel. 212/226-8075)* gehört zu den ältesten Kirchen der Stadt (1815 nach einem Brand renoviert). Die erste Gemeinde war irisch, erst ab 1880 entstand eine kleine italienische Gemeinde. Das **Stephen Van Rensselaer House** *(149 Mulberry St.)* wurde um 1816 erbaut. Das New York City Police Building *(240 Centre St.)* von 1909, einst stolzes Symbol der modernen New Yorker Polizei, wurde in den 1980er-Jahren zu einem Luxusapartmenthaus umgebaut.

MUSEUM OF CHINESE IN AMERICA
✉ 211–215 Centre St.,
   zw. Howard und Grand St.
☎ 212/619-4785

🕐 Mo geschl.
💲 $
🚇 U-Bahn: B, D bis Grand St.; J, M, N, R, Q, Z, 6 bis Canal St.
www.mocanyc.org

☐ Erlebnis

EIN NEW YORKER STRASSENFEST MITFEIERN

Zwischen spätem Frühjahr und Herbst geraten Sie in New York mit Sicherheit in ein Straßenfest. Bei den großen gibt es Imbissstände mit Maiskolben, Frucht-Smoothies und Würsten, daneben Händler mit allem nur Denkbaren – von Schmuck bis Bonsais. Eines der beliebtesten Straßenfeste ist das **Fest des hl. Gennaro** *(www.sangennaro.org)* im historischen Little Italy im September. Ebenfalls sehr populär und bekannt für seine große Auswahl an internationalen Speisen ist das alljährliche **Ninth Avenue Food Festival** *(www.ninthavenuefoodfestival.com)*, das im Mai an der Ninth Avenue zwischen 42nd und 57th Street stattfindet. Mehr als eine Million Besucher strömen jährlich zu diesen Festivals. *(Eine Liste der anstehenden Straßenfeste und -veranstaltungen in New York finden Sie auf www.nyc.gov, Stichpunkt: Events.)*

LOWER EAST SIDE

An die ländliche, koloniale Vergangenheit der Lower East Side erinnern heute nur noch Straßennamen. Die Orchard (dt.: Obstwiese) Street verlief zwischen Obstbäumen. Die Bowery Street, wichtigste Nord-Süd-Verbindung, führte zu Peter Stuyvesants *bouwerij* (Bauernhaus). Hier standen einst einige der prächtigsten Häuser der Stadt, als dann aber die Einwanderer kamen, wurde die Lower East Side ein Ort der billigen Mietskasernen.

Mit dem **Lower East Side Tenement Museum** versuchte man, ein altes, aber neu renoviertes *tenement* (Mietskaserne) zu erhalten. Es entstand 1863, als es noch keine Bauvorschriften gab und die Wohnbedingungen in den winzigen fensterlosen Räumen ohne Elektrizität und Wasseranschluss katastrophal waren. Schätzungsweise 10 000 Menschen lebten in diesem Haus, bis es 1935 für unbewohnbar erklärt wurde. Besucher können die Zimmer der Einwanderer ansehen. Das 1977 gegründete **New Museum** will neue Kunst fördern. Nach 30 Jahren ist das Museum in ein neues Haus an der Bowery umgezogen. Dort zeigt die Ausstellung »Unmonumental: The Object in the

☐ Tipp

Besuchen Sie das Lower East Side Tenement Museum; es vermittelt einen Eindruck von den Schwierigkeiten, mit denen die Einwanderer zu kämpfen hatten, nachdem sie über Ellis Island ins Land gekommen waren.

BARBARA A. NOE
NATIONAL GEOGRAPHIC-REDAKTEURIN

Jeden 14. November feiert die USA den National Pickle Day wie hier in der Orchard Street

21st Century« Arbeiten von Künstlern mit recycelten Materialien.

Die renovierte **Eldridge Street Synagogue** beweist, dass nicht die gesamte Lower East Side verarmt war. Sie wurde 1887 im maurischen Stil erbaut und kostete 100 000 Dollar – damals eine große Summe.

Im Zuge der sich ändernden Bevölkerungszusammensetzung übernahmen Synagogen die Kirchengebäude. Die **Bialystoker Synagogue** *(7 Bialystoker Pl., Tel. 212/475-0165)* wurde 1826 als Willett Street Methodist Episcopal Church errichtet und ab 1905 als Synagoge genutzt.

Das **Forward Building** *(173 E. Broadway)*, ein zehnstöckiges klassizistisches Gebäude, das heute als Wohnhaus genutzt wird, wurde 1912 für den *Jewish Daily Forward* gebaut. Das Haus ist mit Fackeln verziert – einem Symbol der sozialistischen Bewegung, die von der Zeitung unterstützt wurde. Die Educational Alliance im Haus Nr. 197 wurde 1897 gegründet, um den Immigranten die Eingliederung zu erleichtern. Der Komiker Eddie Cantor, der Bildhauer Chaim Gross und der Rundfunkpionier David Sarnoff erhielten hier Unterricht.

Traditionelle jüdische Geschäfte ziehen ehemalige Bewohner zurück in ihre

LOWER EAST SIDE TENEMENT MUSEUM

✉ 97 Orchard St.
Museum Visitor Center
✉ 108 Orchard St.
☎ 212/982-8420
💲 $$$$$ (Führungen)
🚇 U-Bahn: F bis Delancey St.; B, D bis Grand St.; J, M, Z bis Essex St.
www.tenement.org

NEW MUSEUM

✉ 235 Bowery an der Prince St.
☎ 212/219-1222

🕐 Täglich 10–18.30 Uhr, Do 10–20.30 Uhr
💲 $$$
🚇 U-Bahn: N, R bis Prince St.; 6 bis Spring St.
www.newmuseum.org

ELDRIDGE STREET SYNAGOGUE

✉ 12–16 Eldridge St. an der Canal St.
☎ 212/219-0888
🕐 Fr ab 15 Uhr und Sa geschl.
🚇 U-Bahn: B, D bis Grand St.
www.eldridgestreet.org

alte Nachbarschaft. So wurde der **Essex Street Market** *(120 Essex St.)* ursprünglich für Händler mit Handwagen eingerichtet. Im Marktlokal Shopsin's wird jüdische Hausmannskost serviert, wie Kartoffelpuffer mit Apfelmus *(Latkes)*. Gut isst man in **Kossar's Bialys** *(367 Grand St., Tel. 212/473-4810)* und **Katz's** *(205 Houston St., Tel. 212/254-2246)*, jenes Lokal, das durch Meg Ryans unvergessliche Filmszene in *Harry und Sally* berühmt wurde.

SOHO UND TRIBECA

SoHo, eine Abkürzung für »South of Houston (Street)«, liegt zwischen Houston Street und Canal Street, dem West Broadway und der Lafayette Street. Das Viertel wurde durch seine Gusseisen-Bauten (siehe S. 86 f.) bekannt. Hauptdurchgangsstraße ist der West Broadway. SoHos Dachwohnungen zogen in den 1970er-Jahren viele Künstler an.

Ein schicker Name setzte sich durch: TriBeCa *(Triangle below Canal)*, und die Entwicklung schritt rasch voran: Gebäude wurden umgebaut, Läden, Galerien, Restaurants und Nachtclubs siedelten sich an. In den 1990er-Jahren veränderte sich TriBeCa noch rasanter. 1989 ließ Robert De Niro ein altes Lagerhaus zum **TriBeCa Film Center** und **TriBeCa Grill** *(375 Greenwich, Tel. 212/ 941-3900)* umbauen. Zwischen Sixth Avenue und Hudson Street haben sich edle Geschäfte und Restaurants angesiedelt, von Drew Nieporents Lokalen bis zum **Bubby's** *(120 Hudson St., Tel. 212/ 219-0666)*. Das **TriBeCa Grand Hotel** *(2 Avenue of the Americas, Tel. 212/519-6600)* versorgt die Unterhaltungsindustrie. Robert De Niros **Greenwich Hotel** *(377 Greenwich St., Tel. 212/941-8900, www.the greenwichhotel.com)* hat eine Patina wie vor 100 Jahren.

 Tipp

Dinner plus Film beim Tribeca Film Festival: Exzellente neue amerikanische Küche serviert Sarabeth's (*www.sarabeths.com/ tribeca*), das Flaggschiff von Küchenchef Nobu Matsuhisa, gefolgt von einer Filmvorführung in den Tribeca Cinemas.

KARIN HANTA
REISEJOURNALISTIN, BRUCKMANN VERLAG

Seit 2002 wird jedes Jahr im Frühjahr das TriBeCa Filmfestival *(www.tribeca film.com/festival)* veranstaltet. Es gibt aber auch architektonische Schätze wie die Harrison Street Houses *(25–41 Harrison St.)* im Föderationsstil. ■

TRIBECA FILM CENTER
✉ 375 Greenwich St.

☎ 212/941-4000
www.tribecafilmcenter.com

WEITERE SEHENSWÜRDIGKEITEN IN LOWER MANHATTAN

AFRICAN BURIAL GROUND NATIONAL MONUMENT

Der African Burial Ground *(zw. Duane und Elk St.)* ist die bedeutendste urbane Ausgrabungsstätte in den USA. 1991 wurden die Überreste eines zwei Hektar großen Friedhofes entdeckt, auf dem 1712–94 mehr als 20 000 Afroamerikaner begraben wurden.

✉ 290 Broadway ☎ 212/637-2019 🕐 So, Mo geschl. 🚇 U-Bahn: 2, 3 bis Park Place; 4, 5, 6 bis Brooklyn Bridge, R bis City Hall
www.nps.gov/afbg

THE DRAWING CENTER

Das 1977 gegründete Museum ist der Illustration gewidmet. Es zeigt exzellente Arbeiten von Picasso bis zu Cartoon- und Straßenkünstlern.

✉ 35 Wooster St. ☎ 212/219-2166 🕐 Mo, Di geschl.
🚇 U-Bahn: A, C, E zur Canal St.; N, R zur Prince St.
www.drawingcenter.org

MUSEUM OF AMERICAN FINANCE

Das Museum, das zur Smithsonian Institution gehört, basiert auf einer privaten Sammlung des Museumsgründers John E. Herzog. Es ist das einzige, der Finanzwelt gewidmete Museum des Landes und zeigt unter anderem einen Börsentelegrafen, den Thomas Edison 1880 baute.

✉ 48 Wall St. ☎ 212/908-4110
🕐 So, Mo geschl. 🚇 U-Bahn: 2, 3, 4, 5 bis Wall St.
www.moaf.org

MUSEUM OF JEWISH HERITAGE

Das 1997 eröffnete und 2003 um einen Flügel erweiterte Museum ist eine Holocaust-Gedenkstätte. Es gibt einen ergreifenden Einblick in die jüdische Geschichte im 20. Jh.

✉ 36 Battery Pl., Battery Park City ☎ 646/437-4202 🕐 Sa und an jüdischen Feiertagen geschl. 💲 $$ 🚇 U-Bahn: 1 bis South Ferry; 4, 5 bis Bowling Green
www.mjhnyc.org

NEW YORK CITY FIRE MUSEUM

Die umfangreiche Sammlung mit historischen Ausrüstungen und Erinnerungsstücken der Feuerwehr ist in einer alten Feuerwache in SoHo untergebracht. Im ersten Stock befindet sich eine Gedenkstätte für die Opfer des 11. September 2001.

✉ 278 Spring St. zwischen Hudson und Varick St.
☎ 212/691-1303 💲 $$ 🚇 U-Bahn: 1 zur Houston St.; C, E zur Spring St.
www.nycfiremuseum.org

SPAZIERGANG: SOHOS GUSSEISEN-ARCHITEKTUR

Der Spaziergang führt vom West Broadway nach Süden zur Canal Street, bevor er über den Broadway nach Norden die West Houston erreicht. Es gibt herausragende Beispiele von Gusseisen-Fassaden, deren industriell vorgefertigte und mit Bolzen verbundene Teile fast wie Steinmetzarbeiten wirken.

Renovierte Gebäude mit Gusseisen-Fassaden entlang der Greene Street

Starten Sie am West Broadway, zwischen Prince und Spring Street. Am West Broadway 421 befindet sich die **Crown Fine Art Gallery** ❶ *(Tel. 212/757-8255)* für zeitgenössische Kunst. Sammler haben hier die Auswahl zwischen preiswerten Drucken und einem Warhol für 88 000 Dollar (»verhandelbar«). Ein paar Häuser weiter in der Nr. 419 können Fotografie-Interessierte bei **Lik Soho** *(Tel. 212/941-6391, www.lik. com)* Stadtansichten von New York sehen. Legen Sie im französischen Bistro **Cipriani Downtown** *(376 W. Broadway, Tel. 212/343-0999)* einen Stopp ein. Biegen Sie links in die Broome Street und dann rechts in die Wooster Street zur Nr. 33, der **Performing Garage** *(Tel. 212/966-9796)*, dem Zuhause der Wooster Group, einer Gruppe avantgardistischer Schauspieler. Überqueren Sie die Grand Street, deren klassizistische Gebäude Nr. 68–70 von George da Cunha entworfen wurden. An der Canal Street biegen Sie zweimal links ab und setzen Ihren Weg auf der Greene Street in Richtung Uptown fort.

Hier finden sich die meisten Häuserfronten aus Gusseisen. Isaac F. Duckworth entwarf Nr. 28–30 im Empire-Stil, bekannt als **Queen of Greene Street** ❷. Sein Mansardendach ist eine passende Krone. Der wahre König des Gusseisen-Baus ist jedoch Henry Fernbach. Er entwarf den Großteil dieses Blocks. Extravagant ist Haus Nr. 72–76 von Duckworth. Wegen seiner fünfstöckigen Veranda, die von korinthischen Säulen gestützt wird, verdient dieses Gebäude den Namen **King of Greene Street** ❸. Biegen Sie jetzt rechts in die Spring Street, dann rechts in die Mercer Street. Danach geht es links in die Broome Street und wieder links in den Broadway. Das **Haughwout Building** ❹ von J. P. Gaynor ist das größte und am besten erhaltene New Yorker Gebäude mit gusseiserner Front. Außerdem hatte es als erstes einen Personenaufzug. Links zwischen Broome und Spring Street sind die Nummern 521–523 am Broadway alles, was vom eleganten **St. Nicholas Hotel** (1854) übrig geblieben ist.

Alfred Zucker baute 1889 das Haus am Broadway 555 für den Großhändler Charles Rouss. Das Bauwerk am Broadway mit der Nummer 561 wird **Little Singer Building** ❺ genannt, da es 1903 von Ernest Flagg für die Singer Manufacturing Company gebaut wurde. Bemerkenswert sind seine Fassade aus Terrakotta, die Balkongitter und die Fenster. Im Haus Nr. 560 befinden sich einige Galerien.

In der Prince Street sollten Bibliophile nach rechts und darauf wieder links in die Crosby Street 126 abbiegen. Im **Housing Works Used Book Café** *(Tel. 212/334-3324, www.housingworks.org/bookstore)* kann man nach Lust und Laune stöbern. Folgen Sie dem Broadway in Richtung Norden bis zur Kreuzung an der Houston Street. Dort ragt ein siebenstöckiges Bürogebäude *(610 Broadway)* auf. Die neuen Gebäude Nr. 19–35 und Nr. 55 westlich entlang der Houston Street stellen das Tor nach SoHo dar. Das **Angelika Film Center** ❻ *(18 W. Houston St., Tel. 212/995-2570)* hat ein Café und zeigt erstklassige Filme aus der ganzen Welt. Bei Events sprechen Filmschauspieler und -regisseure über ihre Arbeit.

□ **Tipp**

Leicht zu verwechseln: Broadway und West Broadway. Der Stadtplan hilft.

MIKE MCNEY
NATIONAL GEOGRAPHIC MAPS

🅰 Siehe auch Karte S. 62 f.
🅿 Crown Fine Art Gallery
↔ 1,7 km
🕐 1½ Std.
🅿 Angelika Film Center

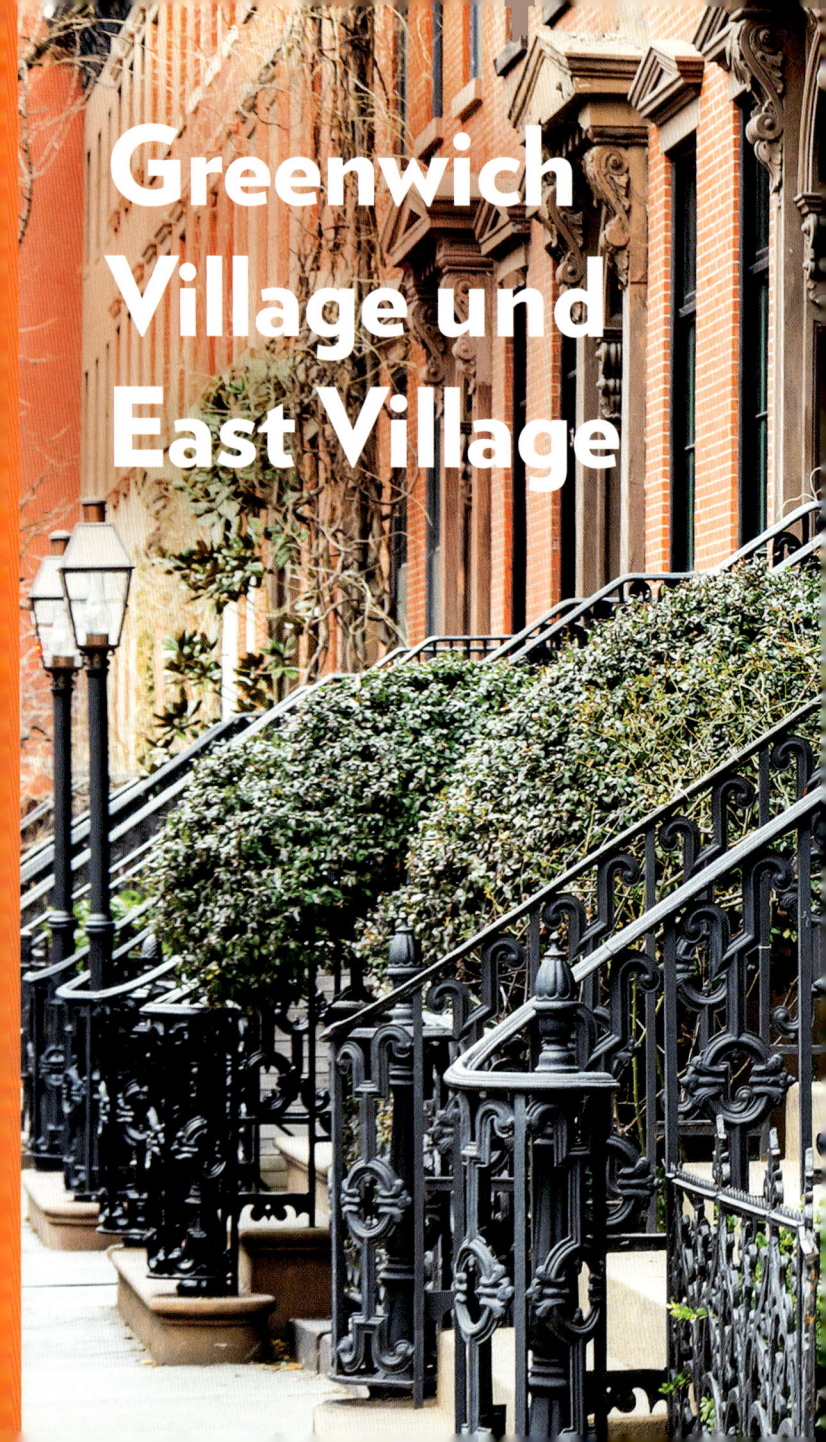

Greenwich Village und East Village

Erster Überblick   90–91

Washington Square Park   92–93
Special: Durch Greenwich
Village   94–95

East Village   96–97

Hotels und
Restaurants   275–278

❮ Häuser aus braunrotem Sandstein
prägen Greenwich Village

Greenwich Village gehört zu den legendären Vierteln New Yorks. Es umgibt den Washington Square Park und erstreckt sich Richtung Westen – begrenzt von der Houston Street, der 14th Street, dem Broadway und dem Hudson.

Greenwich Village und East Village

Zur Orientierung

Die Villages

❶ Judson Memorial Church ❷ Church of the Ascension ❸ First Presbyterian Church ❹ Merchant's House Museum ❺ Grace Church ❻ Stuyvesant Fish House ❼ St. Mark's Church in-the-Bowery ❽ Ukrainian Museum

Der Ruf des auch West Village genannten Viertels als Zufluchtsort für Freunde des freien Denkens und der freien Liebe, für Künstler, Poeten, Schriftsteller, Rebellen und Revolutionäre besteht seit Beginn des 20. Jh. Dieses Image trifft ebenso auf das East Village zu. Sogar der Straßenverlauf in Greenwich ist unkonventionell, da er sich dem Gittermuster widersetzt, das dem restlichen Teil der Stadt ab der 14th Street auferlegt wurde. Hier folgen die Straßen noch alten Farmwegen.

Heute werden Sie hier neben Künstlern und Schriftstellern auch Studenten und Müttern mit Kinderwagen begegnen sowie Rentnern, die am Washington Square oder Tompkins Square Schach spielen – aber auch Drogendealern. Der Washington Square wird von der New Yorker Polizei gründlich bewacht. Der Tompkins Square wurde neu gestaltet.

Das West Village ist ein einzigartiges Viertel. Hier locken italienische Lebensmittelläden, Antiquitätengeschäfte und Straßenkunst. Zu den legendären Lokalen gehört die White Horse Tavern an der Kreuzung Hudson Street und West 11th Street: eine Kneipe von 1880, die gern von Schriftstellern besucht wurde. Im East Village befindet sich in der East Seventh Street das McSorley's Old Ale House von 1854, das sich dem Motto »Gutes Bier, rohe Zwiebeln und keine Frauen« verschrieb – seit 1970 sind aber doch Frauen zugelassen. Im 2006 geschlossenen CBGB's wurde der amerikanische Punk geboren; der Bowery Poetry Club *(308 Bowery, Tel. 212/614-0505, www.boweryartsandscience.org)* bietet Auftrittsmöglichkeiten, Lesungen und Events. ■

Eine Umgestaltung des Washington Square Park, bei der die Grünfläche noch erweitert wird, begann 2007. Seit der Park in den 1960er-Jahren für den Autoverkehr gesperrt wurde, ist er einer der größten Plätze New Yorks: für Studenten, Straßenkünstler, Hundebesitzer und Touristen. Zentrum ist der Washington Arch von Stanford White, der 1895 eingeweiht wurde.

Die vier Hektar große Fläche wurde zunächst für einen Töpfermarkt, öffentliche Hinrichtungen und Paraden genutzt, bis man sie im Jahr 1826 zum Washington Square Park umgestaltete. Etwa zu dieser Zeit entstanden auch die zwölf Backsteinhäuser (1831–33) im Stil des Greek Revival, die als »the Row« bekannt sind.

Obwohl in der Row und der nördlichen Umgebung eine Reihe von Schriftstellern und Künstlern wohnten (unter anderem Edith

☐ Tipp

Die New York University (Tel. 212/998-7150, www.scps. nyu.edu) bietet kulinarische Touren wie »Chelsea Market und die High Line« oder »Arthur Avenue's Little Italy« durch die Bronx.

JUSTIN KAVANAGH
REDAKTEUR, NATIONAL GEOGRAPHIC
INTERNATIONAL EDITIONS

Wharton, Willa Cather, John Dos Passos und Mark Twain), war das Viertel bestimmt nicht Sitz der Boheme. Die Schriftstellerin Djuna Barnes beschrieb den Unterschied zwischen der Nord- und Südseite des Washington Square zu Anfang des 20. Jh. folgendermaßen: »Satin und Automobile auf der einen, Lumpen und Schubkarren auf der anderen Seite.« Auch heute teilt der Platz zwei verschiedene Straßenzüge. Entlang der Nordseite in der Nähe des Bogens liegen ruhige Straßen mit herrschaftlichen Häusern. Richard Upjohn entwarf die **Church of the Ascension** (10th St. und 5th Ave., Tel. 212/254-8620) 1841 im Stil des Gothic Revival. Der Turm der **First Presbyterian Church** (W. 12th St., Tel. 212/675-6150) entstand nach einem Vorbild am Magdalen College in Oxford.

JUDSON MEMORIAL CHURCH
◪ Karte S. 90 f.
✉ 55 Washington Sq. South
☎ 212/477-0351

WASHINGTON SQUARE PARK
◪ Karte S. 90 f.

Hinweis: Der Washington Square ist das Zentrum der New York University (NYU; 70 Washington Sq. S., Tel. 212/998-1212) mit Bibliothek, juristischer Fakultät und Verwaltungsgebäude.
Die NYU wurde 1831 als nichtkonfessionelle Alternative zur Columbia University (siehe S. 217) gegründet.

Washington Square Park an einem ruhigen, sonnigen Tag

Auf der anderen Seite des Bogens Richtung Bleecker Street herrscht multikultureller Einfluss. Die **Judson Memorial Church** (1892) ist für ihren politischen Aktivismus bekannt.

Schriftsteller und Künstler zogen in das Village. In der Pension von Mrs. Blanchard am Washington Square Park South 61, dem »House of Genius« wohnten die Autoren Stephen Crane, Theodore Dreiser und Frank Norris. In der MacDougal Street 139, im Provincetown Playhouse, wurden die Werke von Eugene O'Neill erstmals aufgeführt. ■

─────────────── ☐ **Erlebnis** ───────────────

ENTDECKUNGSREISE DURCH DIE SCHICKEN LÄDEN UND RESTAURANTS DES MEATPACKING DISTRICT

Am Nordwestrand von Greenwich Village hat sich der Meatpacking District zu einem Szeneviertel entwickelt. Um 1900 gab es hier 250 Schlachthöfe und Fleischfabriken, heute sind es nur noch knapp drei Dutzend. Stattdessen findet man nun Haute-Couture-Läden, darunter **Moschino**, **Massimo Bizzochi** und **Diane von Furstenberg** an der West 14th Street zwischen Ninth und Tenth Avenue. In diesem Block befindet sich auch der **Ground Zero Museum Workshop** *(420 W. 14th St., Tel. 212/209-3370, www.groundzeromuseumwork shop.com)*, in dem Bilder und Objekte aus der Wiederaufbauzeit nach dem 11. September 2001 zu sehen sind. An der Nordwestecke von Ninth Avenue und West 14th Street, gegenüber dem **Old Homestead Steakhouse** von 1868, befindet sich Manhattans größter Apple Store *(401 W. 14th St., Tel. 212/444-3400)*. In Richtung Süden auf der Ninth Avenue gibt es eine Reihe angesagter Restaurants, darunter das **Spice Market** (asiatisch; *www.spicemar ketnewyork.com*), **Pastis** (französisches Bistro; *www.pastisny.com*) und **Serafina Meatpacking** (italienisch; *www.meatpacking.serafinarestaurant.com*).

Dieser rund 90-minütige Spaziergang durch das historische Viertel des West Village führt durch ruhige Wohngegenden und geschäftige Straßen.

Starten Sie an der Sixth Avenue und Ninth Street bei der **Jefferson Market Courthouse Library ①** (Mo–Do 10–20, Fr/Sa 10–17, So 13–17 Uhr). Benannt ist sie nach einem Markt, der seit 1833 hier stattfand. Das Backsteingebäude von 1877 entwarfen F. Withers und C. Vaux. Gehen Sie links weiter in die Tenth Street und zum kleinen **Patchin Place ②**, einer Sackgasse mit zehn Backsteinhäusern von 1848. Der Dichter E. E. Cummings wohnte 40 Jahre bis zu seinem Tod 1962 im Haus Nr. 4.

An der Greenwich Avenue geht es links, an der Christopher Street rechts und an der **Gay Street ③** wieder links. Diese kurze Straße ist das erste Beispiel für die unregelmäßige Straßenführung im Village, die sich dem Gitternetz nördlich der 14th Street nicht fügte. Die frühere Allee Gay Street wurde als Entstehungsort von *My Sister Eileen* (1938) bekannt, einem Buch über das Leben in Greenwich Village. Weiter geht es links zum Waverly Place. Edgar Allen Poe wohnte zeitweise im Haus Nr. 137. Machen Sie kehrt und gehen Sie am Waverly Place Richtung Westen. In der **Northern Dispensary ④** von 1827, erhielten Kranke kostenlose medizinische Versorgung von der Stadt.

Sie laufen nun links in den Stonewall Place (*Teil der Christopher St.*), der nach dem **Stonewall Inn ⑤** benannt wurde. Hier nahm die Schwulenbewegung am 27. Juni 1969 ihren Anfang. Die heutige Stonewall Bar befindet sich teilweise in den gleichen Räumen wie das ursprüngliche Inn (*51 Christopher St.*). Daneben liegt die **55 Bar**, eine Bar aus der Prohibitionszeit, wo es Live-Jazz, -Funk und -Blues gibt. Vor Ihnen liegt die Seventh Avenue. Der **Sheridan Square ⑥** war schon immer ein bedeutender Schauplatz des Village-Lebens. Zu Beginn ihrer Karriere trat Barbra Streisand im **Duplex Cabaret** (*61 Christopher St./ Ecke 7th Ave. South, Tel. 212/255-5438*) auf. Das **Village Vanguard**

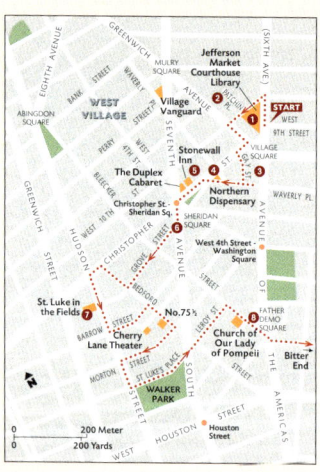

- 🗺 Siehe auch Karte S. 90 f.
- Ⓟ Sixth Ave. und Ninth St.
- ↔ 2,5 km
- 🕐 1½ Std.
- Ⓟ Sixth Ave. oder Bleecker St.

(178 7th Ave., Tel. 212/255-4037) gehört seit 1935 zu den großen Jazzclubs der Stadt. Folgen Sie jetzt der Seventh Avenue Richtung Süden und biegen Sie rechts in die Grove Street. Thomas Paine, ein Gründervater der Vereinigten Staaten, wohnte zeitweise im Haus Nr. 59.

In der Bedford Street rechts, Haus Nr. 102, steht Twin Peaks. 1926 ließ der Bankier Otto Kahn das Gebäude nach Nürnberger Vorbild zum Künstlerhaus umbauen. Gehen Sie weiter bis zur Christopher Street und biegen zweimal links und in die Hudson Street, bis zur Nr. 185, **St. Luke in the Fields** . Folgen Sie nun links der Barrow Street und dann rechts der Bedford Street. In **75½ Bedford** wohnte 1915 der Schauspieler John Barrymore. Mit 2,90 Metern Breite ist es das schmalste Haus New Yorks. Biegen Sie rechts in die Morton Street und links in die Hudson Street und kommen Sie dann links wieder zum St. Luke's Place.

Das charmante Village atmet noch immer den Geist der Boheme

Zu den hier lebenden Schriftstellern gehörten Theodore Dreiser *(Nr. 16)* und Marianne Moore *(Nr. 14)*. Überqueren Sie jetzt die Seventh Avenue und folgen Sie der Leroy Street. Nun gelangen Sie zur Bleecker Street, der Hauptstraße des Village mit Geschäften und Lokalen. **Bleecker Street Records** *(188 W. 4th St., Tel. 212/255-7899)* verkauft Vinyl und CDs.

An der Kreuzung von Bleecker Street und Sixth Avenue liegt der **Father Demo Square** ❽, der nach einem Geistlichen der Church of Our Lady of Pompeii *(Carmine und Bleecker St.)* benannt ist. Wer will, kann bis zum **Bitter End** in der Bleecker Street 147 *(Tel. 212/673-7030)* gehen, Sprungbrett für Comedians und Musiker wie Woody Allen, Bob Dylan und Lady Gaga. Auch den Jazz-Club Smalls *(183 W. 10th St., Tel. 646/476-4346)* sollte man nicht versäumen. Hier spielen die Stars von morgens bis in die frühen Morgenstunden.

ASTOR PLACE

Dieser Platz liegt im Zentrum eines Studentenviertels. Historisch wird der Astor Place mit Unruhen im Jahr 1849 in Verbindung gebracht, als es hier noch ein Theater gab. Als der Engländer Willliam Charles Macready dem irisch-amerikanischen Schauspieler Edwin Forrest für den Hamlet vorgezogen wurde, versammelten sich 10 000 protestierende Amerikaner irischer Abstammung. Die Polizei schoss in die Menge, mehrere Menschen wurden getötet oder verletzt. Heute ist die Gegend als Sitz der hoch angesehenen Cooper Union for the Advancement of Science and Art, kurz: **Cooper Union**, bekannt. Sie wurde 1857–59 von Peter Cooper gegründet, um begabten Kindern armer Leute eine kostenlose höhere Schulbildung zu ermöglichen. Auch heute noch muss hier weniger Schulgeld als auf anderen Eliteuniversitäten bezahlt werden. Seither hat jeder Präsident in dem Gebäude eine Rede gehalten. Cooper, der die erste Dampflok Amerikas baute, war Autodidakt, Unternehmer und Reformpolitiker.

Die Astor Library war die erste öffentliche Bibliothek der Stadt. Sie wurde 1854 mit dem Nachlass des Multimillionärs und Philanthropen John Jacob Astor IV eröffnet. Heute befindet sich hier **The Public Theater**, das vom Theatermacher Joseph Papp gegründet wurde, der die Stadtverwaltung 1965 überreden konnte, das Gebäude zu einer Aufführungsstätte umzubauen. Das Theater bringt exzellente avantgardistische Stücke zur Aufführung. So erlebte auch das Erfolgsmusical »Hamilton« hier seine Uraufführung. In der angeschlossenen Bar Joe's Pub treten Kabarettistinnen wie Sandra Bernhard auf.

Erwähnenswert ist noch das **De Vinne Press Building** von 1886 *(393–399 Lafayette St.)* im Stil des Romanesque Revival sowie die **Colonnade Row** bei Nr. 428–434: vier von einst neun Wohnhäusern im Stil des Greek Revival von 1833.

ST. MARK'S UND ALPHABET CITY

Im Herzen des East Village liegt der **Tompkins Square Park**, benannt nach Daniel Tompkins (1774–1825), Gouverneur von New York und sechster US-Vizepräsident. Der legendäre Stadtgründer Peter Stuyvesant liegt hin-

COOPER UNION
- 🅐 Karte S. 90 f.
- ✉ 41 Cooper Sq.
- ☎ 212/353-4100
- 🚇 U-Bahn: 6 bis Astor Pl.
- **www.cooper.edu**

ST. MARK'S BOOKSHOP
- ✉ 31 3rd Ave.

- ☎ 212/260-7853,
- **www.stmarksbookshop.com**

THE PUBLIC THEATER
- ✉ 425 Lafayette St.
- ☎ 212/539-8500
- 🚇 U-Bahn: 6 bis Astor Pl.; N, R bis 8th St.
- **www.publictheater.org**

Am Tompkins Square findet das alljährliche Howl Festival für Kunst aus East Village statt

ter **St. Mark's Church in-the-Bowery** *(East 10th St./Ecke 2nd Ave., Tel. 212/674-6377)* begraben. Die Kirche ist ein Zentrum für Veranstaltungen, besonders zeitgenössischer Tanz und wöchentliche Dichterlesungen *(Danspace, Tel. 212/674-8112)* finden hier statt.

Gegenüber der Kirche steht ein klassischer Federal-Style-Bau, das **Stuyvesant-Fish House** *(21 Stuyvesant St., nicht zu besichtigen)* von 1803. Die Stadthäuser hier (Nr. 23–35) und in der East Tenth Street 114–128 baute James Renwick Jr. im Jahr 1861 im italienischen Stil. Südlich der St. Mark's Church in-the-Bowery traten Janis Joplin, The Doors und andere Gruppen in Bill Grahams psychedelischem Veranstaltungsgebäude **Fillmore East** *(2nd Ave., 6th St.)* auf.

Westlich der Kirche steht Renwicks Meisterwerk des Gothic Revival von 1846: die **Grace Church** *(802 Broadway/E. 10th St., Tel. 212/254-2000)*. Den **Strand Book Store** *(828 Broadway, Tel. 212/473-1452)*, ein großes Antiquariat nördlich der Grace Church, sollten Bibliophile sich nicht entgehen lassen besuchen. Das **Merchant's House Museum** von 1832 vermittelt einen Eindruck des Lebens im 19. Jh. Das **Ukrainian Museum** ist ein imposantes Gebäude mit einer Ausstellungsfläche von über 2300 Quadratmetern. ■

MERCHANT'S HOUSE MUSEUM

- ▲ Karte S. 90 f.
- ✉ 29 E. 4th St.
- ☎ 212/777-1089
- 🕐 Do–Mo 12–17 Uhr
- 💲 $$
- 🚇 U-Bahn: 6 bis Astor Place; N, R bis 8th St.

www.merchantshouse.org

UKRAINIAN MUSEUM

- ▲ Karte S. 90 f.
- ✉ 222 E. 6th St., zw. 2nd und 3rd Ave.
- ☎ 212/228-0110
- 🕐 Mi–So 11.30–17 Uhr
- 💲 $$
- 🚇 U-Bahn: R, N bis 8th St.; 6 bis Astor Pl.

www.ukrainianmuseum.org

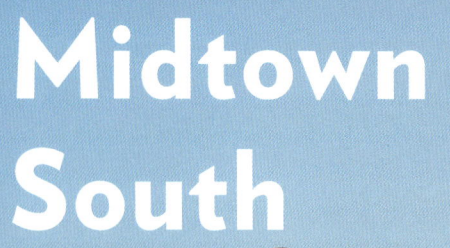

Midtown
South

Erster Überblick 100–101

Chelsea 102–103

Whitney Museum
of American Art 104–105
Special: Die High Line 106–107

Gramercy Park 108–109
Special: Spaziergang:
Die Ladies' Mile 110–111

Empire State Building 112

Herald Square 113

The Morgan Library &
Museum und
Umgebung 114–115
Special: Die beste Pizza von
New York 116–117

New York Public
Library 118–119

Hotels und
Restaurants 278–283

‹ Die High Line: grüner Stadtraum
entlang der alten Hochbahntrasse

Midtown South besitzt neben Gegenden mit hektischer Aktivität auch Oasen, die kaum vom Treiben der Großstadt berührt werden. Doch auch der Herald Square mit Macy's befindet sich hier und der Garment District, wo sich Verkehr und Fußgänger besonders dicht drängen.

Die meisten Bauten in Midtown South sind älter als die berühmten Wolkenkratzer. Im 19. Jh. war Midtown South das Stadtzentrum und bot die besten Hotels, Restaurants, Theater, Opern und Kaufhäuser sowie elegante Villen.

Die New York Public Library wurde 1898–1922 an jener Stelle errichtet, wo früher ein ummauertes Reservoir von 1842 lag, das Teil des Croton-Aquädukts war. Madison Square Garden ist bis heute ein fester Bestandteil von Midtown South. Der erste »Garden« (1879) befand sich in einem umgebauten Eisenbahndepot an der Ostseite des Madison Square Park. Der heutige Garden (7th Ave., zwischen 31st und 33rd St.) ersetzte die Penn Station, ein prächtiges Beaux-Arts-Gebäude. Heute liegt die Penn Station im Untergrund.

Im 19. Jh. wurde Midtown South zum Mittelpunkt der New Yorker Textilbranche. Sie war von der Lower East Side Richtung Madison Square gewandert und ließ sich um die West 30th Street nieder, wo der Garment District entstand. Eine Bronzestatue von 1984 – Judith Wellers *The Garment Worker* – erinnert an die jüdischen Immigranten, die zum Aufschwung des Gewerbes beitrugen. Das Fashion Institute of Technology (7th Ave./27th St., Tel. 212/217-7999), eine Ausbildungsstätte der Bekleidungsindustrie, organisiert Modeausstellungen. Während der letzten 20 Jahre wurde in diesem Viertel viel renoviert. Die Umgebung des Flatiron Building wird heute Photography District genannt. Eine grandiose Mischung aus Architekturstilen des frühen 20. und dem 21. Jh. ist die Morgan Library. ■

Midtown South

1 Jacob K. Javits Convention Center **2** General Theological Seminary **3** St. Peter's Episcopal Church **4** Church of the Holy Apostles **5** General Post Office **6** Madison Square Garden **7** Holy Communion Church **8** New Amsterdam Theater **9** Macy's **10** Flatiron Building **11** Worth Monument **12** Museum of Sex **13** T. Roosevelt Birthplace **14** Con Edison H. Q. **15** N.Y. State Supreme Court **16** N.Y. Life Insurance Co. **17** American Radiator (Standard) Building **18** Church of the Incarnation **19** Daily News Building

42ND

REET

ET

AVENUE

42nd Street

42nd Street-Times Square

8

GARMENT DISTRICT

BROADWAY

STREET

BRYANT PARK

5th Avenue

EAST

AVENUE

17

New York Public Library

Grand Central-42nd Street

42ND

STREET

19

4th Street-nn Station

5th Street-nn Station

9

HERALD SQUARE

AVENUE

AVENUE

AVENUE

34th Street

Empire State Building

18

The Morgan Library

AVENUE

AVENUE

GREELEY SQUARE

STREET

AMERICAS

EAST

EAST

MURRAY HILL

33rd Street

34TH

AVENUE

ST. VARTAN PARK

STREET

STREET

32ND

ST.

28th Street

12

FIFTH

EAST

SOUTH

28th Street

30TH

STREET

STREET

11

16

MADISON SQUARE PARK

EAST

MADISON

28TH

LEXINGTON

STREET

STREET

15

AVENUE

26TH

THIRD

23rd Street

10

EAST

23rd Street

23RD

STREET

SECOND

FIRST

STREET

7

13

STREET

PARK

BROADWAY

EAST

Gramercy Park

20TH

STREET

ET

EAST

PLACE

UNION SQUARE

IRVING

17TH

STREET

14th Street-Union Square

14

EAST

STUYVESANT SQUARE

ST.

STUYVESANT

3rd Avenue

14TH

ST.

1st Avenue

TOWN

Midtown South

Zur Orientierung

Chelsea im Westen Manhattans, zwischen 14th und 30th Street, hat sich in den letzten Jahren zu einem der dynamischsten Viertel New Yorks entwickelt. Obwohl sich hier 300 Galerien, schicke Läden und Restaurants angesiedelt haben, hat der Stadtteil mit Reihenhäusern aus dem 19. Jh. und gut erhaltenen Kirchen seine traditionelle Atmosphäre bewahrt.

1987 wurde die **Dia Art Foundation** auf einer fast 4000 Quadratmeter großen Ausstellungsfläche in der 548 West 22nd Street *(zw. 10th und 11th Ave.)* eröffnet. Weitere Galerien zogen nach.

Das **Rubin Museum** *(150 W. 17th St., Tel. 212/620-5000, www.rubinmuseum. org, Di geschl., $$$)* ist das erste Museum der westlichen Welt, das sich ausschließlich der Kunst des Himalaya zuwendet.

Überschaubarer ist die **David Zwirner Gallery** *(533 W. 19th St., zw. 10th und 11th Ave., Tel. 212/727-2070, www.davidzwirner.com)*, die sowohl Retrospektiven als auch neuere internationale Kunst zeigt.

Objekte ganz anderer Art stellt das **Museum of Sex** *(233 5th Ave./27th St., Tel. 212/689-6337, $$$)* aus, die erste Kultureinrichtung des Landes, die sich diesem Thema widmet.

Seit den 1990er-Jahren behauptet Chelsea seine zentrale Rolle im New Yorker Kunstbetrieb mit Schwergewichten wie dem Gagosian oder kleinen Galerien. Daneben haben hier auch das Fashion Institute of Technology *(7th Ave./27th St.)* und die School of Visual Arts *(209 E. 23rd St.)* ihre Heimat.

DIA ART FOUNDATION
- ⊠ 548 W. 22nd St.
- ☎ 212/989-5566
- 🕐 Sa/So geschl.
- 💲 $
- 🚇 U-Bahn: C, E bis 8th Ave. und 23rd St.; 1 bis 7th Ave. und 23rd St.
- **www.diaart.org**

GENERAL THEOLOGICAL SEMINARY
- 🗺 Karte S. 100 f.
- ⊠ 440 W. 21st St.
- ☎ 212/243-5150
- 🕐 Sa/So geschl.
- 🚇 U-Bahn: 1, C oder E bis 23rd St.
- **www.gts.edu**

🟧 Erlebnis

FLIEGEN LERNEN – AM TRAPEZ

Haben Sie schon immer davon geträumt, am Trapez zu schweben? Besuchen Sie einen Kurs der **Trapeze School New York** *(353 West St. und saisonal am Pier 40, nahe W. Houston St., Tel. 212/242-1872, newyork.trapezeschool.com)*. Anfänger, auch Kinder, sind willkommen. Reservierung wird empfohlen. Nehmen Sie die U-Bahn A, C oder E bis 34th Street oder den Bus M34 bis 10th Avenue, gehen Sie dann nach Süden und Westen. Zum Pier 40 gelangen Sie mit der U-Bahn 1 bis Houston Street, dann zu Fuß westlich zum Hudson River Park.

Als jüngstes Highlight glänzt seit 2015 das **Whitney Museum of American Art** an seinem neuen Standort am Beginn des High Line Parks (siehe S. 106 f.). Die ständige Ausstellung umfasst mehr als 18 000 Werke – Gemälde, Skulpturen, Zeichnungen, Drucke und Fotografien sowie multimediale Installationen. Alle Größen der bildenden Kunst Nordamerikas sind hier versammelt, von Calder über Hopper bis Pollock und Warhol.

Die Geschichte des ehrwürdigen Chelsea Hotel ist reich an Legenden, Literatur und Skandalen

DAS HISTORISCHE CHELSEA

Chelsea war ursprünglich holländisch: Jakob Somerindynck besaß hier eine Farm, die der britische Hauptmann Thomas Clarke 1750 als Ruhesitz erwarb und Chelsea taufte, benannt nach dem Chelsea Royal Hospital in London. Clement Clarke Moore wurde zum ersten Stadtplaner Chelseas. Bekannt ist er als Autor von *The Night Before Christmas*. Moore schenkte dem General Theological Seminary an der Ninth Avenue beim Chelsea Square ein Stück Land. In dem dort errichteten ältesten Seminar der Episkopalkirche Amerikas unterrichtete er biblische Sprachen. ∎

 **Wissen**

CHELSEA PIERS SPORTS AND ENTERTAINMENT COMPLEX

Wer den 11 ha großen Komplex *(Tel. 212/336-6666, www.chelseapiers.com)* besucht, hat das Gefühl, in einen kleinen Ort zu kommen. Zu Chelsea Piers, am Ufer des Hudson zwischen 17th und 23rd Street gelegen, gehören der **Golf Club** *(Tel. 212/336-6400)* mit einer Driving Range und **300 New York** *(Tel. 212/835-2695)* mit Bowlingbahnen am Pier 59, das **Sports Center** *(Tel. 212/336-6000)* am Pier 60. **Sky Rink** *(Tel. 212/336-6100)* lockt Eisläufer zum Pier 61, und zu **Field House** *(Tel. 212/336-6500)* am Pier 62 geht, wer Lust auf Gymnastik, Fußball, Basketball oder Klettern hat. Nehmen Sie den Bus M23 über 23rd Street oder den M14 über die 14th Street; die jeweils letzte Haltestelle liegt am Nord- bzw. Südeingang.

Fans der TV-Serie *Law and Order* können den **Silver Screen Studios** am Pier 62, wo zahlreiche Folgen gedreht wurden, einen Besuch abstatten. Die Studios sind Manhattans größte Produktionsstätte für Film und Fernsehen mit einer Fläche von mehr als 18 000 m².

WHITNEY MUSEUM OF AMERICAN ART

Das Whitney Museum ist eines der wenigen Museen, die von einer Künstlerin ins Leben gerufen wurden – in diesem Fall von Gertrude Vanderbilt Whitney. Sie gehörte zu zwei der angesehensten Familien New Yorks und widmete sich als Bildhauerin der avantgardistischen Kunst des 20. und 21. Jahrhunderts.

Das heutige Gebäude aus dem Jahr 1966 entwarf der bekannte Bauhaus-Architekt Marcel Breuer. Der dreistöckige Bau aus Granit hat die Form einer umgekehrten Pyramide. Ein Steg, der über einen »Burggraben« führt, bildet den Eingang. Hier liegt das Lokal **Untitled** *(Tel. 212/570-3670, www. untitledatthewhitney.com)*, in dem regionale Produkte den Schwerpunkt bilden und zu dem der Zugang durchs Museum führt. Im Erdgeschoss gibt es eine gut sortierte Buchhandlung und einen Souvenirladen. Hier und in den oberen Etagen werden neuere Werke der Sammlung gezeigt. Sonderausstellungen widmen sich jeweils einem Thema, 2013 beispielsweise »Blues for Smoke« und »Jay DeFeo: A Retrospective« oder, schon 2008, die viel beachtete Retrospektive »Lawrence Weiner: As Far As the Eye Can See«, für den Pionier der Konzeptkunst. Ein Teil des Museums ist der Fotografie gewidmet. Hier sieht man Arbeiten von Diane Arbus, Arthur »Weegee« Fellig und Robert Mapplethorpe.

DIE STÄNDIGE AUSSTELLUNG

Die ständige Ausstellung des Whitney Museum umfasst mehr als 18 000 Werke – Gemälde, Skulpturen, Zeichnungen, Drucke und Fotografien sowie multimediale Installationen. Die **Leonard and Evelyn Lauder Galleries**

 Wissen

WHITNEY GEHT BIS AN DIE GRENZEN DER KUNST

1913 half Gertrude Vanderbilt Whitney, die Mittel für die Armory Show aufzubringen, anschließend gestaltete sie ihr eigenes Atelier als Ausstellungsraum und Künstlertreff. 1929 bot sie dem Metropolitan Museum of Art die Schenkung ihrer Sammlung an. Doch sie kassierte eine Abfuhr – ihre Sammlung war für das Met zu modern –, deshalb entstand eine Ausstellungsfläche in vier Stadthäusern an der West Eighth Street 8–14. Es war das erste Museum weltweit, das sich der amerikanischen Kunst widmete – und der Grundstock des Whitney Museum. Noch heute sucht das Museum außerhalb der etablierten Szene nach unabhängigen Künstlern, die von anderen übersehen werden. Die Frühlingsbiennale des Museums, die 1932 erstmals abgehalten wurde, sorgt immer noch mit ihrer Präsentation neuer amerikanischer Künstler und Trends für einiges Aufsehen.

zeigen ausschließlich amerikanische Werke des 20. Jh. Zu den Arbeiten aus den Jahren 1900 bis 1950 gehören Werke von Edward Hopper, Marsden Hartley, Georgia O'Keeffe, Stuart Davis, Arshile Gorky und Alexander Calder. Sehenswert sind Calders verspielte Skulptur *Circus* (1926–31), Georgia O'Keeffes *Flower Abstraction* (1926) und Edward Hoppers *Early Sunday Morning* (1930). 2000 eröffnete das Museum im ersten Stock die **Mildred and Herbert Lee Galleries**, die Werke aus der Nachkriegszeit und zeitgenössische Arbeiten präsentieren. Willem De Kooning, Andy Warhol, Jasper Johns, Philip Guston, Alex Katz, Joseph Stella, Jackson Pollock, Louise Nevelson und Kiki Smith gehören zu den prominentesten Repräsentanten unter einer Vielzahl moderner Künstler.

Das Whitney Museum wird auch für seine Ausblicke geschätzt

EINE TREIBENDE KRAFT FÜR VERÄNDERUNGEN

Das Whitney Museum wurde zu einer Zeit gegründet, als die USA die eigene Kunst nicht ernst nahm und ihre Künstler nicht förderte. Das Museum wirkte wesentlich daran mit, dass sich diese Mentalität änderte. Am Eingang des neuen High Line Parks im Meetpacking District gelegen, zieht das Museum besonders am Wochenende Besucher an, die gern Kunstgenuss mit einem Spaziergang in der Natur verbinden.

Bei dieser Gelegenheit bietet sich dann auch ein Abstecher beim Schlemmerparadies »Chelsea Market« (*www.chelseamarket.com*) an, eine Markthalle, die für ihre große Auswahl an Lebensmitteln bekannt ist. ■

WHITNEY MUSEUM OF AMERICAN ART
🄰 Karte S. 100 f.
✉ 99 Gansevoort St.

☎ 212/570-3600
🕐 Di geschl.
💲 $$$$
🚇 U-Bahn: A, C, E, L bis 14th St.
www.whitney.org

Das Stadtbild New Yorks erleben Besucher normalerweise vom Grund der Straßenschluchten oder vom Aussichtsdeck eines Wolkenkratzers. Seit 2009 eröffnet eine Grünanlage auf einer alten Hochbahntrasse ganz neue Perspektiven auf Lower Manhattan. Die High Line verbindet Historie mit moderner Stadtplanung und hat die Lebensqualität in Downtown nachhaltig verbessert.

Die Geschichte der High Line begann 1929 mit dem Bau einer Hochbahn für den Gütertransport zwischen den Docks und dem Meatpacking District. Bis 1980 schlängelte sich die Bahn in 9 Metern Höhe durch die West Side. Nachdem die Trasse zwei Jahrzehnte lag brachgelegen hatte, war der Abriss des Industrierelikts beschlossene Sache. 1999 riefen der Journalist Joshua David und der Künstler Robert Hammond die Initiative **Friends of the High Line** *(Tel. 212/500-6035, www.thehighline.org)* ins Leben. Die Stadt ließ sich vom Potenzial der High Line überzeugen und kündigte 2002 die Schaffung einer öffentlichen Grünfläche an.

Der Landschaftsarchitekt James Corner integrierte in sein Konzept zahlreiche Originalschienen und Holzbänke für Ruhepausen. Auf einer Länge von 2,3 Kilometern zieht sich der High Line Park heute als grüne Oase von der Gansevoort Street bis zur 34th Street.

Der Südeingang des Parks liegt neben dem neuen Bau des **Whitney Museum of American Art** *(www.whitney.org)* in der Gansevoort Street. Spazieren Sie durch das **Gansevoort Woodland** bis zur **14th Street Passage.** Halten Sie Ausschau nach den Liegestühlen des **Sundeck & Water Feature** zwischen West 14th und 15th Street. Der **Meatpacking District** liegt rechter Hand, während Sie links zwischen alten Häusern mit den für New York typischen Wasserspeichern und eleganten Neubauten den Hudson River sehen können.

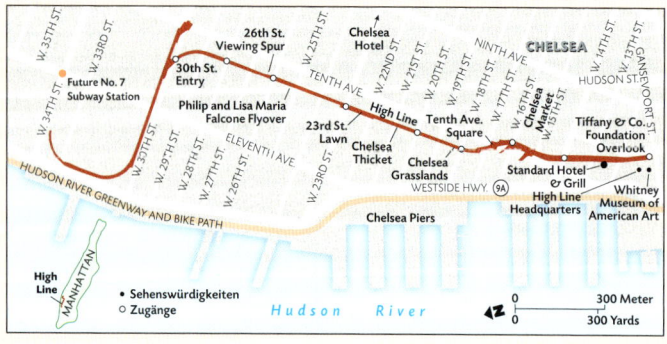

Blick auf Chelsea und die Hochhausarchitektur Midtowns vom Falcone Flyover an der 26th Street

Die **Chelsea Market Passage** verläuft entlang eines weiteren bemerkenswerten Beispiels alter Industriearchitektur: Die Nabisco-Keksfabrik ist heute Standort des **Chelsea Market** *(zw. 9th und 10th Ave. sowie 15th und 16th St., www.chelseamarket.com)*. Legen Sie eine Pause auf dem **23rd Street Lawn** ein oder gehen Sie zum **Chelsea Hotel** (siehe Kasten). Jenseits des weißen Riesenrahmens des **26th Street Viewing Spur** säumt das **Wildflower Field** einen längeren Wegabschnitt, und an der West 29th Street beginnt die **Radial Bench**. Folgen Sie ihr nach Westen zum Hudson River. Der letzte Abschnitt der **CSX Transportation Rail Yards** verläuft an der West 30th Street bis zum Nordausgang an der West 34th Street.

▢ Wissen

DAS CHELSEA HOTEL: NEW YORKS KÜNSTLERREFUGIUM

Gebaut wurde das Chelsea Hotel *(222 W. 23rd St., zw. 7th und 8th Ave.)* mit seinen Gusseisenbalkonen 1884. Architekt Philip Hubert konzipierte das Gebäude für eine Kooperative von Wohnungseigentümern. 1905 wurde in Teilen des Hauses der Hotelbetrieb eröffnet, der bald Kreative aller Art anzog.

Die Plaketten an der Fassade erinnern an frühe Gäste von Mark Twain bis Tennessee Williams. Zur Vergangenheit des Hotels gehören nicht nur Geschichten von künstlerischer Schaffenskraft, sondern auch von legendären Exzessen. Arthur Miller und Dylan Thomas schrieben hier, Letzterer trank sich im Chelsea zu Tode. Bob Dylan, Leonard Cohen und Joni Mitchell schrieben Songs, die das Haus weltberühmt machten. Schlagzeilen machte der Tod von Nancy Spungen, die 1978 erstochen in einem Hotelbadezimmer gefunden wurde. Ob ihr Freund, Punkrocker Sid Vicious, die Tat im Drogenrausch begangen hatte, wurde nie aufgeklärt. Trotz der dunklen Momente blieb das Chelsea ein Hort der Kreativität. Arthur C. Clarkes *2001: Odyssey im Weltraum* und Joseph O'Neills *Niederland* entstanden im »Dream Palace«, wie Sherill Tippins die Herberge taufte.

2011 wurde das Chelsea Hotel für Renovierungsarbeiten geschlossen. Viele Dauergäste und Künstler mussten ausziehen und die Zukunft ist ungewiss. Huberts Traum einer selbstbestimmten Kommune könnte den Interessen von Spekulanten zum Opfer fallen.

Gramercy Park ist der einzige private Park New Yorks. Er wird umgeben von einem geschmackvollen, aber soliden Eisenzaun. Wer nicht in seiner direkten Umgebung wohnt, kann ihn nicht betreten. Diese Regelung wurde nur ein einziges Mal aufgehoben: 1863, als Unruhen wegen Einberufungen zum Sezessionskrieg (siehe S. 40) stattfanden, schlugen Truppen dort ihr Lager auf.

 Tipp

Besuchen Sie die Penthouse-Bar im Gramercy Park Hotel. Die Hotellobby und die Bar im Freien dienen auch als Galerien für Wechselausstellungen der Werke von Andy Warhol, Julian Schnabel und Jean-Michel Basquiat.

DAISANN MCLANE
NATIONAL GEOGRAPHIC-AUTORIN

Die Grünfläche hieß bei den Holländern *Krom Moerajsee* (krummer Morast), was von den Briten zu Gramercy geändert wurde. 1822 erwarb Samuel Ruggles den Sumpf, ließ ihn trocken- und Gramercy Park anlegen, den er in Parzellen aufteilte. Zu den ersten Anwohnern gehörte James Harper, Verleger sowie Bürgermeister von New York (1844/45). Eines der ersten genossenschaftlichen Apartmenthäuser New Yorks, das Gramercy Building von 1883 (*34 Gramercy Park E.*) hatte so prominente Mieter wie den Theaterautor DuBose Heyward und die Schauspieler James Cagney und Margaret Hamilton.

An der Südseite des Parks wurde das Gebäude 144 East 20th Street 1860 für Zusammenkünfte von Quäkern gebaut; heute ist es eine Synagoge. Das Haus am Gramercy Park South Nr. 19/ Ecke Irving Place war in den 1880er-Jahren im Besitz des Politikers und Geschäftsmanns Stuyvesant Fish. Der Schauspieler Edwin Booth schenkte sein Haus am Gramercy Park South 16 dem **Players Club**. Das Brownstone-Gebäude von 1845 wurde 1888 von Stanford White umgebaut. Calvert Vaux plante 1884 das Haus Nr. 15 für Samuel Tilden, einen ehemaligen Gouverneur von New York. Aus Angst vor Revolten ließ Tilden einen Tunnel zur 19th Street graben. Das Brownstone-Haus beherbergt heute den **National Arts Club**, in dem oft literarische Veranstaltungen stattfinden.

Der Stadtplaner Samuel Bulkley Ruggles gab der sechs Blocks langen Straße Irving Place den Namen seines Freundes, des Schriftstellers Washington

NATIONAL ARTS CLUB
✉ 15 Gramercy Park S.
☎ 212/475-3424

🚇 U-Bahn: 6 bis 23rd St.
www.nationalartsclub.org

Der exklusive Gramercy Park

Irving. Diese Geste führte zu der falschen Annahme, dass Irving in der Straße gewohnt habe. Zu Beginn des 20. Jh. lebte die Innenarchitektin Elsie de Wolfe in diesem Haus. Sie war sowohl wegen ihrer Salons als auch wegen ihrer Liebesbeziehung zu der Literaturagentin Elisabeth »Bessie« Marbury stadtbekannt. Eine weitere berühmte Persönlichkeit war William Sydney Porter, Pseudonym O. Henry. Er ging ins Healy's, heute **Pete's Tavern** (*66 Irving St., Ecke 18th St.*), um dort zu trinken und zu schreiben. Viele seiner Kurzgeschichten soll er am zweiten Tisch von rechts verfasst haben, darunter auch *Das Geschenk der Weisen*. Im Westen von Gramercy Park steht der **Theodore Roosevelt Birthplace NHS**, eine Nachbildung von Roosevelts Geburtshaus von 1845, das im Jahr 1916 abgerissen wurde. Roosevelt wurde 1858 hier geboren. ■

GRAMERCY PARK HOTEL
✉ 2 Lexington Ave.
☎ 212/920-3300
www.gramercyparkhotel.com

THEODORE ROOSEVELT BIRTHPLACE N.H.S.
▲ Karte S. 100 f.

✉ 28 E. 20th St.
☎ 212/260-1616
🕐 So/Mo geschl.
💲 $
🚇 U-Bahn: 6, N oder R bis 23rd St.
www.nps.gov/thrb

 **Wissen**

DER MELANCHOLISCHE MIME

Durch den Zaun des Gramercy Park kann man die Bronzestatue von Edwin Booth (1833–93) sehen, des berühmtesten amerikanischen Schauspielers seiner Zeit. Im April 1865 erlangte er ungewollte Bekanntheit, als sein Bruder John Wilkes Booth den Präsidenten Abraham Lincoln in Washington während einer Theateraufführung ermordete und auf der Flucht starb.

Nach dem Attentat zog sich Edwin Booth zeitweilig zurück, bis er ein eigenes Theater für seine Inszenierungen gründete. 1888 richtete er im Haus Gramercy Park South 16 den Players Club für Schauspieler ein. 25 Jahre nach seinem Tod gab der Club die Statue von Booth in Auftrag: eine schlanke, geschmeidige Figur, die ihn als Hamlet zeigt – eine Rolle, in der Booth ganz aufging, vielleicht weil er sich nach der Tat seines Bruders gut in den schwermütigen Prinzen hineinversetzen konnte.

Die relativ kurze Strecke dieses Spaziergangs liegt zwischen zwei schönen Parks: dem Madison Square im Norden und dem Union Square im Süden. Auf Ihrem Weg, der etwa eine Stunde dauert, laufen Sie durch eine Gegend, die gerade dabei ist, ihr ursprüngliches Erscheinungsbild wiederzugewinnen.

In den 1870er-Jahren gab es so viele edle Bekleidungsgeschäfte in diesem Abschnitt, dass er »Ladies' Mile« genannt wurde. Die Geschäfte zogen später weiter nach Norden, viele Gebäude stehen aber bis heute. Zum historischen Teil der Ladies' Mile gehört auch die Fashion Row an der Sixth Avenue mit Gebäuden aus dem späten 19. Jh. zwischen der 18th und 19th Street. Die Tour beginnt am nördlichen Ende des **Madison Square Park** ❶ nahe der East 26th Street. Im Park stehen Skulpturen, darunter das Admiral Farragut Monument. Cass Gilbert entwarf das neugotische **New York Life Insurance Company Building** ❷ *(51 Madison Ave., zw. E. 26th und 27th St.)* von 1928, das einen ganzen Block einnimmt. Ein weiterer Beaux-Arts-Bau steht an der nördlichen Ecke von East 25th Street und Madison Avenue: das **Appellate Division of the Supreme Court** von 1900. Napoleon LeBruns Büroturm, das riesige **Metropolitan Life Insurance Company Building** ❸ *(1 Madison Ave., zw. E. 23rd und 24th St.)* im Artdéco-Stil, wurde 1932 errichtet. Das 20-stöckige **Flatiron Building** ❹ (1902) von Daniel Burnham war das höchste Gebäude, bis es vom Metropolitan Life Tower *(Madison Ave., 24th St.)* überragt wurde.

Folgt man dem Broadway Richtung Süden, stößt man auf das Gebäude am **Broadway 901** *(Ecke E. 20th St.)*, einen Gusseisen-Bau im Empire-Stil. Einen Häuserblock weiter süd-

New York Life
Insurance Company
Building ❷

START

Farragut

Appellate Division of the
Supreme Court

❶
MADISON
SQUARE

Metropolitan Life
Insurance Company
Building ❸

23rd
Street

Flatiron
Building ❹

EAST 23RD STREET

EAST 22ND STREET

EAST 21ST STREET

EAST 20TH STREET

GRAMERCY
PARK

Nr. 901
(ehem. Lord &
Taylor Store)

Nr. 889-91
(ehem. Gorham
Manufacturing
Company)

Nr. 881-87
(ehem. Arnold
Constable Dry
Goods Store)

Nr. 888
(ehem. W. & J.
Sloane Store)

EAST 19TH ST.

Pete's
Tavern

EAST 18TH STREET

Century
Building

EAST 17TH STREET

Market
Lincoln
Lafayette
UNION ❶
SQUARE
Washington

EAST 16TH STREET

EAST 15TH STREET

EAST 14TH STREET

14th Street -
Union Square

0   200 Meter
0   200 Yards

🅰 Siehe auch Karte S. 100 f.
► Madison Square Park
🔄 800 m
🕐 1 Std.
🅿 Union Square

lich stehen drei eindrucksvolle Zeugnisse des 19. Jh. Das 1884 im Queen-Anne-Stil errichtete Gebäude am Broadway 889–891 diente der Gorham Manufacturing Company, einer Silbermanufaktur. Der **Arnold Constable Dry Goods Store** (*881–887 Broadway, Ecke E./19th St.*) stammt aus dem Jahr 1869. Der Verlängerungsbau zur East 19th Street ist aus Gusseisen und hat ein eindrucksvolles Mansardendach. Gegenüber, an der südöstlichen Ecke der 19th Street, sehen Sie den ehemaligen Sitz des Stoffgeschäfts von W. & J. Sloane am **Broadway 884**.

Der **Union Square** ❺ wurde 1986 und 2008 umgestaltet. Im Norden, an der 33 East 17th Street, steht das **Century Building** (1881) mit einer Fassade aus rotem Backstein und Kalkstein. Hier war die Zeitschrift *Century* untergebracht, die nach dem Sezessionskrieg für eine Wiedervereinigung des Landes ein-

Das elegante und einzigartige Flatiron Building

trat. Heute gibt es hier eine Filiale der Buchhandlung Barnes & Noble. Das Gebäude von Nr. 31 am Union Square West/Ecke East 16th Street ist der ursprüngliche Sitz der Bank of Metropolis. Es wurde 1903 nach Plänen des Hochhaus-Architekten Bruce Price errichtet. An der Ostseite des Union Square (*Park Ave. S.*) wurde 1907 ein griechischer Tempel für die Union Square Savings Bank erbaut. Seit dem Sezessionskrieg bis in jüngste Zeit dient der Park als Rednerplatz. Ganzjährig gibt es einen **Markt** (*Mo, Mi, Fr und Sa*). Im Park stehen Statuen von Abraham Lincoln, dem Marquis de Lafayette und George Washington.

Gute Lokale liegen rund um den Platz sowie entlang der Park Avenue South und die berühmte **Pete's Tavern** ist nur zwei Blocks entfernt in der 129 East 18th St. **Danny Meyers Union Square Café** (*110 E. 19th Street, Tel. 212/243-4020, www.unionsquarecafe.com*) ist schon seit drei Jahrzehnten ein Klassiker. Küchenchef Carmen Quagliata serviert hier zum Beispiel Schwertfisch *a la plancha*.

Das Empire State Building: ein weltweit bekanntes Bauwerk

Tipp

Wenn Sie nur einmal die Möglichkeit haben, auf das Empire State Building zu gehen, wählen Sie die Zeit nach der Abenddämmerung. Der Blick auf die hell erleuchtete Skyline der Stadt ist absolut faszinierend.

ALLY THOMPSON
NATIONAL GEOGRAPHIC-AUTORIN

---

40 Jahre lang war das Empire State Building das höchste Gebäude der Welt, und es wird für immer der Inbegriff eines Wolkenkratzers bleiben. Ein Aufzug bringt Sie zur Aussichtsplattform im 86. Stock. Der Blick von hier auf Upper und Lower Manhattan ist einzigartig. Zu den Attraktionen zählt auch Skyride (Tel. 212/279-9777, www.skyride.com), ein simulierter Flug durch die Stadt.

Die Bauarbeiten gingen damals mit nie gekannter Geschwindigkeit voran. Das Empire State Building wurde am 1. Mai 1931 eröffnet. Für Touristen war es sofort die größte Attraktion, aber während der Wirtschaftskrise stand die Hälfte seiner 610 000 Quadratmeter großen Bürofläche leer – wodurch der Spitzname Empty State Building aufkam. Das 102-stöckige Gebäude ist 381 Meter hoch und hat 6400 Fenster. Der Turm aus Glas und Metall auf der Spitze hat 16 Stockwerke und war als Anlegemast für Luftschiffe gedacht – diesem Zweck diente er jedoch nur zweimal.

Das Empire State Building verlor den Titel des höchsten Gebäudes der Welt in den 1970er-Jahren an das World Trade Center. Doch das tat seiner Anmut, seiner Beliebtheit und seinem Stellenwert keinen Abbruch. Ein Kritiker meinte: »Dass es das höchste Gebäude der Welt ist, ist eigentlich Nebensache.« ∎

EMPIRE STATE BUILDING
Karte S. 100 f.
350 5th Ave.
212/736-3100

$$$$$
U-Bahn: B, D, F, Q, N, R bis 34th St.
www.esbnyc.com

Als George M. Cohan 1904 in einem seiner Lieder *Remember me to Herald Square* schrieb, war der Platz noch das Handelszentrum der Stadt. Die meisten Geschäfte sind mittlerweile weggezogen. Dennoch herrscht hier, wo Broadway und Sixth Avenue auf die 34th Street treffen, weiterhin reger Betrieb.

Der Platz wurde nach der Zeitung *New York Herald* benannt, die hier von 1894 bis 1921 ihren Hauptsitz hatte. Vom Gebäude ist nur die verzierte Uhr übrig geblieben: Stündlich erscheinen zwei bronzene Figuren und schlagen auf die Glocke. 1902 eröffnete **Macy's** am Herald Square. Bis heute ist es das größte Kaufhaus der Welt und beliebt wegen der Thanksgiving Day Parade.

Im Westen liegt der **Madison Square Garden** an der Stelle der früheren Pennsylvania Station. Die heutige **Penn Station** für Amtrak- und Pendlerzüge nach Long Island und New Jersey liegt unterirdisch. Der Madison Square Garden wird für Sportevents und Konzerte genutzt.

An der Penn Plaza 2, dem Eingang zur jetzigen Penn Station, stehen zwei Skulpturen von Adolph Alexander Weinman, die von der alten Penn Station (1910) stammen: die Statue eines Eisenbahndirektors und zwei Adler. Die heutige Penn Station wird bald in einem größeren Komplex untergebracht werden. Senator Daniel Patrick Moynihan setzte sich in den 1990er-Jahren dafür ein, dass der Bahnhof in das monumentale **General Post Office** an der Westseite der Eighth Avenue zwischen 31st und 33rd Street verlegt wird. Seit 2017 wird sein Plan umgesetzt. ■

MACY'S
* Karte S. 100 f.
* 151 W. 34th St.
* 212/695-4400
* U-Bahn: N, R,
  B, D, F, Q bis 34th St.
www.macys.com

JACOB K. JAVITS CONVENTION CENTER
* Karte S. 100 f.
* 655 W. 34th St.
* 212/216-2000
* U-Bahn: A, C, E bis 34th St.
www.javitscenter.com

 **Wissen**

»THE GARDEN«

In diesen Hallen schwangen schon Michael Jackson und Mick Jagger die Hüften, und Muhammad Ali besiegte einst Joe Frazier im »Superfight«. Der Madison Square Garden (*4 Pennsylvania Plaza, zw. 7th und 8th Ave., 31st bis 33rd St., www.thegarden.com*) nennt sich selbst »die berühmteste Arena der Welt«. Es finden Megakonzerte statt und die New York Knicks und die Rangers tragen ihre Spiele aus. Eine »All Access Tour« (*Tel. 866/858-0008, $$$$$*) führt hinter die Kulissen der jüngst aufwendig renovierten Halle.

Das Viertel Murray Hill ist benannt nach den Quäkern Robert und Mary Murray, die hier zur Kolonialzeit ein Anwesen besaßen. Murray Hill erstreckt sich von Nord nach Süd zwischen 40th und 34th Street und von Ost nach West zwischen Third und Madison Avenue. Obwohl es bis in das geschäftige Midtown reicht, erinnern seine baumbestandenen Seitenstraßen an jene ruhigere Epoche, als in Murray Hill einige der wohlhabendsten New Yorker wohnten.

J. P. Morgan war ein begeisterter Sammler. In seiner Bibliothek, so meinte ihr erster Direktor, »steht alles bis auf die Tafeln mit den Zehn Geboten«. Morgan begann mit dem Sammeln von Büchern und Handschriften. Dann kamen Skulpturen, die Renaissancemalerei, Zeichnungen alter Meister und Musikmanuskripte dazu. Als sein Wohnhaus für die Sammlung zu klein wurde, beauftragte er Charles Follen McKim mit dem Bau der neoklassizistischen Bibliothek in der East 36th Street.

Von Adolph Alexander Weinman stammen die Darstellungen der Künste und anderer Disziplinen an der Außenfassade. Edward Clark Potters Löwen am Eingang sind die Vorgänger jener Löwen, die er für die New York Public Library anfertigte. Neben der runden Vorhalle gibt es den East Room mit vielen Büchern, den North Room (ein Büro) und Morgans Arbeitszimmer, den West Room.

Die Sammlung: Morgans Sohn öffnete die Bibliothek 1924 für Besucher. Vier Jahre später wurde Morgans Wohnhaus an der Ecke 36th Street und Madison Avenue abgerissen und durch einen Anbau ersetzt. Hans Memlings *Bildnis eines Mannes mit einer Nelke* (um 1475), das wohl berühmteste Gemälde der Sammlung, wird auf den roten Damastwänden im West Room gezeigt. Eine der drei Gutenberg-Bibeln, die Morgan erwarb, befindet sich im East Room. Die Sammlung wird durch Neuerwerbungen ständig erweitert: 1992 durch eine unterschriebene Kopie von Lincolns »Eman-

---

☐ Erlebnis

LITERATURVERANSTALTUNGEN GRATIS

In New York gibt es an jeder Ecke einen Schriftsteller, und diejenigen, die das Glück haben, einen Verlag zu finden, veranstalten oftmals kostenlose Lesungen in den Buchhandlungen der Stadt. Es gibt auch eine Reihe regelmäßiger literarischer Veranstaltungen in Bars und Cafés der Stadt. Der »Books«-Teil von *TimeOut New York (www.timeout.com/newyork/books)* und vom *New York Magazine (www.nymag.com/arts/books)* weist auf Lesungen und andere literarische Events hin. Auch Barnes & Noble, die größte Buchhandlung der Stadt, informiert online über Lesungen *(www.barnesandnoble.com)*.

Regalreihen voller seltener Bücher rahmen den prächtigen East Room der Morgan Library

cipation Proclamation« zur Sklavenbefreiung sowie 1998 durch die Carter Burden Collection amerikanischer Literatur ab 1870 (über 80 000 Bände). Das Museum erwarb 1988 Morgan House, das Wohnhaus von Morgans Sohn mit 45 Zimmern *(37th St., Madison Ave.)*, das zu einer Bildungseinrichtung und einer Buchhandlung umgebaut wurde. Renzo Piano verband 2006 alte und neue Bauten durch eine Piazza.

DIE UMGEBUNG VON MURRAY HILL

Einen Steinwurf entfernt vom reichen Mister Morgan liegt das sehenswerte luxuriöse Hotel **Morgans** *(237 Madison Ave.)*. Das nahe **De Lamar Mansion** *(Nr. 233)* wurde 1905 für einen holländischen Geschäftsmann errichtet und beherbergt heute das polnische Konsulat. An der 35th Street in Nr. 205 und 209 befindet sich seit 1906 die **Church of the Incarnation** in einem Bau von 1864 mit Glasfenstern von William Morris, Louis Comfort Tiffany und John La Farge.

Einen Häuserblock weiter östlich, in der Park Avenue 57, fällt das Gebäude mit einem Fries voller Reliefs auf. Die wohlhabende Adelaide L. T. Douglas ließ es 1911 vom Architekten Horace Trumbauer aus Philadelphia erbauen. Heute befindet sich hier das guatemaltekische Konsulat. Im Haus Nr. 23, dem ehemaligen Advertising Club, sind Wohnungen untergebracht. ∎

THE MORGAN LIBRARY
- Karte S. 100 f.
- 225 Madison Ave., E. 36th St.
- 212/685-0008
- $$
- Mo geschl.
- U-Bahn: 6 bis 33rd St.

www.themorgan.org

CHURCH OF THE INCARNATION
- Karte S. 100 f.
- 205–209 Madison Ave.
- 212/689-6350
- Mo–Fr 11.30–14, So 8–13 Uhr
- U-Bahn: 6 bis 33rd St.

www.churchoftheincarnation.org

Pizza ist vielleicht das typischste New Yorker Gericht: von Immigranten kreiert, von jedermann akzeptiert und nicht einmal besonders praktisch für den eiligen Esser – aber richtig gefaltet lässt sie sich sogar beim Gehen verspeisen, denn schließlich gibt es immer viel zu tun ...

☐ Tipp

Die meisten vermuten, dass Pizza in New York stets dem dünnen neapolitanischen Typ entspricht, doch die meisten Pizzerien verkaufen auch die sizilianische Art: rechteckig, mit einem dicken Focaccia-ähnlichen Boden, saftig und mit Mozzarella belegt. Unbedingt kosten!

PHILIP SPIEGEL
NATIONAL GEOGRAPHIC-AUTOR

Es begann dort, wo man es erwarten würde: in der Spring Street in Little Italy, wo 1905 der Lebensmittelhändler Gennaro Lombardi begann, eine Spezialität seiner Heimatstadt Neapel zu verkaufen – »Tomaten-Pies« aus Tomaten, Mozzarella, Olivenöl, Basilikum und Knoblauch auf einem im Ofen gebackenen Fladen. In Italien ein Hit, kam der Fladen auch in der Neuen Welt gut an, und so war die New Yorker Pizza geboren.

Man hat die Wahl: Stände verkaufen kleine Pizzastücke auf die Hand, Restaurants servieren ganze Pizzas. Es gibt Pizza nach neapolitanischer oder sizilianischer Art (dickerer Teig, belegt mit Peperoni, Wurst, Oliven, Pilzen, Zwiebeln und Paprika).

Oft wird diskutiert, wer die beste Pizza der Stadt zubereitet; vieles spricht für **Patsy's** in Midtown (*236 W. 56th St., Tel. 212/247-3491, www.patsys. com*), 1944 eröffnet. Das Lokal ist traditionell, historisch (es war Sinatras Lieblingslokal), sehr freundlich, und die Pizzas sind köstlich, mit leicht süßlicher Soße und perfektem Rand.

Beim Union Square liegt das beliebte **Artichoke** (*328 E. 14th St., Tel. 212/228-2004, www.artichokepizza.com*) der Cousinen Francis Garcia und Sal Basille.

In Greenwich Village serviert **John's of Bleecker Street** (*278 Bleecker St., Tel. 212/243-1680, www.johnsbrickovenpizza.com*) eine klassische Pizza an Tischen, die mittlerweile Graffiti von Gästen aus acht Jahrzehnten tragen. Wer alleine kommt, kann sich mit dem Entziffern die Zeit vertreiben.

Etwas neuer ist **No. 28** (*28 Carmine St., Tel. 212/463-9653, www.numero28. com*) in Greenwich Village, wo es traditionelle Fladen gibt.

In Little Italy verwendet **Lombardi's** immer noch die Rezepte, die sich seit 1905 bewährt haben – auch jetzt, am neuen Platz in der Spring Street 32 (*Tel. 212/941-7994, www.firstpizza.com*).

In Brooklyn verwendet **Juliana's** *(9 Old Fulton St., Tel. 718/858-596, www.julianaspizza.com)* ein ähnliches Rezept wie Patsy's (das Lokal wurde 1990 vom Neffen des Gründers von Patsy's eröffnet) – im Restaurant im Schatten der Brooklyn Bridge. Man muss warten, doch es lohnt sich. In der **Di Fara Pizzeria** in Brooklyns Midwood-Viertel *(1424 Ave. J, Tel. 718/258-1367, www.difara.com)* ist jede Pizza ein individuelles, handgemachtes Meisterwerk. Bei einem Bummel durch Queens sollte man unbedingt auch einen Stopp bei **Nick's** an der Upper East Side einlegen *(1814 Second Ave., Tel. 212/987-5700, www.nicksny.com)*, wo es köstliche Pizzas gibt.

Dies sind die besten der besten – von den restlichen scheinen seltsamerweise die meisten Ray's zu heißen – oder vielleicht auch Famous Ray's oder Ray's Famous oder Original Ray's oder Famous Original Ray's, Ray's Real, World's Famous Ray's, Ray Bari, Ray Bono, New York Ray's, Harlem Ray's oder Bagel Cafe Ray's. Bei der letzten Zählung gab es immerhin 50 »Rays« in der Stadt und keiner weiß, warum das so ist.

Pizzamachen will gelernt sein

Die weltberühmte New York Public Library wird von dem Löwenpaar *Patience* (Besonnenheit) und *Fortitude* (Tapferkeit) bewacht, das Edward Clark Potter schuf. Die Bibliothek entstand 1895 aus Privatsammlungen des Millionärs John Jacob Astor IV und von James Lennox. Heute gibt es 92 Zweigstellen.

Tipp

Zwischen Ende Oktober und Ende Januar verwandelt sich die Mitte des Bryant Park in The Pond (www.wintervillage.org), eine kostenlose Eislaufbahn, die bis in die Nacht geöffnet ist. Natürlich gibt es dort auch einen Schlittschuhverleih.

MATT HANNAFIN
NATIONAL GEOGRAPHIC-MITARBEITER

Die New York Public Library wurde 1911 am ehemaligen Standort des Croton Reservoir eröffnet. Die breiten Stufen, die zu ihrem Eingang führen, sind ein beliebter Treffpunkt. Die Bibliothek wird für ihr Design geschätzt, zugleich erfüllt sie glänzend ihre Funktion. Das System im Hintergrund, mit dem mehr als neun Millionen Bücher bewegt werden, ist heute noch modern. Neben Büchern findet man auch 21 Millionen andere Dokumente: Manuskripte von unschätzbarem Wert, Karten, Drucke, Fotografien und Familienchroniken. Sämtliche Räume sind hell und elegant gestaltet. Der große **Rose Main Reading Room** hat hohe Fenster zu den Innenhöfen. Das Bartos Forum und die Zeitschriftensäle sind einmalig: Sie zeigen Wandgemälde von Richard Haas.

BRYANT PARK

Hinter dem Bibliotheksgebäude beginnt Bryant Park, der bis zur Sixth Avenue reicht. Der nach dem Dichter und Verleger William Cullen Bryant (1794–1878) benannte Park wurde in den 1990er-Jahren wunderschön wieder hergerichtet. Man kann sich dort auf Stühlen ausruhen oder im

AMERICAN RADIATOR (STANDARD) BUILDING
🅰 Karte S. 100 f.
✉ 40 W. 40th St., zw. 5th und 6th Ave.
🚇 U-Bahn: B, D, F, V bis 42nd St.; 4, 5, 6 bis Grand Central; 7 bis 5th Ave.

NEW YORK PUBLIC LIBRARY
🅰 Karte S. 100 f.
✉ 5th Ave. und 42nd St.
☎ 212/930-0830; für Ausstellungen und Veranstaltungen: 917/275-6975
🕐 So einige Abteilungen geschl.
🚇 U-Bahn: B, D, F, M bis 42nd St.; 4, 5, 6 bis Grand Central; 7 bis 5th Ave.
www.nypl.org

Der Rose Main Reading Room in der Bibliothek

guten Restaurant mit Terrasse verweilen, dem Bryant Park Grill *(25 W. 40th St., Tel. 212/840-6500)*. Im Süden steht das **American Radiator (Standard) Building** von 1924 *(40 W. 40th St.)* mit einer Fassade aus schwarzen Ziegeln und Terrakotta. Es war R. Hoods erster New Yorker Wolkenkratzer. Seit 2001 befindet sich hier das Bryant Park Hotel *(Tel. 212/642-2200, www. bryantparkhotel.com)*, mit einem Theater, einem eleganten Restaurant und einer schicken Bar. ■

☐ Erlebnis

OPEN AIR IM SOMMER

Im Sommer gibt es in New York viele Gründe, draußen zu bleiben. Die **Central Park Summer Stage** *(Tel. 212/360-6000, www.summerstage.org)* bietet Pop, Jazz und Worldmusic, Tanz, Dichtung und Filme *(Juni–Aug.)* auf der großen Bühne am Rumsey Playfield nahe dem Eingang des Parks von der Fifth Avenue an der 72nd Street. Die meisten Aufführungen sind kostenlos. Im **Delacorte Theater**, im Park an der 80th Street, bringt Shakespeare in the Park *(Tel. 212/967-7555, www.shakespeareinthepark.org)* kostenlose Aufführungen *(Juni–Aug.)*, manchmal wirklich Shakespeare, manchmal andere Autoren. An der 62nd Street und Amsterdam Avenue zeigt **Lincoln Center Out of Doors** *(Tel. 212/875-5000, www.lcoutofdoors.org)* im August kostenlos Musik und Ballett von Weltrang. Im Bryant Park *(42nd St., zw. 5th und 6th Ave.)* finden beim **Bryant Park Summer Film Festival** *(Tel. 212/512-5700, www.bryantpark.org)* an Montagabenden kostenlose Vorführungen klassischer Filme statt *(Juni– Aug.)*. Am Hudson präsentiert **Hudson Riverflicks** *(www.riverflicks.com)* mittwochs Kultfilme am Pier 54 *(West St. an der W. 13th St.)* und am Freitag Familienfilme am Pier 46 *(West St. an der Charles St.)*, Beginn in der Abenddämmerung *(Juli–Aug.)*. Popcorn ist kostenlos. An der Südspitze von Manhattan finden zwischen Hudson und East River während des **River to River Festival** *(Juni– Sept., www.rivertorivernyc.com)* Hunderte kultureller Events statt.

Midtown North

Erster Überblick   122–123

Grand Central Terminal
und entlang der
42nd Street   124–125

Chrysler Building   126

United Nations Plaza   127

Times Square   128–131
Special: The Great White Way   132

Broadway Theater   133–134
Special: Manhattans
»Sonnenwende«   135

Rockefeller Center   136–137
Special: Spaziergang:
Wolkenkratzer-Tour   138–139

St. Patrick's Cathedral   140

Fifth Avenue heute   141

Museum of Modern
Art   142–147

Weitere
Sehenswürdigkeiten
in Midtown North   148–149

Hotels und Restaurants 283–291

‹ Die Atlas-Statue am Rockefeller Center

Auf der zentralen Achse des Rockefeller Center steht eine riesige Skulptur des Titanen Atlas, der die Welt auf seinen breiten Schultern trägt. Viele sehen ihn als Symbol für Midtown North, das sich von Fluss zu Fluss und von der 42nd zur 59th Street als Dreh- und Angelpunkt für Wirtschaft und Kultur erstreckt. Am Grand Central kommen unzählige Besucher aus dem ganzen Land an, und das Hauptquartier der Vereinten Nationen empfängt die ganze Welt.

Beekman Place und Sutton Place nahe dem East River gehören zu den teuersten Adressen. An zwei zentralen Orten zeigt sich die ganze Vielfalt von Midtown North: am pulsierenden Times Square (*an der Kreuzung Broadway und 7th Ave.*) und am gesetzten Rockefeller Center (*zw. 5th und 6th Ave.*). Der Times Square brodelt: Verkehr, Lärm, Passantenströme sowie Tag und Nacht gigantische, flackernde Werbeflächen.

Beim Rockefeller Center geht alles viel geordneter zu, die Gebäude hier vermitteln den Eindruck einer heilen Welt.

Midtown North entstand, als die wohlhabende Upperclass die Stadt nach Norden hin ausdehnte. Im Jahr 1848 beschloss der Bischof, die St. Patrick's Cathedral an der Fifth Avenue errichten zu lassen. John D. Rockefeller baute in der Nähe den größten Geschäftskomplex der Welt. Die Park Avenue wurde zur exklusiven Wohngegend und ab 1903, nachdem die Gleise zum Grand Central unter die Erde verlegt worden waren, noch dazu zum angesehenen Geschäftsviertel.

Die südliche Grenze von Midtown South, die 42nd Street, war eine wichtige Querverbindung. Dass die *New York Times* 1904 auf die westliche Seite der 42nd Street zog, empfand man als gewagt: Der damalige Longacre Square gehörte nämlich zum Rotlichtviertel der Stadt. Der Verleger der *Times*, Adolph Simon Ochs, veranlasste, dass die Stadt dort eine U-Bahn-Station einrichtete. Das Zeitungsgebäude wurde zum Times Tower, die umliegende Gegend zum Times Square.

Zehn Jahre später zog die *Times* in die West 43rd Street, und der Times Tower wurde zu »One Times Square«. Seit 2007 residiert die *Times* im New York Times Building in der Eighth Avenue 620 (siehe S. 175). Als sich Anfang des 20. Jh. das Theaterviertel entwickelte, nannte man den Times Square auch »Great White Way«. ∎

Midtown North

1 Museum of Arts and Design **2** Carnegie Hall **3** Trump Tower **4** Sony Building **5** Citigroup Center **6** Waldorf-Astoria **7** Ehemaliges McGraw-Hill Building **8** Lyceum Theater **9** Algonquin Hotel **10** International Center of Photography (ICP) **11** New York Public Library **12** Chanin Building **13** News Building

GRAND CENTRAL TERMINAL UND ENTLANG DER 42ND STREET

Wer durch die oberen Gänge der großen Bahnhofshalle (Main Concourse) an der Vanderbilt Avenue geht, erlebt Ebbe und Flut New Yorks – die Gezeiten der täglichen Menschenströme. Grand Central Terminal ist das Tor zur Stadt, durch das jeden Tag 500 000 Menschen kommen.

Der Bahnhof mit der Beaux-Arts-Fassade ging 1913 in Betrieb. Über der Uhr am Eingang thront Merkur. Der Bildhauer Jules Coutan sah in Merkur »den Gott der Schnelligkeit, des Verkehrs und der Verbreitung von Wissen«. Reed & Stem konzipierten für den Bahnhof Grand Central ein Gleissystem auf zwei Ebenen.

Der Wartesaal an der Ostseite wurde neun Jahre lang für 196 Millionen Dollar renoviert. Danach folgte die Renovierung der 82 Meter langen und 36 Meter breiten Haupthalle, die ihr Licht durch 18 Meter hohe Fenster empfängt und mit einem 38 Meter hohen Deckengewölbe mit Sternbildern abschließt. Zwischen den Ebenen liegt die 1913 eröffnete Oyster Bar, bekannt für ihre Austerngerichte und die Deckenfliesen von Guastavino.

ENTLANG DER 42ND STREET

Das ehemalige **McGraw-Hill Building** *(330 W. 42nd St.)*, ein avantgardistisches Hochhaus, entstand 1931 nach Plänen von Raymond Hood. Seine Art-déco-Lobby ist genauso grün wie die Terrakotta-Fliesen der Fassade. Gegenüber steht die **Holy Cross Church** *(Tel. 212/246-4732)*, ein Bauwerk von 1870 im byzantinischen Stil. Father Francis P. Duffy, ein Kriegsheld aus dem Ersten Weltkrieg, war Pfarrer dieser Kirche. Nach ihm ist auch der Duffy Square (siehe S. 128) benannt.

Hinter den renovierten Theatern (siehe S. 134) stößt man auf das ehemalige **Knickerbocker Hotel** *(Tel. 855/86-KNICK, 142 W. 42nd St.)*, erbaut 1906 von John Jacob Astor IV. In einer Konzerthalle gegenüber der New York Public Library wurde 1924 George Gershwins *Rhapsody in Blue* zum ersten Mal gespielt. Die geschwungenen Konturen des benachbarten **W. R. Grace Building** *(43 W. 42nd St.)* sind eine

 Tipp

Begeben Sie sich im Grand Central zur Oyster Bar, vor der die geheime »Flüstergalerie« liegt. Stellen Sie sich an eine der gewölbten Säulen, lassen Sie einen Freund gegenüber stehen, beide mit dem Gesicht zur Wand, und flüstern Sie etwas. Sie werden einander perfekt hören.

MARGIE GOLDSMITH
NATIONAL GEOGRAPHIC-AUTORIN

Der Grand Central – ein historisches Wahrzeichen mit praktischer Funktion

Seltenheit zwischen den horizontalen und vertikalen Achsen, die ansonsten in New York vorherrschen. Vorbei am Grand Central gelangen Sie zum **Chanin Building** (Nr. 122). Das 56-stöckige Gebäude war 1929 der erste Wolkenkratzer in diesem Viertel. Das Art-déco-Figurenband stammt von Rene Paul Chambellan. Auf der gegenüberliegenden Seite der Lexington Avenue steht das **Chrysler Building** (siehe S. 126). Hinter der Third Avenue sieht man dann das **Daily News Building** (220 E. 42nd St.) von 1930, ebenfalls von Raymond Hood entworfen. Es diente als *Daily-Planet*-Redaktion für die *Superman*-Filme. Gegenüber (Nr. 320) sieht man das Ford Foundation Building von 1967. In der Nähe der First Avenue führen Stufen zur Tudor City, einem Wohnviertel im Tudor-Stil. ■

GRAND CENTRAL TERMINAL
🅰 Karte S. 122 f.
✉ 42nd St. und Park Ave.
☎ 212/532-4900
🚇 U-Bahn: 4, 5, 6, 7,
   S bis Grand Central
www.grandcentralterminal.com

Oyster Bar
✉ Grand Central Terminal an
   42nd St. und Park Ave.
☎ 212/490-6650
🚇 U-Bahn: 4, 5, 6, 7,
   S bis Grand Central
www.oysterbarny.com

Dieses Art-déco-Bauwerk lieben New Yorker und Touristen von allen Wolkenkratzern am meisten. Seit 1971 steht es unter Denkmalschutz. Erbaut wurde es als repräsentativer Firmensitz für den Autofabrikanten Walter Percy Chrysler.

Einen Häuserblock vom Grand Central, beherrscht das Chrysler Building den Himmel

Der Architekt William Van Alen versuchte den Vorstellungen Chryslers gerecht zu werden, indem er die Fassade mit Stilelementen wie Radkappen, Kotflügeln und Wasserspeiern in Form von Chrysler-Kühlerhauben schmückte.

Die Stahlspitze stellt die Art-déco-Version eines Kühlergrills dar. Im Rennen um das höchste Bauwerk New Yorks hatte sie mehr als nur eine ästhetische Funktion. Die Eingangshalle aus Marmor und Granit diente einst als Ausstellungsraum für die Chrysler-Automobile. ∎

CHRYSLER BUILDING
🅰 Karte S. 122 f.
✉ 405 Lexington Ave., 42nd St.

☎ 212/682-3070
🚇 U-Bahn: 4, 5, 6, 7,
   S bis Grand Central

 **Wissen**

IMMER HÖHER

Ende der 1920er-Jahre musste ein Architekt nur andeuten, dass er einen neuen Wolkenkratzer plante, schon machte er Schlagzeilen. Einen besonderen Wettkampf lieferten sich der Chrysler-Architekt William Van Alen und sein Konkurrent H. Craig Severance, dessen Bank of Manhattan zeitgleich an der Wall Street 40 entstand. Van Alen hatte 56 Stockwerke geplant, ging dann aber auf 65, um Severance zu übertreffen. Der konterte mit einem zusätzlichen Turm und galt mit 71 Stockwerken als Sieger – doch Van Alen hatte im Feuerschacht des Chrysler Building heimlich eine 56 Meter hohe Gebäudespitze zusammengebaut. Auf sein Zeichen hin erhob sich, wie er erinnert, »die Spitze wie ein Schmetterling aus seinem Kokon«. Das Chrysler Building hatte gewonnen – mit einer Höhe von 319 m. Als es 1930 eingeweiht wurde, war es für kurze Zeit das höchste Bauwerk der Welt. Der Rekord hielt jedoch nicht lange, denn schon ein paar Monate später entstand das Empire State Building. Das Chrysler Building bleibt ein Meisterwerk des Jazz Age, und seine abgestufte Spitze strahlt bei Tag und bei Nacht in den Himmel.

1946 entschied die erst ein Jahr alte Organisation der Vereinten Nationen, ihr Hauptquartier in den USA einzurichten. John D. Rockefellers Schenkung von 8,5 Millionen Dollar zum Erwerb einer sieben Hektar großen Fläche am East River gab den Ausschlag für New York.

Am Eingang wehen die Fahnen der 192 Mitgliedsländer. Den Kern der Anlage bildet das 39-stöckige **Secretariat Building** von Le Corbusier. Im Norden liegt die **General Assembly**, der große Sitzungssaal mit seinem konkaven Dach und seiner Kuppel.

Das **Conference Building**, in dem der Sicherheitsrat tagt, befindet sich über dem F. D. R. Drive. Die Führungen für Besucher beginnen direkt bei der General Assembly.

Tipp

Ruhen Sie sich nach einem Besuch bei der UN im nahen Greenacre Park aus. Mit einem sieben Meter hohen Wasserfall und einer Snackbar ist er New Yorks hübschester kleiner Park.

MARGIE GOLDSMITH
NATIONAL GEOGRAPHIC-AUTORIN

Auf dem Freigelände sieht man zahlreiche Kunstwerke, die der UNO von Mitgliedsstaaten geschenkt wurden, darunter befinden sich die bronzene Brunnenfigur von Barbara Hepworth, die Statue *Peace* des Kroaten Antun Augustincíc und die Friedensglocke aus Japan. In der Dag-Hammarskjöld-Kapelle im Secretariat Building gibt es Glasfenster von Marc Chagall.

Die Bauarbeiten begannen 1947; die Bibliothek kam 1963 hinzu. Zum Komplex gehört auch ein UNICEF-Gebäude. An der 43rd Street führen Treppen zum Ralph Bunche Park, der dem Träger des Friedensnobelpreises gewidmet ist. ■

UNITED NATIONS PLAZA
🅰 Karte S. 122 f.
✉ 1st Ave., zwischen 45th und 46th St.
☎ 212/963-4475
💲 $$$ (Führungen)
🚇 U-Bahn: 4, 5, 6, 7, S bis Grand Central
www.un.org/content/guided-tours

GREENACRE PARK
✉ 51 St., zw. 2nd und 3rd Ave.
🚇 U-Bahn: 4, 5, 6, E, M bis 51st St./ Lexington Ave.

Der Sitzungssaal für die UN-Vollversammlung fasst alle Delegierten der 193 Mitgliedsstaaten

Wenn Sie am Father Duffy Square stehen (zwischen der 46th und 47th Street nördlich des Times Square), wo der Verkehr und die Passanten über die Kreuzung strömen, sind Sie bei den »Crossroads of the World« angekommen. Tag und Nacht blinken hier die Leuchtreklamen.

Der Times Square unterscheidet sich heute gewaltig von dem zwielichtigen Vergnügungsviertel, das er bis 1989 war. Der **Duffy Square** wurde erheblich umgestaltet; dort befindet sich auch ein neuer Ticketschalter von **TKTS**. Weitere neue Gebäude sind entstanden, darunter eines am Duffy Square, dessen Fassade eigens für Reklameflächen konzipiert wurde. Im neuen Bau am Four Times Square befindet sich *Condé Nast* mit den Redaktionen von *Vogue, Vanity Fair* und *New Yorker*.

Vor 20 Jahren war die 42nd Street zwischen der Seventh und Eighth Avenue eine heruntergekommene, gefährliche Gegend mit Pornokinos, Peepshows und Sexshops. Der Times Square war zu einem Schandfleck geworden. Heute gibt sich der von Polizeistreifen überwachte Platz sauber und freundlich. Man sieht viele Pendler, Touristen, Schulklassen und auch New Yorker, die sich über die Revitalisierung freuen.

Bevor Sie den Duffy Square verlassen, sollten Sie den Statuen von Schauspieler und Regisseur George M. Cohan sowie Father Francis P. Duffy, Geistlicher im Ersten Weltkrieg, einen Besuch abstatten. Wenn Sie mit dem Rücken zur TKTS-Vorverkaufsstelle stehen (wo Sie für Vorstellungen am selben Tag ermäßigte Karten erhalten), liegt links das Times Square Information Center, das Infos und Eintrittskarten bereithält. Es ist im altehrwürdigen **Embassy Theater** untergebracht, dem Kino, in dem zum ersten Mal im ganzen Land eine Wochenschau gezeigt wurde.

Der Turm südlich des Duffy Square ist **One Times Square**: Auf seinem Dach sinkt am Silvesterabend um Mitternacht eine glitzernde Kugel hinab. Kleiner Hinweis: Die Gebäude am Broadway und an der Seventh Avenue zwischen 45th und 42nd Street sind alle nach dem Broadway nummeriert. An der Ecke 43rd Street und Broadway steht der siebenstöckige **Market Site Tower**, der rund um die Uhr leuchtet. Hierin befindet sich das Digital-

TIMES SQUARE
🗺 Karte S. 122 f.
✉ Information Center:
   1560 Broadway, Eingang 7th Ave.,
   zw. 46th und 47th St.
☎ 212/452-5283
🚇 U-Bahn: 1, 2 3, 7, N, R, S bis 42nd
   St.–Times Square
www.timessquarenyc.org

TKTS
✉ Broadway an der W. 47th St.,
   am Duffy Sq.
🚇 U-Bahn: 1, 2 3, 7, N, R, S
   bis 42nd St./Times Sq.
www.tdf.org/TKTS

Der Times Square verzeichnet über 39 Millionen Besucher im Jahr – ein weltweiter Rekord

radio-Studio, das Finanznachrichten der wichtigsten Sender (u. a. CNN, CNBC, BBC) ausstrahlt. Das auffallendste Element des zylindrischen Gebäudes ist die riesige Videotafel, über die die aktuellen NASDAQ-Informationen flimmern.

HISTORISCHE BAUTEN

Es gibt einige historisch interessante Gebäude. Die Theater sind architektonische Kleinode. Im **Brill Building** *(1619 Broadway, bei der 49th St.)* von 1931 feilten einige der berühmtesten Musiker und Songwriter der USA wie Burt Bacharach, Paul Simon und Lou Reed an ihren Werken. Das **Paramount Building** *(1501 Broadway)* von 1926 mit gestufter Fassade, Türmen und Uhren beherbergte früher das Paramount Theater. Damals bereits ein glanzvolles Filmtheater, gelangte es auch durch ein Konzert von Frank Sinatra zu größerer Berühmtheit.

 **Erlebnis**

HINTER DEN KULISSEN

Sehen Sie sich eine der großen Shows in Manhattan an – und werfen Sie einen Blick hinter die Kulissen. Führungen (durch Ensemble-Mitglieder) beim Broadway-Musical **Wicked** *(www.emeraldcurtain.com)* geben Besuchern auch die Möglichkeit, Fragen zu stellen. Für diese Tour und die Führung durch das **NBC-Studio** gibt es ein Kombiticket *(Tel. 212/664-3700 oder im NBC Experience Store im Rockefeller Center)*. Während der Spielzeiten werden auch Führungen durch die **Carnegie Hall** *(57th St./7th Ave., www.carnegiehall.org)* und die **Metropolitan Opera** im Lincoln Center *(Tel. 212/875-5350, www.metopera.org)* angeboten. Für Theaterfans veranstaltet das **Commercial Theater Institute** *(1501 Broadway, Tel. 212/586-1109, www.commercialtheaterinstitute.com)* eine dreitägige Einführung in die Entstehung einer Broadway-Show.

⬜ **Wissen**

PUNKT MITTERNACHT

Als der Times Tower am Silvesterabend 1904 eröffnet wurde, kamen am Times Square erstmals die Menschenmengen zusammen. Über die Feier berichtete die *Times*: »Als der erste Funke vom Times Tower aufstieg, jubelte die Menge laut auf und die zahlreichen Feiernden auf der Straße veranstalteten Hupkonzerte.« So wurde von der Zeitung eine Tradition ins Leben gerufen, die auch nach ihrem Wegzug 1913 bestehen blieb. Heute versammelt sich eine halbe Million Menschen zu Silvester auf dem Times Square. Sie beobachten, wie eine beleuchtete Kugel in einem Countdown eine Minute vor Mitternacht hinunterfällt. Einige Millionen mehr sehen sich das Spektakel zu Hause vor dem Fernseher an.

Ein Hotel als Theater erlebt man im **Paramount Hotel** *(235 W. 46th St., Tel. 212/764-5500, www.nycparamount.com)*. Der Treppenaufgang in der Lobby ist mit Licht durchflutet und die Paramount Bar ist *in*. Im Erdgeschoss befand sich früher der berühmte Diamond Horseshoe von Billy Rose. **Sardi's**, Treffpunkt von Theaterleuten seit 1921, gibt sich weniger vornehm. Die Wände sind voll von Karikaturen bekannter Persönlichkeiten, und auf der Karte steht ein günstiges »Schauspielermenü« für Mitglieder der Schauspielergewerkschaft Equity.

Manches ist dem Wandel der Zeiten zum Opfer gefallen. Nathan's mit den auf Coney Island berühmt gewordenen Hotdogs gibt es nicht mehr. Hubert's Museum, Horrorkabinett und langjähriger Bestandteil des Times Square, Dr. Heckler's Flea Circus, Transvestiten und Prostituierte – all das ist mittlerweile verschwunden.

43RD UND 44TH STREET

West 43rd und 44th Street *(zw. 5th und 6th Ave.)* laden mit würdevollen Gebäuden und edlen Innenräumen ein – ein Gegensatz zu der Hektik am Times Square.

ALGONQUIN HOTEL
🅰 Karte S. 122 f.
✉ 59 W. 44th St.
☎ 212/840-6800
💲 $$$$$
🚇 U-Bahn: B, D, F bis 42nd St.
www.algonquinhotel. com

WHITBY HOTEL
✉ 18 W. 56th St.
☎ 212/586-5656

🚇 U-Bahn: F bis 57th St.
www.firmdalehotels.com/hotels/ new-york/the-whitby-hotel

SARDI'S
✉ 234 W. 44th St.
☎ 212/221-8440
🚇 U-Bahn: 1, 2, 3, A, C, E bis 42nd St.
www.sardis.com

Das **Algonquin Hotel** von 1902 ist für seinen literarischen Gesprächskreis, den Round Table, bekannt, zu dem sich hier in den 1920er-Jahren Schriftsteller und Künstler einfanden. Berühmtheiten begegnet man auch im **Royalton Hotel** von 1898, das 1988 von Philippe Starck renoviert wurde. Das neue *Kid on the block* ist das Whitby Hotel, ein weiteres farbenfrohes, mit vielen Kunstwerken ausgestattetes Haus der englischen Designerin Kit Kemp. Ganz in der Nähe weist eine Tafel an einem Gebäude *(25 W. 43rd St.)* darauf hin, dass hier der *New Yorker* verlegt wurde.

Die **Mossman Collection of Locks** im Gebäude der General Society of Mechanics and Tradesmen Library ist eine einzigartige Sammlung von 400 Schlössern, Schlüsseln und Werkzeugen.

In weiteren schönen Gebäuden aus der Zeit um 1900 sitzen exklusive Vereinigungen. Das Haus der **Association of the Bar of the City of New York** (Anwaltsvereinigung) zieht sich über den gesamten Häuserblock *(42 W. 44th St./37 W. 43rd St., Tel. 212/382-6600)*.

Der aufwendig gestaltete **New York Yacht Club** *(37 W. 44th St.)*, 1899 erbaut, beherbergte von 1857 bis 1983 den America's Cup. Die Fensternischen ziert maritime Ornamentik. McKim, Mead, and White schufen 1894 den **Harvard Club** *(27 W. 44th St.)* und 1891 das Gebäude im italienischen Stil für die **Century Association** *(7 W. 43rd St.)*, einen Dinnerclub, der Männern vorbehalten ist. ■

MOSSMAN COLLECTION OF LOCKS
✉ 20 W. 44th St.
☎ 212/840-1840
   (Besuch telefonisch anmelden)

🕐 Sa/So geschl.
💲 $$
🚇 U-Bahn: B, D, F, V bis 42nd St.
www.generalsociety.org

🔵 Erlebnis

NEW YORKER STREET-FOOD-SPEZIALITÄTEN

Um New Yorks bestes Street Food zu probieren, halten Sie Ausschau nach **Moishe's Falafel**-Stand *(46th St., nahe 6th Ave.)*, hausgemachtem Eis von **Van Leeuwen** *(Tel. 718/701-1630, www.vanleeuwenicecream.com)*, frisch gebackenen Plätzchen und Cupcakes vom **Treats Truck** *(Tel. 212/691-5226, www.treatstruck.com)* und belgischen Waffeln von **Wafels and Dinges** *(Tel. 866/429-7329, www.wafelsanddinges.com)*. Die mobilen Imbisse haben oft ein oder zwei feste Plätze; die Websites verraten die aktuellen Standorte. Bestes japanisches Street Food gibt es bei **Otafuku** in der 236 East 9th Street *(Tel. 212/353-8503, www.otafukunyc.com)*; die *okonomiyaki* und *takoyaki* sind delikat. **MUD Coffee** *(Tel. 212/228-9074, www.onmud.com)*, der alternative Coffeeshop des East Village, verkauft seine Spezialmischung vom MUDTRUCK aus, der wochentags meist am Astor Place steht.

O. J. Gude, dessen Firma viele der ersten Schilder für den Times Square anfertigte, brachte um die Jahrhundertwende den Ausdruck »The Great White Way« auf. Er spielte auf den von Reklame erleuchteten Broadway an – damals gab es nur weiße Leuchtkörper. Für Gude war Lichtreklame Kunst und jeder sollte die Werbebotschaft mitbekommen.

Gude hatte recht. Am Times Square entwickelte sich eine populäre, spezifisch städtische Kunstform, die Ästhetik, Kommunikation, Architektur und Technologie verband. Heute ist Artkraft Strauss der erste Schilderproduzent am Platz. Eine Besichtigung des Great White Way beginnt man am besten an der U-Bahn-Station in der 42nd Street/Seventh Avenue, damit man im Norden den Broadway vor sich sieht. Das neueste Schild ummantelt die gegenüberliegende Straßenecke. Links reihen sich die Vordächer der Theater bis zu den Kinopalästen. Im Norden, am Duffy Square, ragen die Schilder weit in den Himmel. Elektronische Zauberei öffnet eine 13 Meter große Coca-Cola-Flasche und lässt ihren Inhalt durch einen Strohhalm verschwinden.

Die erste Leuchtreklame wurde 1898 an der 38th Street am Broadway aufgestellt und warb für Coney Island. Als die *New York Times* 1904 herzog, entstand der Times Square, und die elektrischen Werbeflächen erlebten ihre besten Zeiten. 1910 nutzte die *Times* zum ersten Mal ihr beliebtes Nachrichtenband, um über den Kampf zwischen Jim Jeffries und Jack Johnson zu berichten. Die Anlage, bei der 15 000 Lämpchen Wörter aufleuchten lassen, wurde am Times Tower angebracht. Heute ist eine ähnliche Technik mit digitalen Infobändern, sogenannten *zippers*, im Einsatz.

1917 ließ Wrigley das nach eigenen Angaben größte Leuchtschild der Welt anbringen. Auf 25 mal 60 Metern sah man ein bewegtes Bild mit speerwerfenden Elfen – eine Kaugummiwerbung. In den 1920er-Jahren brachte Neonlicht Farbe in den Great White Way, der seinen Namen jedoch behielt. Viele erinnern sich heute noch an den Camel-Mann, der in den 1950er-Jahren alle 20 Sekunden seine riesigen Rauchringe blies. Überhaupt gelten die 1950er-Jahre als Blütezeit des Great White Way. Heute sind die Farben bunter und greller.

▢ Tipp

Es gibt immer noch Bühnentüren, und wenn Sie dort nach der Vorstellung lange genug warten, treffen Sie vielleicht einige Ensemblemitglieder. Auch in den Restaurants in der Nähe der Theater können Sie Schauspieler sehen.

GARY MCKECHNIE
NATIONAL GEOGRAPHIC-AUTOR

Glauben Sie nicht, das Broadway-Theater sei tot. Pro Jahr zahlen rund 12 Mio. Besucher 666 Mio. US-Dollar für Theaterkarten, wobei sie aus fast 40 verschiedenen Shows auswählen können. Seit 1880 steht »Broadway« für großangelegte Theaterproduktionen, die in New York erstaufgeführt werden. Aber seit 1929, als viele Theater zum Kinosaal umfunktioniert wurden, gibt es die meisten Stücke nicht mehr am Broadway, sondern in den Seitenstraßen.

Wenn man durch diese Straßen schlendert, unternimmt man eine Reise in vergangene Zeiten. Sie beginnt am **Belasco Theater** *(111 W. 44th St.)* und führt weiter Richtung Westen zu den Theatern entlang der »Rodgers & Hammerstein Row«: zum **Shubert** *(225 W. 44th St.),* **Broadhurst**, **Majestic**, dem **Helen Hayes** und **St. James**. Noch ein Stück weiter liegt das **Actors Studio** *(432 W. 44th St., nicht zugänglich),* das 1947 von Elia Kazan gegründet wurde. Hier unterrichtete Lee Strasberg unter anderem Marlon Brando, Marilyn Monroe und Al Pacino.

Im folgenden Häuserblock spielt das **Lyceum** *(149–157 W. 45th St.)* die Hauptrolle: ein wunderbares Beaux-Arts-Gebäude von 1903 mit Theatermasken an der Fassade. Zwei Blocks weiter, im **Barrymore** *(243 W. 47th St.),* begann Marlon Brando 1947 mit Tennessee Williams *A Streetcar Named Desire* *(Endstation Sehnsucht)* seine Karriere.

Das Majestic Theatre wurde 1927 als Teil eines Theaterkomplexes erbaut

Die wahren Theaterwunder aber spielen sich im Inneren ab. Am besten, Sie kaufen sich eine Karte und gehen hin. Dann sitzen Sie vielleicht in einem maurischen Palast im **Al Hirschfeld Theater** *(302 W. 45th St.)* oder unter einer Renaissance-Stuckdecke im Shubert, oder Sie blicken auf einen französischen Gartentanz über dem Proszeniumsbogen im **Cort** *(138 W. 48th St.),* dessen Fassade dem Petit Trianon in Versailles von Marie-Antoinette nachempfunden wurde.

Einige Theater kann man auch besichtigen – zum Beispiel das im Jahr 1997 kostspielig renovierte **New Amsterdam** *(214 W. 42nd St.).*

ERHALTUNG

1980 wurden die meisten altehrwürdigen Theater am Times Square unter Denkmalschutz gestellt.

Die Bemühungen um den Erhalt des Theaterviertels konzentrierten sich auf neun Häuser in der 42nd Street westlich des Times Square. 1997 gab Disney acht Millionen Dollar für die Renovierung des New Amsterdam aus, das Schicksal des Viertels wendete sich. Diese beeindruckende Renovierung setzte neue Maßstäbe. Das ursprüngliche Haus mit Wandelhalle und Dachgarten war opulent gestaltet. 1913–27 wurden hier die *Ziegfeld Follies* aufgeführt. Mit *The Lion King* wurde das glanzvolle Jugendstilgebäude wieder seinem ursprünglichen Zweck zugeführt.

Stellen Sie sich beim TKTS-Kartenverkauf am Father Duffy Square an, um reduzierte Eintrittskarten zu ergattern, und freuen Sie sich auf den Augenblick, wenn der Vorhang sich hebt. ■

BROADWAY THEATER INFORMATION
☎ 888/276-2392
www.nyc.com/broadway

NEW AMSTERDAM
✉ 214 W. 42nd St.
☎ 800/901-4092 oder
212/307-4100 (Ticketmaster) für Show-Tickets

🚇 U-Bahn: A, C, E, N, R, S, 1, 2, 3, 7 bis Times Sq.

CAFÉ CARLYLE UND THE CARLYLE HOTEL
✉ 35 E. 76th St.
☎ 212/744-1600
www.rosewoodhotels.com/en/carlyle

☐ Erlebnis

IM COMEDY CLUB

New York City lockt aufstrebende Künstler aller Couleur an, natürlich auch Comedians. Viele treten in den Comedy Clubs der Stadt auf – bekannte Künstler ebenso wie Newcomer. **Caroline's** *(1626 Broadway, Tel. 212/757-4100, www.carolines.com)* in Midtown ist eine beliebte Adresse, auch Clubs wie **Gotham Comedy Club** *(208 W. 23rd St., zw. 7th und 8th Ave., Tel. 212/367-9000, www.gothamcomedyclub.com)* in Chelsea und Comedy Cellar *(117 MacDougal St., Tel. 212/254-3480, www.comedycellar.com)* in Greenwich Village sind empfehlenswert. Wer das Improvisationstheater liebt, sollte das **Upright Citizens Brigade Theatre** in Chelsea besuchen (siehe Reiseinformationen S. 310).

New Yorker sehen ihre Stadt gern als Nabel der Welt, wenn nicht des gesamten Universums. Zweimal im Jahr jedoch werden die Bewohner Manhattans durch ein astronomisches Phänomen daran erinnert, dass sie schlichte Erdlinge sind, die um ihren Mutterstern Sonne kreisen. Rund um Sommer- und Wintersonnenwende steht die Sonne in einem solchen Winkel zum Straßenraster Manhattans, dass man von den Querstraßen oberhalb der 14th Street im Sommer im Westen die untergehende und im Winter im Osten die aufgehende Sonne in die Hochhausschluchten scheinen sehen kann.

Jeweils etwa 22 Tage vor und nach der Sommersonnenwende (21. Juni) kommen die New Yorker in den Genuss eines besonderen Anblicks. Die Strahlen der untergehenden Sonne füllen dann die Hochhausschluchten (sofern das Wetter mitspielt).

Im Winter kommt es zum umgekehrten Phänomen. Steht man auf der Westseite der Insel, kann man die Sonne am östlichen Ende der Querstraßen spektakulär aufgehen sehen.

Das ist in der Zeit der Wintersonnenwende zu beobachten (21. Dezember).

Sonnenuntergang zwischen Chrysler Building und New York Times Building

Das kosmische Event, von Einheimischen »Manhattanhenge« getauft, ist durch einen Zufall der Stadtplanung entstanden. Nach dem City Commissioners' Plan von 1811 wurden die Straßen von Manhattan entsprechend der natürlichen Achse der Insel angelegt. Diese weicht um 29 Grad von der Nord-Süd-Achse ab, sodass die Querstraßen nicht genau von Ost nach West verlaufen. Deshalb weichen Manhattans »Sonnenwenden« leicht von der Sommer- bzw. Wintersonnenwende ab. Das American Museum of Natural History erklärt das Phänomen und gibt die Termine bekannt, an denen man der Zeuge des Spektakels werden kann *(www.amnh.org, Stichwort: Manhattanhenge)*.

Seit der Planung des Straßennetzes hat sich Manhattan in eine Metropole aus zahlreichen künstlichen Schluchten mit Wänden aus Wolkenkratzern verwandelt (siehe S. 138 f.).

Die Konzentration von Türmen in Midtown und Lower Manhattan verweist auf den Untergrund: dicke Schieferschichten.

Das Rockefeller Center mit seinen Wegen, verborgenen Plätzen, Gärten und Art-déco-Gebäuden wurde oft kopiert, aber nie erreicht oder gar übertroffen. Diese Stadt in der Stadt – begrenzt von Fifth und Sixth Avenue (Avenue of the Americas) sowie 48th und 51st Street – ist das bisher erfolgreichste urbane Projekt.

Die **Radio City Music Hall** ist ein guter Ausgangspunkt. Hier tritt zu Weihnachten und Ostern immer noch die schwungvolle 36-köpfige Tanztruppe »The Rockettes« auf, und das ganze Jahr hindurch gibt es Konzerte berühmter Künstler. Täglich werden einstündige **Stage Door Tours** angeboten (*11–15 Uhr, nur mit Ticket*).

Die Music Hall liegt am Rand der 14 Gebäude, die das ursprüngliche Center von 1940 bilden – 1945 wurde der Komplex um 5 Gebäude westlich der Sixth Avenue erweitert. Im **General Electric (GE) Building** an der Rockefeller Plaza 30 bekommen Sie einen detaillierten Plan des Komplexes. Dort ist auch der Hauptsitz der *NBC*. Im Zentrum der Anlage liegt eine vertiefte Plaza, umgeben von Fahnen. Im Winter wird sie zur Eisfläche, im Sommer lädt das Rock Center Café ein. Dahinter verläuft die Promenade, deren festliche Beleuchtung zur Weihnachtszeit den ebenfalls prächtigen Christbaum beim GE Building ergänzt. In den Channel Gardens lassen sich neben Blumen auch Skulpturen bestaunen.

Der riesige beleuchtete Christbaum im Rockefeller Center ist zur Weihnachtszeit eine besondere Attraktion

Die **Bar Sixtyfive** im 65. Stock des Gebäudes an der Rockefeller Plaza 30 ist sehr beliebt, weil man von hier eine wunderbare Aussicht hat. Bei jedem Wetter lassen sich die Geschäfte und Restaurants im unterirdischen Geschoss des Centers erkunden.

John D. Rockefeller ließ das Rockefeller Center erbauen. Ursprünglich sollte hier die Metropolitan Opera entstehen, aber der Börsenkrach ließ das Projekt platzen. Ende 1929 verkündete Rockefeller, er wolle einen Komplex für die neu entstandene Radio- und Fernsehbranche

Erlebnis

NEW YORK VOM TOP OF THE ROCK

Ein toller Rundblick auf Manhattan bietet sich vom **Top of the Rock Observation Center** *(30 Rockefeller Plaza)*. Sein Design soll an die Ozeanriesen der Art-déco-Zeit erinnern. 2005 eröffnete das Observation Center nach fast 20-jähriger Schließung neu. 2014 traten U2 zum Auftakt der TV-Show *The Tonight Show Starring Jimmy Fallon* hier auf. Zum modernen Design gehören entspiegeltes Sicherheitsglas im 67. und 69. Stock und eine Terrasse im Freien im 70. Stock. Der Aufzug mit Glasdach, die Videoinstallationen und der Swarovski-Kristall-lüster erhöhen den Genuss. Tickets gibt es online *(www.topoftherocknyc.com/tickets, $$$$$)*, am Schalter *(W. 50th St., zw. 5th und 6th Ave.)* oder telefonisch *(Tel. 212/698-2000 oder 877/NYC-ROCK)*.

errichten. Als die Radio Corporation of America (RCA) in das Gebäude einzog, wurde das gesamte Center als »Radio City« bekannt, doch schon bald hieß der Komplex Rockefeller Center. Nur die Radio City Music Hall behielt ihren Namen, die immer noch das größte Theater der USA ist (mit 6200 Plätzen). Heute sind im Rockefeller Center verschiedene Firmen der Kommunikationsbranche untergebracht.

In der Nähe liegen zwei legendäre Straßen, die nicht mehr zum Komplex gehören. Die »Swing Street«, ein Stück der 52nd Street zwischen Fifth und Sixth Avenue, war in den 1930er-Jahren die Hauptschlagader des Jazz. Das einzige Überbleibsel dieser Zeit ist das schicke Restaurant **21 Club** *(21 W. 52nd St., Tel. 212/582-7200)*. Die »Diamond Row« entlang der 47th Street hingegen lebt weiter – sie wurde von europäischen Juden begründet. ■

Tipp

Wenn Sie Ende Januar oder Anfang Februar in der Stadt sind, sollten Sie die Show zum chinesischen Neujahr in der Radio City Music Hall nicht versäumen. Tanz, Kostüme und Musik sind einfach himmlisch.

JARED PEARMAN
NATIONAL GEOGRAPHIC-MITARBEITER

RADIO CITY MUSIC HALL
⊠ 1260 6th Ave.
☎ 212/247-4777
⑤ Touren $$$$
🚇 U-Bahn: B, D, F, V bis 47th–50th St./Rockefeller Center
www.radiocity.com

BAR SIXTYFIVE
⊠ 30 Rockefeller Plaza, 65. Stock
☎ 212/632-5000
⑤ $$$$$
🚇 U-Bahn: B, D, F, V bis 47th–50th St./Rockefeller Center
www.rainbowroom.com/bar-sixty-five/

Die folgende Zickzack-Route führt an Bauten vorbei, die in der Architekturgeschichte New Yorks eine zentrale Rolle gespielt haben: vom Helmsley Building mit barock anmutendem Dachaufsatz an der Park Avenue bis zum Fuller Building aus der Zeit des Art déco an der Madison Avenue.

Das **Helmsley Building** ❶ *(230 Park Ave., zw. E. 45th und E. 56th St.)* wurde 1929 als New York Central Building erbaut, um Eisenbahnbüros zu beherbergen. Die prächtigen Innenräume und der verzierte Außenbau sind beeindruckend. An der Park Avenue 301 steht das berühmte **Waldorf-Astoria Hotel** im Art-déco-Stil. In den Zwillingstürmen befinden sich luxuriöse Zimmer für die Reichen und Berühmten.

Gehen Sie nach links (Westen) und überqueren Sie die Park Avenue.

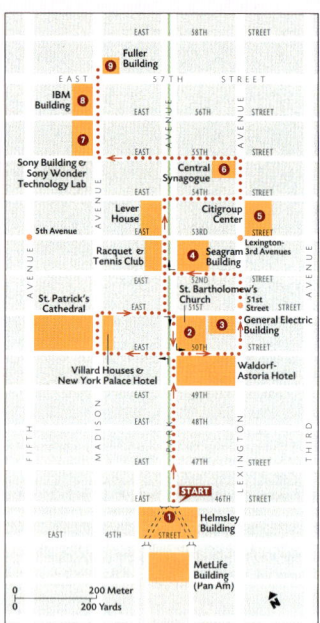

Wenn Sie zurückblicken, eröffnet sich eine tolle Perspektive auf das vom Met Life überragte Helmsley. Solche architektonischen Kontraste sind in Midtown Manhattan nichts Ungewöhnliches. Rechts in der Madison Avenue gelangen Sie zu den **Villard Houses** (*Nr. 451–455*), hinter denen der **New York Palace** (siehe S. 54 f., früher Helmsley Palace Hotel) aufragt. 1883 begannen im Auftrag des deutschstämmigen Eisenbahn-Magnaten Henry Villard die Bauarbeiten an den sechs Ziegelbauten, die wie ein Renaissancepalast aussehen. Die Häuserreihe wurde in den 1980er-Jahren vor dem Abriss gerettet, indem man den linken Gebäudeflügel in die Lobby des Palace Hotel integrierte.

Biegen Sie rechts in die 51st Street und dann rechts in die Park Avenue, kommen Sie zur **St. Bartholomew's Church** ❷. Die Episkopalkirche wurde 1919 im byzantinischen Stil errichtet. Das Portal von Stanford White mit Bildwerken von Philip Martiny und Daniel Chester French

⬛ Siehe auch Karte S. 122 f.
▶ Helmsley Bldg., Park Ave.
⬌ 1,9 km
🕐 Ca. 1 Std.
🅿 Fuller Bldg., Madison Ave.

Das »Waldorf Astoria« beherbergte schon US-Präsidenten, Gangster und Modeschauen

gehörte zur früheren Kirche. Das **General Electric Building** ❸ *(570 Lexington Ave.)*, 1931 im Art-déco-Stil als RCA Victor Building errichtet, ist mit Ziegeln und Terrakotta verkleidet.

In der Park Avenue 370 gelangen Sie zum 1918 erbauten **Racquet and Tennis Club**. Mit dieser Männerbastion *(nur für Mitglieder)* kopierten McKim, Mead, and White einen Renaissance-Palazzo. Gegenüber steht das **Seagram Building** ❹ *(375 Park Ave.)* aus Glas und Stahl von Mies van der Rohe. In der Park Avenue 390 steht das **Lever House** von 1952, das erste Bürogebäude der Stadt mit Glasfassade. Biegt man nun rechts in die 54th Street ein, gelangt man zum **Citigroup Center** ❺ (1977), einem mit Aluminium verkleideten Wolkenkratzer. Im Inneren gibt es Geschäfte, integriert ist die St. Peter's Lutheran Church. An der Ecke Lexington Avenue/55th Street steht die älteste, ununterbrochen genutzte Synagoge der Stadt, die **Central Synagogue** ❻ *(123 E. 55th St., Tel. 212/838-5122, kostenlose Führungen Mi 12.45 Uhr)* von 1872. Das **Sony Building** ❼ *(550 Madison Ave.)* wurde 1984 nach Plänen Philip Johnsons als erster Wolkenkratzer der Postmoderne fertiggestellt. Im Gegensatz zu vielen anderen Wolkenkratzern trägt das Sony Building kein Flachdach, sondern eine weithin sichtbare Krone. Etwas weiter steht das grüne **IBM Building** ❽ *(590 Madison Ave.)* von 1983 mit schönem Atrium. Das **Fuller Building** ❾ *(41 E. 57th St. an der Madison Ave.)*, ein Art-déco-Bau, wurde 1929 errichtet.

St. Patrick's Cathedral, ein gewaltiger Bau, gehört mit einer Grundfläche von 101 mal 53 Metern zu den größten Kirchen der Welt. Sie ist ein Ort der Ruhe im hektischen Midtown und wird oft für Hochzeiten und andere Ereignisse genutzt. Die Stufen am Eingang sind ideal, um von hier Passanten zu beobachten.

Die neogotischen Türme der St. Patrick's Cathedral inmitten postmoderner Häuser

Die Architektur der neogotischen Kathedrale ist zeitlos. James Renwick Jr. ließ sich vor allem vom Kölner Dom inspirieren, integrierte aber auch Elemente anderer europäischer Kirchen. Die 100 Meter hohen Türme wurden im Jahr 1888 fertiggestellt. Bis in die 1930er-Jahre überragten sie die Stadt, dann entstanden die ersten Wolkenkratzer. Die Ostseite wurde 1906 durch die Lady Chapel von Charles T. Mathews ersetzt. Die drei bronzenen Eingangstüren an der Fifth Avenue wurden 1949 ergänzt. Elizabeth Ann Bayley Seton, die erste in Nordamerika geborene Heilige, ist neben anderen New Yorker Heiligen am Hauptportal zu sehen. Im Inneren der Kirche befindet sich ihr Schrein mit einer Bronzestatue.

Im 33 Meter hohen und 14 Meter breiten Mittelschiff haben rund 2500 Menschen Platz.

Sehenswert ist die **Marienkapelle** (Lady Chapel) mit einer Pietà aus Marmor von William O. Partridge (1906). Im Gegensatz zu den meisten gotischen Kathedralen gibt es hier keine Strebebogen. Den Altarraum schmückt ein 17 Meter hoher, bronzener Baldachin. Der Eingangsbereich wirkt besonders beeindruckend, wenn das Sonnenlicht durch die **Fensterrose** oberhalb der **Großen Orgel** und des **Bronzeportals** ins Kircheninnere fällt. ∎

ST. PATRICK'S CATHEDRAL
🅰 Karte S. 122 f.
✉ 5th Ave. und 50th St.
☎ 212/753-2261

🚇 U-Bahn: B, D, F,
V bis 47th–50th St./Rockefeller Center; E, V bis 53rd St.
www.saintpatrickscathedral.org

In Midtown hat die Fifth Avenue nur noch wenig Ähnlichkeit mit der einstigen »Millionaires' Row« – der Wohngegend für die Reichsten der Reichen. Doch in allem Neuen gibt es auch Spuren der Vergangenheit. Bedeutende Bauwerke sind Grand Army Plaza, St. Patrick's Cathedral und das Rockefeller Center.

Ein Einschnitt war die Schließung des Spielwaren-Imperiums **FAO Schwarz** (767 5th Ave.), für Generationen *der* Ort, um Spielwaren zu kaufen. Heute strömen kleine Mädchen zum **American Girl Place** (609 5th Ave., Tel. 202/371-2220). **Tiffany & Co.** (725 5th Ave.) war ursprünglich am südlichen Broadway beheimatet. Das bereits im Jahr 1837 gegründete Unternehmen wurde für seine Lampen und in der Folge für seinen Schmuck bekannt. An den gegenüberliegenden Straßenecken zur 55th Street liegen die Luxushotels **Peninsula New York**, ein Beaux-Arts-Gebäude von 1905, und das **St. Regis** von John Jacob Astor IV von 1904. 1917 baute **Cartier** (653 5th Ave.) zwei Villen zu seinem Juwelen-Imperium aus. **Versace** (647 5th Ave.) hat sich in einem Haus von George W. Vanderbilt (1902–05) niedergelassen. **Saks Fifth Avenue** (611 5th Ave.) eröffnete sein Modegeschäft 1924 in einem Gebäude im Renaissance-Stil. Auch das **Fred F. French Building** (551 5th Ave.) von 1927 lohnt einen Blick. ∎

☐ Tipp

Finden Sie das Schwein von St. Patrick's, ein kleines wasserspeierähnliches Detail an der Fassade der Lady Chapel (*Ecke Madison Avenue/51st Street*).

WILL KATINSKY
NATIONAL GEOGRAPHIC-MITARBEITER

☐ Erlebnis

FESTLICH DEKORIERTE SCHAUFENSTER

Von Mitte November bis Neujahr präsentieren die großen Kaufhäuser in Manhattan herrlich dekorierte Schaufenster, von klassisch bis avantgardistisch. Unternehmen Sie einen Spaziergang (etwa 90 Min.), beginnend bei **Macy's** (34th St. und Broadway). gehen Sie dann östlich zur Fifth Avenue, biegen Sie links ab und steuern Sie nördlich auf die Schaufenster von **Lord & Taylor's** an der 38th Street zu. Weiter geht es nach Norden zur 48th Street und den Auslagen von **Saks Fifth Avenue**. Betrachten Sie die raffinierten Ausstellungen bei **Bergdorf Goodman** (5th Ave. an der 57th St.), gehen Sie dann östlich zur Madison Avenue und die 60th Street hinauf zu den Schaufenstern von **Barneys**. Dann halten Sie sich auf der 60th Street Richtung Osten bis zu **Bloomingdale's** an der Lexington Avenue.

Andy Warhols *Campbell's Soup Cans* (insgesamt 32 Stück) von 1962 hängen im MoMA

Das Museum of Modern Art (MoMA) zieht jährlich an die 3 Millionen Besucher an. Dank eines von 2002 bis 2004 vollzogenen Umbaus zu »einem der herausragenden Werke der Architektur der Stadt« *(New York Times)* **ist die weltweite Begeisterung für das ohnehin schon beliebte Kultur-Highlight ständig im Steigen begriffen. Die nächste Erweiterung soll bis 2019 abgeschlossen werden.**

Im MoMA findet sich alles: von Cézanne bis Chuck Close, von den ersten Daguerreotypen bis zu interaktiven Videoinstallationen und elektronischen Exponaten – auch Räume und Galerien, die in ihrem Design genau zu Typ und Größe der Exponate passen.

Seit seinen Anfängen 1929 folgt das Museum dem Prinzip, die enge Definition von Kunst zu überschreiten. So sind hier neben Malerei, Bildhauerei und Zeichnungen auch Architektur, Grafik, Industriedesign und Mode ein Thema. Das MoMA stellte lange vor anderen großen Museen Fotos aus und kümmerte sich um bedeutende Filme. Seitdem ist die Sammlung stetig angewachsen und der Bau wurde umgestaltet, um mit der Entwicklung Schritt zu halten. Neu angelegt wurden etwa zwei Cafés und The Modem, ein elegantes Restaurant mit einer Terrasse am Garten. Der **MoMA Design**

and Book Store gegenüber vom Museum hat sich auf Objekte wie Schmuck und Schals bis hin zu Glaswaren spezialisiert.

DIE SAMMLUNG

Die ständige Ausstellung des MoMA zeigt mehr als 150 000 Gemälde, Skulpturen, Zeichnungen, Drucke, Fotos und Designobjekte sowie architektonische Entwürfe und Modelle. Das Museum hat 22 000 Filme, Videos und Werke anderer Medien sowie 300 000 Bücher. Das Archiv des Museums umfasst stattliche 760 Meter historische Dokumentationen, außerdem ein Fotoarchiv mit zigtausend Bildern.

HIGHLIGHTS

Das neue MoMA wurde im Jahr 2005 eröffnet und konnte seine Ausstellungsfläche nach der Umgestaltung fast verdoppeln. Jede der sechs Abteilungen des Museums stellt eine Auswahl dieser Werke dar: Film und Medien, Drucke und illustrierte Bücher, Architektur und Design, Zeichnungen, Fotografie, Gemälde und Skulpturen. Zu sehen sind auch einige der beliebtesten Werke des Museums wie Vincent van Goghs *Sternennacht* und Pablo Picassos *Les Demoiselles d'Avignon*.

Film und Medien: Werke der Sammlung findet man in zwei Abteilungen des Museums. Die Vorführungssäle im Untergeschoss zeigen täglich eine Auswahl aus den 20 000 Filmen des Museums. Diese decken über hundert Jahre ab, von Thomas Edison bis heute. Die Mediengalerie im ersten Stock bietet Installationen und elektronische Medien.

Drucke und illustrierte Bücher: Die Druckgrafiken befinden sich im ersten Stock (zusammen mit den Contemporary Galleries, der Media Gallery und dem Café 2). Sie gehören zu einer Sammlung von mehr als 50 000 Drucken und illustrierten Büchern von den 1880er-Jahren bis in die Gegenwart. Zu den Höhepunkten zählen Edvard Munchs Druck *Madonna* (1895–1902) und ein Buch von 1913, das Illustrationen von Sonia Delaunay-Terk zu Dichtungen von Blaise Cendrars enthält.

☐ Wissen

KUNST AUF PAPIER

Im zweiten Stock findet man eine Auswahl aus den über 10 000 Werken auf Papier. Darunter sind solche in Bleistift, Tinte, Kohle, Aquarellfarben und Collagen, Gouachegemälde sowie Bilder in Mischtechnik. Höhepunkte sind beispielsweise Werke von Georges-Pierre Seurat, Paul Klee, Egon Schiele und Dieter Roth. Joan Mirós *Der schöne Vogel offenbart dem Liebespaar ein Geheimnis* (1940) stammt aus der Serie mit dem Titel *Konstellationen.* Als Gegenpol dazu steht ein klassisches Werk von Georgia O'Keeffe: *An Orchid* (1941), eine nicht fest umrissene, sinnlich grün-weiße Orchidee.

Architektur und Design: Diese Sammlung im zweiten Stock bietet einen guten Überblick über die Moderne. Die Ausstellung zur Architektur dokumentiert die Entstehung von bedeutenden Gebäuden und zeigt mehr als 60 Modelle sowie etwa 1000 Zeichnungen und das umfangreiche **Ludwig Mies van der Rohe Archive**. In der Design-Abteilung sind über 3000 Objekte zu besichtigen, von Haushaltsgeräten über Möbel bis hin zu Autos, Bekleidung, Siliziumchips sowie Typografie und Poster: Rody Graumans *85 Lamps Lighting Fixture* (1992), Christopher Dressers fantasievolle rotschwarze *Gießkanne* (ca. 1896) und Ludwig Mies van der Rohes perspektivische Zeichnung eines Kristallturms, *Hochhaus Friedrichstraße* (1921), zeigen auf brillante Weise die überaus gelungene Synthese von Architektur und Design.

☐ Tipp

Nutzen Sie das WLAN des MoMA, um die Museums-App auf ihr Smartphone herunterzuladen und Kommentare zu Kunstwerken und Ausstellungen zu hören (*www.moma.org/ explore/mobile*).

MATT HANNAFIN
NATIONAL GEOGRAPHIC-MITARBEITER

FOTOGRAFIE

Das MoMA besitzt eine Sammlung von über 25 000 Fotografien von 1840 bis zur Gegenwart und damit wohl die bedeutendste ihrer Art. Seit 1930 sammelt das Museum Fotos. Die Säle im zweiten Stock zeigen Werke von William Henry Fox Talbot und anderen aus den Anfangszeiten des Mediums, aber auch von späteren Fotografen wie Julia Margaret Cameron, Alfred Stieglitz, Man Ray und Imogen Cunningham. Mit einer schwenkbaren Kamera, die in fünf Sekunden eine Drehung von fast 360 Grad vollführte, nahm sie riesige Farbpanoramen auf, in denen Bewegung und Stille zusammenflossen. Die jährliche Ausstellung »New Photography« präsentiert neue Talente.

Eine von Sol LeWitts *Walls of Drawings*. Der amerikanische Künstler hat seit Beginn seiner Karriere in den 1960er-Jahren über 1000 einzigartige, aber ganz ähnlich benannte Werke geschaffen

Gemälde und Skulpturen: Die Werke dieser Sammlung, die man im dritten und vierten Stockwerk bewundern kann, lösen bei vielen Besuchern Begeisterungsrufe aus, denn es handelt sich um populäre, gut bekannte Meisterwerke – aber nur hier kann man sie als Originale sehen. Rund 3500 Exponate vom Ende des 19. Jh. bis in die Gegenwart vermitteln einen nahezu vollständigen Eindruck der Epoche. Das älteste Werk ist die *Badende* (ca. 1885) von Paul Cézanne. Aus der jüngeren Geschichte, ab den 1980er-Jahren, sind Künstler wie James Rosenquist, Susan Rothenberg, Cai Guo-Qiang, Chris Ofili, Richard Serra und andere vertreten.

Wer tiefer in die Welt der Malerei eintauchen möchte, sollte sich einige Werke zum Vergleich auswählen: Paul Gauguins Darstellung einer polynesischen Göttin in seinem *Der Samen der Areoi* (1892), Frida Kahlos *Selbstbildnis mit abgeschnittenem Haar* (1940) und Andy Warhols Interpretation einer Ikone der Pop-Kultur, *Gold Marilyn Monroe* (1962), regen vielleicht zu interessanten Diskussionen über die künstlerische Darstellung der Frau an. Wenn man zwei Skulpturen, nämlich Marcel Duchamps *Fahrrad-Rad* (1951) und Chris Burdens *Medusa's Head* (1990) miteinander vergleicht, stellen sich fundamentale Fragen nach der Entstehungsweise von Kunst und deren Einfluss. Beide Skulpturen verwenden alltägliche Gegenstände und setzen dabei auf das visuelle Überraschungsmoment des Absurden. Dabei verwendet *Medusa's Head* keine Schlangen oder sonstige vorhersehbare Symbole für das Haar, sondern Modelleisenbahnschienen und Modellzüge. Und Duchamps *Fahrrad-Rad* ist mehr als nur ein Fahrrad-Reifen, der auf einem weiß lackierten Küchenhocker aufgebockt ist: es ist ein kinetisches Kunstobjekt, das der Künstler selbst als »Objekt persönlicher Erbauung« bezeichnete.

In den Stockwerken drei und vier wimmelt es von ähnlich faszinierenden Werken, darunter Arbeiten von Claude Monet, Pablo Picasso, Piet Mondrian, Jackson Pollock, Constantin Brâncusi, Alexander Calder, Joseph Cornell und Eva Hesse. Hoch oben in der Besuchergunst stehen Henri Rousseaus *Schlafender Riese* (1897), Henri Matisses *Der Tanz I* (1909), Vincent van Goghs *Sternennacht* (1889) und Alberto Giacomettis *Der Palast um 4 Uhr früh* (1932).

Im vierten Stock lädt das Terrace 5 Café zum Verweilen ein. Café 2 im ersten Stock ist eine weitere Option zur Stärkung. Zurück im Erdgeschoss kann man nochmals den Garten mit seinen Skulpturen bewundern.

□ **Wissen**

GESCHICHTE DES MOMA

Die Idee zum Museum of Modern Art wurde im Winter 1928/29 geboren, als sich Abby Aldrich Rockefeller, die Frau von John D. Rockefeller Jr., und Lillie P. Bliss in Kairo trafen. Sie beschlossen, Amerika müsse über ein Museum verfügen, das sich der modernen Kunst widmet und Werke ausstellt, die andere Museen der damaligen Zeit nicht zeigen wollten. Mary Quinn Sullivan wurde die Dritte im Bunde.

Die »Ladies« gewannen die Unterstützung des Kunsthistorikers Paul J. Sachs. Schon bald eröffnete das Museum mit einer kleinen Ausstellungsfläche im zwölften Stock des Heckscher Building *(750 5th Ave./57th St.)*. Museumsdirektor Alfred H. Barr Jr. verfolgte das Ziel, die Sammlung bereits in der Anfangszeit auf alle Formen der bildenden Kunst auszuweiten.

1932 bezog das Museum ein Stadthaus, das sich am heutigen Standort, der West 53rd Street, befand. 1936 entwarfen die Architekten Edward Durell Stone und Philip Goodwin ein neues Haus an der 53rd Street. Das Gebäude mit seiner Front aus Glas und Marmor öffnete 1939 und wurde zum Pionier des International Style. 1984 verdoppelte das Museum seine Fläche durch Anbauten des Architekten César Pelli; die Renovierung 2005 gab dem MoMA seine heutige Form. Die jüngsten Erweiterungspläne, die das ehemaligen Folk Art Museum nebenan beinhalten, sind umstritten.

Picassos *Les Demoiselles d'Avignon* (1907) ist eines der vielen tausend Exponate des MoMA

Lohnend ist auch ein Besuch der Zweigstelle des MoMA, des PS1, das sich der Förderung zeitgenössischer Kunst widmet. Es ist in einem hundert Jahre alten Gebäude in Long Island City in Queens untergebracht und hat dort mit provokanten Ausstellungen für Furore gesorgt (siehe S. 253). ∎

MUSEUM OF MODERN ART (MOMA)

- ◮ Karte S. 122 f.
- ✉ 11 W. 53rd St., zw. 5th und 6th Ave.
- ☏ 212/708-9685
- ◔ Thanksgiving und Weihnachten geschl.
- 💲 $$$$$. Tickets gibt es online unter www.moma.org oder bei Ticketmaster unter Tel. 866/777-0505 oder www.ticketweb.com
- 🚇 U-Bahn: E, M bis 5th Ave./53rd. St.; B, D, F, M bis 47th–50th St./ Rockefeller Center

www.moma.org

Hinweis: Die Wartezeiten beim Einlass sind wegen der Prüfung mitgeführter Taschen oft lang; deshalb empfiehlt es sich, nur Taschen, die kleiner als 30 x 35 cm sind, mitzuführen. Reisegepäck mitzubringen ist nicht erlaubt.

MOMA DESIGN & BOOK STORE

- ✉ 44 W. 53 St.
- ☏ 212/708-9700
- 🚇 U-Bahn: E bis 5th Ave./53rd. St.; B, D, F bis 47th–50th St./Rockefeller Center

www.momastore.org

In Midtown North gibt es unzählige Kunstorte. Schauen Sie bei **Christies** (*20 Rockefeller Plz., 48th St./49th St., Tel. 212/636-2000, www.christies.com, Mo–Sa 10–17 Uhr, So 13–17 Uhr*) oder **Sotheby's** (*1334 York Ave., Tel. 212/606-7000, www.sothebys.com*) vorbei, um zu sehen, was private Sammler aktuell und zu welchem Preis verkaufen. Die dort gezeigten Kunstwerke sind vielleicht nie wieder öffentlich zu bewundern.

CARNEGIE HALL

Tschaikowski gehörte zu den ersten, die hier ein Orchester dirigierten; seither sind alle Größen aus der Welt der klassischen Musik, aber auch die Stars der Jazz-, Rock- und Pop-Szene hier aufgetreten. Auch wenn Sie keine Zeit für einen Konzertbesuch haben, gehen Sie in die berühmte Carnegie Hall aus dem Jahr 1891 hinein – nämlich in das **Rose Museum** im ersten Stock (*Tel. 212/903-9629*). Das Museum zeigt faszinierendes Material, Musikbeispiele und sogar Instrumente – zum Beispiel die Klarinette von Benny Goodman oder Toscaninis Taktstock.

✉ **154 W. 57th St. an der 7th Ave.** ☎ **212/247-7800**
🚇 **U-Bahn: N, Q, R bis 57th St. www.carnegiehall.org**

INTERNATIONAL CENTER OF PHOTOGRAPHY (ICP)

Die größte Museumsschule für Fotografie überhaupt ist zugleich das einzige New Yorker Museum, das ausschließlich der Fotografie gewidmet ist. Regelmäßig finden hier Wechselausstellungen zur Geschichte der Fotografie statt.

Retrospektiven würdigten in letzter Zeit die Werke von Imogen Cunningham, Man Ray, Annie Leibowitz, David Hockney und anderen. Cornell Capa, der auch für das *Life*-Magazin fotografierte, gründete 1974 das ICP, um die Fotografie in all ihren Erscheinungsformen darzustellen und zu fördern. Fortbildung gehört zum Auftrag des Zentrums.

✉ **1133 Avenue of the Americas (43rd St.)** ☎ **212/857-0000** 🕐 **Mo geschl.**
💲 **$$** 🚇 **U-Bahn: B, D, F, M bis 42nd St./Bryant Park 5th Ave. www.icp.org**

INTREPID SEA-AIR-SPACE MUSEUM

Die »Intrepid« ist ein ausrangierter Flugzeugträger, der einst im Zweiten Weltkrieg, im Korea- und Vietnamkrieg eingesetzt wurde. 1978 rettete man das Schiff vor der Verschrottung, indem man es zu einem Museum umfunktionierte. Nach zwei Jahren Renovierung wurde die »Intrepid« 2008 wiedereröffnet.

✉ **Pier 86, One Intrepid Sq., W. 46th St./12th Ave.**
💲 **$$$$$** ☎ **212/245-0072** 🚇 **U-Bahn: A, C, E bis 42nd St.**
www.intrepidmuseum.org

JAPAN SOCIETY GALLERY

Neben der eigenen kleinen Sammlung von Holzschnitten des 20. Jh. von Shiko Munakata zeigt die Galerie Kunstwerke anderer Institutionen. Der kleine Lobby-Garten mit Teich und Bambusbäumen lädt zu etwas Ruhe abseits der Midtown-Hektik ein. Das Museum entstand 1971.

✉ 333 E. 47th St. ☎ 212/832-1155 🕐 Mo geschl.
💲 $$$ 🚇 U-Bahn: E, M bis Lexington Ave.; B, 6 bis 51st St.
www.japansociety.org/gallery

MUSEUM OF ARTS AND DESIGN (MAD)

Dieses Museum stellt Werke aus, die die Grenze zwischen Kunsthandwerk und Kunst verschwimmen lassen. Besucher haben in den Open Studios (im 5. Stock) die Möglichkeit, Künstlern bei der Arbeit über die Schulter zu schauen.

✉ 2 Columbus Circle ☎ 212/299-7777 💲 $$$ 🕐 Mo geschl.
🚇 U-Bahn: A, B, C, D, 1 bis Columbus Circle an der 59th St.;
N, R, Q, W bis 57th St. **www.madmuseum.org**

THE PALEY CENTER FOR MEDIA

Dieses Museum beherbergt alte Ausrüstungsgegenstände, Vorführräume und Erinnerungsstücke, aber auch Audiostationen und Computer, die einen Zugang zu beliebten Fernseh- oder Radiosendungen ermöglichen. Neben der Ausstellung werden auch Workshops für Jung und Alt angeboten. Sehenswert sind die Sendungen aus den Vorführräumen, bei denen meist prominente Gäste anwesend sind.

✉ 25 W. 52nd St. ☎ 212/621-6600 🕐 Mo, Di geschl. 💲 $$
🚇 U-Bahn: E, M bis 5th Ave./53rd St.; B, D, F, M bis 47th–50th St./
Rockefeller Center **www.paleycenter.org**

PLAZA HOTEL

Ein Schmuckstück an der Grand Army Plaza nahe der Fifth Avenue ist das Plaza Hotel, ein Bau wie ein Schloss und von enormen Ausmaßen; Henry Janeway Hardenbergh entwarf den Komplex im Jahr 1907. F. Scott Fitzgerald hat im Plaza gelebt, und Marilyn Monroe war in ihren New Yorker Jahren oft zu Gast. Viele Filmklassiker wurden hier gedreht, zum Beispiel *Der unsichtbare Dritte* oder *Frühstück bei Tiffany*. Wer seinen Drink im Palm Court oder das Abendessen im Oak Room einnimmt, spürt noch etwas vom Charme des alten New York.

✉ 768 5th Ave./Ecke Central Park South
🚇 U-Bahn: R, N, Q bis 5th Ave.; F bis 57th St.; 4, 5, 6 bis 57th St.
www.theplazany.com

Upper East
Side

Erster Überblick	152–153
Frick Collection	154–155
Metropolitan Museum of Art	156–167
Special: Einen Nachmittagstee genießen	168
Guggenheim Museum	169–171
Cooper-Hewitt National Design Museum	172–173
Jewish Museum	174
Special: Tour zur neomodernen Architektur Manhattans	175
Museum of the City of New York	176–177
Neue Galerie New York & weitere Stopps an der Fifth Avenue	178–180
Upper East Side und Umgebung	181
Special: Silk Stocking District	182–183
El Museo del Barrio	184
Weitere Sehenswürdigkeiten in der Upper East Side	185
Hotels und Restaurants	291–294

‹ Die innere Kuppel des Guggenheim-Museums

Der Financial District ist zwar der Ort, an dem in New York das große Geld verdient wird, doch dann fließt das Geld an die Upper East Side. Von der 59th Street nach Norden bis zur 96th Street umfassen Park Avenue und Fifth Avenue einen Bezirk mit hohen Apartmenthäusern und niedrigen *brownstones* in Seitenstraßen, eine eigene Welt: die Welt des alten New Yorker Geldadels.

Wer für einige Stunden am Leben der Oberschicht teilhaben möchte, kann zum Beispiel nach dem Besuch des Metropolitan Museum of Art den Tee im Carlyle an der Madison Avenue einnehmen. Viele Museen an der Fifth Avenue sind in ehemaligen Stadthäusern von Millionären untergebracht. Oder Sie gehen zu einer der Galerien, die durch den eher konservativen Stil der Reichen geprägt sind. Ein angesehenes Kunsthaus, die Hirschl *&* Adler Galleries *(730 5th Ave, Tel. 212/535-8810, www.hirschlandadler.com),* hat in einem imposanten Bau an der East 70th Street seinen Sitz.

Die Upper East Side bietet jedoch mehr als Glanz und Prunk. In den Avenues weiter östlich – Lexington, Third, Second und weiter – wohnen heute Angehörige der Mittelschicht und Yuppies. Bars und Restaurants sind auf entsprechendes Publikum eingestellt. Daneben gibt es aber auch noch Literatentreffs wie den Writing Room *(1703 2nd Ave., zw. 88th und 89th St., Tel. 212/335-0075, www.thewritingroomnyc.com).*

Einst wohnten in diesem Teil der Upper East Side viele Immigranten, die ersten kamen aus Deutschland, Irland und Böhmen. Das Restaurant Heidelberg (siehe S. 293) ist eines der wenigen deutschen Restaurants, die erhalten geblieben sind.

SPANISH HARLEM

Die Upper East Side ist, zumindest ab der 96th Street Richtung Norden, auch ein Zentrum südamerikanischer Kultur. Spanish Harlem war ursprünglich von Italienern und Puerto Ricanern bewohnt. Nach dem Zweiten Weltkrieg siedelten sich hier besonders viele Lateinamerikaner an. Das nördliche Gebäude der Museum Row, El Museo del Barrio (siehe S. 184), zeigt die Kultur von Spanish Harlem und verknüpft sie mit anderen Latino-Vierteln in den USA.

HISTORISCHE VIERTEL

Die historischen Bauten der Upper East Side verteilen sich auf mehrere Viertel. Zu den bedeutenden Bauwerken zählen die ersten Apartmenthäuser – etwa das an der Fifth Avenue mit der Nummer 998, ein Palazzo im Stil der italienischen Renaissance. ■

Upper East Side

Zur Orientierung

El Museo del Barrio

Museum of the City of New York

103rd Street

Jewish Museum

Cooper-Hewitt National Design Museum

National Academy Museum & School of Fine Arts

The Guggenheim

Metropolitan Museum of Art

Institute of Fine Arts

CARNEGIE HILL

96th Street

YORKVILLE

86th Street

83RD STREET

77th Street

UPPER EAST SIDE

CARL SCHURZ PARK

CENTRAL PARK

FIFTH AVENUE

EAST DRIVE

PARK AVENUE

LEXINGTON AVENUE

THIRD AVENUE

SECOND AVENUE

FIRST AVENUE

(EAST RIVER DRIVE)

The Frick Collection

68th Street-Hunter College

LENOX HILL

JOHN JAY PARK

ROOSEVELT DRIVE

QUEENSBORO BRIDGE

0 — 600 Meter
0 — 600 Yards

Upper East Side

1 New York Academy of Sciences
2 Bloomingdale's 3 Mount Vernon Hotel Museum & Garden 4 Seventh Regiment Armory 5 New York Society Library 6 Neue Galerie New York
7 Church of the Holy Trinity
8 Gracie Mansion

Ein Besuch der Frick Collection führt zurück in die Gründerzeit, als sich Millionäre beim Bau der Villen entlang der Fifth Avenue, die sie mit Kunstschätzen füllten, gegenseitig übertreffen wollten. Das Museum mit Bibliothek im ehemaligen Wohnhaus von Henry Clay Frick (1849–1919) wurde 1935 eröffnet.

Im Gegensatz zu den monumentalen Sammlungen anderer New Yorker Museen hat das »Frick« genau die richtige Größe, um sich entspannt in edler Umgebung der großartigen Kunst zu widmen. Ein kleiner Laden befindet sich außerhalb der Eingangshalle, gegenüber liegt der Eingang zu den tieferliegenden Räumen für die Wechselausstellungen.

Der Großteil der Kunstwerke ist im Erdgeschoss zu sehen. Der **Boucher Room** hinter dem East Vestibule ist besonders beeindruckend. Er ist mit der Bilderserie *Die Künste und Wissenschaften* verkleidet und zeigt Cherubim-ähnliche Kinder bei verschiedenen Tätigkeiten aus der Erwachsenenwelt. Die Bilder schuf François Boucher 1750–52, sie schmückten früher **Mrs. Frick's Sitting Room** im Obergeschoss. Porträtkunst von William Hogarth und anderen reiht sich an den Wänden des **Dining Room**, in dem auch *Mall in St. James Park* (1783) zu sehen ist, ein Porträt mit Landschaft von Thomas Gainsborough.

Der Glanzpunkt im **Fragonard Room** sind die unbeschwerten Bilder aus dem Zyklus *Das Fortschreiten der Liebe im Herzen einer jungen Frau* von Jean-Honoré Fragonard aus dem 18. Jh. Die nüchterne **Living Hall** wird von

Der größte Raum im Hause Frick: die West Gallery, wo sich alte Meister und klassisches New Yorker Ambiente verbinden

Meisterwerken wie *Bildnis eines Mannes mit roter Mütze* (ca. 1510) von Tizian, *Hl. Hieronymus* (1590–1600) von El Greco und *Hl. Franziskus* (1480) von Giovanni Bellini beherrscht. Der nächste Raum ist die **Library** mit vielen Werken britischer Künstler, darunter Gainsborough, Constable und Turner.
In der **North Hall** hängt ein Porträt

Henry Clay Frick als junger Mann

von Ingres, *Comtesse d'Haussonville* (1845), in der **South Hall** Vermeers *Der Soldat und das lachende Mädchen* (ca. 1655–60) und *Die unterbrochene Musikstunde* (1658/59).
Die **West Gallery** wird durch ein Glasdach erhellt und setzt sich dadurch von den anderen Zimmern ab. Die ausgestellten Werke sollte man unbedingt ansehen: Rembrandts *Selbstporträt* (1658) und viele bedeutende Bilder von Veronese, van Dyck, Corot, Velázquez und anderen.
Der kleine **Enamel Room** am Ende der Galerie ist mit Emaille-Malerei aus Limoges reich verziert, besonders kunstvoll sind *Die sieben Schmerzen Mariens* (1500–50). Im **Oval Room**, Fricks ehemaligem Arbeitszimmer, sind große Porträts von van Dyck und Gainsborough sowie eine lebensgroße Diana-Skulptur von Houdon zu sehen. Den Eingang der **East Gallery** schmücken zwei Whistler sowie Arbeiten von Manet und Goya.

DAS ERBE DER FAMILIE FRICK

Frick, ein Industrieller und Selfmademan, war früh dafür bekannt, dass er sich besonders für Gemälde begeisterte. Er begann seine Geschäfte mit der Kohleförderung und war bereits mit 30 Jahren Millionär. 1900 zog er nach New York. 1920 eröffnete seine Tochter die **Frick Art Reference Library** mit 750 000 Fotografien und 174 000 Büchern und Katalogen. ■

FRICK COLLECTION
🅰 Karte S. 152 f.
✉ 1 E. 70th St.
☎ 212/288-0700
🕐 Mo geschl.
💲 $$$$
🚇 U-Bahn: 6 bis 68th St.–Hunter College
www.frick.org

Hinweis: Kein Zutritt für Kinder unter 6 Jahren, Kinder unter 16 Jahren sind nur in Begleitung Erwachsener zugelassen.

FRICK ART REFERENCE LIBRARY
✉ 10 E. 71st Street
☎ 212/547-0641
🕐 ganzjährig So und Juni–Aug. Sa geschl., Aug. auch Mo geschl.
🚇 U-Bahn: 6 bis 68th St./Hunter College
www.frick.org/visit/library

Das Metropolitan Museum of Art ist das größte Museum der westlichen Hemisphäre. Seine Sammlung mit über zwei Millionen Exponaten ist geographisch und chronologisch geordnet. Einige Abteilungen zeigen so viele Kunstwerke, dass sie als eigenes Museum gelten könnten. Um diesen Schatz zu erkunden, informieren Sie sich am besten vor dem Besuch über für Sie interessante Bereiche.

Das Museumsgebäude beeindruckt schon durch seine Größe. Betrachten Sie es von der Fifth Avenue, bevor Sie hineingehen. Große Hängebanner künden von den aktuellen Ausstellungen.

Als Orientierung hilft zu wissen, dass das Museum durch einen Treppenaufgang in der Mitte in vier Flügel geteilt wird. Steht man mit Blick auf die Säulen am Eingang, befindet sich im vorderen rechten Flügel die ägyptische Kunst (Tempel von Dendur), im hinteren der American Wing mit amerikanischer Kunst (auch in der Etage darüber). Im vorderen linken Flügel können Sie griechische und römische Kunst sehen. Der hintere linke Flügel ist der Lila Atcheson Wallace Wing mit Kunst des 20. und 21. Jh. Dazwischen liegen die Abteilungen mit afrikanischer, ozeanischer und altamerikanischer Kunst.

Über die große Treppe gelangt man in das Obergeschoss, das eigentliche Kernstück des Museums mit einer hervorragenden Sammlung von Malerei, Bildhauerkunst und Kunsthandwerk aus Europa. Hier befinden sich Meisterwerke von Botticelli, Bruegel, Rembrandt, Vermeer, Degas und Rodin sowie der Petrie Sculpture Court, ein wunderschöner Ort für eine Pause. Beim Betreten des Museums scheint die Orientierung schwierig, doch wenn Sie die Lage dieser fünf Bereiche (ägyptische, amerikanische, griechische und römische, afrikanische, ozeanische und altamerikanische sowie moderne Kunst) im Erdgeschoss und die europäischen Gemälde im ersten Stock im Kopf behalten, finden Sie mit Sicherheit hinein und auch wieder heraus.

DIE BESICHTIGUNG

Am Eingang liegen Pläne zu den Ausstellungsräumen aus. Wenn Sie nicht auf sich allein gestellt sein möchten, können Sie sich einer Führung anschließen oder einen Audioguide mit Kopfhörer mitnehmen. Das Ambiente, die Architektur und die Schönheit des Gebäudes können Sie am besten

METROPOLITAN MUSEUM OF ART
🅰 Karte S. 152 f.
✉ 1000 5th Ave. an der E. 82nd St.
☎ 212/535-7710

🆂 Spende ($$$$$) beinhaltet Eintritt zu The Cloisters (siehe S. 219 f.)
🚇 U-Bahn: 4, 5, 6 bis 86th St.
www.metmuseum.org

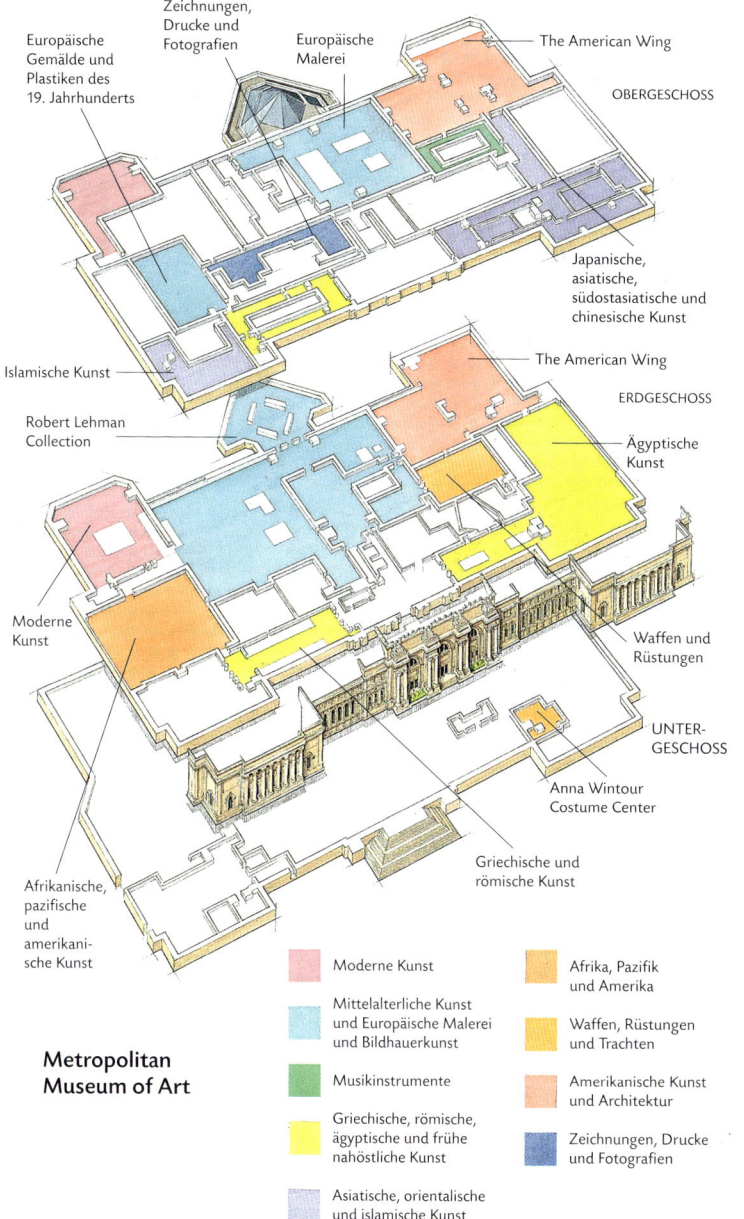

Europäische Gemälde und Plastiken des 19. Jahrhunderts

Zeichnungen, Drucke und Fotografien

Europäische Malerei

The American Wing

OBERGESCHOSS

Japanische, asiatische, südostasiatische und chinesische Kunst

Islamische Kunst

The American Wing

ERDGESCHOSS

Robert Lehman Collection

Ägyptische Kunst

Moderne Kunst

Waffen und Rüstungen

UNTER-GESCHOSS

Anna Wintour Costume Center

Afrikanische, pazifische und amerikanische Kunst

Griechische und römische Kunst

Metropolitan Museum of Art

Moderne Kunst

Mittelalterliche Kunst und Europäische Malerei und Bildhauerkunst

Musikinstrumente

Griechische, römische, ägyptische und frühe nahöstliche Kunst

Asiatische, orientalische und islamische Kunst

Afrika, Pazifik und Amerika

Waffen, Rüstungen und Trachten

Amerikanische Kunst und Architektur

Zeichnungen, Drucke und Fotografien

an einem Freitag oder Samstag nach 17 Uhr genießen, denn dann können Sie in der Balcony Bar Tee trinken und einem Streichkonzert in der Great Hall lauschen. Die großen Sonderausstellungen ziehen viele Leute an. Genauso bedeutend für die Kunstwelt sind Werke, die der Öffentlichkeit zum ersten Mal gezeigt werden.

GESCHICHTE

1866 meinte der Diplomat und Rechtsanwalt John Jay vor einer Gruppe amerikanischer Unternehmer, die Paris besuchten, es sei an der Zeit, dass das amerikanische Volk den Grundstein für eine nationale Kunstsammlung lege. Die Geschäftsleute waren so beeindruckt von seinen Worten, dass sie nach ihrer Rückkehr den Schriftsteller und Zeitungsherausgeber William Cullen Bryant zum Vorsitzenden eines Komitees machten, das mit der Gründung des Metropolitan Museum of Art beauftragt wurde. 1870 wurde das Museum eröffnet. Im Jahr darauf erwarb es eine Sammlung von 174 europäischen Gemälden und beauftragte Calvert Vaux und Jacob Wrey Mould mit dem Bau seines ersten Gebäudes. Das kleine Haus wurde im gotischen Stil erbaut. Es stand am Rand des Central Park, an der 82nd Street und Fifth Avenue. Die Eingangsfront zeigte zum Central Park. Als das Metropolitan immer weiter wuchs, wurde das Vaux-Mould-Gebäude von Anbauten buchstäblich verschluckt. Die markante Fassade zur Fifth Avenue mit neoklassizistischen Stilelementen und die Great Hall wurden ab 1902 nach Plänen von Richard Morris Hunt errichtet. McKim, Mead, und White fügten von 1911 bis 1913 den Nord- und Südflügel an. Mit den neuesten Anbauten wurden Roche, Dinkeloo and Associates beauftragt.

▢ Wissen

ES GIBT VIELE GRÜNDE FÜR EINEN BESUCH IM »MET«

Neben Vorträgen, Konzerten und Filmen gibt es ein Archiv und Lesesäle. Das **Uris Center** im Tiefgeschoss hat eine eigene Bibliothek und Seminarräume, zudem veröffentlicht es Lehrbücher und -filme. Im Museum kann man natürlich auch einkaufen. Im **Met Store** *(Tel. 800/468-7386, www.store.metmuseum. org)* im ersten Stock bekommt man Bücher und Reproduktionen aus allen Epochen der Kunstgeschichte sowie Schmuck, Schals, Spielwaren, CDs und vieles mehr. Wer außergewöhnliche Geschenke sucht, wird hier fündig. Der Museumsladen hat auch Filialen in der Stadt – eine befindet sich im Rockefeller Center *(15 W. 49th St.)*. Im **Roof Garden Café** *(Mai–Spätherbst)* oder in der Cafeteria im Erdgeschoss kann man etwas zu sich nehmen. Echte New Yorker kaufen sich im Straßenverkauf etwas zu essen und setzen sich damit auf die Stufen des Museums.

Die Great Hall des »Met«, wo sich Besucher einen Überblick über die riesige Sammlung verschaffen können

Sie bauten 1975 den Lehman-Pavillon, 1979 den Sackler Wing für den Tempel von Dendur und den Rockefeller Wing für die völkerkundliche Abteilung. Der neue American Wing von 1980 wurde an den alten Flügel angebaut und bietet eine großzügige Fläche für die Americana-Sammlung – die umfangreichste in den USA. 1987 kam der Lila Atcheson Wallace Wing mit moderner Kunst hinzu. 2009 wurde der American Wing umfassend modernisiert, und das renovierte Costume Institute heißt seit 2014 Anna Wintour Costume Center.

AUFBAU DER SAMMLUNG

1883 erwarb das Museum eine große Sammlung von Architekturmodellen. 1887 machte die Leihgabe von 37 europäischen Gemälden des Eisenbahn-

Industriellen Henry Gurdon Marquand das Museum mit einem Schlag zu einem der bedeutendsten des Landes. Unter den Werken befanden sich Vermeers *Junge Frau mit der Wasserkanne am offenen Fenster*, das immer noch zu den schönsten Gemälden der Sammlung gehört, sowie Arbeiten von van Dyck, Rembrandt, Frans Hals, Petrus Christus, Turner und Gainsborough. 1913 machte der Kaufhausbesitzer Benjamin Altman dem Museum eine Schenkung, die unter anderem 500 Arbeiten aus chinesischem Porzellan und einige Werke Rembrandts umfasste. Altman knüpfte einige Bedingungen an die Ausstellung der Gemälde: Sie sollten in einer Reihe, nicht übereinander hängen, wie es damals in Kunstmuseen üblich war. Nach dem Tod des Industriellen J. P. Morgan im Jahr 1913 gab sein Sohn rund 40 Prozent von dessen Kunstsammlung an das Museum.

Zu den weiteren wichtigen Erwerbungen gehörte im Jahr 1929 Louisine W. Havemeyers Sammlung französischer Impressionisten. Das Museum brauchte Jahrzehnte, bis es Interesse für amerikanische Kunst entwickelte. 1930 wurde Gertrude Vanderbilt Whitneys Schenkung von 500 modernen amerikanischen Gemälden so prompt abgelehnt, dass ihr Agent nicht einmal hinzufügen konnte, Whitney wolle auch einen neuen Gebäudeflügel für die Sammlung bauen.

IM UNTERGESCHOSS

Das **Anna Wintour Costume Center** wird oft übersehen, weil es etwas abseits liegt – wer sich für Mode interessiert, sollte es anschauen. Die kreativen Entwürfe wurden ab 1937 in dem eigenständigen Museum of Costume Art gezeigt, das sich 1946 dem Metropolitan anschloss.

Im Jahr 2009 gelangte durch eine neue Partnerschaft mit dem Brooklyn Museum dessen renommierte Modesammlung, vielleicht die größte der Welt mit amerikanischer Mode vom Ende des 19. bis zur Mitte des 20. Jh., ans Museum; alles in allem rund 100 000 Stücke, vom 15. Jh. bis zur Gegenwart.

IM ERDGESCHOSS

Die Gründer des »Met« waren der Ansicht, dass amerikanische Malerei und amerikanisches Kunsthandwerk in einem seriösen Museum keinen Platz hätten. Ihre Einstellung änderte sich, als die erste Ausstellung amerikanischer Möbel und Silberarbeiten im Jahr 1909 höchst erfolgreich verlief. Kunst und Kunsthandwerk der Vereinigten Staaten zeigte man ab 1922 in einer eigenen Abteilung, 1924 eröffnete dann der **American Wing**. Heute erstreckt er sich über zwei Etagen und ist eine Welt für sich, in der man einen ganzen Tag verbringen kann. Die Sammlung ist äußerst vielfältig: von einer einzigartigen Kollektion amerikanischer Gemälde über eine seltene

Baseballkarte von Honus Wagner bis zu einem Raum aus Frank Lloyd Wrights Prairie House in Minnesota. Die Räume sind nach Epochen geordnet – begonnen wird mit der frühen Kolonialzeit im zweiten Stock. Zu den Glanzpunkten zählt der gläserne **Charles Engelhard Court** im Erdgeschoss mit Springbrunnen, Blick auf den Central Park, die Fassade eines Wall-Street-Bankgebäudes von 1824 und Glasmalerei von Louis Comfort Tiffany. Der vom Sonnenlicht durchflutete Gang präsentiert in wechselnden Ausstellungen Werke berühmter Bildhauer wie John Gutzon de la Mothe Borglum, die auf ei-

George Washington, Porträt von Gilbert Stuart (1755–1828)

ner rotierenden Plattform gezeigt werden. Außerdem sind hier bedeutende amerikanische Gemälde zu sehen, unter anderem von Künstlern der Hudson River School, von Winslow Homer, Childe Hassam und Mary Cassatt. Das größte Bild des Metropolitan, John Vanderlyns *Panorama of the*

Erlebnis

LITTLE APPLE – NEW YORK FÜR KINDER

Das »Met« hat eine spezielle Website mit Ausstellungen und Workshops für Kinder und Familien *(www.metmuseum.org/learn/for-kids)*. Neben Museen und Aufführungen in der Stadt bietet auch der Central Park (siehe S. 190 f.) Kindern Unterhaltung: Das Karussell und der **Central Park Zoo** *(nahe 64th St.)* sind ganzjährig geöffnet; im **Swedish Cottage Marionette Theater** *(79th St. und West Dr., www.cityparksfoundation.org)* erwecken Puppenspieler Geschichten zum Leben. Der **Wollman Rink** *(63rd St., www.wollmanskatingrink.com)* ist im Winter Eislaufbahn, im Sommer Mini-Vergnügungspark. Die Spielwaren, der 6 m hohe T-Rex und das Riesenrad bei **Toys »R« Us** *(1514 Broadway, Tel. 646/366-8800)* am Times Square begeistern die Kids. Mädchen mögen vielleicht **American Girl Place** *(609 5th Ave., Tel. 212/371-2220, www.american girl.com)*. Besuchen Sie **Books of Wonder** *(18 W. 18th St., www.booksofwonder. com)*, die älteste Kinderbuchhandlung der Stadt, oder **Dinosaur Hill** *(306 E. 9th St., www.dinosaurhill.com)*, wo es handgefertigte Spielwaren gibt. Spieleliebhaber suchen den **Compleat Strategist** *(11 E. 33rd St., Tel. 212/685-3880, www.thecompleatstrategist.com)* auf. **Forbidden Planet** *(832 Broadway, Tel. 212/473-1576, www.fpnyc.com)* ist *der* Shop für Comics.

Der Tempel von Dendur (links), ein Geschenk Ägyptens, steht frei wie am Nil – in einem eigenen Raum

Palace and Gardens of Versailles (1818/19), wurde in einem eigenen ovalen Raum angebracht.

Im ersten Stock des Neubaus befinden sich George-Washington-Porträts von Charles Willson Peale und Gilbert Stuart. Auch das Gemälde *Washington Crossing the Delaware* (1851) von Emanuel Leutze hängt hier.

In einem Seitenflügel im Erdgeschoss befindet sich die völkerkundliche Abteilung für afrikanische, pazifische und amerikanische Kunst, **Arts of Africa, Oceania, and the Americas**. Hier befinden sich auch die rund 3300 Werke aus Rockefellers Museum of Primitive Art, das sich früher in Midtown befand. Die Skulpturen von Buli Master, dem ersten Afrikaner, der als individueller Künstler bekannt wurde, sollten Sie sich unbedingt ansehen.

Ägyptische Sammlung: Ein Muss ist die Besichtigung der ägyptischen Sammlung – selbst ohne den **Tempel von Dendur** (ca. 23–10 v. Chr.) nebenan wäre sie das. Seit 1978 steht der beeindruckende Tempel in einem eigenen, hohen Raum im **Sackler Wing**. Der römische Kaiser Augustus ließ

ihn für den ägyptischen Totengott Osiris errichten. Das Tor zum Tempel ist mit Reliefs geschmückt, die zeigen, wie Augustus den einheimischen Göttern Opfer darbringt.

Die ägyptische Sammlung spannt einen Bogen über mehr als dreieinhalb Jahrtausende – von ca. 3000 v. Chr. bis 641 n. Chr. – und wird chronologisch präsentiert. Das Grab von Perneb (ca. 2440 v. Chr.) ist eine Rekonstruktion einer Mastaba, eines Grabbaus für Beamte des Alten Reiches mit vielen Reliefs, die Bedienstete beim Anrichten von Essen zeigen. Bemerkenswert sind die Statuen vom Totentempel der Königin Hatschepsut (ca. 1502–1482 v. Chr.). Interessant sind auch die Alltagsbilder aus der 11. Dynastie (um 2009–1998 v. Chr.).

Europäische Sammlungen: In der Nähe des Treppenaufgangs finden Sie die Abteilung für Kunst und Kunsthandwerk aus Europa, **European Sculpture and Decorative Arts**, die rund um die Ausstellungsräume für mittelalterliche Kunst liegt. Hier werden Werke von der Renaissance bis zum frühen 20. Jh. gezeigt. Der **European Sculpture Court** ist besonders sehenswert, auch wegen Auguste Rodins *Bürger von Calais* (1885–95). Die **Jack and Belle Linsky Galleries**, eine Sammlung mit Möbeln, Bronzefiguren und Objekten, zeigt Fra Bartolommeos *Porträt eines Mannes* (nach 1497). Zur Abteilung gehört auch die **Robert Lehman Collection**. Die Schenkung sollte die Kunstwerke in Räumen zeigen, ähnlich jenen im Haus ihres Stifters. So befindet sich diese bedeutende Privatsammlung nun in einer Glaspyramide, dem Robert Lehman Wing, im hinteren Teil des Erd-

geschosses. Zu den sieben nachgebauten Räumen gehört die **Grand Gallery** mit Werken von Corot, Monet und van Gogh.

Die Sammlung reicht von alten Meistern bis zu Künstlern des 20. Jh. Höhepunkte sind Gauguins *Badende Tahitianerinnen* (1891) und El Grecos *Hl. Hieronymus in Kardinalstracht* (um 1600–10).

Bereits Anfang des 20. Jh. besaß das Metropolitan bedeutende griechische und römische Kunstwerke in seiner Sammlung **Greek and Roman Art** – Statuen und Kunsthandwerk aus Zypern, die Louis Palma di Cesnola, 1897–1904 Leiter des Museums, der Sammlung schenkte, sowie römische und etruskische Glaskunst aus dem Besitz von Henry Gurdon Marquand. Darunter Fresken einer der römischen Boscoreale-Villen, die nach einem Ausbruch des Vesuvs 79 n. Chr. von Vulkanasche verschüttet wurden, ein Kuros (700 v. Chr.), die älteste griechische Marmorstatue des Museums, und die Vase (515 v. Chr.) des attischen Vasenmalers Euphronios.

Die Abteilung für mittelalterliche Kunst, **Medieval Art,** im Erdgeschoss hinter dem Treppenhaus entstand aus der Sammlung von J. P. Morgan. Heute umfasst sie zwölf Jahrhunderte, von 300 bis 1500, und zeigt frühe christliche Kunst, eine romanische Kapelle, mittelalterliche Wandteppiche, Malerei und Bildhauerei sowie die **Medieval Treasury,** eine Schatzkammer mit Stücken aus Gold und anderen Edelmetallen. Bedeutende Kunstwerke sind hier der Antiochia-Kelch aus dem 6. Jh., ein Wandteppich aus Arras in Frankreich (15. Jh.), der die Verkündigung Mariens darstellt, und eine Auferstehung von Andrea della Robbia. Der **Lila Acheson Wallace Wing** (1987) im Erdgeschoss ist nach der Mitbegründerin von Reader's Digest benannt. Die hier ausgestellte neuzeitliche Kunst – moderne amerikanische Malerei – hatte das Museum einst abgewiesen. Allein der Gebäudeflügel **Modern Art** mit Glasfront und Dachgarten ist sehenswert. Highlights sind Jackson Pollocks *Autumn Rhythm (Number 30)* (1950), Mark Rothkos *No. 13 (White, Red on Yellow)* (1958) und Jasper Johns *White Flag* (1955). Für die Entwicklung der modernen Kunst in New York ist Henri Matisses *Les Capucines à la Danse I* (1912) von Bedeutung.

Waffen und Rüstungen sind große Publikumsmagnete

IM OBERGESCHOSS

Neben der Fortsetzung des American Wing ist hier die Abteilung für frühe nahöstliche Kunst, **Ancient and Near Eastern Art,** untergebracht. Sie zeigt assyrische und mesopotamische Kunst sowie vorislamische Werke. Nicht versäumen sollten Sie die Gipsstatue eines huldigenden bärtigen Sumerers (ca. 2750–2600 v. Chr.) und die kleine kopflose *Sitzende Frau,* das älteste der vielen wertvollen Stücke aus dem 7. oder 6. Jh. v. Chr.

In der Abteilung für chinesische Kunst, **Chinese Art,** beeindruckt Dong Yuans *Flussufer,* ein Rollbild aus dem 10. Jh. Der **Astor Court Garden** ist ein Garten im Stil des 16. Jh.

☐ Wissen

WAFFEN UND RÜSTUNGEN

Im Erdgeschoss des Museums, rechts neben der Treppe und hinter der Abteilung für Kunst und Kunsthandwerk aus Europa, liegt die **Arms-and-Armor-Sammlung** mit Waffen und Rüstungen. Beliebt ist der Equestrian Court mit Reiterfiguren in Rüstung, die die Welt von König Artus und der Ritter der Tafelrunde aufleben lassen. Die japanische Abteilung besticht durch grimmige Kampfmasken. Die amerikanische Waffensammlung zeigt unter anderem einen Colt und ein Kentucky-Rifle.

Die Abteilung mit Zeichnungen, Drucken und Fotografien, **Drawings, Prints and Photographs,** zeigt einige außergewöhnliche Werke, unter anderem Zeichnungen von Michelangelo und Matisse, Drucke von Rembrandt und Fotografien aus der Sammlung von Alfred Stieglitz. In der **Howard Gilman Gallery** werden drei jährlich wechselnde Ausstellungen mit den Fotos aus Howard Gilmans Sammlung gezeigt.

30 Ausstellungsräume sind der europäischen Malerei, **European Paintings,** aus fünf Jahrhunderten gewidmet. Die Malerei der italienischen Renaissance (Mantegna, Botticelli, della Robbia) und die Werke holländischer Künstler (Rembrandt, Hals, Vermeer, Ruisdael) stammen aus der Benjamin Altman Collection, die der Kaufhaus-Millionär 1913 dem Museum hinterließ. Die Schenkung machte das Metropolitan zu einem der herausragenden Museen der Welt. Die Gemälde sind nach der jeweiligen Schule angeordnet: venezianische Malerei des 18. Jh. (Tiepolo), italienische Malerei des 15. Jh. (Filippo Lippi, Ghirlandaio, Signorelli, Perugino), niederländische Porträtmalerei des 17. Jh. (Rembrandt, Hals), englische Porträtmalerei (Reynolds,

Die Kornernte (1565) von Pieter Bruegel dem Älteren gehört zu einem Jahreszeitenzyklus

Gainsborough, Lawrence) und so weiter. Ein herausragendes Werk dieser Abteilung ist Rembrandts Spätwerk *Aristoteles vor der Büste des Homer* (1653).

Eine reiche Schau fernöstlicher Kunst, **Far Eastern Art,** zieht sich durch das Obergeschoss. Die Sammlung chinesischer Keramik zeigt Arbeiten aus der Frühzeit Chinas, der Shang-Dynastie (17.–11. Jh. v. Chr.). Sehenswert sind auch die buddhistischen Skulpturen aus China, der stehende Buddha (5. Jh.) aus Nordindien und der **Khmer Courtyard**, mit dem die Angkor-Zeit (9.–13. Jh.) in Kambodscha, Vietnam und Thailand vorgestellt wird.

Die Abteilung für griechische und römische Kunst, **Greek and Roman Art,** wird im Obergeschoss mit kostbaren griechische Vasen weitergeführt.

Ein Juwel des Met ist die Abteilung für islamische Kunst, **Islamic Art.** Sie beginnt mit der Herrschaft der vier Kalifen 632 und reicht bis ins 19. Jh. Geographisch deckt sie das Gebiet von Spanien bis Südostasien ab.

Zehn Säle präsentieren japanische Kunst, **Japanese Art,** in passender Umgebung.

Die Abteilung für europäische Malerei und Bildhauerei des 19. Jh., **19th-century European Paintings and Sculpture,** gehört zu den größten und berühmtesten Sammlungen der Welt. Sie umfasst Werke von Courbet, Corot, Degas, Manet, Monet, Cézanne, Seurat, van Gogh und Rodin. Bestimmte Räume sind Epochen und Themenbereichen wie dem Klassizismus, der Schule von Barbizon, französischen Stillleben und Salonmalerei gewidmet. Die Gemälde werden in loser Ordnung gezeigt, von den klassizistischen Künstlern David und Ingres bis zu Werken der Jahrhundertwende wie Pissarros *Tuilerien* (1899) und Rousseaus *Die Mahlzeit des Löwen* (1907). ∎

☐ Wissen

MUSIKINSTRUMENTE

Musikliebhaber sollten im ersten Stock rechts neben dem Treppenaufgang die faszinierende Musikinstrumentensammlung ansehen. Hier werden Musikinstrumente aus der Frühgeschichte bis zur Gegenwart, aus Europa, Amerika, Asien und Afrika ausgestellt.

Zu den wertvollsten Objekten zählen das älteste erhaltene Piano (1720) von Bartolomeo Cristofori, dem Erfinder des Instruments, Andrés Segovias Gitarren und die verschiedenen Blasinstrumente der Eingeborenen Amerikas. Den Klang der Instrumente geben Tonaufnahmen wieder. Das Kernstück der Sammlung stammt von Mary Crosby Brown, die dem Museum im Jahr 1889 270 Instrumente aus aller Welt stiftete. Wie viele andere Sammler führte auch sie die Schenkung fort – bis 1906 waren es 3500 Instrumente, heute sind es über 5000.

EINEN NACHMITTAGSTEE GENIESSEN

Ob Sie einen traditionellen britischen High Tea, einen legeren amerikanischen Tee oder einen Tee im japanischen Stil genießen wollen, in Manhattan finden Sie praktisch alles.

Gönnen Sie sich einen traditionellen *High Tea* an der Upper East Side in der eleganten **Gallery** im Carlyle *(35 E. 76th St., Tel. 212/744-1600)*, die dem Speisezimmer des Sultans im Topkapi-Palast in Istanbul nachempfunden ist. Eine weitere gute Adresse für ein *High-Tea*-Erlebnis ist das **Crosby Hotel** *(79 Crosby Street, Tel. 212/226-6400)* in SoHo, in dem erlesener englischer *High Tea* serviert wird.

Englischer *High Tea* mit Sandwiches, Scones und anderem Gebäck

Eine üppige Teemahlzeit serviert auch **Lady Mendl's** in einem Brownstone-Haus am Irving Place *(56 Irving Pl., Tel. 212/533-4466)*.

Die drei Filialen von **Alice's Tea Cup** *(102 W. 73rd St., Tel. 212/799-3006, Filialen unter www.alicesteacup.com)* bieten täglich einen kompletten *High Tea* mit Scones im Ambiente, das von *Alice im Wunderland* inspiriert ist. Der **Palm Court** im Plaza Hotel *(Tel. 212/546-5300; siehe S. 284)* serviert täglich englischen, französischen und russischen Tee unter Palmen. Zen-Atmosphäre verströmen **Radiance Tea House & Books** *(158 W. 55th St, Tel. 212/217-0442)* in Midtown und **Cha-An** *(230 E. 9th St., Tel. 212/228-8030)*, ein japanisches Teehaus im East Village.

Eine echte japanische Teezeremonie inkl. Einführung bietet **Globus Washitsu** *(889 Broadway, zw. 19th und 20th St., www.nycwashitsu.com)*, in einem Tatami-Raum in der Nähe des Union Square.

 Tipp

Legen Sie am Nachmittag eine Pause im Tea and Sympathy in Greenwich Village ein, um einen Hauch von Großbritannien zu genießen – mit ausgezeichneten Scones mit Clotted Cream.

GARRETT BROWN
NATIONAL GEOGRAPHIC-MITARBEITER

TEA AND SYMPATHY
✉ 108 Greenwich Ave.
☎ 212/989-9735

**www.teaand
sympathynewyork.com**

Das Solomon R. Guggenheim Museum ist die einzige Arbeit, die Frank Lloyd Wright, der wohl größte Architekt der USA, für New York schuf. Selbst heute, 50 Jahre nach der Eröffnung von Wrights Betonspirale an der Fifth Avenue, kann man das Museum nicht erwähnen, ohne sein Gebäude zu würdigen. 2008 wurde eine dreijährige Renovierungsphase abgeschlossen.

Das Museum ist aus der Sammlung des Millionärs Solomon R. Guggenheim entstanden. Er begann mit dem Sammeln alter Meister und wandte sich dann unter dem Einfluss von Hilla Rebay von Ehrenwiesen, einer europäischen Künstlerin, auch der modernen Kunst zu. 1939 gründete Guggenheim das Museum of Non-Objektive Painting. Rebay beauftragte 1943 Frank Lloyd Wright mit dem Bau eines neuen Museums. In einem Brief, der wohl sein Ego angesprochen haben muss, schrieb sie: »Ich brauche einen Kämpfer, jemanden, der großzügige Räume liebt, einen Neuerer, einen Kenner und klugen Mann ... Ich möchte einen Tempel des Geistes, ein Denkmal!« Die abstrakte Kunst, so Rebay, »stellt keine Objekte oder Personen unserer Welt dar. Es handelt sich um ein gelungenes Arrangement von Farben und Formen in rhythmischer Ordnung, das man allein um seiner Schönheit willen bewundert«.

Wright antwortete, er sei »eifrig bestrebt, den abstrakten Blickwinkel darzustellen«. Das war 1943. In den folgenden 16 Jahren legte Wright sechs Entwürfe und 749 Zeichnungen vor. Seinen Auftrag-

 **Tipp**

Das Guggenheim und seine spiralförmigen Räume sind ein architektonisches Juwel und ein faszinierender Ort, um Kunst zu betrachten. Achten Sie auch auf die Begleitprogramme zu den großen Ausstellungen.

CORNELIA SECKEL
HERAUSGEBERIN,
ART TIMES LITERARY JOURNAL

gebern sagte er, er plane »eine ununterbrochene, langgestreckte, wohlgeformte Ausstellungsfläche, die von unten nach oben läuft und von oben hell erleuchtet wird«. Guggenheim starb 1949, hinterließ aber zwei Millionen Dollar für den Museumsbau, der im Oktober 1959 eröffnet wurde. Wright war ein halbes Jahr vorher gestorben, am 9. April 1959.

HEUTIGE SAMMLUNG UND SONDERAUSSTELLUNGEN

Die heutige Sammlung umfasst die Geschichte der modernen Kunst mit europäischen Werken aus der ersten Hälfte des 20. Jh. sowie europäische und amerikanische Kunst des ausgehenden 19. Jh. und der Nachkriegszeit.

Die Aufgangsspirale des Guggenheim Museum ermöglicht einen einfachen Zugang zu den Ausstellungen. Zu den Spitznamen des Gebäudes gehören Schnecke, Betontornado und umgedrehtes Törtchen

Das Museum hat in letzter Zeit außerdem Filme, Fotografien, Multimedia- und Hightech-Kunst erworben. In den letzten 20 Jahren hat das Haus rund 300 Sonderausstellungen organisiert, von Retrospektiven amerikanischer und internationaler Künstler (darunter Louise Bourgeois, Richard Prince und Robert Rauschenberg) über Ausstellungen zu bestimmten Aspekten der Kunst des 20. Jh. oder über das Erbe bestimmter Länder und Gebiete (etwa 1996 »Africa: The Art of a Continent« und 2006 »Spanish Painting from El Greco to Picasso«) bis hin zu Ausstellungen, die sich Design oder Architektur widmeten. Dazu zählen eine Retrospektive über Frank Gehry und »The Art of the Motorcycle«, in der 80 der wichtigsten Motorrad-entwürfe gezeigt wurden.

ROTUNDE UND RAMPE

Sobald Sie das Gebäude über die Fifth Avenue betreten haben, stehen Sie inmitten der außergewöhnlichen Architektur. Links ist der Museumsladen, rechts der Kartenschalter und vor Ihnen liegt die große Rotunde mit 28 Metern Höhe bis zur Glaskuppel. Eine große Rampe umgibt die Rotunde bis ganz oben und führt am Großteil der Ausstellungsfläche vorbei.

Sie müssen nicht den ganzen Weg hinaufgehen (die Rampe ist knapp einen halben Kilometer lang), es gibt auch einen Aufzug. Wright sah vor, dass

☐ **Wissen**

GUGGENHEIM-MUSEEN IN ALLER WELT

Guggenheims Vision, moderne Kunst angemessen zur Geltung zu bringen, endet nicht an der Fifth Avenue. Drei zugehörige Museen, die neben ihren Sammlungen auch Sonderausstellungen zeigen, befinden sich in Venedig, Bilbao und Abu Dhabi. Daneben sind weitere neue Ausstellungsräume rund um den Globus in Planung, und das Guggenheim verleiht regelmäßig Werke an andere Museen.

Besucher des Museums oben beginnen und der Ausstellung nach unten folgen. Doch ein Aufzug ermöglicht den Zugang zu jedem Stockwerk der ansteigenden Rampe.

DAS MUSEUM ERKUNDEN

Trotz häufigen Wechsels werden Sie immer wichtige Arbeiten bedeutender Künstler finden. Sie können sich online informieren, wo sich einzelne Werke jeweils befinden *(www.guggenheim.org/new-york/visit/plan-your-visit/map)*. Das Museum besitzt 200 Bilder von Kandinsky, von denen einige immer in der **Kandinsky Gallery** gezeigt werden, sowie Werke von Brancusi, Calder, Delaunay, Klee, Miró, Nevelson und Mondrian. Besonderer Beliebtheit erfreuen sich Chagalls *Paris durch ein Fenster* (1913), Légers *Große Parade* (1954), Modiglianis *Akt* (1917) und Picassos *Büglerin* (1904). In den **Thannhauser Tower Galleries** werden die ständige Ausstellung und zeitgenössische wechselnde Exponate gezeigt. In den Ebenen 2, 5 und 7 sind große Objekte ausgestellt, während auf Ebene 4 mit niedrigen Decken kleinere Bilder und Zeichnungen sowie die **Robert Mapplethorpe Gallery** untergebracht sind. Außerdem gibt es vier Räume für Videokunst und im vierten Stock eine Terrasse für Plastiken.

Auf Ebene 3 der Rotunde befinden sich die **Guggenheim Family Galleries**. 1963 stiftete Solomons Nichte Peggy Guggenheim – Galeristin, Sammlerin und Ehefrau von Max Ernst – repräsentative Werke des Surrealismus, Kubismus und abstrakten Expressionismus.

Die Sonderausstellungen des Hauses ziehen viele Besucher an und zeigen oftmals innovative Kunstformen und neue Wege der Zusammenarbeit. ∎

SOLOMON R. GUGGENHEIM MUSEUM
🄰 Karte S. 152 f.
✉ 1071 5th Ave., an der E. 89th St.
☎ 212/423-3500
🕐 Do geschl.

💲 $$$
🚇 U-Bahn: 4, 5, 6 bis 86th St.
www.guggenheim.org

Hinweis: Sa 17.45–19.15 Uhr freiwillige Spende statt Eintritt

COOPER-HEWITT NATIONAL DESIGN MUSEUM

Die großartige Sammlung mit rund 250 000 Objekten aus aller Welt zeigt die Geschichte des Designs vom 6. Jh. v. Chr. bis heute. Ihr Sitz, die einstige Villa von Andrew Carnegie, lässt Besucher zudem einen Blick in die Vergangenheit werfen. Die Villa entstand von 1899 bis 1902 an einem Platz, an dem sich Carnegie seinen Wunsch nach einem großen Garten erfüllen konnte.

Das Cooper Union Museum for the Arts of Decoration wurde 1897 gegründet, bezog aber erst 1976 sein heutiges Gebäude. Obwohl es anfänglich als Einrichtung für Dekorateure, Architekten und verwandte Berufssparten gedacht war, beherbergt das Museum heute eine vielfältige und umfangreiche Sammlung. Die wechselnden Ausstellungen zur städtischen Architektur und zum Grafikdesign zeigen Objekte aus den vier großen Bereichen der Sammlung: angewandte Kunst, Industriedesign, Zeichnungen und Drucke, Stoffe und Tapeten. Im Untergeschoss befindet sich ein kleinerer Ausstellungsraum, der Großteil der Exponate wird im Erdgeschoss und im ersten Stock gezeigt. Die Bibliothek und die Archive im zweiten Stock sind nach Anmeldung zugänglich. Auch für den Besuch des Design Resource Center muss man sich vorab anmelden.

Von der **Great Hall** im Erdgeschoss gelangt man in den **Music Room**, an dessen Decke ein Dudelsack gemalt ist, zum Garten-Vestibül mit Tiffany-Fenstern, den **Dining Room**, in dem Berühmtheiten wie Booker T. Washington, Mark Twain und Marie Curie speisten, und den **Breakfast Room** mit Blick auf den Garten, der in den Wintergarten führt.

Besonders interessant ist das Museum, wenn es um Alltagsgegenstände wie Knöpfe, Uhren, Rasierapparate, Tapeten, Kameras und Computer geht. Eine Ausstellung widmete sich etwa dem Design von Hundehütten in Entwürfen namhafter Architekten. 2011 war Shinichi Takemuras interaktiver

☐ **Wissen**

CARNEGIES HAUS

Carnegies Haus ist außergewöhnlich, schenken Sie daher Räumen und Ausstellung gleichermaßen Aufmerksamkeit. Beim Betreten der Great Hall im Erdgeschoss sehen Sie eine Holzvertäfelung: Das schottische Eichenholz lässt ahnen, wie sehr Carnegie an seiner Heimat hing. Er war aber auch an neuester Technik und modernem Design interessiert und ließ den ersten Aufzug in einem Privathaus und ein ausgeklügeltes Belüftungs- und Heizungssystem einbauen.

Der Ausstellungsraum westlich der Eingangshalle war Carnegies Arbeitszimmer. Die niedrige Zimmertür erklärt sich durch seine Körpergröße: 1,57 m.

Die Carnegie Mansion beherbergt heute das Cooper-Hewitt-Museum

digitaler Globus zu sehen, mit dem er zu mehr Umweltbewusstsein aufforderte. »Design for Life« zum hundertjährigen Bestehen des Museums 1997 vermittelte einen Eindruck seines umfangreichen Bestands. Zu bewundern gab es unter anderem eine Tapete von 1930, einen Cocktailshaker von 1936 in der Form eines Pinguins und ein maßstabgetreues Modell des »Marmon 16« – einer Limousine, die als Konkurrenz zum Cadillac entworfen wurde.

DIE ANFÄNGE DER INNENARCHITEKTUR

Die Begründerinnen des Museums, Sarah und Eleanor Hewitt, unternahmen wie alle reichen jungen Damen jener Zeit viele Reisen. Tief beeindruckt vom Musée des Arts Décoratifs in Paris und dem Victoria and Albert Museum in London wollten sie mit ihrem Museum diese Häuser nachahmen.

New York ist unbestritten das Zentrum für Innenarchitektur in den USA. Diesen Status hat es unter anderem den Hewitt-Schwestern zu verdanken. Elsie de Wolfe, die erste Innenarchitektin des Landes, begann 1905 mit ihrer Arbeit für wohlhabende New Yorker.

Im gleichen Jahr begann Frank Alvah Parsons an seiner Kunstschule (der heutigen Parsons School of Design) mit Kursen in Innenarchitektur. 1913 eröffnete Wanamaker's das erste Geschäft für Innenausstattung. Drei Jahre später gründete Architekt Augustus Sherrill Winton die New York School of Interior Decoration (später Design), die heute an der 170 East 70th Street liegt. ∎

COOPER-HEWITT NATIONAL DESIGN MUSEUM, SMITHSONIAN INSTITUTION
☒ Karte S. 152 f.
✉ 2 E. 90st St.

☎ 212/849-8400
💲 $$$
🚇 U-Bahn: 4, 5, 6 bis 86th oder 96th St.
www.cooperhewitt.org

Das jüdische Museum residiert in einer herrschaftlichen Villa im Stil eines französischen Schlosses. Die bedeutende Einrichtung für jüdische Kultur und Kunst zeigt eine umfangreiche Ausstellung von zeitgenössischen Kunstwerken bis zu völkerkundlichen Exponaten und organisiert Veranstaltungen für Juden und Nichtjuden. Die Sammlung umfasst unter anderem Münzen, zeremonielle Objekte und archäologische Schätze aus 4000 Jahren jüdischer Geschichte.

In den unteren Etagen des Museums werden Wechselausstellungen mit historischem oder zeitgenössischem Bezug gezeigt. Ihre Themen reichen von Kunst, die der Holocaust inspiriert hat, bis zu den Porträts berühmter Juden von Andy Warhol. 2014 gab es eine große Chagall-Ausstellung. Die Dauerausstellung »Culture and Community: The Jewish Journey« beginnt

Eine tschechische Thora-Rolle im Jewish Museum

im dritten Stock und wird im zweiten Stock weitergeführt. In den 17 lebendig gestalteten Räumen des dritten Stocks sieht man die Nachbildung einer klassischen Synagoge, eine Ausstellung zum Sabbat mit Audio-Installation und eine Sammlung silberner Menoras. Im zweiten Stock zählen ein bayerischer Thora-Schrein aus dem 18. Jh. und einer aus Urbino (um 1500) zu den außergewöhnlichen Stücken. In derselben Etage sieht bzw. hört man Fernseh- und Radiosendungen aus dem Archiv des Museums und kann die interaktive **Children's Gallery** besuchen. Das 1904 gegründete Jewish Museum wird vom Jewish Theological Seminary geleitet. 40 Jahre lang war dessen Sammlung in der Bibliothek des Seminars ausgestellt. Eine wichtige Erweiterung war der Erwerb der **Benjamin and Rose Mintze Collection** mit 500 Objekten aus Polen. Das heutige Museumsgebäude wurde 1947 eröffnet. C. P. H. Gilbert hatte die Villa 1908 ursprünglich für Felix M. Warburg, den Leiter der Jewish-American Community, gebaut. ∎

JEWISH MUSEUM
🗺 Karte S. 152 f.
✉ 1109 5th Ave./92nd St.
☎ 212/423-3200

🕐 Mi geschl.
💲 $$$
🚇 U-Bahn: 4, 5, 6 bis 86th oder 96th St.
www.thejewishmuseum.org

TOUR ZUR NEOMODERNEN ARCHITEKTUR MANHATTANS

New York ist bekannt für seine Architektur, doch nach den 1950er-Jahren, in denen Lever House, das Seagram Building und andere wichtige moderne Bauten entstanden, verlor die Stadt architektonisch an Bedeutung, abgesehen vom World Trade Center, das 1970–72 entstand. Eigenartigerweise hat die Zerstörung der Zwillingstürme in der Stadt ein neues architektonisches Goldenes Zeitalter ausgelöst.

Beginnen Sie mit dem Besten: dem geometrischen, 46 Stockwerke hohen **Hearst Tower** *(8th Ave. und 57th St.)*. Norman Foster entwarf die ultramoderne Struktur aus ineinander verschachtelten Stahldreiecken, die Zickzacklinien bilden. An der Basis wurde das sechsstöckige, innen völlig modernisierte Hearst Building von 1928 einbezogen, das einen Kontrapunkt dazu setzt.

Zwei Blocks nördlich liegt am Columbus Circle 2 das **Museum of Arts and Design** (siehe S. 149), ein weiteres Beispiel für das New Yorker »Recycling«-Verfahren. Gebaut wurde es für die kurzlebige Huntington Hartford Gallery (1964–69). Von 2002 bis 2008 bekam der Bau seine heutige supermoderne Form. Beachten Sie die irisierende Außenhaut, die aus 22 000 hellen glasierten Keramikkacheln besteht.

Gegenüber des Port Authority Bus Terminal ragt Renzo Pianos **New York Times Building** *(620 8th Ave, zw. 41st und 42nd St.)* 52 Stockwerke auf. 2007 eröffnet, verfügt es über eine Vorhangfassade aus Isolierglas, die den Eintrag von Tageslicht maximiert, mittels 186 000 Keramikstäbchen aber direktes Sonnenlicht blockiert.

Der 54-stöckige **Bank of America Tower** (2009; *42nd St. und 6th Ave.)* gegenüber vom Bryant Park erinnert an Kristalle und zeigt aus verschiedenen Blickwinkeln unterschiedliche Formen.

An Ninth Avenue und 15th Street wurde 2007 das zehnstöckige **IAC Building** von Frank Gehry fertiggestellt. Von der High Line (siehe S. 106 f.) aus sichtbar, erinnert der Bau am Hudson mit seiner organischen Form und milchig weißem Glas an Wellen oder geblähte Segel.

Das siebenstöckige **New Museum** (siehe S. 82 f.) in der Lower East Side an Bowery und Prince Street sieht aus wie ein wackeliger Stapel weißer Geschenkkartons.

Frank Gehrys 76-stöckiger Bau **8 Spruce Street** (ursprünglich Beekman Tower) steht südlich der City Hall. Der Turm ist vielleicht die perfekteste Verbindung von altem und neuem New York; seine stählerne Außenhaut – in typischer Gehry-Manier zerknittert und wellenförmig – umgibt einen Wolkenkratzer, der geradewegs aus dem klassischen Formenkanon stammen könnte. Der Bau ist ein Zeichen dafür, dass die New Yorker Architektur wieder lebt: eigenwillig, modern und doch klassisch.

1923 entschied die Stadt New York, dass sie wie andere Großstädte über ein Museum zur Stadtgeschichte verfügen müsse. Das Ergebnis war das **Museum of the City of New York (MCNY)** mit 1,5 Millionen Objekten von der holländischen Kolonialzeit bis zur Gegenwart, die in Dauer- und Wechselausstellungen New Yorks Vergangenheit, Gegenwart und Zukunft zeigen.

Das faszinierende Museum zeigt auf den ersten Blick scheinbar unzusammenhängende, jedoch mit New Yorks Geschichte verknüpfte Objekte wie die verkohlten Balken eines Schiffes, das in Brand geriet, als es 1613 vor Manhattan festgemacht war, Möbel des New Yorker Tischlers Duncan Phyfe und Gypsy Rose Lees »letzte Hülle« mit ihrem eigenhändig eingestickten Namen. Außerdem gibt es eine herausragende Sammlung mit Drucken von Currier and Ives und ein Fotoarchiv mit der **Jacob Riis Collection**, die das Leben der Armen im späten 19. Jh. zeigt. Das Museum gliedert sich in sechs Abteilungen: angewandte Kunst, Fotografie, Drucke und Zeichnungen, ferner die Theater- und Broadway-Sammlung, die Spielzeugsammlung, Mode und Textilien sowie verschiedene New Yorker Gemälde und Skulpturen.

Mit etwas Glück sehen Sie einige der selten ausgestellten Schätze des Museums wie alte Barbie-Puppen oder eine Locke von George Washington.

Das prächtige Schlafzimmer von John D. Rockefeller Sr. aus dem späten 19. Jh.

Renovierungsarbeiten in jüngster Zeit haben die Präsentation der Exponate modernisiert, diverse Wechselausstellungen widmen sich einem breiten Themenspektrum.

Eine der Dauerausstellungen, »**Timescapes«,** zeigt einen 25-minütigen Film, der digital auf mehrere Leinwände projiziert wird. Er dokumentiert die 400-jährige Entwicklung New Yorks und mischt selten gezeigte Fotos, Drucke und Gemälde aus der Sammlung des Museums mit digitalen Stadtplänen und einem erläuternden Text.

Eine weitere beliebte Ausstellung, »**Gilded New York«,** weihte die beeindruckende Tiffany & Co. Foundation Gallery ein. Sie erkundet die visuelle Kultur der New Yorker Elite Ende des 19. und Anfang des 20. Jh. Die andere Seite der Sozialskala der Stadt untersucht »**Activist New York«.** Hier geht es um soziale Bewegungen in New York vom 17. Jh. bis in die Gegenwart, auch Occupy Wall Street wird behandelt.

Sonderausstellungen sind das Lebenselixier des Museums; sie ermöglichen den Blick auf einige der vielen Stränge der New Yorker Kultur. In den letzten Jahren organisierte das Museum Ausstellungen über das Goldene Zeitalter des Baseball in New York, die Umgestaltung der Stadt unter Robert Moses oder den Verfall der South Bronx in den 1970er-/1980er-Jahren. »Growing and Greening New York« befasste sich mit der Herausforderung der Umgestaltung New Yorks im Sinne der Nachhaltigkeit.

Zu den jüngsten Schauen gehörte »Rising Waters: Photographs of Sandy«, die Hurricane Sandy dokumentierte und sich auf eingesandtes Material von über 1000 Fotografen stützte.

»City as Canvas« war die erste Ausstellung von Arbeiten der riesigen Streetart-Sammlung von Martin Wong, einem Künstler und Graffiti-Sammler aus dem East Village. ■

**MUSEUM OF THE CITY
OF NEW YORK**
🅰 Karte S. 152 f.
✉ 1220 5th Ave. an der 103rd St.

☎ 212/534-1672
💲 $$
🚇 U-Bahn: 6 bis 103rd St.; 2, 3 bis
Central Park North–110th St.
www.mcny.org

 **Wissen**

SPIELZEUGGESCHICHTEN

Der zweite Stock birgt die beliebte Ausstellung »New York Toy Stories«. Besonders sehenswert sind die Puppenhäuser und -möbel von 1769 bis heute – darunter eines von Carrie Stettheimer aus den 1920er-Jahren, das sogar über eine Gemäldesammlung mit winzigen Werken von Marcel Duchamps und anderen Künstlern der New Yorker Avantgarde verfügt.

Gustav Klimts *Adele Bloch-Bauer I* (1907) ist das Highlight der Neuen Galerie New York

Auch wenn Sie das Met und das Guggenheim Museum zuerst besuchen, gibt es noch einige andere Museen und Kulturzentren. An einem Nachmittag können Sie Kunst und Kultur aus Deutschland, Österreich, Irland, Afrika und der Ukraine kennenlernen – auf einer Strecke von 30 Blocks!

NEUE GALERIE NEW YORK

Dieses Museum an der Fifth Avenue hat eindeutig europäisches Flair. Es ist in einem prachtvollen Gebäude aus dem Jahr 1914 im Beaux-Arts-Stil untergebracht, das für den Industriellen William Starr gebaut wurde und später einem Mitglied der Familie Vanderbilt gehörte. Die Neue Galerie New York zeigt deutsche und österreichische Kunst und Design aus dem frühen 20. Jh., darunter Meisterwerke deutscher Expressionisten und Stücke aus dem Wiener bzw. Berliner Bauhaus von 1900 bis 1938, bevor die Nationalsozialisten experimentelle Kunst verboten. Eine der Ausstellungen war »Degenerate Art: The Attack on Modern Art in Nazi Germany, 1937« mit von den Nazis als »entartet« bezeichneten Werken moderner Kunst.

Am Anfang stand der Traum zweier Sammler: Ronald Lauder, Philanthrop, Geschäftsmann und Sohn der Kosmetikkönigin Estée Lauder, und der Kunsthändler Serge Sabarsky wollten ein Museum für Meisterwerke deutscher und österreichischer Kunst des frühen 20. Jh. gründen. 1994 kaufte Sabarsky das prachtvolle Gebäude an der Fifth Avenue für die Neue Galerie. Nach seinem Tod 1996 erwarb Lauder das Anwesen und ließ den

Traum Wirklichkeit werden. Der Name Neue Galerie erinnert an die Wiener Neue Galerie, die 1923 gegründet wurde und moderne Kunstwerke zeigte.

Der Grundbestand der Sammlung umfasst mehr als 800 Werke aus der Sabarsky Foundation, 500 aus der Sammlung der Familie Lauder und gut 100 Neuerwerbungen des Museums. Es besitzt allein über 100 Gemälde und Grafiken von Gustav Klimt und Egon Schiele, mehr als irgendeine andere Institution außerhalb Wiens. Klimts berühmtes Porträt von *Adele Bloch-Bauer* ist das unbestrittene Highlight.

Tipp

Die Neue Galerie ist ein Schatzkästchen, in dem eine großartige Sammlung österreichischer und deutscher Kunst des frühen 20. Jh. gezeigt wird; dazu gibt es einen guten Museumsladen und ein Café, in das die Leute strömen – manchmal sogar, ohne die Kunst zu betrachten.

DORIS BERGMAN
PRODUZENTIN, NY1 NEWS

Rundgang: Im Erdgeschoss befinden sich eine Buchhandlung, ein Designzentrum, das viele exklusive Einzelstücke verkauft, und das Café Sabarsky im Wiener Kaffeehausstil.

In der ersten Etage hängen Wiener Bilder und Drucke aus der Zeit der Jahrhundertwende. Zu ihnen gehören das Ölgemälde *Tänzer* (1916–18) von Klimt und zahlreiche Selbstporträts von Schiele. Auch Oskar Kokoschka, Max Beckmann und Emil Nolde sind vertreten.

Der zweite Stock präsentiert Vertreter der deutschen Avantgarde-Bewegungen und Künstler von Wassily Kandinsky und Paul Klee bis hin zu László Moholy-Nagy und Ludwig Mies van der Rohe. Darüber hinaus gibt es Arbeiten aus der Wiener Werkstätte und dem Bauhaus zu sehen, insbesondere Möbel, Schmuck, Lampen und Geschirr. Lesungen, Musik- und Filmvorführungen ergänzen das umfangreiche Angebot des Hauses.

AMERICAN IRISH HISTORICAL SOCIETY (AIHS)

Die Gesellschaft veranstaltet das ganze Jahr über Konzerte, Lesungen und Vorträge, die für Mitglieder und ihre Gäste zugänglich sind. Die Bibliothek

NEUE GALERIE NEW YORK
🅰 Karte S. 152 f.
✉ 1048 5th Ave.,
   Eingang an der 86th St.
☎ 212/628-6200
🕐 Di/Mi geschl.

💲 $$$$
🚆 U-Bahn: 4, 5, 6 bis 86th St.
www.neuegalerie.org

Hinweis: Kein Einlass für Kinder unter 12 Jahren, Kinder bis 16 Jahre nur in Begleitung eines Erwachsenen

🔲 **Wissen**

GOETHE-INSTITUT NEW YORK

Das 1957 eingerichtete Goethe-Institut New York wird vom Goethe-Institut in München geleitet und bietet Sprachkurse, kulturellen Austausch und Wechselausstellungen zur deutschen Kultur. An zwei Niederlassungen in New York bietet das Goethe-Institut eine Bibliothek und einen Informationsservice und fördert regelmäßig Lesungen und Ausstellungen. Das Hauptinstitut ist in einem hübschen Beaux-Arts-Gebäude von 1907 untergebracht.
Eine gefragte Veranstaltung jüngerer Zeit war z. B. Rimini Protokolls *Call Cutta in a Box*: ein interaktives Stück, bei dem die Besucher mit einem Call Center in Kalkutta chatteten.

der Gesellschaft gilt als die umfassendste Privatsammlung zur irisch-amerikanischen Geschichte und Literatur in den Vereinigten Staaten.

THE AFRICA CENTER

Das New Africa Center (früher Museum for African Art) an der 110th Street verlängert die Museumsmeile bis zum oberen Ende des Central Park. Die 1984 gegründete Nonprofit-Institution hat bislang mehr als 60 Schauen und Wanderausstellungen zu verschiedenen Aspekten des kulturellen und künstlerischen Erbes von Afrika organisiert. Neben den Ausstellungen bietet es Bildungsprogramme an und betreibt einen Laden mit afrikanischem Kunsthandwerk.

UKRAINIAN INSTITUTE OF AMERICA

Das Institut ist in einem Haus im Stil der französischen Renaissance untergebracht. Es besitzt eine große Sammlung, unter anderem von Gemälden, Skulpturen und Kleidungsstücken. Es organisiert Lesungen, Konferenzen, Ausstellungen, Filmvorführungen und klassische Konzerte. ■

AMERICAN IRISH HISTORICAL SOCIETY (AIHS)
✉ 991 5th Ave. an der E. 80th St.
☎ 212/288-2263
🕐 Sa/So geschl.
🚇 U-Bahn: 4, 5, 6 bis 86th St.
www.aihs.org

GOETHE INSTITUT – NEW YORK
✉ 72 Spring St., 11. Stock
☎ 212/439-8700
🕐 Sa/So geschl., Fr nur Bibliothek
🚇 U-Bahn: 4, 5, 6 bis Spring St.
www.goethe.de

THE AFRICA CENTER
✉ 280 5th Ave. an der 110th St.
🚇 U-Bahn: 6 bis 110th St.
www.theafricacenter.org

UKRAINIAN INSTITUTE OF AMERICA
✉ 2 E. 79th St.
☎ 212/288-8660
🕐 Mo geschl.
💲 Spende erwünscht
🚇 U-Bahn: 6 bis 77th St.
www.ukrainianinstitute.org

Die Upper East Side besitzt so viele beeindruckende Gebäude, dass man überall auf die ansehnliche Zeugen einer reichen Vergangenheit stößt. Hier findet man auch exquisite Läden – und Orte der Stille, um ein wenig auszuruhen.

In der Madison Avenue gibt es bei den 60er-Hausnummern elegante Designerkleidung. Oder man läuft durch Bloomingdale's, das Kaufhaus, das sich über einen ganzen Block erstreckt.

Die Stadt aus der Vogelperspektive erlebt man auf einer Fahrt mit der **Roosevelt Island Tram** zur Insel im East River und zurück (60th St. und 2nd Ave., Tel. 212/832-4555, www.rioc.ny.gov, $).

Das Mount Vernon Hotel Museum (19. Jh.) ist ein Beispiel kolonialer Architektur

MOUNT VERNON HOTEL MUSEUM AND GARDEN

Heute mag dieser Ort abgelegen erscheinen, zwischen 1826 und 1833 wurde er von der aufstrebenden *upper middle class* gern als eleganter Rückzugsort genutzt. Das Museum dokumentiert das Hotelleben im frühen 19. Jh. Das Grundstück gehörte ursprünglich zu einer neun Hektar großen Fläche, die Col. Stephen Smith und seine Frau Abigail Adams 1795 erwarben und nach Präsident Washingtons Anwesen »Mount Vernon« tauften. Finanzprobleme zwangen sie noch vor Baubeginn zum Verkauf, doch der Name blieb bestehen. Ein Kaufmann mit Unternehmergeist eröffnete hier 1808 das erste Mount Vernon Hotel. Es brannte 1826 ab, doch der nächste Besitzer baute das noch erhaltene Gebäude, eine Remise für Kutschen aus Stein, in ein noch schickeres Hotel um.

In den 1930er-Jahren retteten die Colonial Dames of America das Gebäude. Es wurde im alten Stil eingerichtet und 2000 eröffnet. ∎

BLOOMINGDALE'S
✉ 1000 3rd Ave. an der 59th St.
☎ 212/705-2000
🚇 U-Bahn: N, R, Q, 4, 5, 6 bis
   Lexington Ave./59th St.
www.bloomingdales.com

MOUNT VERNON HOTEL
MUSEUM AND GARDEN
🗺 Karte S. 152 f.
✉ 421 E. 61st St.
☎ 212/838-6878
🕐 Mo geschl.
🚇 U-Bahn: N, R, Q, 4, 5, 6 bis
   Lexington Ave./59th St.
www.mvhm.org

DER SILK STOCKING DISTRICT

10021 – das ist die Postleitzahl eines der reichsten Bezirke der Vereinigten Staaten: die Gegend von der East 61st zur East 80th Street zwischen Fifth Avenue und East River. Zentrum ist der Silk Stocking District. Hier sind Reichtum, Macht und Ansehen versammelt – die schicksten Clubs, die besten Privatschulen und architektonisch herausragende Kirchen und Synagogen.

Im Herzen des Silk Stocking District befindet sich die **Seventh Regiment Armory** *(643 Park Ave., zw. E. 66th und 67th St., Tel. 212/616-3930, www. armoryonpark.org)* von 1880, die wie eine Festung aussieht. Als die Einheit 1847 von angesehenen New Yorker Bürgern gegründet wurde, kannte man sie als Silk Stocking Regiment. Nach einer Renovierung wird das Gebäude mit seiner herrlichen Ausstattung aus dem 19. Jh. heute für Ausstellungen und Aufführungen genutzt. Die prächtige, 5000 Quadratmeter große Exerzierhalle ist der größte Innenraum der Stadt.

Von der Armory bis zu den Treffpunkten der Elite sind es nur ein paar Schritte. Buchstäblich im Schatten der Armory liegt der **Cosmopolitan Club** *(122 E. 66th St., nicht zu besichtigen)*, ein Treffpunkt für berufstätige Frauen. Sein Gegenstück für Damen der Gesellschaft ist der 1903 gegründete **Colony Club** *(564 Park Ave., E. 62nd St., nicht zu besichtigen)* in einem Gebäude von 1916, das Delano & Aldrich entwarfen. Der **Lotos Club** *(5 E. 66th St., nicht zu besichtigen)* ist der älteste Literaturkreis der Stadt in einem Haus von 1900.

Der Union Club von 1836 ist einer der ältesten Clubs von New York

Der 1836 gegründete **Union Club** (*101 E. 69th St.*) liegt nur zwei Häuserblocks weiter in einem Gebäude, das 1933 nach Plänen von Delano & Aldrich entstand. Den nahe gelegene **Metropolitan Club** (*1 E. 60th St., nicht zu besichtigen*) gründeten Mitglieder des Union Club, die verärgert waren, dass ihre Verwandten und Freunde dort nicht aufgenommen wurden. Den Metropolitan

Die schicke Upper East Side

Club bauten McKim, Mead, and White 1893, wie auch das 1906 fertiggestellte Gebäude für den **Harmonie Club** (*4 E. 60th St., nicht zu besichtigen*), der 1852 von deutschen Juden gegründet wurde.

In Sichtweite der Armory befindet sich die **Central Presbyterian Church** (*Park Ave., E. 64th St.*), die von 1920 bis 1922 im neugotischen Stil erbaut wurde. Sie war früher eine Baptistenkirche, die auch John D. Rockefeller besuchte. Höhergestellte Angehörige der Episkopalkirche lassen sich in der **St. James Episcopal Church** (*865 Madison Ave., E. 71st St.*) taufen, konfirmieren und trauen.

Katholiken und Juden, die einst wenig zu sagen hatten, sind im Silk Stocking District von heute angemessen repräsentiert. Der **Temple Emanu-El** (*5th Ave., E. 65th St., Tel. 212/744-1400*) von 1929 mischt byzantinische und westliche Architektur und war die erste reformierte Gemeinde der Stadt.

Der Bau gehört zu den größten Synagogen der Welt, er bietet Platz für 2500 Gläubigen.

▢ **Tipp**

Manche Romantiker werden ungern auf einen Blick auf das Haus Nr. 169 East 71st Street, zwischen Lexington und Third Avenue, verzichten wollen. Dort lebte Truman Capotes Holly Golightly, im Spielfilm *Frühstück bei Tiffany* von Audrey Hepburn gespielt.

MATT HANNAFIN
NATIONAL GEOGRAPHIC-MITARBEITER

Herausgeputzte Schulkinder gehen, von ihren Kindermädchen begleitet, zu so angesehenen und strengen Einrichtungen wie der **Dalton-, Chapin-** und **Brearley-Schule**. Auch die Alma Mater von John Kennedy Jr., **St. David's** (*12–16 E. 89th St.*), befindet sich hier – in einer Reihe von Stadthäusern, die 1919 von Delano & Aldrich erbaut wurden.

Das Museo del Barrio am Nordende der Museum Row ist das einzige gro-ße Museum der Stadt, das sich der Kunst und Kultur Lateinamerikas und der Karibik widmet. Es ist landesweit eine der wichtigsten Institutionen der Latino-Kultur. Das Museum entstand 1969, nachdem sich aus Puerto Rico stammende Künstler aufgelehnt hatten, weil sie sich in den Museen Manhattans nicht genügend repräsentiert fanden.

Die Idee für das Museum entstand in den 1960er-Jahren, einer Zeit, die unter anderem von Streiks, Demonstrationen und Sit-ins der Bürgerrechts-bewegung geprägt war. Vor diesem Hintergrund forderten afroamerikani-sche und puerto-ricanische Eltern, Lehrer und Aktivisten in Central und East Harlem, dass ihre Kinder eine schulische Ausbildung erhielten, die ihr unterschiedliches kulturelles Erbe berücksichtigte. Ihr Engagement war letztlich von Erfolg gekrönt.

Der 1934 in Brooklyn geborene Künstler und Lehrer Raphael Montañez Ortiz gründete 1969 ein anfänglich kleines Museum für die Puerto Ricaner in New York, das er El Museo del Barrio nannte.

1994 erweiterte das Museum seine Leitidee, um Kunst und Kultur aller lateinamerikanischer Gemeinden in den USA vorzustellen und zu erhalten. Die Sammlung umfasst heute rund 8500 Exponate aus ganz Lateinameri-ka und dem Karibikraum: Keramiken und Gefäße der Taíno-Kultur aus Puerto Rico und der Dominikanischen Republik (der kulturellen Heimat vieler New Yorker) aus der Zeit vor der Entdeckung durch Kolumbus, mexikanische Masken und *santos* (geschnitzte Heiligenfiguren) sowie Bilder, Skulpturen und Fotografien von Künstlern lateinamerikanischer Ab-stammung. Bei den Umbauarbeiten entstand ein großer verglaster Bereich, der das Museum nach außen öffnet. ■

EL MUSEO DEL BARRIO
🅰 Karte S. 152 f.
✉ 1230 5th Ave. an der 104th St.
☎ 212/831-7272

🕓 Mo/Di geschl.
💲 $
🚇 U-Bahn: 6 bis 103rd St.
www.elmuseo.org

 **Wissen**

NEW YORKS LATINOS

Latinos sind mit einem Anteil von 28 % oder 2,3 Mio. Einwohnern die zweit-größte ethnische Gruppe der New Yorker Gesamtbevölkerung. Die größte Untergruppe stellen Puerto Ricaner mit rund 1,3 Mio. Einwohnern, gefolgt von 602 000 aus der Dominikanischen Republik. An dritter Stelle folgen in-zwischen Mexikaner mit 290 000 Menschen.

ASIA SOCIETY AND MUSEUM

Das in rotem Granit erbaute Haus für zeitgenössische Kunst und Kultur aus Südostasien entstand 1981 nach Plänen von Edward Larrabee Barnes. Die Ausstellung mit Objekten der asiatischen Kunst und des asiatischen Kunsthandwerks basiert auf einer Sammlung von John D. Rockefeller III, der die Gesellschaft 1956 gründete, um Kunst und Kultur Asiens in den USA bekanntzumachen. Das Haus gehört zur Asian Society, einer weltweit tätigen Nichtregierungsorganisation, die es sich zur Aufgabe gemacht hat, die Beziehungen zwischen asiatischen Staaten und den USA zu verbessern.

✉ **725 Park Ave. an der 70th St.** ☎ **212/288-6400** 🕐 **Di–So 11–18, Fr bis 21 Uhr** 🛈 **$$** 🚇 **U-Bahn: 6 bis 68th St.–Hunter College www.asiasociety.org**

GRACIE MANSION, THE MAYORAL HOME

Dieses Haus im Federal Style wurde 1799 vom Schiffskaufmann Archibald Gracie an der Stelle einer Befestigungsanlage der Revolution gebaut. Ab 1924 wurde das Haus, inzwischen im Besitz der Stadt, vom Museum of the City of New York genutzt. Seit 1942 ist es offizieller Sitz des Bürgermeisters und wird als Gästehaus für ranghohe Besucher genutzt. Führungen werden nur mittwochs angeboten. Gezeigt wird unter anderem das Arbeitszimmer des Bürgermeisters mit Childe-Hassam-Lithografien von New Yorker Straßenszenen.

✉ **88th St. und East End Ave.** ☎ **212/570-4751**
🕐 **Nur Mi, Reservierung erforderlich** 🛈 **$$** 🚇 **U-Bahn: 4, 5, 6 bis 86th St.**

NEW YORK SOCIETY LIBRARY

Die älteste Bibliothek New Yorks, gegründet 1754, ist in einem sehenswerten Stadthaus (1917) untergebracht. Das Erdgeschoss ist öffentlich zugänglich, allerdings können nur Mitglieder Bücher entleihen.

✉ **53 E. 79th St. an der Madison Ave.** ☎ **212/288-6900**
🚇 **U-Bahn: 6 bis 77th St. www.nysoclib.org**

SOCIETY OF ILLUSTRATORS:
MUSEUM OF AMERICAN ILLUSTRATION

Dieses ungewöhnliche Museum in einem Kutschenhaus von 1875 zeigt Werbeillustrationen. Die Sammlung besteht aus etwa 1500 Originalen von 1838 bis heute. Die angeschlossene Buchhandlung führt ein umfangreiches Sortiment.

✉ **128 E. 63rd St., zw. Park Ave. und Lexington Ave.**
☎ **212/838-2560** 🕐 **So–Mo geschl.**
🛈 **Spende empfohlen** 🚇 **U-Bahn: N, R, Q, 4, 5, 6 bis Lexington Ave./ 59th St.; F bis Lexington Ave./63rd St. www.societyillustrators.org**

Central Park

Erster Überblick	188–189
Unterwegs im Central Park	190–193
Restaurants	294

❮ Die Mall im Central Park, gesäumt von
Amerikanischen Ulmen

Nur wenige Parkbesucher wissen, dass alle Eingänge des Central Park – zumindest die 18 ursprünglichen – Namen tragen, denn nur drei von ihnen sind gekennzeichnet: Inventors', Mariners' und Engineers' Gate. Sie könnten aber beispielsweise auch durch das Artists' Gate (Central Park South, Sixth Ave.) kommen oder auf der gegenüberliegenden Seite durch das Warriors' Gate.

Vorbild des Central Park, der ersten großen öffentlichen Grünfläche Amerikas, waren die großen Parks in London und Paris. Wohlhabende New Yorker meinten, ein Park würde das Stadtbild verschönern, Raum für eine Kutschfahrt bieten und der arbeitenden Klasse Erholung gestatten. Auch wenn der Park in den anderthalb Jahrhunderten seiner Geschichte zeitweise vernachlässigt wurde, spielte er doch immer eine wichtige Rolle im Stadtleben.

Heute erleben Sie den Park in seiner ganzen Pracht. Die Central Park Conservancy, eine private Organisation, die Geldmittel zum Erhalt des Parks beisteuert, hat einige Verschönerungen in die Wege geleitet. Der Great Lawn ist frisch gesät und das Swedish Cottage renoviert – die Kopie eines typischen schwedischen Schulhauses des 19. Jh., das 1876 zur Philadelphia Centennial Exposition nach Amerika verschifft wurde und heute ein Marionettentheater für Kinder beherbergt.

DER GREENSWARD PLAN: EINE URBANE VISION

Die naturnahe Gestaltung des Central Parks lässt fast vergessen, dass sie zum Großteil von Menschen geschaffen wurde. Auf dem Gebiet, das heute eine Fläche von 3,4 Quadratkilometern umfasst, standen Hütten und kleine Höfe. Es begann 1853, als der Staat der Stadt New York eine 2,8 Quadratkilometer große Fläche in der Mitte Manhattans zusprach. Vier Jahre später schrieb die Central Park Commission einen Planungswettbewerb aus. Der »Greensward Plan« von Frederick

FREDERICK DOUGLASS CIRCLE

110th Street-Cathedral Parkway

CENTRAL PARK NORTH

110th Street-Central Park North

Charles A. Dana Discovery Center

DUKE ELLINGTON CIRCLE

THE GREAT HILL

103rd Street

Lasker Rink

Harlem Meer

The Pool

WEST DRIVE

The Loch

CONSERVATORY GARDEN

EAST DRIVE

AVENUE

NORTH MEADOW

96th Street

97TH ST TRANSVERSE

EAST MEADOW

CENTRAL

FIFTH

Jacqueline Kennedy Onassis Reservoir

EAST DRIVE

T TRANSVERSE

ra's e

Metropolitan Museum of Art

EAST SIDE

AVENUE

600 Meter

600 Yards

henswürdigkeiten im Park

Law Olmsted gewann. Er sah romantisch gestaltete Landschaften vor, und Olmsted und sein Partner Calvert Vaux sollten die Arbeiten leiten. Sie legten Wert auf Vielfalt und Kontrast: freie Wiesen, dichte Wälder, aber auch streng konzipierte Anlagen wie The Mall. Olmsted schrieb, der Zweck des Parks liege darin, »den vielen Hunderttausend müden Arbeitern, die den Sommer nicht auf dem Land verbringen können, ein Stück der göttlichen Schöpfung zu schenken«.

20 000 Arbeiter bauten 20 Jahre lang am Central Park, der 1859 eröffnete. Fast 2,7 Millionen Kubikmeter Erde wurden bewegt, Gestein gesprengt, um die idyllischen Senkungen des Olmsted-Vaux-Plans zu realisieren, vier bis fünf Millionen Bäume und 816 andere Pflanzenarten gepflanzt, Sümpfe trockengelegt und ein See gegraben – das heutige Jacqueline Kennedy Onassis Reservoir, das von einer beliebten 2,5 Kilometer langen Laufstrecke umgeben ist.

Im Lauf der Zeit zwackte man dann wieder einiges von der Parkfläche ab: durch Anbauten am Metropolitan Museum of Art, für das Restaurant Tavern on the Green, für Spielplätze und andere Einrichtungen. ∎

Central Park

❶ The Carousel ❷ Children's Gate ❸ Bow Bridge ❹ Swedish Cottage Marionette Theatre

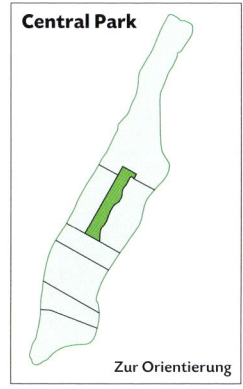

Central Park

Zur Orientierung

Die meisten Sehenswürdigkeiten liegen südlich der 86th Street – Sie könnten also am Childrens' Gate (*64th Street/Fifth Avenue*) starten und sich Richtung Norden »vorarbeiten«. Gehen Sie an der Fifth Avenue die Treppen zum Arsenal hinab, einer Festung aus roten Ziegeln, heute Sitz der Parkverwaltung.

Anfangs lag der Central Park gar nicht »zentral«, allmählich hat New York ihn jedoch eingeschlossen

Wenn Sie um das Gebäude herumgehen, erreichen Sie den **Central Park Zoo**, in dem etwa 130 Tierarten in natürlicher Umgebung zu sehen sind. Die Fütterung der Seelöwen (*11.30, 14 und 16 Uhr*) ist für Kinder ein besonderes Erlebnis wie auch der **Tisch Children's Zoo** nebenan. Im Westen des Zoos liegt die **Dairy**. Das 1870 von Calvert Vaux gebaute Haus beherbergt heute das Besucherzentrum.

CENTRAL PARK
🔼 Karte S. 188 f.
Besucherinformation
✉ Central Park Information,
   The Dairy, 65th St.
☎ 212/794-6564
www.centralparknyc.org

CENTRAL PARK ZOO
🔼 Karte S. 188 f.
✉ 5th Ave./E. 64th St.
☎ 212/439-6500
💲 $$$
🚌 Bus: M1–M5, U-Bahn: N, R bis
   5th Ave./59th St.; 6 bis 68th St.–
   Hunter College
www.centralparkzoo.com

☐ Erlebnis

KUTSCHFAHRTEN UND REITEN IM CENTRAL PARK

Ursprünglich war der Park für die Betrachtung vom Pferd aus gedacht – entweder auf den Fahrwegen in einer Kutsche oder auf den fast 10 km langen Reitwegen.

Kutschen kann man das ganze Jahr über im Central Park South zwischen Fifth und Sixth Avenue mieten. Bei **NYC Horse Carriage Rides** kosten die ersten 20 Min. 75 $, weitere 10 Min. je 21–22 $ mehr (*www.nychorsecarriagerides.com*). Reitausflüge, für Gruppen ab 149 $ pro Person, organisiert **Central Park Sightseeing** (*www.centralparksightseeing.com*).

Hinter ihm liegen **Schach- und Mühlefelder** (Figuren bekommt man gegen Pfand in der Dairy) und das **Carousel**, das früher auf Coney Island stand und für zwei Dollar pro Fahrt zu den größten Attraktionen des Parks gehört.

Im Nordwesten der Dairy liegt die **Sheep Meadow**, eine weite Rasenfläche, südlich daneben **The Mall** *(zw. 66th und 72nd St.)*, ein Spazierweg, den Ulmen flankieren. In seinem südlichen Abschnitt stößt man auf den Literary Walk mit Statuen bedeutender Schriftsteller. An der Nordseite der Mall führen Stufen zur **Bethesda Fountain Terrace** *(an der 72nd St.)*. Die rund angelegte Terrasse auf zwei Ebenen umgibt die Brunnenfigur *Angels in the Water* von Emma Stebbins. Die Engel überragen den gut sieben Hektar großen See **The Lake**. Im **Loeb Boathouse** am Ostufer des Sees *(76th und 77th St.)* kann man Boote und Fahrräder mieten, außerdem gibt es ein Café mit Terrasse. Näher an der Fifth Avenue *(72th–75th St.)* liegt das **Conservatory Water**, auf dem Parkbesucher Modellboote fahren lassen können. Neben ihm lädt ein Eiscafé ein. Knappe 500 Meter westlich der Bethesda Terrasse, direkt am Eingang bei Central Park West und 72nd Street wird

CAROUSEL
🅜 Karte S. 188 f.
✉ E. 64th St.
☎ 212/439-6900
🕐 April–Okt. 10–18 Uhr,
   Nov.–März: vorher anrufen
💲 $

LOEB BOATHOUSE
☎ 212/517-2233
💲 $$$ für Bootsmiete (plus Kaution), $$–$$$ für Mieträder (plus Kaution)

SWEDISH COTTAGE
MARIONETTE THEATRE
✉ Nähe West Dr.
☎ 212/988-9093
🕐 Nur im Sommer
💲 $$ (Reservierung erforderlich)

DELACORTE THEATER
🅜 Karte S. 188 f.
☎ 212/539-8750
🕐 Nur im Sommer
💲 Gratis, aber Eintrittskarten erforderlich
www.shakespeareinthepark.org

□ Wissen

DIE SKULPTUREN DES PARKS

Die erste Skulptur des Parks wurde 1859 im Ramble aufgestellt: eine Bronzebüste von Friedrich Schiller. Weitere Schriftsteller, darunter Robert Burns und Walter Scott, zeigt der Südteil der Mall, der Literary Walk.

Der einzige Amerikaner ist Fitz-Greene Halleck, bekannter Autor und Mitglied der Knickerbockers. Der amerikanische Bildhauer John Quincy Adams Ward schuf die bronzene Shakespeare-Statue, den realistischen *Indian Hunter* (1886) südwestlich der Mall und *The Pilgrim* (1884) an der 72nd Street Transverse südlich des Conservatory Lake. Hier klettern Kinder auf die bronzene Figurengruppe *Alice in Wonderland* (1959) von José de Creeft oder setzen sich auf den Schoß von *Hans Christian Andersen* (1956), den Georg John Lober als Bronzefigur darstellte.

John Lennon geehrt. Er wurde 1980 vor seinem nahe gelegenen Dakota Apartment ermordet. Seine Witwe Yoko Ono stiftete die **Strawberry Fields**, einen Garten in Form einer Träne.

Den Sommer über finden auf der **Central Park Summerstage** *(Tel. 212/ 360-2777, www.cityparksfoundation.org/summerstage)* beim Rumsey Playfield kostenlose Veranstaltungen statt. Für die Sportlichen gibt es an Wochenenden von April bis Oktober kostenlose Rollerblade-Kurse am Parkeingang an der West 72nd Street.

Die gusseiserne **Bow Bridge** *(Parkmitte, nahe der 74th St.)* über den Lake führt zum **Ramble**, einem großen Irrgarten mit dichtem Blattwerk. In der Nähe des West Drive *(an der 79th St.)* liegt das **Swedish Cottage Marionette Theatre**. Nebenan, im **Shakespeare Garden**, 1916 zum 300. Todestag des Dichters eingerichtet, wachsen Pflanzen, die in seinen Stücken auftauchen. Diese und andere werden im Sommer von **Shakespeare in the Park** im **Delacorte Theater** unter freiem Himmel aufgeführt.

Am Turtle Pond, vormals Belvedere Lake, schmiegt sich das **Belvedere Castle** in den Fels. Es birgt heute eine meteorologische Station, das **Henry Luce Nature Observatory**,

□ Tipp

Ein Spaziergang im Central Park ist ein perfekter Tag in New York. Unter *www. centralpark.com/guide/ tours/walking* kann man Führungen zu Themen wie Kunst und Architektur, Film und Fernsehen oder zur Weihnachtszeit buchen.

TOM O'NEILL
NATIONAL GEOGRAPHIC-AUTOR

Für Kinder gibt es keinen schöneren Spielplatz im Central Park als die Statuen von Alice, dem verrückten Hutmacher, dem weißen Kaninchen & Co. aus *Alice in Wonderland*

das auch Führungen für Kinder anbietet. Auf dem **Great Lawn** *(Parkmitte, von der 79th bis zur 85th St.)* finden kostenlose Sommerkonzerte der Metropolitan Opera und der New Yorker Philharmoniker statt. Auf dem Rasen hinter dem »Met« steht **Cleopatra's Needle**, ein 20 Meter hoher Obelisk von 1475 v. Chr.

Weiter nördlich ist der Park verwilderter und weniger besucht. Am Nordende liegt das 43 Hektar große Harlem Meer, wo das **Charles A. Dana Discovery Center** Naturkundeprogramme für Kinder und Familien anbietet. Wenn Sie in den Wintermonaten unterwegs sind, können Sie zur Eisfläche des berühmten **Lasker Rink** *(zwischen 106th und 108th St., Tel. 212/492-3856, www.laskerrink.com)* laufen, der im Sommer zum Schwimmen genutzt wird. Noch beliebter ist der **Wollmann Rink** am südlichen Ende des Parks. Im Winter lockt er täglich 4000 Eisläufer an. ■

HENRY LUCE NATURE OBSERVATORY
✉ Belvedere Castle
☎ 212/772-0210
🕐 Mo geschl.

CHARLES A. DANA DISCOVERY CENTER
✉ Nordufer, Harlem Meer
☎ 212/860-1370

WOLLMANN RINK
✉ E. 63rd St.
☎ 212/439-6900
💲 $$
www.wollmanskatingrink.com

Upper West Side

Erster Überblick	196–197
Lincoln Center	198–200
Time Warner Center	201
Special: Spaziergang: von Park zu Park	202–203
New-York Historical Society	204–205
American Museum of Natural History	206–208
Weitere Sehenswürdigkeiten in der Upper West Side	209–211
Hotels und Restaurants	294–295

❮ Das New York City Ballet (hier: Brittany Pollack) und andere Theatertruppen haben ihren Sitz im Lincoln Center

Das Wohnviertel grenzt im Westen an den Riverside Park und den Hudson, im Osten an den Central Park. Von Süden nach Norden erstreckt es sich von der West 59th Street bis zur 110th Street. Belebte Durchgangsstraßen mit Geschäften und historischen Bauten kreuzen ruhige Seitenstraßen mit schönen *brownstones*. Kunst, Handel und Wohnraum gehen hier eine harmonische Verbindung ein.

Die Upper West Side verfügt über einige Sehenswürdigkeiten, hat aber das Flair eines Wohngebiets behalten.

Das Time Warner Center am Columbus Circle stimmt als Eingangstor am südlichen Rand des Viertels auf die weiteren Attraktionen ein. Das American Museum of Natural History gehört zu den bedeutendsten Naturkundemuseen der Welt. Die New-York Historical Society am Central Park West ist eine sehenswerte Einrichtung für Familien. Das Lincoln Center ist das führende Zentrum für darstellende Kunst in den USA. Wer sich für klassische Konzerte, Ballett, Theater oder Oper interessiert, kommt an ihm nicht vorbei. In der Umgebung gibt es zahlreiche Cafés, Restaurants und kleine Läden. An der Upper West Side kann man nachvollziehen, wie viele New Yorker leben.

DIE DAKOTA APARTMENTS – DAS ERSTE WOHNMODELL

Der erste Schritt zur Erschließung der Upper West Side war ihre Verkehrsanbindung. Vor der Fertigstellung der Hochbahn entlang der Columbus Avenue, die damals Ninth Avenue hieß, war die Gegend voller illegaler Hüttensiedlungen, die dann größtenteils durch den Central Park verdrängt wurden.

Doch neue Anwohner kamen: 1884 zog Isidor Straus, ein deutsch-amerikanischer Kaufmann, der später R. H. Macy's übernahm, in die 105th Street, Ecke West End Avenue, um nah am Riverside Park zu residieren. William T. Sherman, General der Unionsarmee, ließ sich 1886 an der West 71st Street nieder. Mit dem Bau der U-Bahn 1904 verstärkte sich diese Entwicklung und sollte bis in die späten 1920er- und frühen 1930er-Jahre anhalten. Damals entstanden auch die doppeltürmigen Apartmenthotels am Central Park West.

Die Stadtplaner hofften, die Upper West Side würde die Eliten anziehen. Stattdessen kamen viele New Yorker, die sich mit Kultur und Medien beschäftigten, hierher. Das Ansonia Hotel von 1904, eine vornehme Adresse, empfing Gäste wie den Schriftsteller Theodore Dreiser, Igor Strawinsky, den Theater- und Filmproduzenten Florenz Ziegfeld junior und den italienischen Opernsänger Enrico Caruso. ∎

Upper West Side

Zur Orientierung

Nicholas Roerich Museum

WEST

100TH STREET

96th Street

96TH STREET

96th Street

92ND STREET

WEST END AVENUE

BROADWAY

AMSTERDAM

COLUMBUS

CENTRAL PARK WEST

RIVERSIDE DRIVE

HENRY HUDSON PARKWAY

River

Hudson

WEST

86th Street

86TH STREET

86th Street

Children's Museum of Manhattan

83RD STREET

U P P E R

W E S T   S I D E

79th Street

WEST 81ST STREET

WEST 79TH STREET

81st Street-Museum of Natural History

12

American Museum of Natural History

WEST 77TH STREET

2

3 VERDI SQUARE

New-York Historical Society

11

10

72nd Street

SHERMAN SQUARE

72ND STREET

72nd Street

WEST 66TH STREET

9

8

66th Street-Lincoln Center

Lincoln Center

7

CENTRAL PARK WEST

COLUMBUS AVENUE

BROADWAY

AMSTERDAM AVENUE

WEST END AVENUE

WEST SIDE HIGHWAY

4

6

Museum of Biblical Art

WEST 58TH STREET

COLUMBUS CIRCLE

5

59th Street-Columbus Circle

| 0 | | 600 Meter |
| 0 | | 600 Yards |

Upper West Side

❶ Soldiers' and Sailors' Monument ❷ West End Collegiate Church ❸ Ansonia Hotel ❹ Museum of Biblical Art ❺ Time Warner Center ❻ Century Apartments ❼ American Folk Art Museum ❽ Hotel des Artistes ❾ Shearith Israel Synagogue ❿ Dakota Apartments ⓫ San Remo Apartments ⓬ Rose Center for Earth and Space

Das Lincoln Center for the Performing Arts, das größte Theaterzentrum des Landes, begann noch während der Renovierung der Bauten im Mai 2009 mit den Feierlichkeiten zu seinem 50-jährigen Bestehen. Die großangelegte Renovierung umfasste unter anderem eine Erweiterung der School of the American Ballet und den Bau des neuen Film Center.

Gut fünf Millionen Menschen besuchen jährlich die Vorstellungen im Lincoln Center. Neben den regelmäßig stattfindenden Konzerten und Aufführungen der Metropolitan und New York City Opera, der New Yorker Philharmoniker und des American Ballet Theatre ist es für Sonderveranstaltungen berühmt – so die Konzerte in der Alice Tully Hall, das sommerliche Lincoln Center Festival und das Mostly Mozart Festival. Hier treffen sich auch Menschen, die nie einen der Säle betreten haben, vor allem in lauen Sommernächten am Brunnen oder bei Open-Air-Tanzveranstaltungen. Das Vivian Beaumont Theater zeigt Theaterstücke und Musicals.

NEW YORK PUBLIC LIBRARY OF THE PERFORMING ARTS

1965 eröffnete die wissenschaftliche Musik-, Tanz- und Theaterbibliothek der New York Public Library *(Tel. 917/275-6975, So geschl.)*. Sie verfügt über mehr als 350 000 Bücher, Tonbänder, Kassetten, CDs, Videos und Partituren sowie kindgerechte Materialien. Wissenschaftlern steht das Archiv im zweiten Stock zur Verfügung. In vier Räumen werden wechselnde Ausstellungen gezeigt.

Die **Dance Collection** ist weltweit das umfangreichste Archiv zum Thema Tanz. Es umfasst über 30 000 Bücher, Manuskripte, Kostüme und Bühnen-

LINCOLN CENTER FOR THE PERFORMING ARTS
🅐 Karte S. 197
✉ 10 Lincoln Center Plaza, Broadway an der 65th St.
☎ 212/875-5000; Allgemeine Informationen: 212/875-5456; Lincoln Center Führung:

212/875-5350;
Metropolitan Opera House Backstage Tour: 212/769-7028 (www.operaed.org; Reservierung erforderlich)
🚇 U-Bahn: 1 bis 66th St.–Lincoln Center
www.lincolncenter.org

In der Abenddämmerung erstrahlt das Lincoln Center in sanftem Licht

bildentwürfe. Zudem ist hier das Jerome Robbins Archive of Recorded Moving Image untergebracht, eine Sammlung mit Tanzvideos. In der **Music Division** befinden sich die Rodgers and Hammerstein Archives of Recorded Sound – fast eine halbe Million Tonaufnahmen und Videos – sowie die American Collection mit Jazz- und Popmusik und Dokumenten zur Musik der Kolonialzeit. Die **Billy Rose Theatre Collection** bewahrt Tausende Zeitungsausschnitte, Programme, Poster und Fotografien zu Theater, Film, Radio, TV, Varieté, Zauberei und Zirkus auf. Im **Theatre on Film and Tape Archives** lagern über 1600 Filme von Live-Auftritten.

SKULPTUREN

Im Lincoln Center stehen mehrere moderne Plastiken. Besonders markant ist Henry Moores *Reclining Figure* (1956), eine abstrakte Bronzefigur im Wasserbecken auf der Plaza. Moore sagte, er hoffe, dass die Skulptur »einen Kontrast zur Architektur bilden wird, die – wie alle Bauten – eher geometrisch und statisch ist«.

☐ Erlebnis

MANHATTANS OPEN-AIR-TANZPARTYS

Die wohl bekannteste Tanzparty im Freien, **Midsummer Night Swing** im Lincoln Center, findet jeweils im Juni statt. Live-Bands spielen Swing, Salsa, Disco, Tango und anderes. Statt Tickets für die Tanzfläche zu kaufen, tanzen viele einfach außerhalb der vorgesehenen Fläche. Im Sommer gibt es **kostenlosen Tango** *(Tel. 212/726-1111, www.newyorktango.com)* im Central Park an der Shakespeare-Statue *(Parkeingang an der 65th St.)*. Salsa und Tango werden zeitweilig im **Chelsea Market** *(www.chelseamarket.com)* angeboten. Und schließlich gibt es noch Tage der offenen Tür in Tanzstudios, z. B. einmal im Monat bei **Dance Manhattan** *(Tel. 212/807-0802, www.dancemanhattan.com)*.

JUILLIARD SCHOOL

Die Juilliard School ist eines der bekanntesten Konservatorien der Welt. 1905 gegründet, übersiedelte sie 1968 in ihr heutiges Domizil. Dort befindet sich auch die Alice Tully Hall, Sitz der Chamber Music Society of Lincoln Center, die ganzjährig Konzerte und Vorträge veranstaltet. Die Erweiterung von 2009, das Irene Diamond Building, bietet Übungsräume, Büros, ein Zentrum der Musiktechnologie und ein Kommunikationszentrum.

DER BAU

Robert Moses konzipierte das Lincoln Center als Projekt der Stadtteilerneuerung. Sein Plan erforderte, dass mehrere historische Bauten der West Side abgerissen und ihre langjährigen Bewohner umgesiedelt wurden. An der West End Avenue errichtete man Hochhäuser für 10 000 Mieter. Mit der Entstehung des Lincoln Center löste die Mittelschicht die ehemaligen Anwohner der Arbeiterklasse ab. Kurz vor ihrem Abriss durften die historischen Wohnblöcke, die *tenements*, noch einmal glänzen: als Kulisse für den Film zum Musical *West Side Story*.

Die 19,7 Millionen Dollar teure Konzerthalle von Max Abramovitz wurde als erstes Gebäude am 23. September 1962 eingeweiht. Die Philharmonic Hall, so ihr damaliger Name, hatte anfangs eine mangelhafte Akustik. 1976 konnten die Probleme nach mehreren Umbauten gelöst werden. 1973 wurde sie in **Avery Fisher Hall** umbenannt, nach dem Hersteller von HiFi-Technik, der dem Lincoln Center zehn Millionen Dollar stiftete, die unter anderem in die Verbesserung der Akustik flossen. Im Jahr 2015 wurde der Konzertsaal in **David Geffen Hall** umbenannt, nachdem der Filmproduzent 100 Millionen Dollar für Renovierungsarbeiten gestiftet hatte.

Der Architekt Wallace K. Harrison entwarf das **Metropolitan Opera House**, den größten Saal des Komplexes. Das drittgrößte Gebäude, das **David H. Koch Theater**, entstand 1964 nach Plänen von Philip Johnson.

Das **Lincoln Center Theater**, in dem das Vivian Beaumont und das Mitzi E. Newhouse Theater residieren, wurde 1965 mit der New York Public Library of the Performing Arts fertiggestellt. Die Häuser waren ein Gemeinschaftsprojekt: Eero Saarinen and Associates entwarfen das Theater, während Skidmore, Owings and Merrill die Bibliothek planten. ■

THE JUILLIARD SCHOOL
✉ 60 Lincoln Center Plaza, 155 W. 65th St., zw. Broadway und Amsterdam Ave.

☎ 212/799-5000
www.juilliard.edu

Das Time Warner Center am Columbus Circle ragt dort auf, wo fünf Hauptstraßen der Stadt zusammentreffen: Central Park West, Central Park South, Broadway, 58th Street und 60th Street. Kein zweiter Gebäudekomplex mit Ausnahme des Rockefeller Center bietet so viele Möglichkeiten für die Besucher – Unterhaltung, vornehme Restaurants, Läden und Hotels.

Seit seiner Eröffnung 2004 lockt das Center mit Ausstellungen und Aufführungen ebenso wie mit dem Biosupermarkt Whole Foods im Untergeschoss. Unter den 40 Läden sind viele in den USA beliebte Ketten vertreten: Borders Books & Music, J. Crew oder Boutiquen und Designerläden – bekannt sind J. W. Cooper für Stiefel, Montmartre oder Armani Exchange und etliche mehr für Damenmode. Ebenfalls hier: der Equinox-Fitnessclub, eine Bank und Restaurants mit weltberühmten Küchenchefs, darunter das Café Gray, das Steakhouse von Jean-George oder das Per Se von Thomas Keller.

Das Programm **Jazz at Lincoln Center** (künstlerischer Leiter Wynton Marsalis) umfasst jährlich rund 3000 Veranstaltungen in der Frederick P. Rose Hall und weltweit.

Das markante Time Warner Center am Columbus Circle

Dizzy's Club Coca-Cola (www.jazz.org/dizzys-reservations) bietet ebenfalls Jazz, eine tolle Aussicht und ein Late-Night-Menü. Hier treten namhafte Künstler und Künstlerinnen wie Kenny Garrett und aufstrebende Ensembles wie das Tia Fuller Quartet auf. Einen spektakulären Blick bietet das Mandarin Oriental Hotel New York (*Eingang 60th Street*). ■

TIME WARNER CENTER
- Karte S. 197
- 10 Columbus Circle; Kartenschalter für Jazz am Lincoln Center: Ecke 60th St.

und Broadway
- Dizzy's Club Coca-Cola: 212/258-9595
- U-Bahn: A, B, C, D, 1 bis 59th St.–Columbus Circle
www.shopsatcolumbuscircle.com

Die Upper West Side rühmte sich einst der edelsten Hotels und schicksten Wohnhäuser New Yorks. Der Spaziergang lässt diese stolze Vergangenheit wieder aufleben und beginnt bei den ehrwürdigen alten Gebäuden am Central Park West und der West 70th Street. Er endet im erholsamen Grün des Riverside Park mit Blick auf den Hudson River.

Ausgangspunkt ist die **Shearith Israel Synagogue** ❶ *(8 W. 70th St., Central Park West, Tel. 212/873-0300)*. Die älteste jüdische Gemeinde New Yorks errichtete die spanisch-portugiesische Synagoge 1897. Die sephardischen Juden kamen 1654 aus Brasilien nach New York. Einen Block weiter nördlich stehen am Central Park West 115 die **Majestic Apartments** (1930–31) von Irwin S. Chanin. Es ist eines der vier doppeltürmigen Apartmenthäuser mit Blick auf den Park. Das dunkle Gebäude im gotischen Stil sind die **Dakota Apartments,** wo John Lennon in den 1970er-Jahren lebte, bevor er 1980 vor dem Eingang ermordet wurde. Die **Strawberry Fields** ❷ (siehe S. 192) nahe dem Parkeingang 72nd Street erinnern an ihn.

Zwischen Central Park West und Columbus Avenue stehen einige schöne Ziegelbauten aus den 1890er-Jahren, typische *brownstones* mit hohen Veranden und Balustraden. Die römisch-katholische **Church of the Blessed Sacrament** ❸ *(W. 71st St., zw. Columbus Ave. und Broadway)* im neugotischen Stil entstand 1917 nach Plänen des Kirchenbauers Gustave Steinbeck. Haus Nr. 171 ist das denkmalgeschützte Beaux-Arts-Apartmenthaus **Dorilton.**

Der **Verdi Square** ❹ ist nach einer Statue des italienischen Komponisten benannt, die 1906, fünf Jahre nach seinem Tod, enthüllt wurde. Verdi sitzt auf einem Sockel, umgeben von vier Figuren: Falstaff, Aida, Otello und Leonora. Ein verschnörkelter **U-Bahn-Eingang** von 1904 schmückt eine Straßeninsel. Der ehemalige Sitz der **Central Savings Bank** (1928) am Broadway 2100 bildet den Hintergrund für die Verdi-Skulptur.

Spaziert man am Broadway weiter Richtung Norden, trifft man auf das **Ansonia Hotel**, ein Beaux-Arts-Gebäude *(Nr. 2109, zw. W. 73rd und 74th St.)*, das zu den schönsten Apartmenthäusern New Yorks zählt.

Nun geht es links weiter in die West 77th Street. Das 1901 im Beaux-Arts-Stil erbaute Haus *(Nr. 250)* ist das **Hotel Belleclaire**, der erste bekannte Bau des »Apartmenthaus-Architekten« Emery Roth Sr.

Folgen Sie der West 77th Street bis zur West End Avenue. Die **West End Collegiate Church** ❺ *(245 W. 77th St.)* entstand 1893 im Stil der holländischen Renaissance mit Stufengiebeln. Die Kirche ist Nachfolger der ersten Gemeinde Neu-Amsterdams, einer holländischen reformierten Kirche, die 1628 errichtet wurde. Im Haus Nr. 312 wohnte Miles Davis viele Jahre lang. Weiter bis zum Riverside Drive und dann rechts erreicht man ein Viertel mit imposanten Villen. Zwischen West 80th und 81th Street liegen histo-

🅰 Siehe auch Karte S. 197
► Shearith Israel Synagogue
🔁 Rund 3 km
🕐 Etwa 1 Std.
🅿 Riverside Park

rische Reihenhäuser der 1890er-Jahre. Von C. F. True stammen die Häuser Nr. 103–105 und 107–109. Am Riverside Drive 140 *(Nordostecke der W. 96th St.)* stehen die **Normandy Apartments** von Emery Roth. Art-déco-Elemente wie abgerundete Ecken wurden hier mit Dekor im italienischen Renaissance-Stil verbunden. Eine der beiden Villen am Riverside Drive ist das **Isaac L. Rice House 6** *(Ecke 89th St.)*, erbaut nach Plänen der Theater-Architekten Herts und Tallent. Das **Soldiers' and Sailors' Monument**, das die Opfer des Bürgerkrieges ehrt, steht gegenüber im **Riverside Park 7**. Riverside Drive und Riverside Park stehen unter Denkmalschutz. 1873 legte Frederick Law Olmsted den Park an.

Die 1804 gegründete New-York Historical Society ist das älteste Museum New Yorks und das zweitälteste der Vereinigten Staaten. Die Society hält stolz am Bindestrich in ihrem Namen fest. Der vielfältige Bestand umfasst Amerikas umfangreichste Sammlung von Tiffany-Lampen, John James Audubons Aquarelle für *Birds of America* und Millionen von Büchern und Manuskripten.

Das Museum bezog 1908 seine heutigen Räume in einem klassizistischen Bau. Der Eingang an der West 77th Street führt in eine vornehme Halle mit mehreren Ausstellungsräumen und einem Museumsladen. Viel Beachtung fand eine Audubon-Ausstellung, die thematische Ausschnitte seines Werkes erkundete.

Im ersten Stock residiert das **Department of Prints, Photographs and Architectural Collections**. Ebenfalls hier angesiedelt ist die **Dexter Hall**. Sie präsentiert Meisterwerke des 19. Jh. aus der Sammlung der Gesellschaft. Das **Henry Luce Center** im dritten Stock dokumentiert anhand von 40 000 Objekten auf innovative Weise 400 Jahre amerikanische Geschichte. Es besitzt auch wertvolle Stücke wie Original-Aquarelle von Audubon.

SEHENSWERTES

Die **Luman Reed Gallery**, benannt nach einem Sammler und Kunstförderer des 19. Jh, ist eine Nachbildung von Reeds Gemäldegalerie aus seinem Haus in der Greenwich Street 13, wo er in den 1830er-Jahren lebte. Reed glaubte, dass Kunst zur Entwicklung der amerikanischen Nation beitrage, und beauftragte Thomas Cole, den in England geborenen Begründer und zugleich bedeutendsten Vertreter der Hudson-River-Schule für Land-

☐ Erlebnis

NEW YORK AUS LUFTIGER HÖHE

Die **Press Lounge** *(653 11th Ave., Tel. 877/843-8869)* ist eine fantastische Bar auf dem Dach des Ink 48 Hotel in der Upper West Side. Es liegt so weit westlich, dass man die Skyline von Manhattan sehen kann – von Manhattan aus. Im **Gallow Green Rooftop** *(www.mckittrickhotel.com/gallowgreen)* auf dem Dach des McKittrick Hotel in Chelsea werden Performances geboten.
Gaonnuri (siehe S. 277), ein koreanisches Restaurant, ist ein weiterer Geheimtipp für eine tolle Aussicht. Mit Blick auf Brooklyn speisen kann man im **Riverpark** (siehe S. 281), Manhattans Skyline aus der Ferne sieht man vom **River Café** unter der Brooklyn Bridge (siehe S. 296).
Den ultimativen Blick bietet aber ein Besuch des **Observation Deck** im 101. Stock des **One World Trade Center** (siehe S. 77).

Die Granitfassade des strengen, neoklassizistischen Museumsgebäudes

schaftsmalerei, ein fünfteiliges allegorisches Bildwerk zu schaffen. *The Course of Empire* bildet den Blickfang der Ausstellung, die auch Gemälde und Stiche von holländischen, flämischen, deutschen und italienischen Künstlern zeigt.

Die **9/11 Collections** sind bewegend. Nach dem Anschlag auf das World Trade Center sammelte und katalogisierte die New-York Historical Society Zeugnisse und stellte sie aus. Die Objekte mit Bezug zu 9/11 stammen vom Ort des Geschehens und aus Quellen wie Fresh Kills Landfill, Polizei und Feuerwehrdienststellen, St. Paul's Chapel und Nino Vendome's Canal Street Restaurant. Schließlich ist auch die **Bibliothek** des Museums sehenswert: 600 000 Bücher und mehr als eine Million Dokumente, darunter der erste Abdruck von Lincolns Antrittsrede nach seiner Wiederwahl zum Präsidenten und eine herausragende Sammlung von Zeitungen des 18. Jh. wie der allerersten New Yorker Zeitung *New-York Gazette* (1725–44) und John Peter Zengers *New-York Weekly Journal*.

SPEZIELLE SAMMLUNGEN

Die Silbersammlung von der Kolonial- bis zur Viktorianischen Zeit stellt Arbeiten des New Yorker Silberschmieds Myer Myers (1723–95) und Teller aus dem Besitz bedeutender Familien wie der Roosevelts aus. Die **Neustadt Collection** von Tiffany-Lampen stellte ein New Yorker Arzt in der zweiten Hälfte des 20. Jh. zusammen.

GESCHICHTE

Die Historical Society basiert auf einer Sammlung John Pintards von »allem Möglichen von überall her«. Bis das »Met« 1870 eröffnete, war sie das einzige Kunstmuseum New Yorks. ■

NEW-YORK HISTORICAL SOCIETY
🏛 Karte S. 197
✉ 170 Central Park West, zwischen 76th und 77th St.
☎ 212/873-3400

🕐 Mo geschl., Bibliothek So/Mo geschl.
💲 $$$
🚇 U-Bahn: B, C bis 81st St.– Museum of Natural History
www.nyhistory.org

AMERICAN MUSEUM OF NATURAL HISTORY

Die riesigen Skelette von Dinosauriern und die plastischen Darstellungen von Höhlenmenschen werden Kinder begeistern. Doch das Museum ist zu allererst eine wissenschaftliche Institution und Bildungseinrichtung und eines der größten und bedeutendsten Museen der Welt. Seine Räumlichkeiten dehnen sich über vier Häuserblocks aus und zeigen mehr als 40 Millionen Arten.

Die Besucher – über drei Millionen jedes Jahr – müssen sich entscheiden, welche Bereiche des gewaltigen Gebäudekomplexes sie sehen möchten. Am beliebtesten sind die Dinosaurier. In der runden Halle des Erdgeschosses steht eine 17 Meter große Nachbildung eines Barosaurus, auch der gesamte fünfte Stock ist den Riesen gewidmet. Manche werden die völkerkundliche Abteilung zu den Indianern Nordamerikas, andere die **Milstein Hall of Ocean Life** mit einem Riesenwal in einem virtuellen Ozean oder die **Hall of Biodiversity** mit ihrem tropischen Regenwald besuchen. Im Parterre werden Vögel und Wirbellose sowie Säugetiere, Fische und Wälder Nordamerikas sowie die Flora und Fauna des Staates New York vorgestellt. Die **Hall of the Northwest Coast Indians** wird von zwei Reihen beeindruckender Totempfähle flankiert. Ein

Eine große Artenvielfalt präsentiert das American Museum of Natural History in der *Hall of Biodiversity*

34 Tonnen schwerer Meteorit, der 1897 auf Grönland entdeckt und von Robert Edwin Peary ausgegraben wurde, ist die Attraktion der Ausstellung in der **Arthur Ross Hall of Meteorites**. In der **Hall of Gems** befindet sich der 56-karätige »Star of India« – ein Saphir, den J. P. Morgan 1901 dem Museum schenkte. Die **Whitney Hall of Oceanic Birds** im ersten Stock stiftete Gertrude Vanderbilt Whitney nach dem Tod ihres Mannes Harry Payne, der die ornithologische Abteilung und in den 1920er- und 1930er-Jahren auch Expeditionen des Museums unterstützte. Im dritten Stock, in der **Margaret Mead Hall of Pacific Peoples**, wird an Margaret Mead erinnert, die bis zu ihrem Tod 1978 in der anthropologischen Abteilung des Museums

arbeitete. In anderen Sälen auf dem gleichen Stockwerk werden Reptilien und Amphibien gezeigt, die Indianerkulturen der östlichen Wälder und der Plains erklärt sowie Primaten und Vögel präsentiert.

In sechs Räumen des renovierten dritten Stockwerks lassen sich 500 Millionen Jahre Entwicklung von Wirbeltieren verfolgen. Speziell von der Evolution der Säugetiere handeln das **Miriam and Ira D. Wallace Orientation Center** und die **Hall of Vertebrate Origins**. Die **Hall of Saurischian Dinosaurs** zeigt Skelette des *Tyrannosaurus rex* und des *Apatosaurus.* Letzterer hat bei einer Instandsetzung einen längeren Schwanz bekommen. In der **Hall of Ornithischian Dinosaurs** (Flugsaurier) sieht man den gepanzerten *Stegosaurus,* der in Wyoming entdeckt wurde, und den *Styracosaurus* mit Stacheln an Nacken und Schnabel. In zwei Sälen im **Lila Acheson Wallace Wing of Mammals and Their Extinct Relatives** kann man 250 Fossilien betrachten, darunter ein Mastodon, Säbelzahntiger und Riesenfaultiere. Als Highlights gelten ein junges Mammut und ein 12 Millionen Jahre alter Pferdeahn, *Protohippus.* Zum ersten Mal seit Jahrzehnten steht die renovierte **Audubon Gallery** Besuchern wieder offen. Hier werden Originalgemälde und -lithografien von John James Audubon und seinen Söhnen präsentiert. Überall im Museum gibt es Souvenirläden, Restaurants und Unterhaltung: den Dino Store, Cosmic Shop und Main Shop, das IMAX Theater, das Starlight Café und mehr.

 Tipp

Einmal im Jahr im Frühsommer kann jeder am »ID Day« seine Naturfunde im American Museum of Natural History von Experten untersuchen und analysieren lassen.

PETER GWIN
NATIONAL GEOGRAPHIC-AUTOR

 **Wissen**

ROSE CENTER FOR EARTH AND SPACE

Das Rose Center, als architektonisches Meisterwerk gefeiert, ist eines der jüngeren Wahrzeichen der Stadt. Von der sicheren Erde aus garantiert es Weltraumerfahrungen für alle Sinne. Ein Glaskubus umschließt das Herzstück des Zentrums, die 1800 t schwere **Hayden Sphere.** Im umgebauten **Hayden Planetarium** nimmt der weltweit größte Simulator Besucher mit auf eine virtuelle Reise durch das Universum. Weitere Bereiche sind die **Hall of Planet Earth** (HoPE), die **Hall of the Universe,** die **Scales of the Universe** und der **Cosmic Pathway,** eine spiralförmige Rampe, die durch 13 Mrd. Jahre kosmischer Evolution begleitet.

=== ☐ **Erlebnis** ===

DER ULTIMATIVE BAGEL

Wenn Sie noch nie einen echten New Yorker Bagel gegessen haben, sollten Sie dieses typische New Yorker Frühstück unbedingt in einer der nachfolgenden Einrichtungen kosten. Dann können Sie auch in die nie endende Debatte einsteigen, wo es den besten Bagel gibt, ob er getoastet werden soll oder nicht oder ob ein solcher Brötchenkringel pur oder mit Frischkäse und Lachs genossen werden sollte.

Für eine einwöchige Bagel-Verkostungstour empfehlen sich:

Absolute Bagels *(2788 Broadway, nahe der 107th St., Tel. 212/932-2052)*,

Bagel Oasis *(183-12 Horace Harding Expressway, Fresh Meadows, Queens, Tel. 718/359-9245)*,

Hudson Bagels *(502 Hudson St./Ecke Christopher St., Tel. 212/367-8809)*,

Chelsea Bagel & Café *(139 W. 14th St., Tel. 212/462-2435)*,

Ess-a-Bagel *(359 1st Ave./Ecke 21st St., Tel. 212/260-2252 und 831 3rd Ave./ Ecke 52nd St., Tel. 212/980-1010)*,

H&H Bagels *(1551 2nd Ave., Tel. 212/734-7441)* und

Murray's Bagels *(500 6th Ave./Ecke 13th St., Tel. 212/462-2830)*.

Seine heutigen Räume bezog das Museum 1874. Die Reiterstatue von James Earle Fraser am Haupteingang zeigt Theodore Roosevelt mit einem Afrikaner und einem Indianer.

Das Museum ist bestrebt, die Arten so interessant wie möglich vorzustellen. So zeigt die **Anne and Bernard Spitzer Hall of Human Origins** mit Schwerpunkt Paläontologie und Archäologie unsere Vorfahren in Dioramen, die deutlich machen, wie spannend sich die Menschheitsgeschichte darstellt. Die Schaukästen in der **Akeley Hall of African Mammals** im 1. Stock zeigen große afrikanische Säugetiere wie Elefanten, die sehr realistisch gestaltet sind. ∎

AMERICAN MUSEUM OF NATURAL HISTORY

🗺 Karte S. 197

✉ Central Park West, 79th St.

☎ 212/769-5100; 212/769-5200 (Karten und Programm)

💲 $$ (Spende)

🚇 U-Bahn: B, C bis 81st St.–Museum of Natural History; 1 bis 79th St.

www.amnh.org

Hinweis: Auf der Museumswebsite gibt es einen praktischen interaktiven Museumsplan: *www.amnh.org/ plan-your-visit/interactive-floor-plan*

ROSE CENTER FOR EARTH AND SPACE

✉ Central Park West, 81st St.

☎ 212/769-5100; Tickets vorab für das Hayden Planetarium 212/769-5200

💲 $$$–$$$$$ (empfohlene Spende)

🚇 U-Bahn: C bis 81st St.–Museum of Natural History

WEITERE SEHENSWÜRDIGKEITEN IN DER UPPER WEST SIDE

Central Park West ist mit seiner Silhouette von mehrtürmigen Apartmenthäusern das grandiose Gegenstück zu den Millionärsvillen der Upper East Side. Die Bauten stehen zwischen der West 62nd und West 91st Street. In der Gegend gibt es auch einige kleinere, spezielle Museen, die interessant sind.

AMERICAN FOLK ART MUSEUM

Vertreter der Volkskunst haben oft ein Leben lang Burgen aus alten Flaschen zusammengebaut oder Gemälde, Skulpturen und andere Kunstwerke geschaffen. Das American Folk Art Museum hat in den letzten 45 Jahren über 5000 Objekte dieser Art zusammengetragen. Es zeigt Highlights seiner Sammlung, dazu Schlüsselobjekte wie den **9/11 Tribute Quilt**. Daneben gibt es Werke einzelner Künstler wie Grandma Moses. Der Eintritt ist frei und es gibt einen schönen Souvenirladen.

CENTRAL PARK WEST

Einige Gebäude wurden von der Irwin Chanin Company gebaut oder in Auftrag gegeben. Chanin lernte 1925 während der Pariser Weltausstellung den Art-déco-Stil kennen, den er in New York einführte. 1931 entstanden die **Century Apartments** (*25 Central Park West, zw. 62nd und 63rd St.*). Die

Der Eingang zum American Folk Art Museum

Apartmenthäuser mit Blick auf den Indian Summer im Central Park

New York Society for Ethical Culture *(2 West 64th St., Tel. 212/874-5210)* ist in einem nüchternen Jugendstilgebäude von 1910 untergebracht. Der opulente Art-déco-Backsteinbau am Central Park West 55 *(Ecke 66th St.)* diente als Kulisse für den Film *Ghostbusters* (1984).

Haus Nr. 1 an der West 67th Street ist das 1918 eröffnete **Hotel des Artistes**. Die Bewohner des Wohnhotels bestellten ihre Mahlzeiten früher im Café im Erdgeschoss. Obwohl die Apartments inzwischen Küchen haben, blieb das Café äußerst beliebt, bis es 2009 schloss. Die **Dakota Apartments**

AMERICAN FOLK ART MUSEUM
- 🅰 Karte S. 197
- ✉ 2 Lincoln Sq.,
  zw. 65th und 66th St.
- ☎ 212/595-9533
- 🕐 Mo geschl.
- 🚇 U-Bahn: 1 bis 66th St.–
  Lincoln Center
- **www.folkartmuseum.org**

CHILDREN'S MUSEUM OF MANHATTAN
- 🅰 Karte S. 197
- ✉ 212 W. 83rd St.
- ☎ 212/721-1223
- 🕐 Mo geschl.
- 💲 $$
- 🚇 U-Bahn: B, C bis 86th St.–
  Museum of Natural History;
  1 bis 81st St.
- **www.cmom.org**

Das Nicholas Roerich Museum

(1884) von Henry J. Hardenbergh im Stil der deutschen Renaissance wurden nach dem Bundesstaat im Nordwesten benannt, weil sie so weit entfernt vom Zentrum lagen. Zu den berühmten Bewohnern zählen Lauren Bacall, Roberta Flack und Yoko Ono mit John Lennon, der 1980 vor dem Eingang ermordet wurde. Das **San Remo** (1930) zwischen 74th und 75th Street beeindruckt durch seine neoklassizistischen Stilelemente und die Türme. Hinter der New-York Historical Society (siehe S. 204 f.) im Beaux-Arts-Stil und dem American Museum of Natural History (siehe S. 206 ff.) liegt das **Beresford** *(211 Central Park West, 81st St.)*, ein weiteres Apartmenthaus von Emery Roth mit barocken Türmen. In den 1950er-Jahren schrieb hier Alan Jay Lerner das Libretto für *My Fair Lady*. Das **Eldorado** *(300 Central Park, zw. 90th und 91st St.)* ist im Art-déco-Stil gehalten. In den 1940er-Jahren wohnte hier der Schriftsteller Sinclair Lewis.

CHILDREN'S MUSEUM OF MANHATTAN

Auf vier Etagen werden Lernspiele veranstaltet und Exponate zum Anfassen gezeigt. Es gibt eine Bibliothek und einen Raum für Filmvorführungen.

MUSEUM OF BIBLICAL ART

Im Museum kann man religiöse Kunst aus verschiedensten Zeiten, eine maßstabsgetreue Nachbildung der Gutenberg-Druckerpresse und die Braille-Bibeln in Blindenschrift von Helen Keller betrachten.

NICHOLAS ROERICH MUSEUM

Das Museum stellt die Arbeiten des Malers und Schriftstellers Nicholas Roerich (1874–1947) aus. Er wurde für seinen Vorschlag, bedeutende kulturelle, wissenschaftliche und religiöse Einrichtungen per Vertrag zu schützen, für den Friedensnobelpreis nominiert. Seine Idee wurde 1935 als Roerich-Pakt realisiert. ∎

MUSEUM OF BIBLICAL ART
🅰 Karte S. 197
✉ 1865 Broadway an der 61st St.
☎ 212/408-1500
🕐 Mo, Di geschl.
🚇 U-Bahn: A, B, C, D, 1 bis 59th St.–
   Columbus Circle
www.mobia.org

NICHOLAS ROERICH MUSEUM
🅰 Karte S. 197
✉ 319 W. 107th St. am Riverside Dr.
☎ 212/864-7752
🕐 Mo und vorm. geschl.
🚇 U-Bahn: 1 bis
   Cathedral Parkway–110th St.
www.roerich.org

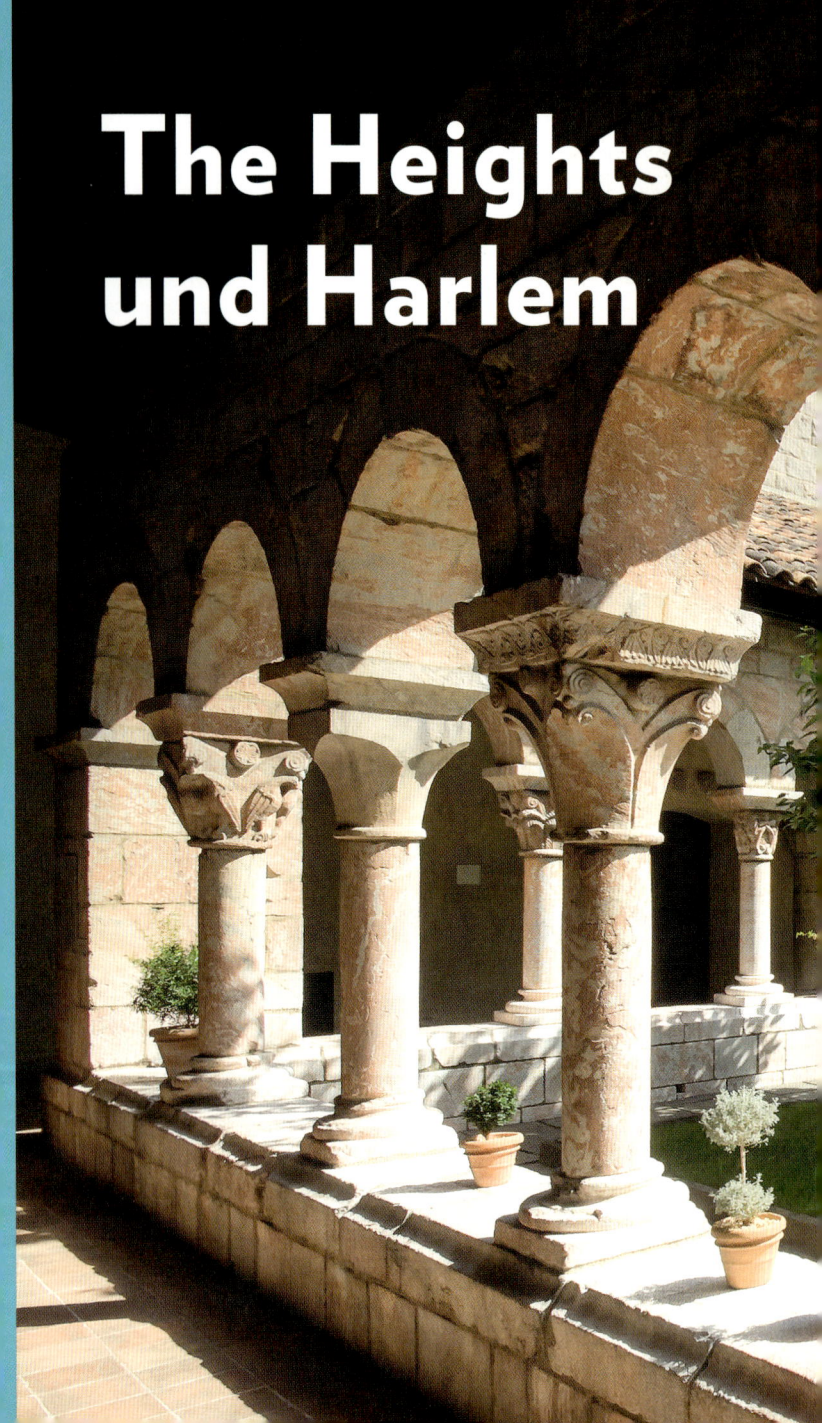

The Heights
und Harlem

Erster Überblick   214–215

Cathedral Church of Saint
John the Divine   216

Columbia University   217

General Grant National
Memorial   218

The Cloisters Museum
und Umgebung   219–221

Harlem und
Umgebung   222–227
Special: Die Harlem
Renaissance   224–225

Restaurants   296

❮ Die Arkaden in den Cloisters im Fort
Tryon Park

Richtung Norden wird die Insel Manhattan schmaler. Felsvorsprünge, Steilufer, Böschungen, Hügelkämme und Plateaus fügen sich wellenförmig bis zum höchsten Punkt der Insel auf 84 Meter, in dessen Nähe einmal Fort Washington stand. Im Unabhängigkeitskrieg (1775–83) setzten sich hier die amerikanischen Truppen ein letztes Mal gegen die Engländer zur Wehr.

Wo früher ausschließlich angesehene Familien residierten, entstanden im Lauf der Zeit einige charakteristische Viertel. An der nördlichsten Spitze liegt Inwood, dessen Bewohner ganz unterschiedlichen ethnischen Gruppen angehören und wo angeblich Peter Minuit die Insel Manhattan den Indianern abkaufte. Im Süden liegt Washington Heights, Heimat zahlreicher Einwanderer aus der Dominikanischen Republik – ihre Zahl in New York wächst seit Mitte der 1960er-Jahre am stärksten. Hier heißen die Läden *bodegas* und die Verkehrssprache ist Spanisch.

Weiter südlich, in Hamilton Heights, wohnen neben Afroamerikanern auch Immigranten aus Ecuador, China und der Dominikanischen Republik. Hier liegt auch Sugar Hill *(W. 141st St. bis W. 145th St.)*, in dem seit Anfang des 20. Jh. wohlhabende Afroamerikaner leben. Morningside Heights, zwischen 125th und 110th Street, ist ein lebhaftes Studentenviertel rund um die Columbia University – mit rund 30 000 Studenten an 13 Fakultäten – und das Barnard College für Frauen.

Im Osten schließlich liegt Harlem, das in den 1920er-Jahren als Zentrum afroamerikanischer Kultur berühmt wurde. Harlem war jüdisch, deutsch und irisch, bis 1905 Philip A. Payton Jr., ein afroamerikanischer Immobilienmakler, Wohnungen in der West 133rd Street an Afroamerikaner vermietete. Heute wird die Struktur des Viertels durch Investitionen nationaler Ketten verändert. Wenn Sie die U-Bahn an der 125th Street verlassen, wartet dort das berühmte Apollo Theater.

Als der Norden Manhattans noch Hinterland war, besaßen hier wohlhabende New Yorker wie Alexander Hamilton und John James Audubon große Grundstücke. Am Nordrand Harlems liegt das ehemalige Coogan's Bluff, ein Viertel der Jahrhundertwende (19./20. Jh.) am Harlem River zwischen 155th und 160th Street.

Im Fort Tryon Park, von dem aus sich ein schöner Blick auf den Hudson bietet, liegt das Museum The Cloisters, eine Zweigstelle des Metropolitan Museum of Art. Nahe der Columbia University in Morningside Heights steht die Cathedral of Saint John the Divine, die größte Kathedrale der Welt im neogotischen Stil. Im General Grant Memorial, einem Mausoleum im Riverside Park, fand der 18. Präsident der USA seine letzte Ruhestätte. Die Audubon Terrace besteht aus einer Reihe von Gebäuden, in denen kulturelle Einrichtungen untergebracht sind – so die American Academy of Arts and Letters, eine Gesellschaft von Schriftstellern, Architekten, Komponisten und Künstlern.

In der 112th Street/Ecke Broadway liegt das Goddard Institute for Space Studies (GISS), eine Unterabteilung der NASA, die sich der Erforschung der globalen Erwärmung widmet. ■

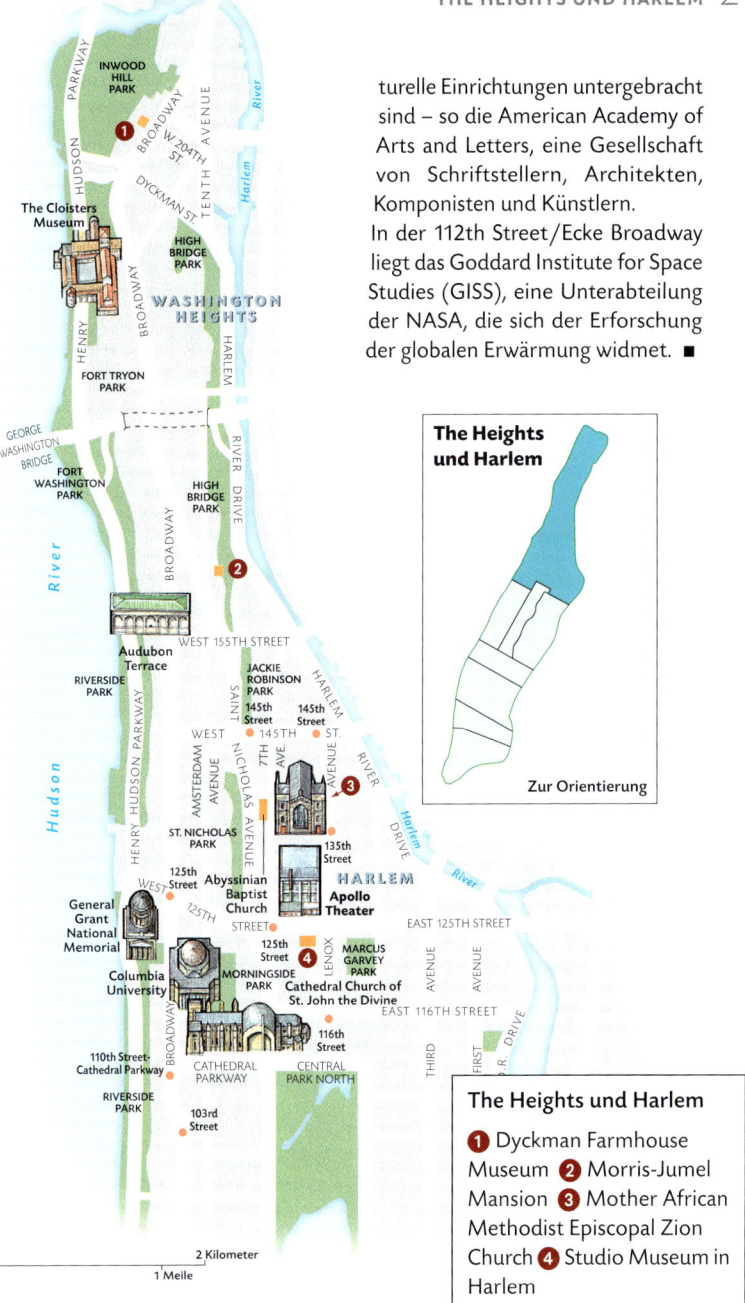

The Heights und Harlem

Zur Orientierung

The Heights und Harlem

❶ Dyckman Farmhouse Museum ❷ Morris-Jumel Mansion ❸ Mother African Methodist Episcopal Zion Church ❹ Studio Museum in Harlem

Da der Bau der Kirche inzwischen mehr als 100 Jahre andauert, ist die unvollendete Cathedral of Saint John the Divine in Morningside Heights nicht nur als Denkmal berühmt, sondern auch als Schauplatz ständiger Bauarbeiten.

Greg Wyatts *Peace Fountain* nahe der Kathedrale stellt den Kampf zwischen Gut und Böse dar

Der Grundstein wurde am 27. Dezember 1892, dem Namenstag des Evangelisten Johannes gelegt. Chor und Vierung wurden im byzantinisch-romanischen Stil begonnen. Ab 1911 ließ Ralph Adams Cram Schiff und Westseite im Stil der französischen Gotik bauen. Die im Zweiten Weltkrieg unterbrochenen Arbeiten wurden 1979 fortgesetzt.

EINE KIRCHE FÜR ALLE

Zu Baubeginn war Henry Codman Potter Bischof der Episkopalkirche. Er vertrat die Ansicht, dass eine Kathedrale allen Glaubensrichtungen, Nationen und Klassen dienen sollte. Die Gemeinde erreicht durch Ausstellungen, Lesungen und Theateraufführungen eine breite Bevölkerungsschicht. Hauptattraktion bleibt aber das Bauwerk. Sein Innenraum lässt den Besucher staunen: Das Schiff ist 76 Meter lang und 38 Meter hoch, die 12 Meter hohe Rosette besteht aus über 10 000 Glasstücken. ∎

CATHEDRAL CHURCH OF SAINT JOHN THE DIVINE
🅰 Karte S. 215
✉ 1047 Amsterdam Ave.
an der W. 112th St.

☎ 212/316-7540
💲 Spende
🚇 U-Bahn: 1 bis Cathedral
Parkway–110th St.
www.stjohndivine.org

Die Columbia University in Morningside Heights im Norden Manhattans ist eine der herausragenden Elite-Universitäten der USA. Sie spielt eine wichtige Rolle für New York und seine Geschichte und ist zugleich wie eine eigene Welt.

Die Columbia University ist kein Elfenbeinturm fernab des städtischen Lebens. Der zentrale Komplex ist zwar unverwechselbar, doch bemerkt man es oft gar nicht, wenn man von den vielen Ecken der Universität, die sich über sieben Häuserblocks zieht, wieder in die Straßen Manhattans kommt.

Daniel Chester French schuf die *Alma Mater* an den Stufen der Low Library auf dem Columbia University Campus

VON SÜD NACH NORD

Die Geschichte der Universität begann 1754 im Schulhaus der Trinity Church in Lower Manhattan. Zu den Absolventen der Kolonialzeit gehörten Alexander Hamilton, John Jay und DeWitt Clinton. Die Hochschule zog 1857 in die Madison Avenue/Ecke 49th Street. Hier, an der Fifth Avenue zwischen 47th und 51st Street, lagen einst die Elgin Botanical Gardens, die später Standort des Rockefeller Center wurden. 1897 richtete sich die Universität auf dem Morningside Heights Campus ein.

Im Zentrum steht der Kuppelbau der ehemaligen **Low Library**, die sich über einer Freitreppe erhebt. Sie ist nach ihrem Stifter Seth Low benannt. Er war von 1890 bis 1901 Präsident der Universität. In seiner Amtszeit zog die Universität nach Morningside Heights, die pädagogische Fakultät wurde gegründet, und man intensivierte die Verbindung zu Barnard, dem seit 1934 angegliederten Frauen-College. Seit 1934 sitzt in der Low Library die Verwaltung. Die Low Library gilt bis heute als Symbol der Hochschule.

Daneben sind die **St. Paul's Chapel** im zentralen Gebäudeblock und die im Jahr 1927 errichtete **Casa Italiana** von McKim, Mead, and White an der Amsterdam Avenue als sehenswert hervorzuheben. ∎

COLUMBIA UNIVERSITY
🅰 Karte S. 215
✉ Broadway und W. 116th St.
☎ 212/854-1754;
  Besucherzentrum

und Führungen:
212/854-4900
🚇 U-Bahn: 1 bis 116th St.–
  Columbia University
www.columbia.edu

Das größte Mausoleum der USA war bis zum Ersten Weltkrieg ein besonderer Anziehungspunkt in New York. Der 18. Präsident der Vereinigten Staaten Ulysses S. Grant (1822–85) stammte aus dem Mittleren Westen und war im Bürgerkrieg General der Nordstaaten. Im Jahr 1884 zog er nach New York.

Grant war ein beliebter Mann. Als republikanischer Präsident stellte er sicher, dass afroamerikanischen Männern nach dem Sezessionskrieg ihre Bürgerrechte zugestanden wurden (das allgemeine Wahlrecht für Frauen wurde erst 1920 ratifiziert). Als er 1885 starb, verfolgte eine Million Menschen die Begräbnisprozession. New Yorks Bürgermeister William Russell Grace stiftete das Land für den Mausoleumsbau, Präsident Benjamin Harrison legte 1892 den Grundstein.

Der Architekt John H. Duncan gestaltete das Granitgebäude als Quader,

Das Grabmal von Ulysses S. Grant, dem einzigen Präsidenten der USA, der in New York begraben liegt, ragt über dem Hudson River auf

auf dem ein überkuppelter Rundbau thront. Über dem Eingang flankieren zwei Figuren, die Sieg und Frieden symbolisieren, Grants Ausspruch »Let Us Have Peace«.

Der aus Carrara-Marmor bestehende Innenraum über dem kreuzförmigen Grundriss entstand nach dem Vorbild des Invalidendoms in Paris, Napoleons Grabstätte. Die Mosaiken über den Fenstern zeigen Grants militärische Erfolge und Lees Kapitulation bei Appomattox Court House.

Eine zweiläufige Treppe führt hinunter zur Grabstätte von Grant und seiner Frau Julia Dent Grant (1826–1902). Seit 1959 betreut der National Park Service das Mausoleum, 1997 wurde es renoviert. Grant starb am 23. Juli 1885 im Alter von 63 Jahren. ∎

GENERAL GRANT NATIONAL MEMORIAL
🅐 Karte S. 215
✉ Riverside Dr. und W. 122nd St.

☎ 212/666-1640
🚇 U-Bahn: 1 bis 116th St.– Columbia University
www.nps.gov/gegr

Im äußersten Norden Manhattans am Hochufer inmitten des blühenden Fort Tryon Park liegen The Cloisters (Kreuzgang), ein Museum für mittelalterliche Kunst. Viele Besucher schätzen die kontemplative Atmosphäre dieses Museums. In der Umgebung gibt es historisch und kulturell interessante Orte.

THE CLOISTERS

The Cloisters eröffnete 1938 als Filiale des Metropolitan Museum of Art. Fragmente von Kreuzgängen von vier mittelalterlichen, meist französischen Klöstern wurden zusammengefügt, um eine passende Umgebung für die Ausstellung von Skulpturen, Wandteppichen und Kirchenfenstern, von Sakralkunst, Gemälden und Manuskripten zu schaffen. Die Kreuzgänge fungieren zudem als Verbindung zwischen den einzelnen Ausstellungsräumen.

Den Kern der Ausstellung, vor allem die Stücke aus vier mittelalterlichen Abteien, sammelte der amerikanische Bildhauer George Grey Barnard (1863–1938), während er in Frankreich lebte. 1925 kaufte ihm John D. Rockefeller Jr. die Sammlung für das Metropolitan Museum of Art ab.

Four Cloisters: Im Haupt- und Eingangsgeschoss sind Ausstellungsräume um zwei Kreuzgänge gruppiert. Die Kapitelle im **Cuxa-Kreuzgang** aus dem 12. Jh. zieren figürliche romanische Reliefs. Die Kapitelle des **St.-Guilhem-Kreuzgangs**, der 804 von einem Mitglied des Hofes Karls des Großen errichtet wurde, zeigen Bohrlöcher in Wabenform. Das Untergeschoss beherbergt den **Trie-Kreuzgang** aus einem Kloster des 16. Jh., das von den Hugenotten zerstört wurde. Einen mittelalterlichen Kräutergarten

> ☐ **Tipp**
>
> **Im Frühling machen die Blumen und der Blick auf den Hudson River den Heather Garden (Heidegarten) im Fort Tryon Park (nahe dem Südeingang des Parks) zu einem der romantischsten Plätze der Stadt.**
>
> SETH KUGEL
> EHEMALIGER REISEJOURNALIST DER NEW YORK TIMES

THE CLOISTERS MUSEUM
🔺 Karte S. 215
✉ Fort Tryon Park, W. 190th St. an der Fort Washington Ave.
☎ 212/923-3700
💲 $$$$ (Spende)
🚇 U-Bahn: A bis 190th St.
www.metmuseum.org/cloisters

HEATHER GARDEN IM FORT TRYON PARK
🔺 Karte S. 215
✉ W. 190th St., direkt beim Eingang am Margaret Corbin Circle
www.nycgovparks.org/parks/ forttryonpark

Die Bepflanzung des Klostergartens ist den Einhorn-Gobelins des Museums nachempfunden

umschließt der **Bonnefont-Kreuzgang** aus dem späten 13. oder frühen 14. Jh. mit naturalistischen Blumenmustern.

Die Ausstellung beginnt mit der Zeit der Romanik, wird mit gotischen Arbeiten fortgeführt und endet mit spätmittelalterlicher Kunst um 1520. Einige Hauptwerke sollten Sie näher betrachten: im Hauptgeschoss der **Boppard Room** mit rheinischen Kirchenfenstern aus dem 15. Jh., die idealisierte Grabstätte für einen jungen Kreuzritter mit weit geöffneten Augen und zum Gebet gefalteten Händen in der **Gothic Chapel** und der **Unicorn Tapestries Room** (Saal der Einhorn-Gobelins) mit seinen sechs gewebten Wandteppichen (ca. 16. Jh., Brüssel), die die Fleischwerdung Christi allegorisch darstellen. Im Untergeschoss sind in der **Treasury** (Schatzkammer) kleine Objekte der Sakralkunst zu sehen. Die **Glass Gallery** zeigt Kirchenfenster, Skulpturen und Wandteppiche.

DYCKMAN FARMHOUSE MUSEUM

Das renovierte Dyckman Farmhouse Museum, ein Haus im holländischen Kolonialstil mit überhängendem Mansardendach, war bis 1871 im Besitz der Familie Dyckman. Zur Kolonialzeit bewirtschafteten sie die größte Farm Manhattans mit etwa 120 Hektar Land. Das Haus wurde 1783 wieder aufgebaut, nachdem es die Briten vor ihrem Rückzug zerstört hatten. Anfang des 20. Jh. kauften zwei Nachkommen der Dyckmans das Farmhaus, statteten es mit Möbeln der Epoche aus und vermachten es der Stadt. Es ist das letzte seiner Art und wurde 1916 zum Museum.

AUDUBON TERRACE

Der Beaux-Arts-Komplex, einige Meilen südlich von The Cloisters, entstand 1904 auf einer Fläche, die einst im Besitz des Malers und Ornithologen John James Audubon war. Der Eisenbahnmagnat und Dichter Archer

DYCKMAN FARMHOUSE MUSEUM
🅰 Karte S. 215
✉ 4881 Broadway an der W. 204th St.

☎ 212/304-9422
🕐 Mo, Mi geschl.
💲 $
🚇 U-Bahn: A bis Inwood–207th St.
www.dyckmanfarmhouse.org

☐ Wissen

DIE GEISTER VON MORRIS-JUMEL

Das 1765 für den britischen Offizier Roger Morris erbaute Morris-Jumel Mansion diente George Washington 1776 einen Monat lang als Hauptquartier, bevor es die Briten einnahmen. Der französische Händler Stephen Jumel und seine amerikanische Frau Eliza Bowen ließen die Villa 1810 renovieren. Nach Jumels Tod war Bowen kurzzeitig mit dem früheren Vizepräsidenten Aaron Burr verheiratet. Das Haus ist seit 1904 Museum und bekannt für seinen palladianischen Portikus, einen achteckigen Innenraum und die Ausstattung im Südstaatenstil – und seinen Spuk. Seltsame Erscheinungen werden auf die Geister Burrs und der Jumels zurückgeführt.

Milton Huntington schuf dort einen Museumskomplex mit Bauten im Stil der spanischen Renaissance rund um einen Platz mit Monumentalstatuen. Heute sind darin die **American Academy of Arts and Letters** und die **Hispanic Society of America** untergebracht; Letztere rief Huntington 1904 ins Leben. Zudem ist hier das Boricua College, das sich seit 1974 puertoricanischen und anderen spanischsprachigen Studenten widmet.

Auf dem Gelände – nur von der 156th Street aus zugänglich – befindet sich auch die **Our Lady of Esperanza Church**. Señora Doña Manuela de Laverrerie de Barril, die Ehefrau des spanischen Generalkonsuls in New York, hatte die Kirche für die dortige spanischsprachige Gemeinde gegründet. Nach ihrem Tod kümmerte sich Huntington um die Fertigstellung (1911). Die Buntglasfenster und die Lampen stiftete der spanische König Alfonso III. ∎

AUDUBON TERRACE
🄰 Karte S. 215
✉ Broadway zw. 155th und 156th St.
🚇 U-Bahn: 1 bis 157th St.

OUR LADY OF ESPERANZA CHURCH
✉ 624 W. 156th St.
☎ 212/283-4340

AMERICAN ACADEMY OF ARTS AND LETTERS
✉ 633 W. 155th St.
☎ 212/368-5900
🕐 Bibliothek nur nach Vereinbarung
www.artsandletters.org

HISPANIC SOCIETY OF AMERICA
✉ 613 W. 155th St.
☎ 212/926-2234
🕐 Bis Herbst 2019 geschl.
www.hispanicsociety.org

MORRIS-JUMEL MANSION
🄰 Karte S. 215
✉ 65 Jumel Terrace
☎ 212/923-8008
🕐 Mo geschl.
💲 $
🚇 U-Bahn: C bis 163rd St.– Amsterdam Ave.
www.morrisjumel.org

Streetart in Harlem

Zwischen der 110th und der 168th Street liegt Harlem, eines der dyna-mischsten Viertel New Yorks. Historisch bedeutend ist es wegen der Harlem Renaissance und später wegen des berühmten Apollo Theater. Umfangreiche Sanierungen machen Harlem wieder interessant für Kultur und Tourismus.

Den **St. Nicholas Historic District**, vier Blocks aus dem späten 19. Jh. an der 138th sowie der 139th Street, zwischen Adam Clayton Powell Jr. und Frederick Douglass Boulevard, schufen drei berühmte Architekten: James Brown Lord, Bruce Price und Stanford White. Die als »Striver's Row« bekannten Häuser *(strivers* bedeutet Aufstrebende) bewohnten viele angesehene Schwarze, darunter der Pianist und Bandleader Fletcher Henderson, der Chirurg Louis T. Wright und der Architekt Vertner Woodson Tandy. In der Nähe steht auch die **Abyssinian Baptist Church**, berühmt durch ihren Pastor Adam Clayton Powell Jr. (1908–72), den ersten schwarzen Kongressabgeordneten New Yorks. Die Baptistengemeinde wurde 1808 gegründet, ihre Kirche stammt von 1923. Die **Mother African Methodist Episcopal Zion Church** *(140 W. 137th St.)* ist die älteste schwarze Kirchengemeinde der Stadt (1796). George W. Foster Jr., einer der ersten schwar-

zen Architekten des Landes, entwarf den neogotischen Bau, der 1925 fertiggestellt wurde.

Gemeinsam mit Vertner Tandy schuf Foster 1911 auch die ebenfalls neogotische **St. Philip's Episcopal Church** *(214 W. 134th St.).*

Im **Hamilton Heights Historic District** im Westen Harlems stehen die vornehmen Reihenhäuser von Sugar Hill *(W. 145th bis W. 155th St., zw. Amsterdam und Edgecombe Ave.).* Sie wurden 1886–1906 auf dem ehemaligen Anwesen von Alexander Hamilton erbaut.

Weiter südlich liegt der **North Campus of City College** *(Convent Ave., zw. 138th und 140th St.),* eine Reihe neogotischer Gebäude aus den Anfängen des 20. Jh.

Im **Mount Morris Park Historic District** *(W. 118th–124th St., zw. 5th Ave. und Adam Clayton Powell Jr. Blvd.)* finden sich mehrere bedeutende Kirchenbauten und einige der schönsten *brownstones* der Stadt. Das Viertel wurde nach dem Park in seinem Zentrum benannt (der jedoch 1973 nach dem Tod des schwarzen Nationalistenführers zu seinem Andenken in **Marcus Garvey Park** umgetauft wurde), in dem der einzige erhaltene Feuer-Wachturm der Stadt steht. Die **St. Martin's Episcopal Church and Rectory** von 1888 gilt als New Yorks schönster Bau im neoromanischen Stil. Die Kirche besitzt das kleinere der beiden Glockenspiele der Stadt.

(Fortsetzung auf S. 226)

ABYSSINIAN BAPTIST CHURCH
- Karte S. 215
- 132 Odell Clark Pl. W. an der 138th St.
- 212/862-7474
- U-Bahn: B, C, 2, 3 bis 135th St.
- **www.abyssinian.org**

Hinweis: Harlem Heritage Tours und Cultural Center *(104 Malcolm X Boulevard, Tel. 212/280-7888, www.harlemheritage.com)* bietet täglich Führungen ($–$$$) durch Harlem an. Reservierung erforderlich.

ST. MARTIN'S EPISCOPAL CHURCH UND RECTORY
- Karte S. 215
- 230 Lenox Ave.
- 212/534-4531
- U-Bahn: 2, 3 bis 125th St.

Die Blütezeit des schwarzen New York in den 1920er-Jahren ist unter dem Begriff »Harlem Renaissance« bekannt. Die schwarzen Künstler, Schriftsteller und Musiker, die sich in Harlem trafen, waren der Überzeugung, dass ihre Kultur stark genug war, um ihre Stellung im Land zu verbessern. Erstmals blickten sie stolz auf ihre Wurzeln, Traditionen und herausragenden Persönlichkeiten.

Die Anfänge der Harlem Renaissance gehen auf *The Souls of Black Folks* (1903) des Philosophen W. E. B. Du Bois zurück. Er schrieb: »Das Problem des 20. Jahrhunderts ist die Rassenschranke.« Du Bois war auch Redakteur bei *The Crisis: A Record of the Darker Races*, einer Zeitschrift, die 1910 von der National Association for the Advancement of Colored People (NAACP) herausgegeben wurde. In seinen Artikeln forderte er, die schwarze Bevölkerung solle sich auf ihr gemeinsames afrikanisches Erbe besinnen – diese Einstellung wurde als Panafrikanische Bewegung bekannt. Du Bois setzte seine Hoffnungen auf den »New Negro« und die »Talented Tenth«, eine Gruppe, die »alle, die verdient haben, gerettet zu werden, mit nach oben zieht«.

1921 startete am Broadway die musikalische Revue *Shuffle Along*, in der ausschließlich schwarze Künstler auftraten. *Shuffle Along* wird oft als Beginn der Harlem Renaissance bezeichnet. Die Revue war im Grunde nicht mehr als eine etwas anspruchsvollere Minstrel Show mit Florence Mills als Hauptakteurin – doch sie ebnete den Weg für andere schwarze Shows am Broadway. Schwarze Künstler waren auf einmal der letzte Schrei, und Weiße strömten in Scharen in den Cotton Club und andere, um Fletcher Henderson, Cab Calloway und Duke Ellington zu hören.

Der Geist der Harlem Renaissance fand seinen Ausdruck vor allem in der Literatur. Zu den frühen Werken dieser Zeit gehört das Sonett *If We Must Die* (1919) von Claude McKay. Er gilt als erste große Persönlichkeit der Harlem Renaissance. In Erwiderung auf die Gewalt gegen Schwarze heißt es am Ende seines Gedichts: »Like men we'll face the murderous, cowardly pack/ Pressed to the wall, dying, but fighting back!« Weitere literarische

Duke Ellington (1899–1974)

Der Harlemer Cotton Club in seiner besten Zeit

Größen waren Countee Cullen und Langston Hughes. 1925 publizierte Zora Neale Hurston ihre erste Kurzgeschichte in der Zeitschrift *Opportunity, A Journal of Negro Life*, die der afroamerikanische Soziologe Charles Johnson herausgab. Johnson stellte bei einem Dinnerabend 1924 herausragende Harlemer Autoren der weißen Verlagswelt vor. Als ein Ergebnis dieses Abends machten Redakteure der Zeitschrift *Graphic Survey* dem Phi-Beta-Kappa-Harvard-Absolventen und ersten afroamerikanischen Rhodes-Stipendiaten Alain LeRoy Locke das Angebot, einen Bericht zur »aufstrebenden schwarzen Kultur der Gegenwart« zu schreiben. Daraus entstand das Buch *The New Negro*. 1926 veröffentlichte Carl Van Vechten – ein »Negrotarian«, wie man von Harlem faszinierte Weiße nannte – einen Bestsellerroman über Harlem. Bildende Künstler des Jazz Age wie Archibald Motley werden zurzeit wiederentdeckt. Der Fotograf James Van Der Zee dokumentierte die Bewegung. Seine Fotos sind

 **Tipp**

Einen Eindruck vom Harlem der 1920er-Jahre vermittelt die »Harlem Renaissance Multimedia Walking Tour« von Harlem Heritage Tours (siehe S. 223). Zwei Stunden lang zeigt ein Bewohner Harlems die Orte, ergänzt durch Fotos und Musik, die damals eine Rolle spielten.

CHARLES E. COBB, JR.
NATIONAL GEOGRAPHIC-AUTOR

heute im Harlemer Studio Museum (siehe Kasten S. 227) zu sehen. Daneben sind der Illustrator Aaron Douglas, der Titelbilder für die Zeitschrift *Opportunity* entwarf, und der Maler William H. Johnson Persönlichkeiten der Bewegung. Die Bildhauerin Augusta Savage betrieb das Savage Studio of Arts and Crafts.

☐ Erlebnis

AKTUELLE HIGHLIGHTS IN HARLEM

• Die Amateur Night im **Apollo Theater** (siehe unten) garantiert beste Unterhaltung. Seit Ella Fitzgerald 1934 den Wettbewerb gewann, begannen hier unzählige aufstrebende Künstler ihre Karriere.

• Besuchen Sie an einem Sonntag die **Canaan Baptist Church** *(132 W. 116th St., Tel. 212/866-0301, www.cbccnyc.org)*. Kraftvolle Predigten und ein noch beeindruckenderer Gesang sorgen für einen beigeisternden Vormittag.

• Probieren Sie das **Dinosaur BBQ** *(700 W. 125th St., Tel. 212/694-1777)* am Hudson River mit seinen Riesenportionen und guter Livemusik.

• Schließen Sie sich einer **Harlem is Home Tour** *(Tel. 917/583-4109 oder 212/658-9160, www.harlemonestop.com)* durch Sugar Hill an, wo einst der Boxer Joe Louis und der Autor Ralph Ellison lebten. Im Angebot sind auch Touren zu Geschichte, Kultur und Gospelmusik.

• Die Südstaatenküche von **Miss Maude's Spoonbread Too** *(547 Lenox Ave., Tel. 212/690-3100, www.spoonbreadinc.com/miss_maudes.htm)* ist kaum zu übertreffen, berühmt sind die Brathähnchen. Die günstigen Mahlzeiten beginnen mit einem Korb voll heißem Maisbrot und umfassen Beilagen nach Wahl. Besuchen Sie auch den Ableger **Miss Mamie's Spoonbread Too** *(366 W. 110th St., Tel. 212/865-6744, www.spoonbreadinc.com/miss_mamies.htm)*. Die Besitzerin Norma Jean Darden beliefert die besten Events in Harlem.

• **Minton's** *(Cecil Hotel, 206 W. 118th St., Tel. 212/864-8346, www.mintonsharlem. com)* ist die jüngste Inkarnation eines der ältesten Musik-Clubs Harlems. Hier wurden der Bebop geboren und Dizzy Gillespie, Charlie Parker, Miles Davis und Thelonious Monk »entdeckt«.

• **Red Rooster** *(310 Lenox Ave., Tel. 212/792-9001, www.redroosterharlem.com)* ist der Hotspot des Chefkochs Marcus »Joar« Samuelson. Mit fantastischem Soul Food und prominenten Stammgästen erreichte es umgehend Kultstatus.

• Betrachten Sie die Arbeiten von Künstlern afrikanischer Abstammung im **Studio Museum** (siehe Kasten rechts), das auch eine große Vielfalt an Veranstaltungen und Workshops bietet.

Harlems Hauptdurchgangsstraße von Ost nach West, die 125th Street *(Martin Luther King Blvd.)*, war einst Lebensader des Viertels; nach Jahren des Verfalls ist sie nun wieder im Aufschwung. Bemüht ist man um das **Apollo Theater** (1914), das erstmals in den 1930er-Jahren schwarze Entertainer wie den Tänzer Bill »Bojangles« Robinson auf die Bühne brachte. Seit damals sind alle großen schwarzen Künstler hier aufgetreten.

In der 125th Street/Ecke Adam Clayton Powell Jr. Boulevard *(Seventh Ave.)* steht noch das **Hotel Theresa**, das in seiner Glanzzeit als Harlems »Waldorf« galt. Heute dient es als Bürogebäude (Theresa Towers). Das Hotel wurde 1913 erbaut, als die 125th Street in der Mehrheit von Weißen be-

☐ **Wissen**

STUDIO MUSEUM IN HARLEM

Aus dem 1967 gegründeten Atelier für Künstler aus Harlem wurde bald ein bedeutendes Museum für afroamerikanische Kultur. Seit 1982 hat es in den heutigen Räumen seinen Sitz. Zur Dauerausstellung gehören Bilder von Romare Bearden, Jacob Lawrence und Faith Ringgold sowie Fotos von James Van Der Zee und Gordon Parks. Ende der 1970er-Jahre wurde das Museum mit dem James Van Der Zee Institute zusammengelegt. Das Museum organisiert Workshops und Lesungen, zeigt Filme, dient weiterhin als Atelier und verkauft Bücher und afrikanisches Kunsthandwerk.

wohnt war, und nahm bis 1940 keine Schwarzen auf – ab 1946 erlebte es dann als »kulturelles Hauptquartier von Schwarzamerika« seine Glanzzeit. Der Box-Champion Joe Louis und die Musiker Duke Ellington, Lena Horne sowie der Schauspieler Paul Robeson gehörten zu den Gästen. Mitte der 1950er-Jahre verlor das Theresa an Popularität. Nach seiner Schließung richtete Malcolm X hier Anfang der 1960er-Jahre seine »Organization of Afro-American Unity« ein.

SCHOMBURG CENTER FOR RESEARCH IN BLACK CULTURE

Das nach dem Lehrer Arturo Alfonso Schomburg (1874–1938) benannte Center ist eine Forschungseinrichtung zur afroamerikanischen Geschichte. Sein Bestand umfasst fünf Millionen Objekte. Dazu zählen u. a. die frühen Ausgaben der Gedichte von Phillis Wheatley, die in Westafrika versklavt wurde, und Richard Wrights Manuskript *Native Son*. Die Sammlung basiert auf Material, das Schomburg gesammelt hatte, bevor er im Jahr 1891 von Puerto Rico nach New York übersiedelte. ■

APOLLO THEATER
🄰 Karte S. 215
✉ 253 W. 125th St.
☎ Info 212/531-5300; Führungen 212/531-5337 ($$$); Karten 212/307-7171 (Ticketmaster)
🚇 U-Bahn: A, B, C bis 125th St.
www.apollotheater.org

SCHOMBURG CENTER FOR RESEARCH IN BLACK CULTURE
✉ 515 Malcolm X Blvd. (auch Lenox Ave.) an der 135th St.

☎ 917/275-6975
🕐 So geschl.
🚇 U-Bahn: 2, 3 bis 135th St.
www.schomburg.org

STUDIO MUSEUM IN HARLEM
🄰 Karte S. 215
✉ 144 W. 125th St.
☎ 212/864-4500
🕐 Mo–Mi geschl.
💲 $ Spende
🚇 U-Bahn: 2, 3 bis 125th St.
www.studiomuseum.org

Die Außen-
bezirke

Erster Überblick	230–231
Brooklyn und Umgebung	232–241
Special: Spaziergang: Brooklyn Heights	234–235
Staten Island und Umgebung	242–246
Bronx und Umgebung	247–251
Queens und Umgebung	252–255
Hotels und Restaurants	296–298

‹ Die Brooklyn Bridge

Die Zeiten, da man die Außenbezirke bei Besichtigungen oft aussparte, sind vorbei. Heute zählt zu den Top Ten mindestens eine Adresse am Stadtrand. Es gibt Attraktives für jeden Geschmack, vom Kunstangebot in Queens über die Arthur Avenue, das Klein-Italien der Bronx, bis hin zum Prospect Park in Brooklyn.

Die Liste der Sehenswürdigkeiten in der Bronx führen der familienfreundliche Bronx Zoo und der eindrucksvolle New York Botanical Garden an.

Die Brooklyn Academy of Music (BAM) ist ein wichtiges Kulturzentrum, und auf das Brooklyn Museum wäre jede Großstadt stolz.

Neben einigen wirklich außergewöhnlichen Museen stehen in Staten Island mehr Häuser aus der Kolonialzeit als irgendwo sonst in der Stadt. Queens ist ein sehr bunter Bezirk. Das MoMA PS1 Contemporary Art Center, das seit 1997 mit beeindruckenden Ausstellungen glänzt, ist ein beliebtes touristisches Ziel.

Der Queens Council of the Arts *(Tel. 347/505-3010)* bietet einen kostenlosen Stadtplan mit interessanten Einrichtungen im Westen von Queens.

Sport und Aktivitäten im Freien haben traditionell ihren Platz am Stadtrand. So können Baseballfans die Yankees in der Bronx oder die Mets auf dem neuen Citi Field in Queens sehen. Auch die U.S. Tennis Open finden jeden Sommer in Queens statt. Strände gibt es zwischen Coney Island in Brooklyn und den Long Island Rockaways; auf Staten Island und in Brooklyn liegen Naturschutzgebiete, darunter das Jamaica Bay Wildlife Refuge. ∎

ENGLEWOOD

TEANECK

ASSAIC EXPRESSWAY

Wave Hill

Van Cortlandt House Museum

VAN CORTLANDT PARK

MOUNT VERNON

Woodlawn Cemetery

PELHAM MANOR

Long Island Sound

LEONIA

Edgar Allan Poe Cottage

Museum of Bronx History

New York Botanical Garden

Bartow-Pell Mansion

Hart Island

SANDS POINT

FORT LEE

Hall of Fame for Great Americans

GEORGE WASHINGTON BRIDGE

Bronx Zoo

PELHAM BAY PARK

RIDGE-FIELD

BRONX

Eastchester Bay

City Island

Manhasset Bay

PORT WASHINGTON

NORTH BERGEN

Yankee Stadium

CROSS BRONX EXPWY

HUNTS POINT

THROGS NECK

Throgs Point

GREAT NECK

WEST NEW YORK

HARLEM

BRUCKNER EXPRESSWAY

BRONX-WHITESTONE BRIDGE

THROGS NECK BRIDGE

MANHASSET

Fulton Fish Market

Rikers Island

East River

Little Neck Bay

LINCOLN TUNNEL

CENTRAL PARK

Noguchi Museum

COLLEGE POINT

LaGuardia Airport

EXPRESSWAY 495

MANHATTAN

LONG IS. CITY

Museum of the Moving Image

Citi Field

Bowne House

BAY SIDE

ALLEY POND PARK

NEW HYDE PARK

HOLLAND TUNNEL

MoMA PS1

Louis Armstrong House Museum

Museum of African Art

New York Hall of Science

Queens Museum of Art

Queens Botanical Garden

Unisphere

CUNNINGHAM PARK

GARDEN CITY

GREEN-POINT

FLUSHING MEADOWS-CORONA PARK

GRAND

BROOKLYN BRIDGE PARK

Ellis Island

QUEENS

HOLLIS

ELMONT

Governors Island

RIDGEWOOD

FOREST PARK

JAMAICA

ST. ALBANS

SOUTHERN STATE PKWY

Brooklyn Academy of Music

BEDFORD-STUYVESANT

NEW GARDENS

OZONE PARK

VALLEY STREAM

New Bay

Brooklyn Children's Museum

PARK SLOPE

PROSPECT PARK

Brooklyn Museum

Brooklyn Botanic Garden

EAST NEW YORK

SOUTHERN PARKWAY

ROSEDALE

LYNBROOK

FLATBUSH

HOWARD BEACH

John F. Kennedy International Airport

BAY RIDGE

CANARSIE

Jamaica Bay

CEDARHURST

FLATLANDS

Gateway National

BENSON-HURST

MARINE PARK

BERGEN BEACH PARK

JAMAICA BAY WILDLIFE REFUGE

Recreation Area

SHEEPSHEAD BAY

FLOYD BENNETT FIELD

New Bay

CONEY ISLAND

Cyclone

BELT PARKWAY

Rockaway Inlet

JACOB RIIS PARK

Rockaway Beach

Rockaway Point

0   10 Kilometer
0   5 Meilen

Zur Orientierung

NEW JERSEY

NEW YORK

Manhattan   Bronx

Queens

Brooklyn

Staten Island

Brooklyn hat es (fast) geschafft, Manhattan die Schau zu stehlen – dank seiner interessanten *neighborhoods*, seiner kulturellen Sehenswürdigkeiten und seiner Oasen der Ruhe. Beginnen Sie mit einem Besuch im schicken Park Slope und gehen Sie weiter nach Osten zum Prospect Park.

PARK SLOPE HISTORIC DISTRICT

Im Park Slope Historic District hat sich das Flair des späten 19. Jh. besser erhalten als irgendwo sonst in New York. Das Viertel entwickelte seine städtischen Züge im späten 19. Jh., als der Prospect Park noch jung war und die neue Brooklyn Bridge den Weg von und nach Manhattan erleichterte. 1890 hatte sich das Slope zum reichsten Viertel der USA entwickelt; in den Straßen wurden Stadthäuser sowie zwei- und dreigeschossige Reihenhäuser gebaut, die seitdem als Urbild des New Yorker Stils gelten.

Der interessante Bereich erstreckt sich südlich der Flatbush Avenue über die Blocks zwischen Prospect Park West und Seventh Avenue. An der Eighth Avenue Nr. 25 und Lincoln Place befindet sich der **Montauk Club** (1889–91; *nicht öffentlich zugänglich*), ein Herrenclub im alten Stil, dessen Terrakotta-Verkleidung Darstellungen von Montauk-Indianern mit dem Stil eines venezianischen Palazzo mischt. Am St. John's Place und der Se-

Die Siegesgöttin »sprengt« in einem Streitwagen über das Dach des Triumphbogens an der Grand Army Plaza

venth Avenue liegen drei neogotische Kirchen: **St. John's Episcopal** (1889), **Grace United Methodist Church** (1883) und **Memorial Presbyterian** (1883). Die weiter südlich gelegenen Blocks an der Seventh Avenue bilden die Haupteinkaufsstraße mit zahlreichen Restaurants.

An der **Carroll Street** zwischen Eighth Avenue und Prospect Park West schuf C. P. H. Gilbert die Häuser Nr. 38, 842 und 846 (alle von 1887). Im späten 19. Jh. war Gilbert ein bei den reichsten Familien New Yorks begehrter Architekt. Weitere prächtige Beispiele seiner Arbeit sind am benachbarten **Montgomery Place** und am **Garfield Place** zu sehen. **Prospect Park West** trug in den 1880er- und 1890er-Jahren den Beinamen »Gold Coast«; die zum Park hin liegenden Häuser wurden auch von der New Yorker Elite erbaut.

 Tipp

Das Nordende von Park Slope im Brooklyn Bridge Park ist der ideale Ort für Fotos von der Skyline Manhattans. Die felsige Küste und die grasbewachsenen Hügel lassen viel Raum, um nach der perfekten Perspektive zu suchen.

JOHNNA RIZZO
NATIONAL GEOGRAPHIC-AUTORIN

PROSPECT PARK UND UMGEBUNG

Die Landschaftsarchitekten Calvert Vaux und Frederick Law Olmsted bezeichneten den Prospect Park (1867), der sich östlich an Park Slope anschließt, als ihr bestes Projekt. Statt wie der Central Park von vier geraden Seiten eingeschlossen zu sein, wurde der zwei Quadratkilometer große Prospect Park unregelmäßig angelegt und sein Relief dadurch natürlicher in die Stadtlandschaft integriert.

In der Nähe der Brooklyn Public Library liegt der Nordeingang des Parks mit der Grand Army Plaza. Ursprünglich als ruhiger Eingang gedacht, entwickelte sich die Plaza ab ihrer Eröffnung 1867. Im Zentrum sieht man den Soldiers and Sailors Memorial Arch, der im Jahr 1892 errichtet wurde, um die im Bürgerkrieg gefallenen Soldaten der Nordstaaten zu ehren.

(Fortsetzung auf S. 236)

ST. JOHN'S EPISCOPAL CHURCH
⊠ 139 St. John's Pl., Brooklyn
☎ 718/783-3928

GRACE UNITED METHODIST CHURCH
⊠ 33 7th Ave., Brooklyn
☎ 718/230-3473

MEMORIAL PRESBYTERIAN CHURCH
⊠ 186 St. John's Pl., Brooklyn
☎ 718/638-5541

Brooklyn Heights entstand Anfang des 19. Jh. als erster Vorort von New York. Kommen Sie hierher, um der Hektik Manhattans zu entfliehen, den Ausblick von der Brooklyn Heights Promenade zu genießen und in den ruhigen Straßen in die einstige Atmosphäre von Wohlstand und Zufriedenheit des 19. Jh. einzutauchen.

Nehmen Sie die U-Bahn bis **Borough Hall** ❶ *(209 Joralemon St., U-Bahn: A, C, F, 2, 3, 4 und 5)*. Das ehrwürdige Marmorgebäude im Stil des Greek Revival wurde von 1845 bis 1848 als Rathaus von Brooklyn erbaut und 1898, nach der Anbindung an Manhattan und die anderen Stadtviertel, in Borough Hall umbenannt. Bei Nr. 170 Joralemon Street standen Oxford und Cambridge Modell für eine der ältesten Privatschulen der Stadt, das **Packer Collegiate Institute** (1856), das Minard Lafever im neogotischen Stil baute. Gehen Sie rechts in die Henry Street und dann nördlich zur Remsen Street. **Our Lady of Lebanon Cathedral** ❷ entstand 1846 nach Plänen von Richard Upjohn, dem Architekten der Trinity Church (siehe S. 71) in der Wall Street, im romanischen Revival-Stil. Ihre Bronzetüren stammen vom französischen Ozeanriesen »Normandie«. Folgt man der Henry Street bis zur Montague Street, trifft man an der Kreuzung mit der Clinton Street auf die Holy Trinity Episcopal Church, ein weiteres Werk von Minard Lafever. Heute heißt sie **St. Ann's and the Holy Trinity Church** ❸ *(Tel. 718/857-6960)*. Bei ihrem Bau war sie die größte Kirche von Brooklyn. Die rote Sandsteinfassade und die bunten Glasfenster von William und John Bolton wurden restauriert; mittwochs um 13 Uhr gibt es kostenlose Orgelkonzerte.

Weiter geht es links in die Clinton Street und wieder links zur Pierrepont Street Nr. 128, der **Brooklyn Historical Society** ❹ *(Tel. 718/222-4111; Mo–Di geschl.)*, wo Kunsthandwerk aus Brooklyn gezeigt wird. Die Fassade im

---

◻ **Tipp**

Für das ultimative New-York-Erlebnis sollten Sie zu Fuß über die Brooklyn Bridge gehen und die tolle Aussicht genießen. Bei Eröffnung 1883 waren die Türme der Brücke die höchsten Bauten der Stadt. Beginnen Sie Ihren Spaziergang in Brooklyn Heights an der Cadman Plaza und Middagh Street, beim ersten Halt der Linien A und C in Brooklyn, gehen Sie hinüber in den Park und folgen Sie den Wegweisern zum Fußweg.

PATRICIA SHAW
NATIONAL GEOGRAPHIC-MITARBEITERIN

Renaissance-Stil schmückt Terrakotta-Dekor, das Innere steht unter Denkmalschutz. Von 1842 bis 1844 entstand die **First Unitarian Congregational Society** ❺ *(Tel. 718/624-5466, www.fuub.org)*. Sie gilt als ein Meisterwerk des Architekten Minard Lafever.

Bleiben Sie auf der Pierrepont Street, von der Sie rechts in die Willow Street biegen. Hier gibt es herrliche Beispiele historischer Wohnarchitektur. Die Häuser Nr. 108, 110 und 112 auf der Westseite haben Erker, Mansarden, Türme und Eingänge, die typisch für die Schindel-Architektur der 1880er-Jahre sind. Gegenüber stehen auf Nr. 151 und auf 155–159 ehemalige Stallgebäude, die über einen Tunnel (so sagt man) verbunden sind, durch den entlaufene versklavte Menschen ihren Weg in die Freiheit suchten.

Gehen Sie an der Clark Street links und dann rechts auf die **Brooklyn Heights Promenade** ❻, einen Spazierweg, der 1950 über dem Brooklyn Queens Expressway angelegt wurde und sich zwischen Remsen und Orange Street erstreckt. Hier hat man eine wunderbare Aussicht auf den Hafen, die Brooklyn Bridge, Lower Manhattan und die Freiheitsstatue.

Das Wasser zur Linken, spaziert man nun an der Pineapple Street vorbei rechts in die Orange Street, dann links in die Willow Street und rechts in die **Middagh Street** bis zu **Nr. 24** ❼. Dieses Haus im Federal Style hat einst Eugene Boisselet bewohnt. Es wurde 1829 errichtet und zählt zu den ältesten Häusern von Brooklyn Heights.

Zwischen Hicks und Henry Street steht die Plymouth Church, heute **Plymouth Church of the Pilgrims** ❽ *(Tel. 718/624-4743, www.plymouth church.org)*, ein Backsteinbau von 1849. Das Gemeindehaus und die verbindende Arkade an der Hicks Street 75 wurden 1913 angefügt.

Sie können nun bis zur Henry Street weitergehen und rechts die **Montague Street** entlangschlendern, wo viele schöne Lokale warten. Ein idealer Ort für eine Pause ist etwa die **Brooklyn Heights Wine Bar** *(50 Henry St., 718/855-5595, www. brooklynheightswinebar.com)*.

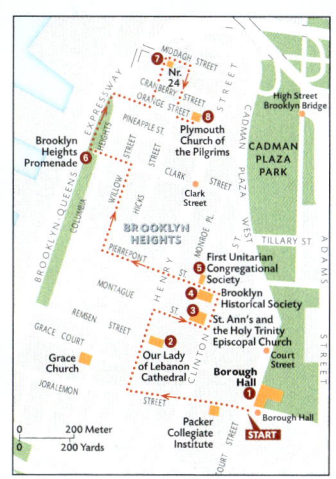

- 🅰 Siehe auch Karte S. 230 f.
- ▶ Borough Hall
- ↔ ca. 3 km
- ⏱ 2 Std.
- 🅿 Plymouth Church of the Pilgrims

Shooting for the Beef (1850) von George Caleb Bingham

Zuerst gelangt man auf die große **Long Meadow**, die meist von vielen Gruppen bevölkert wird. Dahinter wechseln sich offene und zugewachsene Areale ab – **Prospect Lake**, ein 24 Hektar großer, von Wiesen umgebener See, und die ruhige **Ravine** mit dem letzten Bestand an ursprünglichem Wald in Brooklyn. Gegen Ende des 19. Jh. wurde der Park um dekorative Elemente ergänzt, darunter Tore, Pavillons und den tempelähnlichen **Croquet Shelter** an der Parkside Avenue.

Ein Anziehungspunkt ist das **Prospect Park Carousel**, das an die Zeit von 1875 bis 1918 erinnert, als in Brooklyn der Karussellbau blühte. Im nahen **Lefferts Historic House** *(Flatbush Ave. an der Ocean Ave., Tel. 718/789-2822, Mo–Mi geschl.)* aus dem 18. Jh. sind historische Innenräume, Werkstätten und Kunsthandwerker bei der Arbeit zu sehen. Ein beliebtes Ziel für Kinder ist der **Prospect Park Zoo** *(450 Flatbush Ave., Tel. 718/399-7339)*.

Das ganze Jahr hindurch wird der Park von Joggern, Skatern und Spaziergängern genutzt. Außerdem finden Konzerte und Aufführungen statt – meist in der **Prospect Park Bandshell** *(Prospect Park West an der 9th St., Tel. 718/965-8999)*.

BROOKLYN BRIDGE PARK
🅰 Karte S. 230 f., C3
✉ Plymouth St. zw. Main und Washington St., Brooklyn
🚇 U-Bahn: A, C bis High St., 2, 3 bis Clark St. oder F bis York St.
www.brooklynbridgepark.org

PROSPECT PARK
🅰 Karte S. 230 f., C2
✉ Boathouse Visitor Center, Eingang an der Lincoln Rd., Brooklyn
☎ 718/965-8951
Aktuelle Veranstaltungen: 718/965-8999
🚇 U-Bahn: 2, 3 bis Grand Army Plaza
www.prospectpark.org

Olmsted und Vaux legten auch den **Eastern Parkway** zwischen Grand Army Plaza und Ralph Avenue an, der heute unter Denkmalschutz steht.

BROOKLYN MUSEUM

Das zweitgrößte Museum New Yorks hat seinen Sitz in einem Beaux-Arts-Gebäude aus dem 19. Jh. Die Sammlung umfasst über eine Million Objekte, von antiken Meisterwerken bis zu Arbeiten zeitgenössischer Künstler. Die Ausstellungen wechseln häufig.

Die modern gestalteten Außenanlagen harmonieren wunderbar mit dem historischen Museumsbau. Im Eingangsbereich trifft man zunächst auf den Informationsschalter, eine Garderobe und den Museums-Shop. Als Nächstes gelangt man in die **Blum Gallery**, wo Wechselausstellungen zu sehen sind. Auf derselben Etage befinden sich ein Café und der **Skulpturengarten** (im Freien).

Bedeutende Exponate: Im Erdgeschoss befindet sich die **Abteilung für afrikanische Kunst**. 1923 war das Brooklyn Museum das erste, das Objekte aus Afrika ausdrücklich als Kunstwerke zeigte; eines der Meisterwerke ist die Messingfigur eines Hornbläsers, die im 16. Jh. für den König von Benin gefertigt wurde. Die **asiatischen und islamischen Sammlungen** befinden sich im ersten Stock. Die Ausstellung persischer Kunst aus der Qajar-Zeit (1779–1924) gilt als die schönste außerhalb des Irans. Nicht auslassen sollte man die ägyptische Sammlung im zweiten Stock. Auch Meisterwerke

BROOKLYN MUSEUM
🅰 Karte S. 230 f., C2
✉ 200 Eastern Pkwy., Brooklyn
☎ 718/638-5000
🕐 Mo, Di geschl.; 1. Sa im Monat

abends freier Eintritt und Sonderveranstaltungen
💲 $$$
🚇 U-Bahn: 2, 3 bis Eastern Parkway
www.brooklynmuseum.org

🟨 Erlebnis

EIN KONZERT AUF DER BARGEMUSIC

Warum Kammermusik im langweiligen Konzertsaal hören, wenn man sie auch an Bord eines 116 Jahre alten Frachtkahns genießen kann, der früher Kaffee durch den New Yorker Hafen beförderte? 1976 gestaltete die Geigerin Olga Bloom das 30 m lange Schiff in einen schwimmenden Konzertsaal um, heute präsentiert ihre Organisation jährlich über 200 Konzerte in einem Raum, der mit Holzpaneelen einer alten Staten-Island-Fähre geschmückt ist. Es gibt 170 Sitzplätze, und die Musiker spielen vor einem großen Fenster, das den Blick auf Manhattan freigibt. **Bargemusic** (Tel. 718/624-4924, www.bargemusic.org) liegt an der Fulton Ferry Landing vor Anker, am Ende der Old Fulton Street nahe der Brooklyn Bridge, die Karten kosten 35–45 $.

▯ Tipp

Am ersten Samstag im Monat bietet das Brooklyn Museum ein echtes Entspannungsprogramm. Von 17 bis 23 Uhr gibt es Livemusik und kostenlose Ausstellungen.

BETSY ROACH
TV- UND FILMLIZENZEN,
NATIONAL GEOGRAPHIC

aus Europa sind hier vertreten, zum Beispiel französische Künstler des 19. Jh. – darunter Cézanne, Degas und Matisse; sie werden in einem Saal mit Oberlicht hervorragend präsentiert. Der dritte Stock hat das **Sackler Center for Feminist Art** aufgenommen. Dort ist Judy Chicagos Klassiker *The Dinner Party* zu sehen.

Luce Center for American Art: Im vierten Stock ist das Luce Center for American Art untergebracht, das auf eine Stiftung der Henry Luce Foundation zurückgeht. Im hochmodernen **Visible Storage/Study Center** können Besucher rund 2500 Exponate aus der amerikanischen Sammlung des Museums sehen – Bilder, Skulpturen, Kunstgewerbe, Kunst der Indianer sowie Drucke, Zeichnungen und Fotografien. Zum Luce Center gehört außerdem eine Ausstellung mit dem Titel »Amerikanische Identitäten«. Dazu zählen 2500 Ölgemälde, Skulpturen, Aquarelle und Zeichnungen aus der Zeit von 1720 bis zum Ende des 20. Jh. Historische Fotos und kleine Filme ergänzen die Sammlung.

Ägyptische Sammlung: Vier Jahrtausende ägyptischer Kunst werden im renovierten Westflügel vorgestellt. Die Sammlung basiert auf dem Nachlass von Charles Edwin Wilbour (1833–96), der die Ausgrabungen im Niltal leitete. Wilbours Witwe gab seine Bibliothek und Sammlung an das Museum, und mit einer Stiftung ihrer Kinder wurde 1932 das Department of Egyptology gegründet. In sieben Sälen veranschaulicht das Museum die Entwicklung der ägyptischen Kunst anhand von mehr als 1200 Exponata-

BROOKLYN CHILDREN'S MUSEUM
🅐 Karte S. 230 f., D2
✉ 145 Brooklyn Ave., Brooklyn
☎ 718/735-4400
🕐 Mo geschl.
💲 $$
🚇 U-Bahn: 3 bis Kingston Ave.
www.brooklynkids.org

BROOKLYN BOTANIC GARDEN
🅐 Karte S. 230 f., C2
✉ 1000 Washington Ave., Brooklyn
☎ 718/623-7200
🕐 Mo geschl.
💲 $$
🚇 U-Bahn: B, Q bis Prospect Park
　(B nicht am Wochenende);
　2, 3 bis Eastern Parkway;
　4 bis Franklin Ave.
www.bbg.org

CONEY ISLAND
🅐 Karte S. 230 f., C1
🚇 U-Bahn: D bis Coney Island/
　Stillwell Ave.

Im Botanischen Garten von Brooklyn spenden über 200 Kirschbäume Schatten

ten – Skulpturen, Reliefs, Gemälde, Keramik und Papyri – von Ägyptens frühester Zeit (ca. 3500 v. Chr.) bis zur römischen Herrschaft (30 v. Chr. – 395 n. Chr.).

Hier sieht man auch einen der spektakulären Funde Wilbours: eine Plakette mit dem Bildnis des Königs Echnaton und seiner Gemahlin Nofretete. Unbedingt sehenswert sind die Objekte aus der Regierungszeit des Tutanchamun (reg. um 1332–1323 v. Chr.) und der Ibis-Sarkophag für einen mumifizierten Vogel, nach dem Glauben der Ägypter eine Verkörperung des Gottes Thot. In der Ausstellung beeindrucken 30 Kalksteine mit feinen Reliefs vom Grab Psammetichs I. (reg. 664–610 v. Chr.).

☐ Wissen

EINE ANDERE WELT: DAS BROOKLYN CHILDREN'S MUSEUM

Das 1899 eingerichtete Haus, etwa 2 km nordöstlich vom Brooklyn Museum, ist das älteste Kindermuseum der Welt. 2008 hat es seine Fläche verdoppelt und wurde zu New Yorks erstem »grünen« Museum umgestaltet. Sie können es nicht verfehlen: Es ist der gelbe, L-förmige Bau an der Ecke St. Mark's/ Brooklyn Avenue. Drinnen gibt es viele interaktive Exponate und Möglichkeiten zum Rollenspiel, dazu eine Sammlung von gut 30 000 Schaustücken, von Puppen bis hin zu Fossilien. Eine ständige Ausstellung nennt sich »World Brooklyn« und zeigt ein Stück Brooklyn in Kindergröße, mit entsprechenden Läden und Theatern.

Die Entstehung des Museums: Walt Whitman war einer der ersten Leiter der Brooklyn Apprentices Library, die 1823 eingerichtet wurde, um junge Leute dabei zu unterstützen, »nützliche, wertvolle Mitglieder der Gesellschaft zu werden«. Bald wurde aus der Bibliothek das Brooklyn Institute of Arts and Sciences, das später in Brooklyn Museum umbenannt wurde. Modernisierungsarbeiten sind im Gang. Der neue Haupteingang wirkt inspirierend, auf dem angrenzenden Platz kann man entspannt sitzen.

BROOKLYN BOTANIC GARDEN

Direkt neben dem Museum liegt der Brooklyn Botanic Garden. Vom Duftpflanzengarten bis zu den gewundenen Pfaden im Japanischen Garten ist der Brooklyn Botanic Garden ein Meisterwerk des Gartenbaus. Auf schier endlosen Flächen erstrecken sich geometrische Gärten, Landschafts- und Themengärten.

Das Brooklyn Institute of Arts and Sciences ließ die Anlage im Jahr 1910 neben dem Museumsgebäude planen. McKim, Mead, and White bauten das **Victorian Palm House** und Verwaltungsgebäude, der Landschaftsarchitekt Harold Caparn entwarf die Grünflächen. 1914 wurde ein **Garten für Kinder** eingerichtet – weltweit der erste seiner Art –, in dem Schulkinder das Anpflanzen von Gemüse und Blumen lernen. Im selben Jahr entstand der **Japanese Hill-and-Pond Garden** nördlich des Haupteingangs. Ein in New York lebender japanischer Künstler entwarf ihn mitsamt dem Teich, an dem ein Schrein für den Shinto-Erntegott steht. In der Nähe liegt die **Cherry Esplanade** mit japanischen Kirschbäumen, an deren Blüte sich Anfang Mai viele Besucher erfreuen.

Als bisher letzte Erweiterung entstand 1988 das **Steinhardt Conservatory,** in dem das Bonsai Museum mit 750 Arten und die Ausstellung »Trail of Evolution« zu vier Milliarden Jahren Pflanzenentwicklung untergebracht sind. Hier befindet sich auch das Aquatic House mit Wasserpflanzen.

CONEY ISLAND

Am Südende von Brooklyn liegt Coney Island, einer jener Orte, die in der kollektiven Fantasie viel mehr bedeuten als im wirklichen Leben. Es handelt sich um ein normales New Yorker Viertel, das vor allem für seine Vergnügungsparks bekannt ist, die Anfang des 20. Jh. ihre Bütezeit erlebten und nach dem Zweiten Weltkrieg verfielen.

Coney Island liegt eine Stunde per U-Bahn von Manhattan entfernt. Auf der Stillwell Avenue verkauft **Nathan's Famous** seit 1916 Hot Dogs. Drei Attraktionen sind echte Hingucker:

Die legendäre Achterbahn **Cyclone**, weltweit eine der letzten mit hölzernen Gleisen, wurde 1927 gebaut. Sie erreicht eine Spitzengeschwindigkeit

☐ Erlebnis

AUSGEHEN IM SZENEBEZIRK BROOKLYN

Hippe New Yorker gehen derzeit gern in Brooklyn aus. Die **Music Hall of Williamsburg** *(66 N. 6th St., Tel. 718/486-5400, www.musichallofwilliamsburg.com)* ähnelt ihrer Schwester in Manhattan, der Bowery, ist aber größer und edler; es gibt drei Tanzflächen, jede mit Bar. Einige der beliebtesten Indie-Bands aus Rock, Hip-Hop und Electronic machen hier Station. Die Location in Brooklyn mag relativ neu sein, aber die **Knitting Factory** *(361 Metropolitan Ave., Tel. 347/529-6696, www.bk.knittingfactory.com)* ist eine New Yorker Indie-Institution. Weder zu nobel, noch zu abgewrackt, präsentiert sie die besten Newcomer-Bands und Comedy. Das **Shea Stadium** *(20 Meadow St., www.liveatsheastadium.com)*, ein wahrer Kraftprotz unter den Underground-Clubs mit Garagenflair, konzentriert sich auf laute, energetische Punk und Rock Acts. Der Laden ist bekannt dafür, jeden Auftritt mitzuschneiden und gratis online zu stellen. **The Silent Barn** *(603 Bushwick Ave., www.silentbarn.org)* ist laut dem vor Ort lebenden Künstlerkollektiv ein »multifunktionaler, für alle Altersgruppen offener Kunstentstehungsort«. Auf jeden Fall verströmt er eine einladende Atmosphäre und zeigt einige der wildesten, experimentellsten lokalen Künstler.

von knapp 110 Kilometern pro Stunde. Das **Wonder Wheel,** ein 45 Meter hohes Riesenrad, wurde am Memorial Day 1920 eröffnet. Der **Parachute Jump** nahe der Holzplanken-Promenade am Strand stammt noch von der New Yorker Weltausstellung von 1939/40. Obwohl längst außer Betrieb, erhielt der Turm vor Kurzem ein zwei Millionen Dollar teures »Facelift« mit moderner LED-Beleuchtung.

In der Nähe befinden sich das **New York Aquarium** und **Brighton Beach**, eine Enklave russischer und ukrainischer Immigranten. Ersteres ist ein beliebtes Ausflugsziel für Kinder, die im Aquatheater Seelöwen dabei zusehen können, wie sie nach Fischen schnappen.

Coney Islands – drei Parks: Einst gab es hier drei Vergnügungsparks. George C. Tilyou eröffnete 1897 den Steeplechase Park an der West 17th Street. Der Luna Park (1903) war ein Fantasiereich mit Minaretten, die Gebäude von über einer Million Lichtern erleuchtet. Der dritte Park, Dreamland, war ruhiger und geschmackvoller, brannte aber 1911 ab. Luna Park verschwand 1944 ebenfalls durch ein Feuer. Steeplechase wurde 1964 geschlossen. ∎

NEW YORK AQUARIUM
✉ Surf Ave. und W. 8th St., Brooklyn
☎ 718/265-3474
www.nyaquarium.com

Die Fähre von Manhattan nach Staten Island legt am St. George Ferry Terminal an. Sie können das Areal zu Fuß erkunden oder einen Bus zu den nahe gelegenen Sehenswürdigkeiten wie dem Snug Harbor Cultural Center, dem Alice Austen House und dem Zoo nehmen. Für abgelegenere Ziele wie das New York Wheel empfiehlt sich ein Auto.

Die 25-minütige Fahrt mit der Staten Island Ferry beschert unvergleichliche Ausblicke

FERRY TERMINAL UND NORTHERN STATEN ISLAND

Verlassen Sie den Anleger Richtung Richmond Terrace, so erreichen Sie die **Borough Hall** mit einigen historischen Exponaten. Hinter der Polizeistation liegt das **Staten Island Museum** *(75 Stuyvesant Pl., Tel. 718/727-1135, www. statenislandmuseum.org)*, das zwei Millionen Objekte zeigt – unter anderem 55 000 Fotos und eine Sammlung von Skulpturen, Gemälden und Kunsthandwerk aus dem 19. Jh. Am Nordufer der Insel steht das **Snug Harbor Cultural Center** (1831), ein beeindruckender Gebäudekomplex des Greek

---

☐ **Erlebnis**

EINE FAHRT MIT DER STATEN ISLAND FERRY

Die Fahrt mit der **Staten Island Ferry** *(www.siferry.com)* hat in New York Kultstatus. Die Fähre verbindet die Südspitze von Manhattan mit dem Borough Staten Island 8 km südlich. Für die Bewohner von Staten Island ist sie eine wichtige Verbindung, Besuchern gibt die großartige kurze Seereise die Möglichkeit, kostenlos den eindrucksvollen Hafen von New York zu erleben. Begeben Sie sich zum Whitehall Terminal, Whitehall Street 1 an der South Street, und gehen Sie an Bord, sobald sich die großen Tore öffnen. Die besten Blicke auf Freiheitsstatue, Ellis Island und die Skyline von Manhattan bieten sich vom Oberdeck am Bug des Schiffes. Die Überfahrt dauert 25 Min., abgelegt wird alle 15 bis 30 Min.

Revival, der als Heim für pensionierte Seeleute diente. Im ehemaligen Verwaltungsgebäude residiert heute das **Newhouse Center for Contemporary Art** *(Tel. 718/448-2500, www.snug-harbor.org/visual-arts, Mo und Di geschl., $).* Zum Snug Harbour Cultural Center gehören außerdem das **Staten Island Children's Museum** *(Tel. 718/273-2060, Mo geschl., $$)* mit interaktiven Ausstellungen und der **Staten Island Botanical Garden** *(Tel. 718/448-2500, www.snug-harbor.org/botanical-gardens, $)* mit Themengärten und Artensammlungen.

ALICE AUSTEN HOUSE

Südlich des Fähranlegers an der Ostküste der Insel liegt das ehemalige Zuhause von Alice Austen (1866–1952), einer der besten frühen Fotografinnen der USA. Das Austen House, das heute ein Museum zu Leben und Werk der Fotografin beherbergt, entstand Anfang des 18. Jh. als Landhaus. Es vermittelt nicht nur einen Einblick in Austens Arbeit, sondern auch einen Eindruck vom Leben der Angehörigen der Mittelschicht auf Staten Island um das Jahr 1900.

Viele der Bilder Austens zeigen Szenen aus dem sorglosen Leben im angenehmen Ambiente der Künstlerin: Picknicks, Zimmer in den Häusern von Freunden, Autorennen, Partys. Austen streifte durch New York, um verschiedene Menschen zu fotografieren, darunter Einwanderer, die bei der Battery oder in einer Quarantäne-Station auf Staten Island eintrafen. Zu den Aufnahmen aus der Lower East Side gehört das bekannte Bild eines

SNUG HARBOR CULTURAL CENTER
🅰 Karte S. 230 f., B2
✉ 1000 Richmond Terrace, Staten Island

☎ 718/448-2500
🕐 Mo geschl.
💲 $
🚌 Bus: S 40 ab Fähranleger
www.snug-harbor.org

Straßenverkäufers, der in der Hester Street Eier anbietet. Mit ihren Arbeiten steht Austen in einer Reihe mit Jacob August Riis und Lewis Hine, die soziale Probleme ihrer Epoche festhielten.

Das Erbe ihres Vaters ermöglichte Austen ein bequemes Leben, bis sie die Verluste durch den Börsenkrach 1929 zwangen, eine Hypothek auf das Haus aufzunehmen, das sie schließlich 1945 verlor. Als ein Mitarbeiter des *Life*-Magazins 1951 einige ihrer Fotografien entdeckte, war Austen eine mittellose Bewohnerin der Staten Island Farm Colony. *Life* brachte einen Artikel über sie heraus, durch den sie genug Geld bekam, um die letzten sechs Monate ihres Lebens in einem privaten Pflegeheim zu verbringen. Der Bericht veranlasste zudem die Staten Island Historical Society, ihre erhaltenen Arbeiten zu erwerben. Das 1971 unter Denkmalschutz gestellte Haus wird von den »Friends of Alice Austen House« restauriert.

HISTORIC RICHMOND TOWN

Knappe 8 Kilometer südwestlich des Alice Austen House im Hinterland der Insel beweist Historic Richmond Town, dass New York wirklich alles bietet – sogar ein restauriertes Dorf. Hier kann man in einem Gemischtwarenladen des 19. Jh. (Stephens-Black House) stöbern, Handwerkern beim Korbflechten (im Basketmaker's House von 1810) zusehen oder im Guyon-Lake-Tysen House, das um 1740 erbaut wurde, eine Töpferwerkstatt besuchen.

Im Museumsdorf stehen einige der ältesten renovierten Häuser New Yorks. Das Britton Cottage (ca. 1670) aus Holz und Backstein wurde noch vor der Entstehung der Siedlung im Jahr 1690 erbaut. Das Haus hat man 1967 nach Richmond Town versetzt. Aufgrund seiner zentralen Lage wurde Richmond Town um 1730 zum Sitz der County-Verwaltung.

Elf der 27 Häuser dieser Anlage standen bereits in der ursprünglichen Siedlung, so auch das Voorleezer House von 1696, die älteste erhaltene Grundschule des Landes. Die Siedler, Mitglieder der holländischen reformierten

STATEN ISLAND ZOO
🅰 Karte S. 230 f., B2
✉ 614 Broadway, Staten Island
☎ 718/442-3100
🛐 $ (Mi ab 14 Uhr frei)
www.statenislandzoo.org

ALICE AUSTEN HOUSE
🅰 Karte S. 230 f., C2
✉ 2 Hylan Blvd., Staten Island
☎ 718/816-4506
🕐 Mo und Jan.–Feb. geschl.

🛐 $ Spende
🚌 Bus: S 51 ab Fähranleger
www.aliceausten.org

HISTORIC RICHMOND TOWN
🅰 Karte S. 230 f., B1
✉ 441 Clarke Ave., Staten Island
☎ 718/351-1611
🕐 Mo, Di geschl.
🛐 $
🚌 Bus: S 74 ab Fähranleger
www.historicrichmondtown.org

Kirche, bauten das Haus für ihren liturgischen »Voorlezer«, der zugleich das Amt des Lehrers innehatte. 1855 errichteten sie ein Pfarrhaus; die reformierte Kirche war jedoch bereits im Niedergang begriffen. Das **Third County Courthouse** im Stil des Greek Revival (1837) dient heute als Besucherinformation. Hier beginnen auch die Führungen durch das Dorf, auf der Handwerker und Museumsmitarbeiter in historischer Tracht den Alltag im 17. Jh. mimen. Im ehemaligen Gebäude des Richmond County Clerk's and Surrogate's Office von 1848 gibt es eine Ausstellung über Wirtschaft und Geschichte der Insel.

WEITERE SEHENSWÜRDIGKEITEN AUF STATEN ISLAND

Garibaldi-Meucci Museum: Fährt man vom Alice Austen House Richtung Inselmitte, kommt man zu einem Farmhaus von 1840, das durch zwei berühmte Bewohner bekannt wurde: Antonio Meucci (1808–89), einem italienischen Einwanderer, der wohl der eigentliche Erfinder des Telefons vor Alexander Graham Bell war, und dem italienischen Freiheitskämpfer Giuseppe Garibaldi (1807–82). Meucci zog 1850 nach Staten Island. Versuche, seine Erfindung zu patentieren, scheiterten an Geldnot und mangelnden

Das Voorlezer House von 1696 in der Historic Richmond Town auf Staten Island

CONFERENCE HOUSE

Das Billop House, benannt nach seinem Erbauer Christopher Billop, entstand um 1680 und zählt zu den ältesten Gebäuden der Stadt. Es liegt in einem Park am Südzipfel von Staten Island. Sein derzeitiger Name erinnert an eine erfolglose Friedenskonferenz, die hier zu Beginn der Amerikanischen Revolution am 11. September 1776 stattfand. An ihr nahmen Benjamin Franklin, John Adams, Edward Rutledge und der britische Vizeadmiral Lord Richard Howe teil. Es gibt eine Führung durchs Haus, und man kann im Garten picknicken.

Sprachkenntnissen. Als Garibaldi nach der Niederlage der Republikaner in Italien nach New York floh, nahm Meucci ihn auf. Garibaldi wohnte bei ihm in dem damals bereits 160 Jahre alten Haus und beide verdienten ihr Auskommen als Kerzenzieher, bis er Kapitän wurde und 1853 nach Italien heimkehrte, um seinen Kampf wieder aufzunehmen. Im Haus sind Exponate zum Leben beider Männer zu sehen.

Jacques Marchais Museum of Tibetan Art: In der Nähe von Richmond Town steht dieses Museum im Stil eines tibetischen Klosters. Es birgt die Sammlung einer Kunsthändlerin von der Madison Avenue, Edna Coblentz, die fast ihr gesamtes Leben dem Studium und dem Sammeln tibetischer Kunst widmete.

Pierre Billiou House (Billiou-Stillwell-Perine House): Das ursprünglich steinerne Farmhaus, erbaut von 1660 bis 1670, ist das älteste erhaltene Gebäude auf Staten Island. Eine Besichtigung war bereits 1919 möglich. ■

GARIBALDI-MEUCCI MUSEUM
◪ Karte S. 230 f., B2
✉ 420 Tompkins Ave., Staten Island
☎ 718/442-1608
🕐 So–Di geschl.
§ $
🚍 Bus: S 52, S 78 bis Tompkins Ave.
www.garibaldimeuccimuseum.org

CONFERENCE HOUSE
◪ Karte S. 230 f., A1
✉ 298 Satterlee St., Staten Island
☎ 718/984-6046
🕐 Winter (vorher anrufen) und
   Mo–Do geschl.
§ $
🚍 Bus: S 78 bis Craig Ave., von dort
   einen Block südl. in den Park
www.conferencehouse.org

JACQUES MARCHAIS MUSEUM OF TIBETAN ART
◪ Karte S. 230 f., B1
✉ 338 Lighthouse Ave.,
   Staten Island
☎ 718/987-3500
🕐 Mo/Di geschl.
§ Spende
🚍 Bus: S 74 nach Lighthouse Ave.
www.tibetanmuseum.org

PIERRE BILLIOU HOUSE
◪ Karte S. 230 f., B1
✉ 1476 Richmond Rd., Dongan Hills,
   Staten Island
☎ 718/351-1611
🕐 Nach Vereinbarung, Anruf beim
   Hausverwalter

Bekannter Sportverein der »All-American City«, wie die Bronx 1997 getauft wurde, sind die Bronx Bombers, die New York Yankees. Es gibt hier
aber noch mehr zu sehen. Zu den allzeit beliebten Sehenswürdigkeiten
gehören der Bronx Zoo und der New York Botanical Garden, zudem bietet eine Tour mit der Bronx County Historical Society ein wunderbares
Erlebnis.

Das Enid A. Haupt Conservatory ist ein Highlight im New York Botanical Garden

SEHENSWERTES IN DER CENTRAL BRONX

New York Botanical Garden: Überraschenderweise ist New York ein Mekka für Gartenfreunde. In allen vier Außenbezirken gibt es herrliche botanische Gärten. Der 1891 eröffnete Garten in der Bronx bietet auf rund
100 Hektar Gärten, Wald und malerische Landschaft. Zu den Gärten gehört der **Peggy Rockefeller Rose Garden**. Mit dem Rosengarten wurden

**NEW YORK BOTANICAL
GARDEN**
🅰 Karte S. 230 f., D5
✉ 2900 Southern Blvd., Bronx
☎ 718/817-8700
🕐 Mo geschl.
💲 $$$ (Sa 9–10 Uhr und
   Mi ganztägig gratis)

🚇 U-Bahn: B, D, 4 bis Bedford Park
   Blvd. Station;
   Bus: Bx26 bis zum
   Eingang Mosholu Gate;
   Zug: Metro-North ab
   Grand Central Terminal
   (Tel. 212/532-4900)
   www.nybg.org

☐ **Erlebnis**

SALUTE! DAS ECHTE LITTLE ITALY

Während Little Italy in Manhattan sich längst in einen Themenpark verwandelt hat, ist die Arthur Avenue in der Bronx noch echt – und es geht vor allem ums Essen. **Roberto's** *(2357 Arthur Ave., Tel. 718/220-1027, www.zeroottonove. com)* ist das beste Restaurant der Gegend, mit italienischem Flair und täglichen Sonderangeboten. **Pasquales Rigoletto** *(2311 Arthur Ave., Tel. 718/365-6644)* eignet sich zum Leute beobachten: Das Lokal ist groß, die Portionen ebenso und die Gäste sind laut und sehr italienisch. **Egidio's** *(622 E. 187th St. an der Hughes Ave., ein Block östlich der Arthur Ave., Tel. 718/295-6077)* serviert großartigen Cappuccino und Cannoli. Arthur Avenue liegt etwa fünf Blocks vom Bronx Zoo entfernt.

Pläne der berühmten Landschaftsarchitektin Beatrix Farrand von 1916 verwirklicht. Ein einzigartiger Garten für Kinder, der fünf Hektar große **Everett Children's Adventure Garden**, wurde 1998 eröffnet. Hier können Kinder in einem Teich nach Fröschen suchen, die »Kinderwiese« erkunden und Funde unter dem Mikroskop betrachten. Im Zuge einer Generalüberholung sind ein Besucherzentrum, zwei Cafés, ein Herbarium, ein Forschungslabor und neue Gewächshäuser hinzugekommen.

Das viktorianische **Enid A. Haupt Conservatory** (1902) wurde dem 1851 erbauten Crystal Palace in London nachempfunden. Über dem zentralen Palmenhaus ragt eine Glaskuppel in den Himmel. Um diesen Rundbau herum liegen weitere zehn Räume, darunter einer mit Pflanzen aus dem Regenwald, die über eine Galerie mit mehreren Ebenen, einen Wipfelpfad, betrachtet werden können. Jedes Jahr finden fünf große Ausstellungen statt, darunter die **Holiday Train Show** (*Ende Nov. – Anf. Jan.*) und die **Orchid Show** (*Ende Feb. – Anf. April*).

Bronx Zoo: Ob man ihn nun offiziell Bronx Zoo, wie einst New York Zoological Park oder auch International Wildlife Conservation Park nennt – unübertroffen in diesem Zoo ist die Möglichkeit, wilde Tiere in natürlicher Umgebung zu beobachten. Mit einem 108 Hektar großen Gebiet und 4500 Tieren, die mehr als 500 Arten repräsentieren, ist er außerdem der größte Stadtzoo Amerikas.

BRONX ZOO
🅐 Karte S. 230 f., D5
✉ Fordham Rd. und Bronx River Pkwy., Bronx
☎ 718/220-5100
🆂 $$$ (Mi frei)

🚇 U-Bahn: 2 bis Pelham Parkway; Bus: Liberty Lines (priv. Busservice, Tel. 718/652-8400) ab Madison Ave.; Zug: Metro-North ab Grand Central Terminal
www.bronxzoo.com

Seit seiner Gründung 1899 ist der Zoo besonders für seine fortschrittliche Tierhaltung berühmt. Schon früh lebten die Tiere hier nicht hinter Gittern, sondern in natürlichen Gehegen. Auch als Zuchtstation machte sich der Zoo einen Namen. Erfolgreiche Zuchtprogramme wie die **Himalayan Highlands** (1986) sorgen für den Fortbestand etwa des Schneeleoparden. Im **Congo Gorilla Forest** (1999) leben rund 20 Flachlandgorillas.

Sibirische Tiger leben am Tiger Mountain, der dem Amurtal zwischen China und Russland nachempfunden ist

Am **Tiger Mountain** können Besucher bedrohte Sibirische Tiger beobachten. Besonders faszinierend ist das **Schmetterlingshaus** mit seinen über tausend Bewohnern.

Im Herzen des Parks findet am **Sea Lion Pool** zweimal täglich die Fütterung statt. Um den Pool liegen die großartigen Beaux-Arts-Bauten des Astor Court, die zum ursprünglichen Bestand von 1900 zählen. Eines der Häuser, das Lion House von 1903, wurde 2008 renoviert und beherbergt inzwischen **Madagascar!,** wo Lemuren, zischende Kakerlaken und andere Wesen von der Insel im Indischen Ozean leben.

Bronx Community College: Zum College Campus gehören zwei architektonische Schätze von Stanford White, die **Gould Memorial Library** (1887–99) und die **Hall of Fame for Great Americans** (*University Ave. und W. 181st St., Tel. 718/289-5910*). Letztere, eine 190 Meter lange neoklassizistische Kolonnade, ist mit Büsten von 98 berühmten Amerikanern geschmückt.

Edgar Allan Poe Cottage: Kurz nachdem er 1846 in die Bronx gezogen war, bezeichnete Edgar Allan Poe sein neues Zuhause als »gemütliche kleine Hütte«. Er schrieb hier die Ballade *Ulalume* und *Die Glocken*. Seit 1917 ist das Haus ein Museum.

WAVE HILL
- Karte S. 230 f., D5
- W. 249th St. und Independence St., Bronx
- 718/549-3200
- Mo geschl.
- $ (ganzjährig Di und Sa vorm., Winter frei)
- U-Bahn: A bis 207th St., dann Bus 7 Richtung Norden

EDGAR ALLAN POE COTTAGE
- Karte S. 230 f., D5
- E. Kingsbridge Rd. und Grand Concourse, Bronx
- 718/881-8900
- Mo–Mi geschl.
- $
- U-Bahn: D, 4 bis Kingsbridge Rd.

☐ **Wissen**

WAVE HILL

Die beiden Villen wurden Mitte des 19. und Anfang des 20. Jh. auf einem über 11 ha großen Anwesen erbaut. Nacheinander wohnten darin Theodore Roosevelt, Mark Twain und Arturo Toscanini. Heute ist Wave Hill ein Kulturzentrum, die meisten Besucher kommen jedoch wegen der prächtigen Gartenanlage mit Blick auf den Hudson River und die New Jersey Palisades.

SEHENSWERTES IN DER NORTHERN BRONX

Museum of Bronx History: Im Museum *(3266 Bainbridge Ave., Tel. 718/881-8900)* vermitteln zahlreiche Exponate und eine umfangreiche Bibliothek einen Eindruck von der Geschichte des Stadtteils. Das Museum befindet sich im Valentine-Varian House von 1758.

Woodlawn Cemetery: Auf dem 160 Hektar großen ländlichen Woodlawn Cemetery *(Jerome Ave./Webster Ave. und E. 233rd St., Tel. 718/920-0500)* mit ca. 300 000 Gräbern ruhen berühmte Persönlichkeiten wie Herman Melville, Miles Davis und F. W. Woolworth.

Van Cortlandt House Museum: Das 1748 im Südstaatenstil errichtete Gebäude wurde während der Revolution kurzzeitig von George Washington genutzt. Heute zeigt es Antiquitäten aus der Zeit der Van Cortlandts, einer New Yorker Familie, die bis 1889 hier wohnte.

WEITERE SEHENSWÜRDIGKEITEN IN DER BRONX

Bartow-Pell Mansion: Die Räume dieser Villa aus dem Jahr 1842 vermitteln den Stil des Greek Revival, zumeist mit Leihgaben. 1888 kaufte die Stadt die Villa und das steinerne Kutschenhaus (1840), das Museum öffnete 1946.

City Island: Eine hundert Jahre alte Brücke verbindet das Festland mit dem drei Kilometer langen City Island mit malerischem Fischerdorf und einer langen Seefahrtstradition. Die Mischung aus Werften, Fischrestaurants, Galerien und Antiquitätengeschäften an der Eastchester Bay und dem Long Island Sound erinnert manche an ein Fischerdorf in New England. Hier wurden schon fünf Siegerjachten für den America's Cup gebaut.

☐ **Tipp**

Ein Heimspiel der Yankees ist ein Muss, und die Seastreak-Fähre ist eine tolle Möglichkeit, um hinzufahren. Die Atmosphäre auf dem Schiff vor dem Spiel könnte nicht besser sein.

ALLY THOMPSON
NATIONAL GEOGRAPHIC-AUTORIN

Voll besetzt: Das New York Yankee Stadium

Yankee Stadium: Im April 2009, nach mehr als 80 Jahren, zogen die New York Yankees auf die andere Straßenseite um. Das neue **Yankee Stadium** (*begrenzt von 161st St., 164th St., Jerome Ave. und River Ave., Tel. 718/293-6000; 212/307-1212 Ticketmaster*) ähnelt dem originalen Stadion von 1923; das Spielfeld besitzt die gleiche Größe, doch das neue Stadion verfügt über moderne Annehmlichkeiten und bequemere Sitze.

Im Yankee Stadium wird Baseball in großem Stil zelebriert. Die Zuschauer strömen mit ihren mit einem Y verzierten Kappen ins Stadion und beobachten, wie die Sportler den Ball schlagen und von Laufmal zu Laufmal rennen. Dazwischen holen sie sich einen Hot Dog, da das Spiel oft mehrere Stunden dauert. ■

VAN CORTLANDT HOUSE MUSEUM
⬛ Karte S. 230 f., D5
✉ Van Cortlandt Park, W. 246th St. und Broadway, Bronx
☎ 718/543-3344
🕐 Mo geschl.
💲 $
🚇 U-Bahn: 1 bis 242nd St.
www.vancortlandthouse.org

BARTOW-PELL MANSION
⬛ Karte S. 230 f., E5
✉ 895 Shore Rd. N., Pelham Bay Park, Bronx
☎ 718/885-1461
🕐 Geöffnet Sa, So, Mi
💲 $
www.bartowpellmansion museum.org

SEASTREAK FERRIES
🚇 Mehrere Haltepunkte in New York und New Jersey
www.seastreak.com/yankees.aspx

Unisphere – ein imposantes Überbleibsel der Weltausstellung, die 1964/65 in Queens stattfand

Queens hat eine Vielzahl verschiedener Sehenswürdigkeiten zu bieten. Es war schon seit der holländischen Kolonialzeit ein Ort religiöser Toleranz, und bis heute zieht der Stadtteil Einwanderer an. Hier findet man das zweitgrößte Chinesenviertel von New York, ein indisches Viertel, das griechische Viertel von Astoria – und natürlich Restaurants und Läden aller Art.

SEHENSWERTES IN EASTERN QUEENS

Flushing Meadows-Corona Park: Außer einer lebendigen Kunstszene hat Queens auch Familien viel zu bieten. 1939/40 und 1964/65 fanden auf dem Gelände des Flushing Meadows-Corona Park zwei Weltausstellungen statt. Mit fünf Quadratkilometern ist er der zweitgrößte Park der Stadt. Zu den Relikten der Weltausstellungen zählt vor allem die **Unisphere**, der größte Globus der Welt, den U. S. Steel als Symbol der Weltausstellung von 1964/65 fertigte.

Das New York City Building beherbergt heute das **Queens Museum of Art** (*Tel. 718/592-9700, www.queensmuseum.org, Mo–Di geschl.*). Es präsentiert zeitgenössische Kunstwerke sowie ein eindrucksvolles detailgetreues Panorama der Stadt im Maßstab 1 : 1200.

Das »Space Center« der Weltausstellung von 1964/65 wurde 1986 zur **New York Hall of Science** (*Tel. 718/699-0005, www.nysci.org*) umgebaut. Hier gibt es eine interaktive, 400 Exponate umfassende Einführung in Physik, Biologie und Technologie.

Sogar das Shea Stadium *(Tel. 718/507-8499)*, das frühere Heim der Mets, entstand anlässlich der Expo von 1964/65. Shea wurde 2008 abgerissen und das neue Stadion der Mets, **Citi Field**, eröffnete im April 2009 dort, wo der Parkplatz des Shea gewesen war.

Nähe Citi Field: Östlich des Parks liegt **Bowne House** *(3701 Bowne St. und 37th Ave., Tel. 718/359-0528, www.bownehouse.org)*, das älteste Gebäude in Queens von 1661. Es wurde von John Bowne gebaut, der zum Quäkertum konvertierte. Peter Stuyvesant ließ ihn 1662 verhaften, weil er Quäkertreffen in seinem Haus abgehalten hatte. Mit der Aufforderung an Stuyvesant, ihn wieder freizugeben, führte die holländische Westindien-Gesellschaft den Grundsatz der Religionsfreiheit in der Kolonie ein (siehe S. 34). Bis 1945 wohnten neun Generationen der Familie im Haus, dann wurde es Museum.

Das nahe gelegene **Friends Meeting House** *(Tel. 718/358-9636)* errichteten Bowne und andere Quäker 1694. Bis heute treffen sich dort Quäker. Charles Doughty, ebenfalls Quäker, baute 1785 das Kingsland Homestead in unmittelbarer Nachbarschaft. Heute ist hier die **Queens Historical Society** *(143-35 37th Ave., Tel. 718/939-0647, www.queenshistoricalsociety.org)* untergebracht, die Erinnerungsstücke an die Bewohner des Hauses aufbewahrt.

In den **Queens Botanical Gardens** *(43–50 Main St., Tel. 718/886-3800, www.queensbotanical.org, Mo geschl.)* in Flushing gibt es einen Rosengarten, einen »Wedding Garden«, einen Kräutergarten und den Constructed Wetlands Garden, wo mit recyceltem Abwasser feuchteliebende Pflanzen versorgt werden.

 🟡 **Wissen**

MOMA PS1 CONTEMPORARY ART CENTER

In einer leerstehenden Schule *(Public School 1)* wurde 1971 das MoMA PS1 als Institute for Art and Urban Resources Inc. gegründet. 1997 wieder eröffnet, wurde es 2000 eine Außenstelle des Museum of Modern Art. Es ist heute mit 12 000 m² Ausstellungsfläche das weltweit größte Museum für zeitgenössische Kunst.

Louis Armstrong House Museum: Das Louis Armstrong House in einem Arbeiterviertel in Corona, Queens, ermöglicht einen Blick auf die Lebensumstände der Jazz-Legende. »Satchmo« wohnte hier mit seiner Frau Lucille von 1943 bis zu seinem Tod 1971.

SEHENSWERTES IN WESTERN QUEENS

Museum of the Moving Image (MMI): Das Museum widmet sich Film, Fernsehen und den neuen digitalen Medien sowie ihrem Einfluss auf die amerikanische Gesellschaft und Kultur. Es befindet sich in einem der 13 Gebäude eines alten, 34 Hektar großen Filmstudios. Zur Stummfilmzeit entstanden hier viele Streifen. Heute, nach langer Flaute, läuft die Produktion wieder auf Hochtouren. Das Museum beherbergt über 130 000 Objekte zum Thema bewegte Bilder.

Famous Players-Lasky (später Paramount Pictures) drehten ab 1920 als Erste in den Astoria Studios. 1942 übernahm das Militär die Studios und ließ hier bis 1971 Übungsfilme produzieren. Danach verfielen sie langsam, wurden aber 1977 von der Astoria Motion Picture and Television Foundation gerettet. 1982 übergab man das Gelände an George Kaufman, der hier die Kaufman Astoria Studios einrichtete. 2008 wurde das Museum massiv erweitert und um neue Ausstellungsräume und einen Garten für Freiluftveranstaltungen ergänzt.

Filmfans können in Requisiten schwelgen und den Wagen aus *Ben Hur* die Yoda-Figur aus *Das Imperium schlägt zurück* oder Kostüme aus *Chicago* bewundern. Interaktive Programme ermöglichen es, dass Besucher berühmten Schauspielern ihre Stimme leihen oder Toneffekte einspielen.

Eine Dauerausstellung ist Jim Henson gewidmet, der durch die *Sesamstraße* und die *Muppet Show* weltberühmt wurde. Das Museum organisiert ganzjährig Filmvorführungen, Retrospektiven und Sonderveranstaltungen.

LOUIS ARMSTRONG HOUSE MUSEUM
🗺 Karte S. 230 f., D3
✉ 34–56 107th St., Corona, Queens
☎ 718/478-8274
🕐 Mo geschl.
www.louisarmstronghouse.org

MUSEUM OF THE MOVING IMAGE
🗺 Karte S. 230 f., D3
✉ 35th Ave. an der 36th St.
☎ 718/777-6888
🕐 Mo geschl.
💲 $$$

🚇 U-Bahn: R (an Wochenenden R, G) bis Steinway St.; N bis 36th Ave.
www.movingimage.us

THE NOGUCHI MUSEUM
🗺 Karte S. 230 f., D4
✉ 32–37 Vernon Blvd. an der 33rd Rd.
☎ 718/204-7088
🕐 Mo/Di geschl.
💲 $$
🚇 U-Bahn: N bis Broadway in Queens
www.noguchi.org

Fast einhundert Jahre Film- und Mediengeschichte präsentiert das Museum of the Moving Image

The Noguchi Museum: Von Skulpturen geht eine Ruhe aus, die selbst die Hektik großer Städte vergessen macht. Die Arbeiten des Bildhauers und Designers Isamu Noguchi (1904-88) erfüllen diese Funktion in New York. Der amerikanische Künstler mit japanischen Wurzeln hat vor allem Skulpturen für öffentliche Plätze geschaffen. Die Ausstellung zeigt in 13 Sälen über 250 Skulpturen, Bühnenbilder für die Choreografin Martha Graham und Noguchis *Akari light sculptures*, die traditionellen japanischen Papierlaternen nachempfunden sind. Sonderausstellungen widmen sich diversen Aspekten von Noguchis Werk.

Noguchi kam als Sohn eines Dichters und einer Schriftstellerin in Los Angeles zur Welt. 1923 begann er in New York Medizin zu studieren, wandte sich dann aber der Kunst zu. 1968 zeigte das Whitney Museum eine Noguchi-Retrospektive. In den 1960er-Jahren bezog der Künstler das Atelier in Queens, in dem sich heute das Museum befindet.

SOCRATES SCULPTURE PARK

Schräg gegenüber vom Museum liegt der Socrates Sculpture Park. Die Fläche lag brach, bis einheimische Künstler sie 1986 zu nutzen begannen und Skulpturen und Multimedia-Ausstellungen für das Areal schufen. ■

MOMA PS1 CONTEMPORARY ART CENTER
🅰 Karte S. 230 f., D3
✉ 22–25 Jackson Ave. an der Kreuzung mit der 46th Ave., Long Island City, Queens
☎ 718/784-2084
🕐 Di, Mi geschl.
💲 $$ Spende
🚇 U-Bahn: E bis Court Sq.–23rd St., G, 7 bis Court Sq.
www.momaps1.org

SOCRATES SCULPTURE PARK
✉ 32–01 Vernon Blvd. am Broadway, Long Island City, Queens
☎ 718/956-1819
🚇 U-Bahn: N bis Broadway in Queens
www.socratessculpturepark.org

Ausflüge

Erster Überblick   258–259

Hudson River Valley   260–263

Long Island   264–265

Hotels und Restaurants   298

❮ Die Bear Mountain Bridge im Hudson River Valley

Manchmal wollen selbst jene die unermüdlich pulsierende Metropole verlassen, die sich dort ansonsten pudelwohl fühlen. Für sie bieten sich zahlreiche Ausflüge in die Umgebung an, die man meist gut an einem Tag unternehmen kann. Strände, Berge, Flüsse, Seen und zahlreiche Sehenswürdigkeiten warten!

Zunächst heißt es, aus der Stadt herauszukommen – per U-Bahn, Bus, Zug oder Mietwagen. Mit dem Auto ist es am schwierigsten. Eine Zugfahrt ist angenehm, wenn Sie nicht gerade zur Rushhour unterwegs sind. Auch Busse können schnell sein – sobald sie Manhattan erst einmal hinter sich gelassen haben.

Das Hudson River Valley und Long Island sind zwei benachbarte interessante Regionen, die sich topografisch, landschaftlich und in ihrem Flair stark unterscheiden.

Im Hudson River Valley lebte Rip Van Winkle, die berühmte Figur des Schriftstellers Washington Irving. Long Island lebt seit ewigen Zeiten in der Literatur als das Land von F. Scott Fitzgeralds *Great Gatsby*.

Mit den Industriebaronen der Gründerzeit entstanden an der exklusiven Nordküste Long Islands prächtige Villen und Gärten. Zur Kolonialzeit bauten Gutsherren stolze Anwesen am Ufer des Hudson. Die Nachkommen von Cornelius Vanderbilt errichteten Häuser an beiden Orten.

HUDSON RIVER VALLEY

1807 konstruierte der Erfinder Robert Fulton ein Dampfschiff, die »Clermont«. Mit der Jungfernfahrt

auf dem Hudson River – in 32 Stunden von New York nach Albany – begann eine neue Ära des kommerziellen Schiffsverkehrs. Die Eröffnung des Erie-Kanals zwischen Albany und Buffalo im Jahr 1825 machte den Hudson River zu einem noch bedeutenderen Wirtschaftsfaktor für Manhattan, da die Stadt nun auch mit den Great Lakes verbunden war. Über dem Hudson River Valley liegt mehr noch als in Long Island das Flair der Geschichte.

LONG ISLAND

Long Island ist rund 190 Kilometer lang, misst an der breitesten Stelle 37 Kilometer und ist überwiegend flach. Der nördliche Küstenabschnitt mit kleinen Häfen und Buchten ist besonders reizvoll. An der Südküste schlagen die Wellen des Atlantiks an den Strand und die vorgelagerten kleinen Inseln. Früher bedeckten Farmen die ganze Insel – heute gibt es sie nur noch an der Ostseite.

Während der Revolution, in der Battle of Long Island vom 26. bis 31. August 1776, schlug General Howe Washingtons Truppen zurück, und die Insel blieb bis Kriegsende britisch. Neureiche Industrielle begannen Anfang des 20. Jh., an der Nordseite von Long Island ihre Villen zu bauen. In den wilden 1920ern wurde die Insel zum Tummelplatz für Reiche.

Nach dem Zweiten Weltkrieg ließen Stadtplaner auf großen Flächen der Insel Wohnblocks entstehen. Der dicht besiedelte Westen von Long Island fügt sich heute nahtlos an New York an. Interessant ist eine Tour durch das Weinanbaugebiet von Long Island. ■

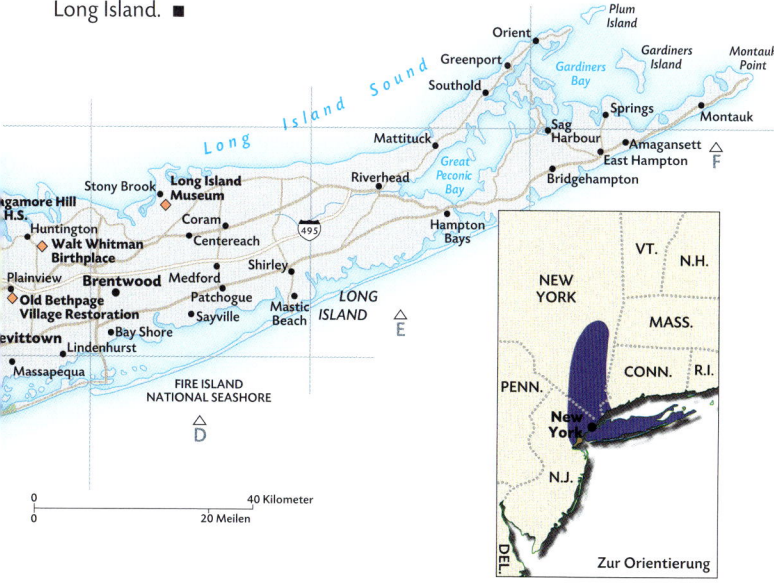

Die Erkundung des Hudson River Valley führt das westliche Ufer Richtung Norden hinauf, quert den Hudson bei Catskill und am Ostufer zurück zum Ausgangspunkt. Obwohl die Strecke nur 320 Kilometer lang ist, braucht man mehrere Tage, wenn man sich alles ansehen möchte. Wer kürzer unterwegs sein möchte, kehrt einfach an einer der vielen Brücken nach New York zurück.

Alte Kanonen wachen am Hudson River über West Point

WESTUFER DES HUDSON

Erste Station ist der **Fort Lee Historic Park** *(Hudson Terrace, Palisades Interstate Park, www.njpalisades.org/fortlee.html)* in New Jersey, südlich der George Washington Bridge. Am 16. November 1776 musste George Washington von diesem Stützpunkt aus zusehen, wie die Engländer Fort Washington im Norden von Manhattan eroberten. Weiter gen Norden bietet sich ein Abstecher zur **Stony Point Battlefield State Historic Site (SHS)** an. Hier gelang General Anthony Wayne am 16. Juli 1779 ein Überraschungssieg gegen die Briten. Sie können ein kleines Museum und das Schlachtfeld besichtigen.

Folgen Sie dann wieder der US 9W bis **West Point**, der berühmten Militär-akademie am Hudson. West Point bildet seit 1802 Offiziere aus. Viele be-rühmte Generäle haben ihre Ausbildung hier absolviert – nicht alle waren gute Schüler. So gehörte Ulysses S. Grant, der spätere US-Präsident, zu den Schlechtesten seiner Klasse, auch Dwight D. Eisenhower war ein eher mittelmäßiger Schüler.

Im **West Point Museum** sind Waf-fen, Kunstgegenstände und Unifor-men ausgestellt, Dioramen erläu-tern bedeutende Schlachten. Auf dem Friedhof der Garnison steht die **Old Cadet Chapel** von 1836, Bertram Grosvenor Goodhue er-baute die neuere **Cadet Chapel** (1910) im neogotischen Stil. Folgt

 **Tipp**

Eine schöne Wanderung zwischen Felsformationen mit fantastischen Aus-blicken auf das Tal des Hudson bieten die Wege um Mohonk Mountain House in New Paltz.

JESSICA NAPOLI
NATIONAL GEOGRAPHIC-MITARBEITERIN

man der US 9W weiter, lohnt ein Halt an der **Washington's Headquarters SHS**, dem Hasbrouck House.

New Paltz wurde 1677 von französischen Hugenotten gegründet. Sieben historische Steinhäuser (1692–1717) an der Huguenot Street sind erhalten. Führungen organisiert die Historical Society *(88 Huguenot Street, Tel. 845/255-1660, www.huguenotstreet.org, $$$)*.

Von New Paltz geht es auf dem I-87 weiter nach Norden bis **Kingston**, das während der Revolution Hauptstadt des Staates New York war. Die erste Verfassung des Staates wurde 1777 im **Senate House SHS** *(296 Fair St., Tel. 845/338-2786)* verabschiedet. Landkarten für Spaziergänge durch den Stockade Historic District hat das Urban Cultural Park Visitor Center

STONY POINT BATTLEFIELD STATE HISTORIC SITE
🅰 Karte S. 258 f., B3
✉ Park Road nahe der US 9W
☎ 845/786-2521

WEST POINT
🅰 Karte S. 258 f., B3
Besucherinformation
✉ Building 2110, West Point
☎ 845/938-2638 oder
   845/446-4724
www.usma.edu/visitors

MOHONK MOUNTAIN HOUSE
✉ 1000 Mountain Rest Rd.,
   New Paltz
☎ 855/883-3798
www.mohonk.com

WASHINGTON'S HEADQUAR-TERS STATE HISTORIC SITE
🅰 Karte S. 258 f., B4
✉ Liberty und Washington St.,
   Newburgh
☎ 845/562-1195
🕐 Okt.–April geschl.
💲 $

ENTSPANNEN IM PACEM IN TERRIS

In Warwick, New York, 80 km nordwestlich von Manhattan, liegt Pacem in Terris *(96 Covered Bridge Rd., Tel. 845/986-4329, www.frederickfranck.org, geöffnet Mai–Sept. Sa/So)*, das Haus und der Skulpturengarten des niederländischen Künstlers, Schriftstellers und Philanthropen Frederick Franck (1909–2006). Der Garten erstreckt sich über 2,5 ha an den Ufern des Wawayanda River und lädt zur Meditation zwischen rund 70 Skulpturen aus Metall, Holz, Stein und Glas ein. Das gesamte Anwesen spiegelt die Themen wider, die Francks Leben und Arbeiten bestimmten: Frieden, Spiritualität, Menschlichkeit und die Unmenschlichkeit von Krieg und Vernachlässigung.

(20 Broadway, Tel. 800/331-1518). Die Ufer-Restaurants südlich des Zentrums laden zum Mittagessen ein, 21 Kilometer nördlich bietet das Saugerties Lighthouse, ein Zwei-Zimmer-B&B in einem Leuchtturm von 1869, eine unvergessliche Übernachtung (siehe S. 298).

OSTUFER DES HUDSON

Überqueren Sie hinter Kingston den Hudson bei Catskill auf der Rip Van Winkle Bridge. Auf der NY 9G Richtung Süden erreicht man die **Olana SHS**, eine Villa am Hudson River. Der Maler und bedeutende Vertreter der Hudson River School, Frederic Edwin Church (1826–1900), entwarf sie in einem Stil, den er als »individuell persisch« bezeichnete.

Weiter südlich auf der NY 9G gelangen Sie zur **Clermont SHS** in Germantown. Hier lebte Robert R. Livingston, ein Mitglied des Continental Congress, der als Chancellor von New York George Washington den ersten Präsidentschaftseid abnahm. 1777 von den Briten niedergebrannt, wurde es nach der Unabhängigkeit wieder aufgebaut.

In Annandalon-on-Hudson steht die Villa **Montgomery Place** (1805) am Fluss. Familienspaß bietet das **Old Rhinebeck Aerodrome** *(9 Norton Rd., Red Hook, Tel. 845/752-3200, www.oldrhinebeck.org)* mit Flugshows und alten Fluggeräten. Nördlich von Poughkeepsie an der NY 9 steht das

OLANA STATE HISTORIC SITE
🗺 Karte S. 258 f., B6
✉ NY 9G, Hudson
☎ 518/828-0135
💲 $
www.olana.org

CLERMONT SHS
🗺 Karte S. 258 f., B6
✉ 1 Clermont Ave., Germantown
☎ 518/537-4240
🕐 April–Okt. Mo, Di;
    Nov. Mo–Fr geschl.
💲 $
www.friendsofclermont.org

Vanderbilt Mansion *(119 Vanderbilt Park Rd., Hyde Park, Tel. 845/229-7770, www.nps.gov/vama, $$)*, das Frederick W. Vanderbilt 1899 erbaute. Weiter nach Süden führt die US 9 zur **Franklin Roosevelt NHS** *(4097 Albany Post Rd., Hyde Park, Tel. 845/229-9115, www.nps.gov/hofr)* in Hyde Park. Das Haus von 1826 sieht noch so aus wie 1945, als Roosevelt starb. Zu besichtigen ist auch das Franklin D. Roosevelt Museum mit Bibliothek. 3 Kilometer östlich liegt die **Eleanor Roosevelt NHS** *(54 Val-Kill Park Rd., Hyde Park, Tel. 800/229-9422, www.nps.gov/elro)*. Ebenfalls in Hyde Park finden Sie das **Culinary Institute of America** *(Tel. 845/452-9600, www.ciachef.edu)*. Unter Besuchern beliebt sind die am Campus ansässigen Restaurants: Das **American Bounty Restaurant** *(Tel. 845/451-1011, So–Mo geschl.)* serviert Spezialitäten aus dem Hudson Valley. Eine Reservierung ist unbedingt erforderlich.

Weiter südlich, in Beacon, zeigt das Museum **Dia:Beacon, Riggio Galleries** zeitgenössische Kunst. 1929 als Fabrik für Nabisco-Kekse erbaut, präsentiert es auf riesigen Ausstellungsflächen Werke ab den 1960er-Jahren von Künstlern wie Andy Warhol und Gerhard Richter. ■

MONTGOMERY PLACE

🔳 Karte S. 258 f., B5
✉ Nördl. der Kingston Rhinecliff
Bridge
☎ 845/758-1036
🕐 Mo geschl.
💲 $$

DIA:BEACON

🔳 Karte S. 258 f., B4
✉ 3 Beekman St., Beacon, NY
☎ 845/440-0100
🕐 Jan.–März So–Do, April–Dez.
Di/Mi geschl.
🚆 Zug: Metro North's Hudson Line
ab Grand Central Terminal
www.diabeacon.org

📙 **Erlebnis**

SLOW FOOD IN NEW YORK GENIESSEN

Ein Besuch im **Stone Barns Center for Food and Agriculture** *(630 Bedford Rd., Pocantico Hills, Tel. 914/366-6200)* bei Tarrytown bietet ein tolles Biohof-Erlebnis. Die Farm auf 32 ha, die früher zum Rockefeller Estate gehörte, steht für lokale Nahrungsmittel aus nachhaltiger und solidarischer Landwirtschaft. Rotationsweiden erlauben eine natürliche Viehhaltung unter Erhaltung des ökologischen Gleichgewichts der Böden.

Unter den 200 angebauten Gemüsesorten sind Raritäten wie Spargelsalat, Gemüsekohl und lokale Maissorten. Sie können sie nebenan in exquisiten Gerichten im Restaurant **Blue Hill at Stone Barns** *(Tel. 914/366-9606)* probieren, wo die jüngste Ernte als Fünf-Gänge-Menü »Farmer's Feast« serviert wird. Auch das **Blue Hill** (siehe S. 276) in New York City bietet dieses Festmahl der Regionalküche und dazu Weine.

Long Island ist für viele eine unentdeckte Insel. Dazu gehören die Boroughs Brooklyn und Queens, aber auch Nassau und Suffolk. An der Nordküste leben viele Millionäre, in den Hamptons tummeln sich im Sommer die Promis.

Weil er seiner frisch angetrauten Ehefrau versprochen hatte, ein Anwesen für sie zu bauen, das dem Haus ihrer Kindheit ähneln würde, errichtete John »Jay« Phipps (Kompagnon des Stahlriesen Andrew Carnegie) 1906 das Anwesen **Old Westbury House and Gardens** auf einem 43 Hektar großen Grundstück. Im weiten Garten blüht es vom Frühling bis in den Herbst. Im Mai sind 2000 Tulpen die Attraktion, im Juni die 200 riesigen rosafarbenen und blauen Rittersporne.

Der 165 Hektar große **Planting Fields Arboretum State Historic Park** war einst das Anwesen des in England geborenen William Robertson Coe, eines Versicherungsdirektors, der seine Villa 1921 im elisabethanischen Stil errichten ließ. Im Park gedeihen über 600 Pflanzenarten, darunter zahlreiche Rhododendren und Azaleen sowie mehr als 300 Kamelien in einem Gewächshaus.

Nachdem er in Harvard seinen Abschluss gemacht hatte, unterstützte Theodore Roosevelt den Aufbau von **Sagamore Hill NHS** (*20 Sagamore Hill Rd., Oyster Bay, Tel. 516/922-4788, www.nps.gov/sahi, nur Führung, im Winter*

 Tipp

Übernachten Sie im Hermitage (*www.duneresorts.com*) in Amagansett; von dort aus können Sie die nahe gelegenen eleganten Hamptons und Montauk besuchen und die Strände genießen.

ELLIANA SPIEGEL
NATIONAL GEOGRAPHIC-AUTORIN

OLD WESTBURY HOUSE & GARDENS
🅰 Karte S. 258 f., C2
✉ 71 Old Westbury Rd., Old Westbury
☎ 516/333-0048
🕐 Nov.–April geschl.
www.oldwestburygardens.org

PLANTING FIELDS ARBORETUM STATE HISTORIC PARK
🅰 Karte S. 258 f., C2
✉ 1395 Planting Fields Rd., Oyster Bay
☎ 516/922-9200
www.plantingfields.org

OLD BETHPAGE VILLAGE RESTORATION
🅰 Karte S. 258 f., C2
✉ 1303 Round Swamp Rd., Old Bethpage
☎ 516/572-8400
🕐 Mo/Di und Jan.–März geschl.

WALT WHITMAN BIRTHPLACE
🅰 Karte S. 258 f., C2
✉ 246 Old Walt Whitman Rd., South Huntington
☎ 631/427-5240
🕐 Sept.–Mitte Juni Mo/Di geschl.
www.waltwhitman.org

Mo–Di geschl.). In dieser weitläufigen Villa mit 23 Zimmern fühlte sich Roosevelt zu Hause – als Präsident nutzte er das Haus als Sommerresidenz. In der Villa bezeugen Jagdtrophäen und Reiseerinnerungen, wie intensiv Roosevelt lebte.

Leuchtturm und Wärterhaus auf Long Islands Fire Island

Zu Beginn des 19. Jh. war Long Island weitgehend von Landwirtschaft geprägt – rund 50 restaurierte Häuser in der **Old Bethpage Village Restoration** lassen diese Zeit wieder aufleben. Walt Whitman (1819–92) verbrachte nur seine ersten vier Lebensjahre in dem Farmhaus, das heute **Walt Whitman Birthplace** heißt. Das frisch renovierte Haus gibt Einblicke in sein Leben und Wirken.

Das 1939 gegründete **Long Island Museum** *(1200 NY 25A, Stony Brook, Tel. 516/751-0066, www.longislandmuseum.org, Mo–Mi geschl.)* ist vor allem wegen der hier ausgestellten Kutschen sehenswert.

Die Südküste am Atlantik ist für ihre schönen, unverbauten Strände bekannt: die **Fire Island National Seashore** *(Tel. 631/687-4750, www.nps.gov/fiis)* und den großen **Jones Beach State Park** *(Tel. 516/785-1600).* Ganz im Osten liegen die Hamptons und Montauk, Synonyme für Reichtum. Besuchen Sie das **Pollock-Krasner House** *(830 Springs Fireplace Rd., Tel. 631/324-4929)* im Ort Springs – dort lebte und malte Jackson Pollock In den Jahren 1946–56. ∎

☐ **Erlebnis**

EINE TOUR INS LONG ISLAND WINE COUNTRY

Mit über 50 Weinbergen, aus denen eine Vielfalt an Weinen hervorgeht, darunter Merlot, Shiraz und Sauvignon Blanc, ist der Ostteil von Long Island zu einem ernst zu nehmenden Namen auf der Karte der internationalen Weinproduzenten geworden. Als schöner Sommerausflug bietet sich ein Tag mit Führungen durch Kellereien und Weinproben an. Die meisten Weingüter sind nur saisonal geöffnet und man muss sich vorher anmelden *(www.long island.com/wineries).*

Am bequemsten ist ein Besuch mit einer organisierten Tour, z. B. von: **Vintage Tours** *(Tel. 631/765-4689, www.vintageour1.com),* **North Fork Wine Tours** *(Tel. 631/723-0505, www.northforkwinetours.com),* **Long Island Wine Tours** *(Tel. 631/775-8686, www.longislandwinetours.com)* und **Long Island Vineyard Tours** *(Tel. 516/546-6737, www.livineyardtours.com).*

Reise-
informationen

Reiseplanung	268–269
Unterwegs vor Ort	269–270
Praktische Tipps	270
Einrichtungen für behinderte Menschen	270
Notfall	270
Hotels und Restaurants	271–298
Einkaufen	299–305
Unterhaltung	306–311

‹ Typisches New Yorker Yellow Cab

REISEPLANUNG

Das **Visitor Information Center** der Stadt (*Tel. 212/484-1200, www.nycgo.com*) bietet an folgenden Standorten nützliche Informationen:

NYC Information Center Midtown *(810 Seventh Ave., zw. W. 52nd und W. 53rd, Tel. 212/484-1222)*
NYC Information Center at Macy's Herald Square *(151 W. 34th St., zw. Seventh Ave. und Broadway, Tel. 212/484-1222)*
Times Square Museum & Visitors Center *(Esplanade beim Pier 15, Tel. 212/452-5283)*
Official NYC Information Kiosk, South Street Seaport *(am Dreieck von Canal, Walker und Baxter St., Tel. 212/484-1222)*
Zusätzliche Informationen zu Veranstaltungen, Shows, Konzerten usw. bekommt man über die Theater- und Unterhaltungs-Hotlines (siehe Abschnitt Unterhaltung S. 306 ff.).
Eine persönliche Einführung zu den einzelnen Stadtvierteln bietet **Big Apple Greeter** *(Tel. 212/669-8159, www.bigapplegreeter.org)*. Diese gemeinnützige Einrichtung bringt New Yorker, die sich gut auskennen, mit Besuchern der Stadt zusammen. Zwei bis drei Wochen im Voraus reservieren!

WETTER

Für die diversen Aktivitäten drinnen und draußen beim New-York-Besuch kleidet man sich am praktischsten nach dem Zwiebelprinzip. Zwischen Dezember und Februar liegen die Temperaturen etwa bei –5 bis +4 °C. Von März bis Mai muss mit Frühjahrsregen gerechnet werden, bei Temperaturen von 9 bis 20 °C. Von Juni bis September erreichen die Temperaturen etwa 15 bis 35 °C; am wärmsten (und schwülsten) ist es im Juli und August – dann kommt es nachmittags oft zu Gewittern. Im Oktober und November kühlt die Stadt dann auf 3 bis 17 °C ab.

NÜTZLICHE WEBSITES

www.mta.info Metropolitan Transit Authority, Informationen, Fahrpläne und Karten zu U-Bahnen und Bussen
www.nymag.com *New York Magazine*, Auflistung von Restaurants und Veranstaltungen
www.nyrestroom.com Auflistung der öffentlichen Toiletten

VERANSTALTUNGEN UND FESTIVALS

Januar
Winter Antiques Show, Seventh Regiment Armory, Tel. 718/292-7392, www.winterantiquesshow.com
Restaurant Week, in der ganzen Stadt, www.nycgo.com/restaurantweek

Februar
Chinatown Lunar New Year Parade, www.betterchinatown.com.
Westminster Kennel Club Dog Show, Madison Square Garden, www.westminster kennelclub.org

März
St. Patrick's Day Parade, auf der 5th Ave.
Macy's Flower Show, Tel. 212/695-4400

April
Tribeca Film Festival, Tel. 219/941-2400, www.tribecafilmfestival.org (siehe S. 84)
Baseball-Saison, Yankee Stadium, Tel. 646/977-8400, www.yankees.mlb.com; Mets Citi Field, Tel. 718/507-8499, www.mets.mlb.com
New York International Auto Show, Jacob Javits Center, Tel. 800/282-3336, www.autoshowny.com

Mai
Bike New York, Five Borough Bike Tour, Tel. 212/870-2080, www.bikenew york.org
Fleet Week, West Side Piers, www.fleet weeknewyork.com

Ninth Avenue International Food Festival, von der 42nd bis zur 57th St., Tel. 212/581-7217, www.ninthavenuefood festival.com

Washington Square Outdoor Art Exhibition, Tel. 212/982-6255, www.wsoae.org

Juni

Museum Mile Festival, 5th Ave. von der 82nd bis zur 104th St., Tel. 212/606-2296, www.museummilefestival.org

Gay Pride March, 5th Ave. zw. 52nd St. und dem Village, Tel. 212/80-PRIDE, www.nycpride.org

Coney Island Mermaid Parade, www.coneyisland.com/programs/mermaid-parade

Juli

4th of July, Feuerwerk am East River, Tel. 212/494-4495

Lincoln Center Festival, www.lincoln center.org/lc-festival/

August

Lincoln Center Out of Doors, Tel. 212/721-6500, www.lcoutofdoors.org

U.S. Open Tennis, Flushing Meadows Park, Queens, Tel. 866/OPEN-TIX, www.usopen. org

September

West Indian-American Day Parade, Eastern Parkway, Brooklyn, Tel. 718/467-1797, www.wiadcacarnival.org

New York Film Festival, Lincoln Center, Tel. 212/875-5610, www.filmlinc.com

BAM Next Wave Festival, Brooklyn Academy of Music, Tel. 718/636-4100, www.bam.org

Oktober

Segnung der Tiere, Cathedral of St. John the Divine, Tel. 212/316-7540, www.stjohn divine.org

Greenwich Village Halloween Parade, 6th Ave., Spring St./21st St., www.hallo ween-nyc.com

November

New York City Marathon, Tel. 212/423-2249, www.ingnycmarathon.org

Radio City Christmas Spectacular, Tel. 866/858-0007, www.radiocitychristmas. com

Macy's Thanksgiving Day Parade, von W. 77th St. und Central Park West bis 34th St. und Broadway, Tel. 212/494-4495, www. macys.com/parade

Dezember

Tree Lighting, Anzünden der Lichter am Weihnachtsbaum, Rockefeller Center, Tel. 212/332-6868, www.rockefellercenter. com

Midtown Holiday Windows, 5th Ave. zw. 42nd und 57th St. sowie Madison Ave. zw. 55th und 60th St.

New Year's Eve, Silvester am Times Square, Tel. 212/452-5283, www.times squarenyc.org

UNTERWEGS VOR ORT

AB FLUGHAFEN

Air-Ride *(Tel. 800/247-7433)* gibt Auskunft, wie man von den Flughäfen in die Stadt gelangt. Mit den über folgende Apps erreichbare Taxiservices kommt man kostengünstig durch New York: www.uber.com, ridewithvia.com, www.lyft.com.

Busse

New York Airport Service *(Tel. 877/599-8200, www.nyairportservice.com)* bietet regelmäßige Verbindungen zwischen den Flughäfen JFK, LaGuardia und Newark und Grand Central Terminal, Penn Station und Port Authority Bus Terminal.

Super Shuttle *(Tel. 800/258-3826, www. supershuttle.com)* verkehrt zwischen JFK und LaGuardia und den Hotels.

Olympia Trails *(Tel. 877/8-NEWARK, www. coachusa.com/olympia)* verkehrt zwischen Newark und der Stadt.

Taxi

Möglichst 24 Stunden im Voraus buchen.
Carmel, Tel. 866/666-6666, www.carmel
limo.com; **Airlink** (Abholung vom Hotel),
Tel. 877/599-8200, www.goairlinkshuttle.
com.
Taxis ab JFK Airport: Festpreis von 52 $
bis Manhattan, zuzüglich Brückenmaut und
Trinkgeld; **Taxis ab La Guardia:** gemäß
Taxameter, ca. 30–35 $; **Taxis ab Newark:**
je nach Anbieter Festpreis von 50–70 $, zzgl.
Maut und Trinkgeld.

ÖFFENTLICHE VERKEHRSMITTEL
Busse und U-Bahnen

Das öffentliche Netz erschließt fast die gesamte Stadt; eine Fahrt inkl. einmal Umsteigen kostet 2,75 $ (halber Preis für Senioren
und Behinderte, Kinder unter 1,10 m frei).
Fundbüro: Busse und U-Bahn, Tel. 212/
712-4500.
MetroCards Erhältlich an Kiosken und in
U-Bahn-Stationen; die Cards können nach
Belieben aufgeladen werden (bei mehr als
10 $ gibt es eine Freifahrt dazu) und werden
bei jeder U-Bahn- und Busfahrt entwertet.
Innerhalb von zwei Stunden darf man von
der U-Bahn in einen Bus oder umgekehrt
umsteigen. Für die U-Bahn benötigt man
eine MetroCard; Busse nehmen die Metro-
Card oder abgezähltes Bargeld (2,75 $).

Taxis

Empfehlenswert sind nur die gelben Taxis
mit Nummer auf dem Dach und den Tarifen
außen an der Tür. Bei Freien Taxis ist die
Nummer auf dem Dach beleuchtet. Grund-
preis: 2,50 $ (Aufschlag von 50 Cent von 20
bis 6 Uhr). Jede weitere Fünftelmeile oder
jede Minute im Stop-and-Go-Verkehr kostet 50 Cents. Mitfahrer oder Gepäck kosten
keine zusätzliche Gebühr. Als Trinkgeld werden 15 % des Fahrpreises erwartet.
NY Water Taxi (*www.nywatertaxi.com*) betreibt Fähren im Umkreis Manhattans zu
den weiter entfernten Vierteln.

PRAKTISCHE TIPPS

New York zählt gegenwärtig zu den sichers-
ten großen Städten der USA. Doch hier ein
paar Verhaltenstipps:
• Geben Sie im Flughafen, in Bussen und
Bahnen niemals Ihr Gepäck aus der Hand,
ausgenommen an autorisiertes Personal.
• Nehmen Sie am Flughafen nur die offiziel-
len gelben Taxis. Ihre Preise werden von der
Stadt festgesetzt.
• Steigen Sie bei Nacht in die mittleren Wagen der U-Bahn, die meist belebter sind.

EINRICHTUNGEN FÜR BEHINDERTE MENSCHEN

Airport Travelers' Aid, Tel. 718/656-
4870.
Big Apple Greeter offeriert eine Vielzahl
von Informationen für Reisende mit Behinderungen und bietet Stadtteilführungen an;
siehe S. 268.
HAI (Hospital Audiences Inc.; *Tel. 212/575-
7676, www.hainyc.org*) bietet einen Führer zu
den kulturellen Institutionen New Yorks
und Dienste für Blinde, die ein Theater besuchen möchten.

NOTFALL

• **Notruf:** Tel. 911.
• **Notfalltelefon für Verbrechensopfer:**
Tel. 212/577-7777.
• **Giftnotruf:** Tel. 800/222-1222.
• **Medizinische Notfälle:** Begeben Sie sich
umgehend zum Emergency Room
(Notaufnahme) des nächstgelegenen Kran-
kenhauses (unter Tel. 411 erhalten Sie Aus-
kunft) oder rufen Sie unter 911 einen Kran-
kenwagen.

Vielfalt und Preisspannen bei den Übernachtungsmöglichkeiten in der »Stadt, die niemals schläft« sind groß: Für jeden Geschmack und Geldbeutel ist etwas dabei. Vielleicht gibt es hier sogar mehr günstige Übernachtungsmöglichkeiten als in vielen anderen Städten der USA – angefangen bei preisgünstigen Bed-and-Breakfast-Unterkünften bis hin zu kleinen älteren Hotels in einigen der faszinierendsten Vierteln New Yorks. Beim Essen hat man zum Beispiel die Wahl zwischen alteingesessenen Delis, chinesischen Lokalen, kleinen französischen Bistros und extravaganten Restaurants, in denen ein Spitzenkoch persönlich kocht. Beim Bummel durch die Straßen kann man in einem der vielen Straßenimbisse Kleinigkeiten essen. Besonders schön ist es, sich während eines Food Festivals durch eine ganze Avenue »hindurchzuessen«.

HOTELS

Wenn das Budget für die Übernachtung feststeht, gilt es, das Stadtviertel zu wählen, in dem man übernachten will. Zwischen Lower Manhattan und der Upper East Side bzw. Upper West Side reiht sich eine Einkaufsmöglichkeit und Attraktion an die nächste. Dazwischen liegen viele historische und kulturelle Sehenswürdigkeiten. Wenn man sich eher für den Broadway und die West Side interessiert, bucht man am besten ein Hotel nahe dem Times Square oder Lincoln Center. Taxis gibt es überall, doch sollte man nicht vergessen, dass eine Fahrt vom West Village zur Upper East Side nicht nur teuer ist, sondern auch – je nach Verkehr – lange dauern kann. Planen Sie bei allen Unternehmungen auch immer Zeit und Geld für die Beförderung innerhalb der Stadt ein. Wenn Sie nur wenig Zeit im »Big Apple« verbringen, sollten Sie sich ein günstig gelegenes, gut erreichbares Viertel aussuchen. Behinderten wird empfohlen, Erreichbarkeit und Ausstattung bei den jeweiligen Hotels zu erfragen. Vergessen Sie nicht, sich über Parkmöglichkeiten zu informieren. Alle Hotels verfügen über Klimaanlagen.

RESTAURANTS

New York kann mit Recht als die Stadt mit der höchsten Restaurantdichte angesehen werden. In der Regel ist das angebotene Essen in allen aufgeführten Kategorien gut. Die Herausforderung besteht eher darin, für das gewünschte Restaurant auch eine Reservierung zu bekommen.

In den folgenden Listen sind Öffnungszeiten aufgeführt; es ist allerdings ratsam, sie bei der Reservierung bestätigen zu lassen. Auch die Zugänglichkeit für Reisende mit Behinderungen sollte im Vorfeld erfragt werden, da sie abhängig von Größe und Lage des Restaurants stark variieren kann. In den mittelpreisigen Restaurants darf man davon ausgehen, dass die Preise für ein Mittagessen in der Regel etwas niedriger liegen als jene für das Abendessen. Eine weitere, vergleichsweise günstige Alternative sind die von einigen Restaurants angebotenen Festpreismenüs. Alle Restaurants verfügen über eine Klimaanlage , sofern nicht anders ausgewiesen, und sind Nichtraucherrestaurants.

EINTEILUNG

Die Hotels und Restaurants wurden im Folgenden nach Stadtvierteln geordnet, innerhalb der Viertel alphabetisch in der jeweiligen Preisgruppe.

PREISKATEGORIEN

HOTELS

Die Preiskategorien für ein Doppelzimmer pro Nacht ohne Frühstück kennzeichnen folgende $-Zeichen:

$$$$$	über 325 $
$$$$	260–325 $
$$$	200–260 $
$$	140–200 $
$	unter 140 $

RESTAURANTS

Die Preiskategorien für ein Drei-Gänge-Menü kennzeichnen folgende $-Zeichen:

$$$$$	über 80 $
$$$$	50–80 $
$$$	35–50 $
$$	20–35 $
$	unter 20 $

Abkürzungen:
M = mittags / A = abends
Kreditkarten: AE (American Express), DC (Diner's Club), MC (Mastercard), V (Visa).

LOWER MANHATTAN

CROSBY STREET HOTEL $$$$$
79 Crosby St.
(zw. Prince und Spring St.)
Tel. 212/226-6400
www.firmdalehotels.com/hotels/new-york/crosby-street-hotel/

Die englische Hoteldesignerin und -besitzerin Kit Kemp bringt auch in den USA ihre ganz eigene Art von Magie zur Anwendung: in Zimmern, deren Fenster vom Boden bis zur Decke reichen, und die mit ganz unterschiedlichen, fröhlichen Mustern und Farben ausgestattet sind.
86 R, W Prince St. Alle gängigen Karten

HOTEL ON RIVINGTON $$$$$
107 Rivington St.
(zw. Ludlow und Essex St.)
Tel. 212/475-2600
www.hotelonrivington.com

Von dem 21-stöckigen Glasturm im historischen Teil der Lower East Side bietet sich durch die riesigen Fenster der Zimmer ein fantastischer Blick auf die Stadt. Innovatives Design mit Schick und angenehmem Flair. Viele der Zimmer haben einen Balkon; zu den Annehmlichkeiten zählen heiße japanische Bäder und Wellness-Einrichtungen. Restaurant mit Bar im Erdgeschoss.
94, 16 Suiten F zur Delancey, J zur Essex St. Alle gängigen Karten

SOHO GRAND $$$$$
310 W. Broadway
(zw. Grand und Canal St.)
Tel. 212/965-3000 oder 800/965-3000
www.sohogrand.com

Umwerfende Architektur und erste Adresse für alle, die ein haustierfreundliches Hotel in guter Lage in Downtown New York suchen. Unzählige Geschäfte und Galerien sind zu Fuß erreichbar.
353, 4 Suiten A, C, E zur Canal St. Alle gängigen Karten

HOLIDAY INN WALL ST. $$
51 Nassau St.
(1 Block vom Broadway)
Tel. 212/227-3007
www.hiwallstreethotel.com

Kleine, saubere und günstige Alternative mitten im Trubel, nicht weit von der Wall Street und dem 9/11 Memorial.
113 J, 2, 3 bis Fulton St. Alle gängigen Karten

ECCO $$$$
124 Chambers St.
(zw. Church St. und W. Broadway)
Tel. 212/227-7074
www.eccorestaurantny.com

Die italienischen Gerichte sind ihren Preis wert. Versuchen Sie Kalbsschnitzel mit Artischocken, Penne Arrabiata oder eine Fisch-Grillplatte.
🍴 75 🚇 A, C, 1, 2, 3 zur Chambers St. 🕐 Sa M und So geschl. 🏦 Alle gängigen Karten

🍴 NOBU $$$$
195 Broadway
Tel. 212/219-0500
www.noburestaurants.com
Beliebtes Restaurant mit erstklassiger japanischer Küche und tollem Design. Zu den Spezialitäten zählen Kabeljau mit Miso und Tiradito; mit Sushi Bar.
🍴 100 🚇 R, W zur Cortland St. 🏦 Alle gängigen Karten

🍴 ODEON $$$$
145 W. Broadway
(an der Thomas St.)
Tel. 212/233-0507
www.theodeonrestaurant.com
In-Restaurant in Downtown mit recht guter französischer und amerikanischer Küche. Guter Szenetipp für spätabends.
🍴 140 🚇 1 zur Chambers St. 🏦 Alle gängigen Karten

🍴 PINCH CHINESE $$$$
177 Prince St.
(zw. West Houston und
Thompson St.)
Tel. 212-328-7880
www.pinchchinese.com
Dieses moderne chinesische Restaurant hat sich auf Hong Konger Dim Sum spezialisiert. Exzellente Weinkarte.
🚇 61 C, E zur Spring St. 🏦 Alle gängigen Karten

🍴 BALTHAZAR $$$
80 Spring St. (an der Crosby St.)
Tel. 212/965-1414
www.balthazarny.com
Brasserie in SoHo mit Menüauswahl, Früh-

stück, Mittag- und Abendessen. Latenight- und Weekend-Brunch. Verlockend sind die Fischplatten und die Austern.
🍴 160 🚇 6 zur Spring St. 🏦 Alle gängigen Karten

🍴 BISTRO LES AMIS $$$
180 Spring St.
(zw. Thompson und Sullivan St.)
Tel. 212/226-8645
www.bistrolesamis.com
Traditionelle Bistrogerichte wie *coq au vin*, Steaks, Fisch und Meeresfrüchte. Durch die Spitzenvorhänge kann man gut die Passanten beobachten.
🍴 60 🚇 C, E zur Spring St. 🏦 Alle gängigen Karten

🍴 BLUE RIBBON $$$
97 Sullivan St.
(zw. Prince und Spring St.)
Tel. 212-274-0404
www.blueribbonrestaurants.com
Minimalistisches Design, exzellente Theke mit rohen Speisen (fragen Sie nach Alonso's Soße) und ein ganz besonderes Menü. Fondue und *pupu*-Gerichte. Nur abends.
🍴 45 🚇 C, E zur Spring St. 🏦 Alle gängigen Karten

🍴 DELMONICO'S $$$
56 Beaver St. (nahe William St.)
Tel. 212/509-1144
www.delmonicosny.com
Der Klassiker, der 1827 eröffnet wurde. Hier wurden die Eier Benedict erfunden.
🍴 140 🚇 2, 3, 4, 5 zur Wall St. 🕐 So geschl. 🏦 Alle gängigen Karten

🍴 EATALY NYC DOWNTOWN $$$
4 World Trade Center
101 Liberty St. (Ecke Trinity Place)
Tel. 212/897-2895
www.eataly.com
Mario Batalis Ode an Italien vereint einen Supermarkt, vier Restaurants, sieben Stehimbisse und ein Café unter einem Dach.

🚇 4, 5 zur Wall Street 💳 Alle gängigen Karten

🍴 RAOUL'S $$$
180 Prince St.
(zw. Sullivan und Thompson St.)
Tel. 212/966-3518
www.raouls.com

Immer gut besuchtes französisches Bistro/Bar mit Gartenterrasse im Sommer, empfehlenswert am späten Abend. Sehr lecker: das Pfeffersteak oder die Gänseleberterrine.
🪑 200 🚇 C, E zur Spring St., 1 zur Houston St. 💳 Alle gängigen Karten

🍴 SAMMY'S ROUMANIAN STEAKHOUSE $$$
157 Chrystie St.
(an der Delancey St.)
Tel. 212/673-0330

Einzigartiges, nur in New York existierendes Angebot an jüdischen schmalzreichen Gerichten in einem Traditionslokal der Lower East Side. Probieren Sie die Klassiker: Rinderbrust oder gehackte Leber mit einer Flasche Wodka im Eisblock.
🪑 110 🚇 F zur 2nd Ave.; B, D zur Grand St. 🕐 An hohen jüdischen Feiertagen geschl. 💳 Alle gängigen Karten

🍴 TRINITY PLACE $$$
115 Broadway
(Südseite des Zuccotti Park)
Tel. 212/964-0939
www.trinityplacenyc.com

In dieser stimmungsvollen Bar mit Restaurant im hinteren Bereich in einem alten Banktresorgewölbe tummeln sich unter der Woche allabendlich die Wall-Street-Banker. Der Speiseraum, erreichbar durch eine 30 t schwere Tür, verströmt das Flair einer modernen Flüsterkneipe. Der irische Chefkoch Donal Crosbie bietet Klassiker wie Rindfleisch-Guinness-Pastete und einen tollen Kobe-Burger, und auch für den *sticky toffee pudding* sollte man noch Platz lassen.
🪑 140 🚇 R zur Cortlandt St.; 2, 3, 4, 5 zur

Wall St. 🕐 Sa/So geschl. 💳 Alle gängigen Karten

🍴 GREAT NEW YORK NOODLE TOWN $$
28 Bowery (an der Bayard St.)
Tel. 212/349-0923

Einfaches Lokal in Chinatown mit hervorragendem Angebot bis 4 Uhr morgens: Fisch in Salz gebacken, Ente mit Ingwersoße.
🪑 60 🚇 N, R, 6 zur Canal St. 💳 Nur Barzahlung

🍴 JOE'S SHANGHAI $$
9 Pell St. (zw. Bowery und Mott St.)
Tel. 212/233-8888
www.joeshanghairestaurants.com

Man muss oft warten, doch es lohnt sich für die Shanghai-Spezialitäten. Tipp: Auberginen mit Knoblauchsoße.
🪑 85 🚇 N, R, 6 zur Canal St. 💳 Nur Barzahlung

🍴 BO KY $
80 Bayard St.
(zw. Mott und Mulberry St.)
Tel. 212/406-2292

Im einfachen Lokal in Chinatown gibt es an großen Tischen unzählige vietnamesische Suppen, Curry-Huhn und gebratene Ente.
🪑 100 🚇 6 zur Canal St. 💳 Nur Barzahlung

🍴 BUBBY'S $
120 Hudson St.
(an der N. Moore St.)
Tel. 212/219-0666
www.bubbys.com

Unauffälliges, aber beliebtes Lokal für alle Mahlzeiten. Frühstück am Wochenende, Brunch und hausgemachte Kuchen.
🪑 120 🚇 1 zur Franklin St. 💳 DC, MC, V

🍴 COWGIRL HALL OF FAME $
519 Hudson St.
Tel. 212/633-1133
www.cowgirlnyc.com

Themenrestaurant im Western-Stil mit viel Holz, Kronleuchtern, Cowboy-Requisiten und einem Motelzimmer im Stil der 1950er-Jahre. Alles betont lässig und ein Tipp für jeden, der mit großem Hunger oder Familie kommt. Es gibt spezielle Kindermenüs. In einem kleinen Souvenirshop gibt es typische Westernartikel.

🪑 283 🚇 1 zur Christopher St. 💳 AE, MC, V

🍴 DOJO $
14 W. 4th St. (an der Mercer St.)
Tel. 212/505-8934
www.dojorestaurant.com

Klassische preiswerte Studentenkneipe nahe der NYU, deren Speisekarte asiatische, vegetarische und andere Gerichte bietet.

🚇 N, R zur 8th St./NYU 💳 Nur Barzahlung

🍴 JING FONG $
20 Elizabeth St.
(zw. Bayard und Canal St.)
Tel. 212/964-5256

Grandioses Dim-Sum-Paradies (am späten Vormittag oder gegen Mittag kommen). Unbedingt probieren: Fleischbällchen, Reispäckchen, Huhn und Wurst. Im großen Lokal herrscht immer Trubel.

🪑 1000 🚇 6 zur Canal St. 💳 AE, MC, V

🍴 KATZ'S DELICATESSEN $
205 E. Houston St.
(an der Ludlow St.)
Tel. 212/254-2246
www.katzsdelicatessen.com

Klassische amerikanische Adresse in der Lower East Side mit Hot Dogs, Pastrami, Corned Beef, Pickles und Dr. Brown's Soda.

🪑 340 🚇 F zur 2nd Ave. 💳 AE, MC, V

🍴 LOMBARDI'S $
32 Spring St.
(zw. Mott und Mulberry St.)
Tel. 212/941-7994
www.firstpizza.com

Essen Sie Pizza beim Erfinder der New Yorker Pizza. Gut wie eh und je.

🪑 100 🚇 6 zur Spring St. 💳 Nur Barzahlung

🍴 NHA TRANG $
87 Baxter St.
(zw. Bayard und Canal St.)
Tel. 212/233-5948

Einfaches Lokal mit vietnamesischen Spezialitäten, z. B. Schweinefleischklößchen und süßsaure Shrimp-Suppe.

🪑 80 🚇 6 zur Canal St. 💳 MC, V

🍴 WO HOP $
17 Mott St.
(zw. Mosco St. und Chatham Sq.)
Tel. 212/962-8617
www.wohopnyc.com

Ein Chinatown-Klassiker. Der Küchenbereich im Untergeschoss ist ein echtes Nudelparadies.

🪑 50 🚇 4, 6 zur Spring St. 💳 Nur Barzahlung

GREENWICH VILLAGE UND EAST VILLAGE

🏨 HOTEL GANSEVOORT $$$$$
🍴 18 9th Ave.
(zw. Little W. 12th und 13th St.)
Tel. 212/206-6700
www.hotelgansevoort.com

Das Hotel im schicken Meatpacking District bietet von den Balkonen der Zimmer und dem Pool im obersten Stockwerk spektakuläre Blicke auf die Stadt und den Hudson. Sehr großes Spa, schickes Restaurant **The Chester** (auch Plätze im Freien) .

🛏 186 🚇 A, C, E, L zur 14th St. 💳 Alle gängigen Karten

🏨 THE STANDARD EAST VILLAGE
🍴 $$$$$
25 Cooper Sq.
(zw. Bowery und 5th St.)

Tel. 212/475-5700
www.standardhotels.com/east-
village

Der geschwungene 21-stöckige Glasturm des Hotels wurde um einen Wohnblock von 1845 errichtet. Die stilvollen Zimmer verbinden minimalistische Ästhetik mit schönen natürlichen Hölzern, dazu gibt es aus den bodentiefen Fenstern tolle Ausblicke. Das **Café Standard** bietet bis spät abends amerikanische Küche und Cocktails.

⊞ 145 🚇 6 bis Astor Pl. 💳 Alle gängigen Karten

WASHINGTON SQUARE HOTEL $$
103 Waverly Pl.
(an der Macdougal St.)
Tel. 212/777-9515 oder
800/222-0418
www.washingtonsquarehotel.com

Gute Lage am Park mitten in Greenwich Village. Renoviertes hundert Jahre altes Hotel mit funktionellen, aber gut ausgestatteten Zimmern und einem hübschen Restaurant.

ⓘ 180 🚇 A, B, C, D, E, F zur W. 4th St. ❄ 💳 Alle gängigen Karten

THE JANE $
113 Jane St. (Ecke West St.)
Tel. 212/924-6700
www.thejanenyc.com

Hotel in einem Gebäude von 1908 mit kleinen, aber gemütlichen Zimmern mit Seefahrer-Flair. Die meisten Zimmer mit Gemeinschaftsbad.

ⓘ 200 🚇 A, C, E zur 14th St. 💳 Alle gängigen Karten

BLUE HILL $$$$$
75 Washington Pl.
Tel. 212/539-1776
www.bluehillfarm.com

Dan Barbers Restaurant folgt dem Motto »vom Hof und Hafen frisch auf den Tisch« und liegt in einer bekannten alten Flüsterkneipe beim Washington Square Park im Greenwich Village. Auf der Karte stehen Speisen aus Zutaten von nahen Farmen wie dem Stone Barns Center for Food and Agriculture (siehe Kasten S. 263) sowie Weine von Kleinerzeugern. Die Gäste können von der Karte wählen oder sich für das »Farmer's Feast« entscheiden, ein tolles fünfgängiges Probiermenü mit fantasievollen Gerichten.

⊞ 71 🚇 A, B, C, D, E, F zur W. 4th St. 💳 Alle gängigen Karten

BABBO $$$$
110 Waverly Pl.
Tel. 212/777-0303
www.babbonyc.com

Mario Batalis experimentierfreudiges italienisches Restaurant stellt traditionelle italienische Gerichte und Pasta in den Mittelpunkt. Eine Reservierung zu bekommen, kann schwierig sein.

⊞ 126 🚇 A, B, C, D, E, F zur W. 4th St. 🕐 M geschl. 💳 Alle gängigen Karten

JACK'S WIFE FREDA $$$$
50 Carmine St.
(zw. Bedford und Bleecker St.)
Tel. 646/669-9888
jackswifefreda.com

Dieses erfolgreiche Lokal tischt kreative jüdische Küche wie Matzo Ball Soup und den Madame Freda Sandwich mit Entenprosciutto auf.

⊞ 60 🚇 A, C, C, B, D, F, M zur W 4th St. 💳 Alle gängigen Karten

ONE IF BY LAND, TWO IF BY SEA $$$$
17 Barrow St.
Tel. 212/255-8649
www.oneifbyland.com

Zweistöckiges, elegantes Restaurant in einem denkmalgeschützten Haus von 1786, in dem einst Aaron Burr lebte. Vom Restaurant blickt man in einen Garten mit festlicher Beleuchtung. Kerzen, Blumen, Klaviermusik und offene Kamine schaffen die perfekte Atmosphäre für ein romantisches Essen. Auf der Speisekarte stehen klassische Gerichte, modern interpretiert. Und wenn Sie Glück haben, sind Sie an einem Abend dort, an dem Burrs Geist, siegreich nach seinem Duell mit Alexander Hamilton, erscheint.

🔲 150 🚇 A, B, C, D, E, F zur W. 4th St. 💳 Alle gängigen Karten

🍴 GOTHAM BAR AND GRILL $$$$
12 E. 12th St.
(zw. 5th Ave. und University Pl.)
Tel. 212/620-4020
www.gothambarandgrill.com

Das Restaurant auf mehreren Ebenen ist für seine Architektur wie für sein Essen bekannt. Das prämierte ehemalige Lagerhaus wurde als »herausragender Gourmettempel« bezeichnet. Chefkoch Alfred Portale zaubert Spezialitäten wie Lammkarrée und gebratenen Gelbflossenthun, als Nachtisch den typischen Gotham-Schokoladenkuchen.

🔲 150 🚇 4, 5, 6 zum Union Sq. 🕐 Sa, So M geschl. 💳 Alle gängigen Karten

🍴 JAMES BEARD HOUSE $$$$
167 W. 12th St.
(zw. 6th und 7th Ave.)
Tel. 212/675-4984
www.jamesbeard.org

Eine gastronomische »Carnegie Hall« mit den besten Küchenchefs der Welt, allabendlich wechselnd. Nur mit Reservierung.

🔲 90 🚇 1, 2, 3 zur 14th St. 💳 Alle gängigen Karten

🍴 AUNT JAKE'S HANDMADE PASTA $$$
47 W. 8th St. (zw. 5th und 6th Ave.)
Tel. 212/253-9333
www.auntjakesnyc.com

Gäste können sich hier die frische, handgemachte Pasta in verschiedenen Formen und mit Soßen *with broken meatball* und *Sunday* (mit Babyrippchen) zusammenstellen.

🔲 74 🚇 A, C, E, B, D, F, M zur W. 4th St. 💳 Alle gängigen Karten

🍴 BERIMBAU DO BRASIL $$$
43 Carmine St.
(zw. Bedford und Bleecker St.)
Tel. 212/242-2606
www.berimbaunyc.com

Dieses sympathische brasilianische Lokal hat den Fischeintopf Moqueca perfekt drauf. Der Açaí Caipirinha ist empfehlenswert.

🔲 40 🚇 A, C, C, B, D, F, M zur W. 4th St. 💳 Alle gängigen Karten

🍴 GAONNURI $$$
1250 Broadway,
(Penthouse, 39th Fl.)
Tel. 212/971-9045
www.gaonnurinyc.com

Diese Oase im obersten Stockwerk ist eines der bestgehüteten Geheimnisse von Midtown. Sie bietet authentische koreanische Küche bei tollen Ausblicken auf die Stadt.

🔲 120 🚇 B, D, F, N, Q, R zur 34th St. 🕐 So M geschl. 💳 Alle gängigen Karten

🍴 CARACAS AREPA BAR $$
3½ E. 7th St. (an der 1st Ave.)
Tel. 212/529-2314
www.caracasarepabar.com

Venezuelanische Maisküchlein mit herzhaften Füllungen in nettem Ambiente, auch zum Mitnehmen.

🚇 L zur 1st Ave., F zur 2nd Ave. 💳 Alle gängigen Karten

🍴 E.A.K. RAMEN $$
469 6th Ave. (an der 11th St.)
Tel. 646/863-2017
www.eakramen.com

Das japanische Soul Food, die Ramen-Nudelsuppe, wird hier in verschiedenen Variationen serviert.

🔲 45 🚇 F, M, L zur 14th Street 💳 Alle gängigen Karten

🍴 IKINARI STEAK $$
90 E. 10th St. (zw. 3rd und 4th Ave.)
Tel. 917/388-3546
www.ikinaristeakusa.com

🏨 Hotel   🍴 Restaurant   🛏 Zimmer   🔲 Sitzplätze   🅿 Parkplätze   🚇 Metro   🕐 Geschlossen   🛗 Aufzug   📶 WLAN

Japanische Steaks im Schnellservice und Stehimbiss.

🛗 50 🚇 6 Astor Place 💳 Alle gängigen Karten

🍴 JAPONICA $$
100 University Pl.
Tel. 212/243-7752
www.japonicanyc.com

Sushi und andere japanische Speisen, beliebt für Mittag- und Abendessen.

🛗 84 🚇 4, 5, 6 zum Union Sq. 💳 AE, MC, V

🍴 JOHN'S OF BLEECKER STREET $$
278 Bleecker St.
(zw. 6th Ave. und 7th Ave. S.)
Tel. 212/243-1680
www.johnsbrickovenpizza.com

Steinofenpizza und Design im Stil der 1950er-Jahre. Beliebt bei New Yorkern, VIPs und Touristen.

🛗 100 🚇 A, B, C, D, E, F zur W. 4th St. 💳 Nur Barzahlung

🍴 MANCORA $$
99 1st Ave. (an der 6th St.)
Tel. 212/253-1011

Peruanische Gerichte von Ceviche bis zu Rind und Huhn.

🚇 6 zur Bleecker St. 💳 MC, V

🍴 TEA & SYMPATHY $$
108 Greenwich Ave.
(zw. 12th und 13th St.)
Tel. 212/807-8329
www.teaandsympathy.com

Kleines Lokal mit britischer Küche. Gut zur Teatime.

🛗 22 🚇 A, C, E zur 14th St. 💳 MC, V

🍴 CORNER BISTRO $
331 W. 4th St. (Ecke 14th St.)
Tel. 212/242-9502
www.cornerbistrony.com

Hier gibt es Hamburger und Pommes frites auf Papptellern. Gut: Bistro-Burger mit Käse, Speck, Salat und Tomaten (8,75 $).

🛗 34 🚇 A, C, E zur 14th St. 💳 Nur Barzahlung

🍴 PATISSERIE CLAUDE $
187 W. 4th St.
Tel. 212/255-5911

Der warme, buttrige Duft, der aus dem Café herausweht, sagt schon alles: Hier kann man bei einem Bummel durchs Village wunderbar Kaffee und zartes Gebäck genießen.

🛗 10 🚇 1 zur Christopher St. 💳 Alle gängigen Karten

🍴 POMMES FRITES $
128 Macdougal St.
(zw. 3rd und Bleeker St.)
Tel. 212/674-1234
www.pommesfritesnyc.com

Kein großes Essen, aber einen großen Snack gibt's hier, und zwar Pommes frites nach belgischer Art in einer Papiertüte.

🛗 3 Tische 🚇 A, C, E, B, D, F, M zur West 4th St. 💳 Nur Barzahlung

🍴 VESELKA $
144 2nd Ave. (Ecke 9th St.)
Tel. 212/228-9682
www.veselka.com

Einfaches ukrainisches Lokal, viele Suppen.

🛗 60 🚇 6 bis Astor Pl. 💳 Alle gängige Karten

MIDTOWN SOUTH

🏨 HÔTEL AMERICANO $$$$$
🍴 518 W. 27th St.
(zw. 10th und 11th Ave.)
Tel. 212/216-0000
www.hotel-americano.com

Die mexikanische Grupo Habita legte mit diesem Boutique-Hotel ein ultramodernes architektonisches Glanzstück hin. Gäste können sich ein eigens für das Hotel designtes Fahrrad ausborgen.

🛈 56 🚇 C, E zur 23 St. 💳 Alle gängigen Karten

🏨 INN AT IRVING PLACE $$$$$

56 Irving Pl. (zw. 17th und 18th St.)
TEL. 212/533-4600 oder
800/685-1447
www.innatirving.com

Romantisches Hotel im viktorianischen Stil in zwei Häusern von 1834. Genießen Sie den *High Tea* in Lady Mendl's Tea Salon.

🛏 12 Suiten 🚇 4, 5, 6 zum Union Sq. 💳 Alle gängigen Karten

🏨 THE STANDARD HIGH LINE 🍴 $$$$

848 Washington St.
(an der 13th St.)
Tel. 212/645-4646
www.standardhotels.com/highline

Der Ausblick ist das Tolle in diesem André-Balasz-Hotel, das über dem neuen High Line Park im hippen Meatpacking District steht, nur einen Block vom Hudson entfernt. Das Äußere des Baus erinnert an das UN-Gebäude, während die stromlinienförmigen Zimmer der Moderne des 20. Jh. angehören. Alle sind so angelegt, dass der Blick möglichst schweifen kann. Die Restaurants **Standard Plaza** und **Standard Grill** bieten Plätze draußen und drinnen. Es werden auch Fahrräder verliehen.

🛏 338 🚇 A, C, E zur 14th St. 💳 Alle gängigen Karten

🏨 THE TUSCANY $$$$

120 E. 39th St.
Tel. 212/686-1600
www.stgileshotels.com

Ein stilvoller Rückzugsort in Midtown mit wunderbarer Einrichtung und großen Zimmern mit Bädern aus italienischem Marmor.

🛏 124 🚇 4, 5, 6 zur Grand Central 📶 💳 Alle gängigen Karten

🏨 HOTEL GIRAFFE $$$

365 Park Ave. South
(an der 26th St.)
Tel. 212/685-7700
www.hotelgiraffe.com

Ein vom Art déco inspiriertes Hotel. Gratisfrühstück und -snacks. Wein- und Käsebuffet für Gäste von 17 bis 20 Uhr sowie Eintrittskarten in einen Fitnessclub gratis.

🛏 72 🚇 6 zur 23rd St. 💳 Alle gängigen Karten

🏨 HOTEL METRO $$$

45 W. 35th St.
(zw. 5th und 6th Ave.)
Tel. 212/947-2500
www.hotelmetronyc.com

Elegante Art-déco-Zimmer und eine Dachterrasse mit Blick aufs Empire State Building.

🛏 181 🚇 1, 2, 3 zur 34th St. 📶 💳 Alle gängigen Karten

🏨 POD 39 $$–$$$

145 E. 39th St.
(zw. 3rd und Lexington Ave.)
Tel. 212/865-5700
www.thepodhotel.com

Schicke Budget-Option mit hellen, funktionalen Zimmern. Bad mit Regendusche. Auf dem Dach gibt es eine herrliche Lounge mit Bar und Aussicht über die Stadt.

🛏 366 🚇 4, 5, 6, 7, S bis Grand Central 💳 Alle gängigen Karten

🏨 THE EVELYN HOTEL $$–$$$

7 E. 27th St.
(zw. 5th und Madison Ave.)
Tel. 212/545-8000
www.theevelyn.com

Dieses hundert Jahre alte Gebäude in einer Gegend, in der in den 1930er- und 1940er-Jahren Unterhaltungsmusik geschrieben wurde, zählt bewusste Weltenbummler zu seinen Kunden. Die Zimmerauswahl reicht von Executive King Suiten bis zu Deluxe Double Double mit zwei Doppelbetten. Hier weht noch der Geist der Pop-Art.

🏨 Hotel 🍴 Restaurant 🛏 Zimmer 🪑 Sitzplätze 🅿 Parkplätze 🚇 Metro 🕐 Geschlossen 📶 Aufzug 📶 WLAN

① 173 🚇 A, C, E zur 34th St. 💳 Alle gängigen Karten

WYNDHAM NEW YORKER
🍴 $$–$$$
481 8th Ave. (zw. 34th und 35th St.)
Tel. 212/971-0101
www.wyndham.com

Nostalgisch angehauchtes Gebäude in hervorragender Lage im Herzen Midtowns. Top-Sehenswürdigkeiten und -Shopping in direkter Nachbarschaft. Manche der Zimmer mit Blick auf das Empire State Building.
① 1024 🚇 A, C, E zur 34th St./Penn Station 📺 💳 Alle gängigen Karten

TRYP HOTEL $$
345 W. 35th St.
(zw. 8th und 9th Ave.)
Tel. 212/600-2440
www.tryphotels.com

Familienfreundliches Hotel in der Nähe Kaufhauses Macy's. Geräumige Zimmer.
① 173 🚇 A, C, E zur 34th St. 💳 Alle gängigen Karten

HOTEL 17 $–$$
225 E. 17th St.
(zw. 2nd und 3rd Ave.)
Tel. 212/475-2845
www.hotel17ny.com

Das etwas angestaubte Flair mit dem Dekor vom Beginn des 20. Jh. lockt Fotografen von Modezeitschriften und Filmemacher an – Woody Allen hat hier *Manhattan Murder Mystery* gedreht. Die Zimmer sind klein.
① 120 🚇 4, 5, 6 zur 14th St./Union Sq. 💳 MC, V

HOTEL 31 $–$$
120 E. 31st St.
(zw. Lexington und Park Ave.)
Tel. 212/685-3060
www.hotel31.com

Auch dem kleineren Schwesterhotel des Hotel 17 merkt man das Alter an, aber es ist sauber und gepflegt und eine weitere Bud-

get-Option etwas weiter nördlich in Midtown. Die Zimmer sind ähnlich wie im Hotel 17, eingerichtet mit viel dunklem Holz.
① 80 🚇 6 zur 33rd St. 💳 MC, V

THE MARCEL AT GRAMERCY HOTEL $
201 E. 24th St. (an der 3rd Ave.)
Tel. 212/696-3800
www.themarcelatgramercy.com

Modernes und komfortables Hotel mit günstigen Preisen. Lounge im 10. Stock mit einer schönen Aussicht.
① 136 🚇 6 zur 23rd St. 💳 Alle gängigen Karten

GRAMERCY TAVERN $$$$
42 E. 20th St.
(zw. Broadway und Park Ave. S.)
Tel. 212/477-0777
www.gramercytavern.com

Gut geführtes Restaurant mit moderner Küche, ausgezeichneten Weinen und Clubatmosphäre. Unter Küchenchef Michael Anthony wurde das Angebot rustikaler. Kosten Sie den Stör mit Rosenkohl.
🍴 140, 40 im Tavern Room 🚇 6 zur 23rd St. 💳 Alle gängigen Karten

I TRULLI (& ENOTECA) $$$$
122 E. 27th St.
(zw. Lexington und Park Ave. S.)
Tel. 212/481-7372
www.itrulli.com

Speisen und Weine kommen aus Apulien, sehr gut sind die hausgemachten Nudeln, Huhn und Fisch. In der Weinstube (*Enoteca*) gibt es kleine Gerichte.
🍴 150 🚇 6 zur 28th St. 🕐 Sa, So M geschl. 💳 Alle gängigen Karten

OLD HOMESTEAD STEAK HOUSE $$$$
56 9th Ave.
Tel. 212/242-9040
www.theoldhomesteadsteakhouse.com

Ein zeitloser Klassiker im Herzen des angesagten Meatpacking Districts: Das Old Homestead gibt es schon seit 1868. Greg und Marc Sherrys Restaurant genießt einen legendären Ruf für seine erstklassigen texanischen Steaks.

🛋 225 🚇 A, C, E zur 14th St. 💳 Alle gängigen Karten

🍴 PERIYALI $$$$
35 W. 20th St.
(zw. 5th und 6th Ave.)
Tel. 212/463-7890
www.periyali.com

Bekanntes Restaurant für gute traditionelle griechische Küche. Leckere, unprätentiöse Fischgerichte. Probieren Sie die Salate oder den gegrillten Tintenfisch.

🛋 100 🚇 F zur 23rd St. 🕐 Sa M geschl. 💳 Alle gängigen Karten

🍴 RIVERPARK $$$$
450 E. 29th St.
Tel. 212/729-9790
www.riverparknyc.com

Edle Küche mit tollem Blick auf den East River. Küchenchef Sisha Ortúzar bringt die Erzeugnisse der angeschlossenen Stadtfarm des Restaurants sowie von anderen Farmen und Märkten mit seinem täglichen wechselnden Angebot moderner amerikanischer Küche voll zur Geltung.

🛋 65 + 72 auf der Terrasse 🚇 6 zur 28th St. 💳 Alle gängigen Karten

🍴 UNION SQUARE CAFÉ $$$$
21 E. 19th St.
(zw. 5th Ave. und Union Sq. W.)
Tel. 212/243-4020
www.unionsquarecafe.com

Prämiertes und erfolgreiches Restaurant von Chefkoch Michael Romano mit hervorragender Küche, gutem Wein und Service. Empfehlenswert sind gebratene Kalamari mit scharfer Sardellensoße.

🛋 125 🚇 4, 5, 6 zum Union Sq. 💳 Alle gängigen Karten

🍴 HANGAWI $$$
12 E. 32nd St.
(zw. 5th und Madison Ave.)
Tel. 212/213-0077
www.hangawirestaurant.com

Wie auf einem anderen Planeten essen Sie im vegetarischen Koreaner. Die Gerichte werden mit ungewöhnlichen Wurzeln und Gemüse zubereitet.

🛋 60 🚇 6 zur 33rd St.; N, R zur 34th St. 💳 Alle gängigen Karten

🍴 MEGU $$$$
355 W. 16th St. (zw. 8th und 9th Ave., im Keller des Dream Hotels)
Tel. 212/855-9400
www.meguworldwide.com

In diesem exklusiven japanischen Restaurant gibt es Edamame-Lollipops und Hummer mit Ingwersoße. Das Wagyu-Rindfleisch schmeckt genauso wie in Japan.

🛋 145 🚇 A, C, E, L zur 14th St. 💳 Alle gängigen Karten

🍴 THE RED CAT $$$
227 10th Ave.
(zw. 23rd und 24th St.)
Tel. 212/242-1308
www.redcatrestaurants.com

Dieses einladende Bistro bietet an der Bar Rettiche und Salz, außerdem serviert es herzhafte Gerichte wie Piroggen, Schweinekoteletts und grüne Bohnen.

🛋 80 🚇 C, E, 1, 9 zur 23rd St. 💳 Alle gängigen Karten

🍴 HILL COUNTRY $$–$$$
30 W. 26th St.
(zw. 6th Ave. und Broadway)
Tel. 212/255-4544
www.hillcountryny.com

BBQ nach Texas-Art und Live-Musik, dazu Rinderbrust, Würste, Spareribs und mehr. Vielleicht das beste Brathuhn der Stadt.

🚇 N, R zur 28th St. 💳 Alle gängigen Karten

🏨 Hotel 🍴 Restaurant 🛏 Zimmer 🛋 Sitzplätze 🅿 Parkplätze 🚇 Metro 🕐 Geschlossen 🛗 Aufzug 📶 WLAN

⊞ BOTTINO $$
246 10th Ave. (an der 24th St.)
Tel. 212/206-6766
www.bottinonyc.com

Dieses schicke Lieblingsrestaurant der Kunstwelt schmiegt sich zwischen die Galerien Chelseas und den neuen High Line Park. Es bietet gehobene italienische Küche und guten Wein.

🚇 C, E zur 23rd St. 🕐 M nur Di–Sa

⊞ ELMO $$
156 7th Ave. (zw. 19th und 20th St.)
Tel. 212/337-8000
www.elmorestaurant.com

Die Modewelt strömt ins Elmo, wo Essen als Kunst zelebriert wird. Zu den Spezialitäten zählen Kürbissuppe mit Frühlingszwiebeln, Hähnchenpastete und der Elmo-Burger.

🎟 110 🚇 C, E zur 23rd St. 💳 Alle gängigen Karten

⊞ THE COFFEE SHOP $$
29 Union Sq. (an der E. 16th St.)
Tel. 212/243-7969
www.thecoffeeshopnyc.com

Sowohl Milkshakes als auch Mojitos werden in dieser New Yorker Institution fast durchgehend serviert. Neben Frühstück wie *Eggs Benedict* und *French Toast* stehen brasilianische Spezialitäten wie der Bohneneintopf *Feijoada* auf der Speisekarte.

🎟 160 🚇 4, 5, 6, N, L, Q, R zur 14th St. 💳 Alle gängigen Karten

⊞ EMPIRE DINER $–$$
210 10th Ave.
Tel. 212/597-7523
www.empire-diner.com

Einer der wundervollen New Yorker Diner, mit einer Art-déco-Fassade, die es schon in zahlreiche Filme, Fernsehsendungen und auf ein Tom-Waits-Plattencover geschafft hat. Amanda Freitag hat diesem Klassiker inkl. der berühmten Burger-Sandwiches jetzt neues Leben eingehaucht – und auch der Kaffee weiß die Lebensgeister zu wecken.

🎟 50 🚇 C, E zur 23rd St. 💳 Alle gängigen Karten

⊞ PETE'S TAVERN $–$$
129 E. 18th St.
Tel. 212/473-7676
www.petestavern.com

Dies ist eines der ältesten Speiselokale der Stadt, toll für ein preiswertes Mittagsmenü. Die *Penne à la vodka*, das halbe Hähnchen oder die klassischen Hamburger wie der O. Henry's Roma Burger bieten müden Stadterkundern und Shoppern Stärkung.

🚇 4, 5, 6 zum Union Sq. 💳 Alle gängigen Karten

⊞ DIG INN $
1178 Broadway
(bei Madison Ave. und 28th St.)
Tel. 212/335-2010
www.diginn.com

Gesundes und gut schmeckendes Fast Food aus Biozutaten. Überall in der Stadt. Gäste stellen sich ihre Gerichte selbst zusammen und wählen zwischen verschiedenen Gemüse-, Getreide- und Proteinsorten.

🎟 50 🚇 1 zur 28th St. 💳 Alle gängigen Karten

⊞ EISENBERG'S SANDWICH SHOP $
174 5th Ave.
(zw. 22nd und 23rd St.)
Tel. 212/675-5096
www.eisenbergsnyc.com

Das Lokal gilt als Inbegriff jüdischer Speisekultur in Chelsea. Hervorragende Sandwiches und Thunfischsalat auf Roggenbrot.

🎟 34 🚇 N, R zur 23rd St. 💳 Nur Barzahlung

⊞ ESS-A-BAGEL $
831 3rd Ave. (an der 51st St.)
Tel. 212/980-1010
www.ess-a-bagel.com

Hier gibts die besten Bagels in New York. Eine andere Spezialität ist der Felchen-Salat.

⊞ 8 Tische ⊠ 6 zur 23rd St. ⊕ So A geschl. ⊠ Alle gängigen Karten

🍴 GRAND SICHUAN INTERNATIONAL $
229 9th Ave. (an der 24th St.)
Tel. 212/620-5200
www.thegrandsichuan.com

Schwerpunkt ist die Sichuan-Küche (scharf), dazu amerikanisierte chinesische Gerichte und Spezialitäten aus Shanghai und Kanton. Unbedingt versuchen: das würzige, zweimal gekochte Schweinefleisch und den in rotem Öl eingelegten Kohl.

⊞ 125 ⊠ C, E zur 53rd St. ⊠ Alle gängigen Karten

🍴 TIA POL $
205 10th Ave. (an der 22nd St.)
Tel. 212/675-8805
www.tiapol.com

In diesen Backsteinräumlichkeiten finden Sie einige der beliebtesten Tapas und traditionellen baskischen Gerichte von New York, mit fantastischen Kroketten, ausgezeichneten Kabeljaugerichten und abendlichen Specials.

⊞ 40 ⊠ C, E zur 23rd St. ⊠ Alle gängigen Karten

MIDTOWN NORTH

🏨 ALGONQUIN $$$$$
59 W. 44th St.
(zw. 5th und 6th Ave.)
Tel. 212/840-6800
www.algonquinhotel.com

Traditionshotel, bekannt seit den 1920er-Jahren. Sehr schöne, gemütliche Zimmer im alten Stil, nette Cocktaillobby, guter Service.

🚪 175 ⊠ B, D, F zur 42nd St. ⊠ Alle gängigen Karten

🏨 FOUR SEASONS $$$$$
57 E. 57th St.
(zw. Park und Madison Ave.)
Tel. 212/758-5700
www.fourseasons.com

Das 52-stöckige Gebäude im Art-déco-Stil von I. M. Pei wurde 1993 fertiggestellt. Das Hotel erhielt die höchsten Auszeichnungen und bietet die größten Zimmer der Stadt, dazu gibt es spektakuläre Ausblicke. Freuen Sie sich auf Räumlichkeiten mit Marmor-Badezimmern im florentinischen Stil.

🚪 370 ⊠ 4, 5, 6, N, R zur 59th St. 🛗 ⊠ Alle gängigen Karten

🏨 HOTEL ELYSÉE $$$$$
60 E. 54th St.
(zw. Madison und Park Ave.)
Tel. 212/753-1066
www.elyseehotel.com

Das in den 1920er-Jahren erbaute Hotel bietet hübsche Zimmer mit Antiquitäten, eine Dachterrasse, am Abend Wein und Käse und Gratiszugang zum NY Sports Club.

🚪 88, 11 Suiten ⊠ E zur Lexington Ave.; 6 zur 51st St. 🛗 ⊠ Alle gängigen Karten

🏨 JW MARRIOTT ESSEX HOUSE HOTEL $$$$$
160 Central Park S.
(zw. 6th und 7th Ave.)
Tel. 212/247-0300 oder
888/645-5697
www.marriott.com

Die 90 Millionen Dollar teure Renovierung des Essex House, heute Teil der Marriott-Kette, wurde inzwischen abgeschlossen. Sie bewahrte die sehenswerte Art-déco-Kulisse und fügte moderne umwelfreundliche Hightech-Aspekte hinzu. Großartige Ausblicke auf den Central Park.

🚪 516, 81 Suiten ⊠ 1, A, C, B, D zum Columbus Circle/59th St.; N, Q, R zur 57th St. 🛗 ⊠ Alle gängigen Karten

🏨 PENINSULA $$$$$
700 5th Ave. (an der 55th St.)
Tel. 212/956-2888 oder
800/262-9467
www.peninsula.com

Beaux-Arts-Wahrzeichen von 1900 mit Blick über die Fifth Avenue. Jugendstilzimmer, riesige Betten und Bäder. Noch luxuriöser das Fitnesscenter und die Pen-Top-Bar auf dem Dach mit Blick über New York, ideal für Cocktails an Sommerabenden.

🛗 250 🚇 E zur 5th Ave./53rd St.; F zur 57th St. 🏋 🏊 ⬧ Alle gängigen Karten

🏨 PLAZA HOTEL $$$$$
Central Park South
768 5th Ave. (an der 59th St.)
Tel. 212/759-3000
www.fairmont.com/
the-plaza-new-york

Ein Umbau 2005 hat 523 der Zimmer in 152 superteure Eigentumswohnungen verwandelt. Es gibt jedoch noch 282 Hotelzimmer und Suiten. Im Palm Court (mit Tiffany-Decke) und in der Oak Bar sind historische Elemente erhalten. Durch die Außenanlagen am Central Park zu bummeln, ist ein Muss.

🛗 282 🚇 N, R zur 5th Ave./59th St. 🏋 ⬧ Alle gängigen Karten

🏨 THE RITZ-CARLTON
🍴 NEW YORK, CENTRAL PARK
$$$$$
50 Central Park S. (an der 6th Ave.)
Tel. 212/308-9100
www.ritzcarlton.com

Das 33-stöckige Luxushotel, das frühere St. Moritz, bietet Glamour, eine großartige Lage (mit einigen der schönsten Aussichten der Stadt), einen Bentley-Service, Butler und märchenhafte Lounges. Das **Atelier Bistro & Bar** serviert einen Afternoon Tea.

🛗 261 🚇 F zur 57th St. ⬧ Alle gängigen Karten

🏨 ROYALTON $$$$$
44 W. 44th St.
(zw. 5th und 6th Ave.)
Tel. 212/869-4400
www.royaltonhotel.com

Philippe-Starck-Design mit Hightech-Lobby, Restaurant, Bar und schönen Zimmern mit offenen Kaminen und runden Badewannen.

🛗 137, 31 Suiten 🚇 1, 2, 3, 7 zum Times Sq. 🏋 ⬧ Alle gängigen Karten

🏨 ST. REGIS $$$$$
🍴 2 E. 55th St.
(zw. 5th und Madison Ave.)
Tel. 212/753-4500
www.stregisnewyork.com

Beaux-Arts-Juwel von 1904 mit bestem Service und hervorragender Ausstattung. In der Bar wurde der Bloody Mary erfunden.

🛗 322 🚇 E zur 5th Ave./53rd St.; N, R zur 5th Ave./59th St. 🏋 ⬧ Alle gängigen Karten

🏨 THE SHOREHAM $$$$$
33 W. 55th St.
(zw. 5th und 6th Ave.)
Tel. 212/247-6700
www.shorehamhotel.com

Das Haus besticht durch seine attraktive Art-déco-Innenausstattung mit Aluminiummöbeln und vielen hübschen Details.

🛗 47, 37 Suiten 🚇 E zur 5th Ave./53rd St.; N, Q, R zur 57th St./7th Ave. ⬧ Alle gängigen Karten

🏨 THE WHITBY HOTEL $$$$$
18 W. 56th St.
(zw. 5th und 6th Ave.)
Tel. 212/586-5656
www.firmdalehotels.com/hotels/
new-york/the-whitby-hotel

Zeitgenössischer Luxus mit Pepp ist das Markenzeichen des ständig von einem guten Duft durchzogenen Hotels in Midtown. Unbedingt empfehlenswert: ein Zimmer mit Balkon und der Afternoon Tea.

🛗 86 🚇 F zur 57th St. ⬧ Alle gängigen Karten

🏨 CASABLANCA HOTEL $$$$
147 W. 43rd St.
(zw. 6th Ave. und Broadway)
Tel. 212/869-1212
www.casablancahotel.com

Der Name ist Programm: Marokkanisches vermischt sich mit Modernem, eine Lounge heißt Rick's Café und der Innenhof erinnert an Nordafrika. Die Zimmer sind gut ausgestattet.

🛏 40, 8 Suiten 🚇 1, 2, 3, 7 zum Times Sq./42nd St. 📶 💳 Alle gängigen Karten

🏨 **LOTTE NEW YORK PALACE $$$$**
🍴 455 Madison Ave. (an der 50th St.)
Tel. 212/888-7000 oder
800/804-7035
lottenypalace.com

Das Hotel in den von Stanford White 1882 entworfenen Villard Houses hat sich seinen luxuriösen Charakter bewahrt. Der elegant möblierte, 55-stöckige Turm ragt über der St. Patrick's Cathedral auf.

🛏 600 🚇 E zur 5th Ave./53rd St.; B, D, F zur 47th St./50 St. 📶 💳 Alle gängigen Karten

🏨 **ONE UN HOTEL $$$$**
1 United Nations Plaza 44th St.
(zw. 1st und 2nd Ave.)
Tel. 212/758-1234 oder
866-866-8086
www3.hilton.com

Wer in diesem Hotel übernachtet, wird mitten in das globale Geschehen katapultiert, wenn Diplomaten und Angestellte der Vereinten Nationen in ihre Büros in den unteren 27 Stockwerken der Plaza eilen. Das prämierte Gebäude ragt hoch über der East Side auf. Hotelzimmer – alle mit umwerfendem Ausblick – ab der 28. Etage. Kunstwerke aus vielen Nationen schmücken das Haus. Kostenloser Transfer zum Flughafen.

🛏 428 🚇 4, 5, 6, 7 zur 42nd St. 🅿 💳 Alle gängigen Karten

🏨 **THE MANSFIELD $$$$**
12 W. 44th St.
(zw. 5th und 6th Ave.)
Tel. 212/277-8700 oder
800/255-5167
www.mansfieldhotel.com

Ehemalige Junggesellenwohnungen, in denen es die Romantik offener Kamine des 19. Jh. ebenso gibt wie einen modernen Fitnessraum. Bibliothek für Konzerte und einen Cappuccino.

🛏 103, 26 Suiten 🚇 B, D, F zur 42nd St.; 1, 2, 3, 7 zum Times Sq. 💳 Alle gängigen Karten

🏨 **THE PARAMOUNT $$$$**
235 W. 46th St.
(zw. Broadway und 8th Ave.)
Tel. 212/764-5500 oder
888/741-5600
www.nycparamount.com

Von Philippe Starck designte Lobby, verspieltes und ansprechendes Dekor. Im Herzen des Theaterbezirks gelegen.

🛏 601, 12 Suiten 🚇 1, 2, 3, 7 zur 42nd St./Times Sq. 📶 💳 Alle gängigen Karten

🏨 **ROGER SMITH $$–$$$**
501 Lexington Ave.
(zw. 47th und 48th St.)
Tel. 212/755-1400
www.rogersmith.com

Legeres urbanes Boutique-Hotel von 1929 auf der modischen East Side. Das Haus hat sich die Förderung von Kunst auf die Fahnen geschrieben und zeigt in wechselnden Ausstellungen Arbeiten aufstrebender Künstler. Auch einen Raum für Theater gibt es.

🛏 130 🚇 E zur Lexington Ave./53rd St.; 6 zur 51st St. 💳 Alle gängigen Karten

🏨 **POD 51 $–$$**
230 E. 51st St.
(zw. 2nd und 3rd Ave.)
Tel. 212/355-0300
www.thepodhotel.com

Modern und stylish gibt sich das Schwesterhotel des Pod 39 (siehe S. 279) und empfiehlt sich als gepflegte Budget-Unterkunft. Auch hier gibt es eine Dachterrasse mit Blick auf die Stadt.

🛏 345 🚇 6 zur 51st St.; E zur Lexington Ave./53rd St. 💳 Alle gängigen Karten

🏨 Hotel 🍴 Restaurant 🛏 Zimmer 💺 Sitzplätze 🅿 Parkplätze 🚇 Metro 🕐 Geschlossen 🛗 Aufzug 📶 WLAN

AQUAVIT $$$$$
65 E. 55th St.
(zw. Madison und Park Ave.)
Tel. 212/307-7311
www.aquavit.org

Einfallsreiche skandinavische Küche. Spezialitäten sind Graved Lachs, gebackener Lachs und schwedische Fleischbällchen.

180 E zur 5th Ave./53rd St. Alle gängigen Karten

AUREOLE $$$$$
135 W. 42nd St.
(zw. Madison und Park Ave.)
Tel. 212/319-1660
www.charliepalmer.com/
properties/aureole

Charlie Palmers berühmte zeitgenössische moderne Küche ist ein echtes Erlebnis! Auf der Karte von Küchenchef Gabriele Carpentieri stehen Köstlichkeiten wie Wagyu Carpaccio, Thunfischtartar mit Fenchel und Estragon sowie Schweinebauch mit Birnen, Mandeln und Krebsen. Zu empfehlen ist auch das saisonale Festpreismenü.

37 B zur 42nd St. Sa, So geschl. Alle gängigen Karten

FELIDIA $$$$$
243 E. 58th St.
(zw. 2nd und 3rd Ave.)
Tel. 212/758-1479
www.felidia-nyc.com

Gehobene norditalienische Küche von Lydia Bastianich. Nudelgerichte, Risottos und Spezialitäten aus Triest.

90 N, Q, R, 4, 5, 6 zur Lexington Ave./59th St. Sa M, So geschl. Alle gängigen Karten

LA GRENOUILLE $$$$$
3 E. 52nd St.
(zw. 5th und Madison Ave.)
Tel. 212/752-1495
la-grenouille.com

Französische Haute Cuisine inmitten des herrlichsten Blumen-Ambientes.

80 E zur 5th Ave./53rd St. So, Mo geschl. Alle gängigen Karten

LE BERNARDIN $$$$$
155 W. 51st St.
(zw. 6th und 7th Ave.)
Tel. 212/554-1515
www.le-bernardin.com

Französisches Fischrestaurant für Feinschmecker. Elegant ausgestattet, sehr guter Service. Festpreis-Menüs.

38 Tische 1 zur 50th St. Sa M, So geschl. Alle gängigen Karten

NOBU 57 $$$$$
40 W. 57th St.
(zw. 5th und 6th Ave.)
Tel. 212/757-3000
www.noburestaurants.com

Dieses zweigeschossige Restaurant (Mutterhaus in Lower Manhattan) bietet japanische Lieblingsspeisen wie süßen Miso auf Dorsch und andere Gaumenfreuden. Reservierungen empfohlen.

200 F zur 57th St.; N, R, Q zur 5th Ave./59th St. Alle gängigen Karten

PER SE $$$$$
10 Columbus Circle
Tel. 212/823-9335
www.perseny.com

Thomas Keller präsentiert hier etwa die gleiche kalifornische Küche wie in seiner French Laundry im Napa Valley. Das Ambiente wirkt streng, doch das Essen wird sehr gelobt. Die Speisekarte wechselt täglich. Der Blick über den Central Park ist wunderschön. Sehr zeitig reservieren.

A, B, C, D, 1 zur 59th St./Columbus Circle Mo–Do M geschl. Alle gängigen Karten

»21« $$$$
21 W. 52nd St.
(zw. 5th und 6th Ave.)
Tel. 212/582-7200
www.21club.com

Seit 1930 eine New Yorker Institution mit innovativen und klassischen amerikanischen Gerichten. Berühmte Huhnspezialitäten und Burger, tolle Bloody Marys.

🔧 150 🚇 B, D, F zur 47th/50th St./Rockefeller Center 🕐 SA M geschl. 💳 Alle gängigen Karten

🍴 CASA LEVER $$$$
390 Park Ave.
(zw. Madison und Park Ave.)
Tel. 212/888-2700
www.casalever.com

Casa Lever ist eines von New York atemberaubendsten Lokalen. Es ist im Untergeschoss von Lever House, dem Wolkenkratzer aus dem Jahr 1951 beheimatet. An den Wänden hängen 32 Originalporträts von Andy Warhol. Ein Geheimtipp ist das dreigängige Abendmenü am Freitag und Samstag. Für 42 $ können die Gäste zwischen italienischen Spezialitäten wie Parmigiana di Melanzane und einer himmlischen Pasta Bolognese wählen.

🔧 85 Tische 🚇 E, M zur Lexington/53rd St. 🕐 So geschl. 💳 Alle gängigen Karten

🍴 CHAZZ PALMINTERI $$$$
30 W. 46th St. (zw. 5th und 6th Ave.)
www.chazzpalminterinyc.com

Der Hollywood-Schauspieler Chazz Palminteri ist aus Mafia-Filmen bekannt. Da der aus der Bronx stammende Star sich immer für gutes Essen interessierte, eröffnete er sein eigenes Lokal. Das dreigängige Mittagsmenü ist besonders günstig: Für 28,95 $ kommen frittierte Calamari, Hühnchen in Champagnersoße und Tiramisu auf den Tisch.

🔧 90 🚇 B, D, F, M 47–50 St./Rockefeller Center 🕐 Sa M geschl. 💳 Alle gängigen Karten

🍴 CIRCO $$$$
120 W. 55th St.
(zw. 6th und 7th Ave.)
Tel. 212/265-3636
www.circonyc.com

Die Söhne des Besitzers von Le Cirque, Sirio Maccioni, kochen, ihre Mutter plant die Speisekarte. Feines aus der Toskana in quirligem Ambiente. Kosten Sie *bombolini* (Pfannkuchen) zum Dessert!

🔧 125 🚇 N, Q, R zur 57th St./7th Ave. 🕐 Sa und So M geschl. 💳 Alle gängigen Karten

🍴 OCEANA $$$$
120 W. 49th St.
(zw. Madison und Park Ave.)
Tel. 212/759-5941
www.oceanarestaurant.com

Chefkoch Bill Telepan zaubert Fischgerichte, besonders gut z. B. der Hummersalat.

🔧 100 🚇 B, D, F zur 47th/50th St./Rockefeller Center 🕐 So, M geschl., Mo–Fr 7.30–10 Uhr zum Frühstück geöffnet 💳 Alle gängigen Karten

🍴 PALM TOO $$$$
40 2nd Ave.
(zw. 44th und 45th St.)
Tel. 212/697-5198
www.thepalm.com

Diese seit 1926 bestehende Restaurantkette ist bekannt für ihre sagenhaften Steaks.

🔧 120 🚇 4, 5, 6 zur 42nd St. 🕐 Sa M, So geschl. 💳 Alle gängigen Karten

🍴 PETROSSIAN $$$$
182 W. 58th St. (an der 7th Ave.)
Tel. 212/245-2217
www.petrossian.com

Im historischen, reich verzierten Alwyn Court Building nahe der Carnegie Hall werden die Spezialitäten serviert, die das Lokal berühmt machten: Kaviar, Räucherfisch und Champagner.

🔧 70 🚇 N, Q, R zur 57th St./7th Ave. 💳 Alle gängigen Karten

🍴 ROBERT NYC $$$$
2 Columbus Circle
Tel. 212/299-7730
www.robertnyc.com

Dieses wunderschöne, moderne Restaurant im Dachgeschoss des Museum of Art & Design wurde nach dem legendären Eventgestalter Robert Isabell benannt, der für seine Blumenarrangements bekannt war. Er lieferte z. B. die Blumen für das Begräbnis von Jacqueline Kennedy Onassis. Riesengroße fantastische Blumen werden an die Wände projiziert, während die Gäste den Pilzstrudel und das Filet Mignon genießen.

🍴 137 🚇 A, C, B, D zur 59th St./Columbus Circle 💳 Alle gängigen Karten

🍴 SUSHI-ANN $$$$
38 E. 51st St.
(zw. Madison und Park Ave.)
Tel. 212/755-1780
www.sushiann.net
Hervorragende Sushi und Sashimi.
🍴 80 🚇 6 zur 51st St. 🕐 Sa M, So geschl. 💳 Alle gängigen Karten

🍴 SMITH & WOLLENSKY $$$$
797 3rd Ave. (an der 49th St.)
Tel. 212/753-1530
www.smithandwollenskynyc.com
Eines der besten Steakhäuser der Stadt.
🍴 300 🚇 6 zur 51st St. 💳 Alle gängigen Karten

🍴 VIRGIL'S REAL BARBECUE $$$$
152 W. 44th St.
(zw. 6th und 7th Ave.)
Tel. 212/929-9494
www.virgilsbbq.com
Gäste laben sich an Huhn-, Schwein- und Rinderbarbecue. Natürlich werden Brötchen aus Maismehl und *fried sweet pickles*, gebratene Essiggurken, dazu serviert.
🍴 320 🚇 7 zum Times Sq./42nd St. 💳 Alle gängigen Karten

🍴 BECCO $$$
355 W. 46th St.
(zw. 8th und 9th Ave.)
Tel. 212/397-7597
www.becco-nyc.com

Hier lassen sich in lebhafter Umgebung Pasta und eine große Auswahl italienischer Weine genießen.
🍴 150 🚇 A, C, E zur 42nd St. 💳 Alle gängigen Karten

🍴 CARMINE'S $$$
200 W. 44th St.
(zw. 7th und 8th Ave.)
Tel. 212/221-3800
www.carminesnyc.com
In diesem auf Broadway getrimmten, großen Restaurant beim Times Square serviert man Spaghetti in Portionen, an denen sich die ganze Familie sattessen kann.
🍴 500 🚇 A, C, E zur 42nd St. 💳 Alle gängigen Karten

🍴 DAWAT $$$
210 E. 58th St.
(zw. 2nd und 3rd Ave.)
Tel. 212/355-7555
www.dawatny.com
Gehobene indische Küche. Probieren Sie *bhindi masala*, Okra-Gemüse mit Zwiebeln und Mangos.
🍴 130 🚇 N, Q, R, 4, 5, 6 zur Lexington Ave./59th St. 💳 Alle gängigen Karten

🍴 ESTIATORIO MILOS $$$
125 W. 55th St.
(zw. 6th und 7th Ave.)
Tel. 212/245-7400
www.milos.ca
Elegantes griechisches Fischrestaurant mit exzellenten Krabbengerichten. Fisch wird nach Gewicht verkauft.
🍴 250 🚇 N, Q, R zur 57th St./7th Ave. 💳 Alle gängigen Karten

🍴 JOE ALLEN $$$
326 W. 46th St.
(zw. 8th und 9th Ave.)
Tel. 212/581-6464
www.joeallenrestaurant.com
Burger und Chefsalate locken Publikum und Darsteller in diese 40 Jahre alte Institution

im Theater District.

🏨 150 🅿️ A, C, E zur 42nd St. 🔖 MC, V

🍴 LE COLONIAL $$$
149 E. 57th St.
(zw. Lexington und 3rd Ave.)
Tel. 212/752-0808
www.lecolonialnyc.com

Französisch-vietnamesische Küche und fantastische Drinks werden in einer Atmosphäre aus Samt und Teak serviert.

🏨 195 🅿️ N, Q, R, 4, 5, 6 zur Lexington Ave./59th St. 🕐 Sa, So M geschl. 🔖 Alle gängigen Karten

🍴 LUCKY CHENG'S $$$
650 W. 48th St.
(zw. 11th und 12th Ave.)
Tel. 212/995-5500
www.luckychengsnewyork.com

Eine vergnügliche Travestieshow mit annehmbarem pan-asiatischem Essen gibt es in diesem Drag-Cabaret-Restaurant; am besten kommt man spät auf einen Cocktail.

🏨 200–350 🅿️ C, E zur 50th St. 🕐 M geschl. 🔖 Alle gängigen Karten

🍴 MÁ PÊCHE MOMOFUKU $$$
15 W. 56th St.
(zw. 5th und 6th Ave.)
Tel. 212/757-5878
www.mapeche.momofuku.com

Dieses im Kellergeschoss des Chambers Hotels angesiedelte Restaurant gehört zu David-Changs-Momofuku-Gruppe. Chang überzeugt mit seiner kreativen asiatischen Fusion-Küche. Die im Bananenblatt geschmorte Meerbrasse zerschmilzt im Mund.

🏨 90 🅿️ F zur 57th St. 🔖 Alle gängigen Karten

🍴 OYSTER BAR AT GRAND CENTRAL $$$
Grand Central Terminal, Lower Level (42nd St. und Vanderbilt Ave.)
Tel. 212/490-6650
www.oysterbarny.com

Klassisches Lokal von 1913 im historischen Bahnhof, mit Fisch und Meeresfrüchten, Steaks und Huhn.

🏨 500 🅿️ S, 4, 5, 6 zur 42nd St./Grand Central 🕐 So geschl. 🔖 Alle gängigen Karten

🍴 ROSA MEXICANO $$$
1063 1st Ave. (an der 58th St.)
Tel. 212/753-7407
www.rosamexicano.com

Gehobene mexikanische Küche, authentische Gerichte. Spezialitäten sind Guacamole, Margaritas und *mixiote* (Lammkeule mit in Bier gedämpften Chilischoten).

🏨 90 🅿️ N, Q, R, 4, 5, 6 zur Lexington Ave./59th St. 🕐 M geschl. 🔖 Alle gängigen Karten

🍴 SHUN LEE PALACE $$$
155 E. 55th St.
(zw. Lexington und 3rd Ave.)
Tel. 212/371-8844
www.shunleerestaurants.com

Feinste chinesische Küche. Die kantonesische Wantan-Suppe ist einzigartig, Speisen tragen Namen wie »Ameisen klettern auf einen Baum« oder »Lilien im Wald« (sie sind nicht, was der Name sagt), dazu Alligator nach Sichuan-Art (das, was der Name sagt!).

🏨 350 🅿️ N, Q, R, 4, 5, 6 zur Lexington Ave./59th St. 🔖 Alle gängigen Karten

🍴 THE PORTER HOUSE $$–$$$$
10 Columbus Clr., 4th Fl.
Tel. 212/823-9500
www.porterhousenewyork.com

Das Porterhouse Steak von glücklichen südkalifornischen Rindern ist ein perfektes Dinner für Freunde erstklassigen Fleisches. Küchenchef Michael Lomonacos amerikanisches Restaurant wartet mit einer edlen Weinkarte auf. Oder man kommt mittags zu einem der besten Deals der Stadt: einem köstlichen dreigängigen Menü (Steak mit Pommes frites oder schottischer Lachs) für nur 35 $. Der Service ist aufmerksam und freundlich, das Ambiente nett, mit Blick auf den Circle und Central Park West.

⊞ 140 🚇 A, B, C, D, 1 zur 59th St./Columbus Circle 🅂 Alle gängigen Karten

🍽 BAR VETRO $$
222 E. 58th St.
(zw. 2nd und 3rd Ave.)
Tel. 212/308-0112
www.barvetro.com

Heißer Tipp für zeitgemäße italienische Küche mit ausgezeichneter Pasta sowie Fisch und Meeresfrüchten. Auch beliebt wegen der Drinks und der Appetizer.

⊞ 170 🚇 N, Q, R, 4, 5, 6 zur Lexington Ave./59th St. 🕙 Sa M, So geschl. 🅂 Alle gängigen Karten

🍽 LE PAIN QUODITIEN $$
7 E. 53rd St.
(zw. 5th und Madison Ave.)
Tel. 646/845-0012

Dieses unter der Woche von 6 bis 20 Uhr und am Wochenende von 8 bis 18 Uhr geöffnete Lokal ist perfekt für einen schnellen Imbiss. In ganz New York finden sich mehrere Filialen, darunter auch im Central Park. Gäste kommen wegen des schmackhaften getoasteten Bauernbrots und der guten Aufstriche sowie der herzhaften Suppen her.

⊞ 120 🚇 E, M zur 5th Ave./53rd St. 🅂 Alle gängigen Karten

🍽 MENDY'S KOSHER DELICATESSEN $$
37 W. 48th St.
Tel. 212/262-9600
www.mendysdeli.com

Besucher von nah und fern kommen in dieses jüdische Deli, um sich die Corned Beef und Pastrami-Sandwiches munden zu lassen. Nach einem herzhaften Biss in eine saure Gurke schmecken diese noch besser.

⊞ 50 🚇 B, D, F. M 47–50th St./Rockefeller Center 🕙 Sa/So geschl. 🅂 Alle gängigen Karten

🍽 TRATTORIA DELL'ARTE $$
900 7th Ave. (an der 57th St.)
Tel. 212/245-9800
www.trattoriadellarte.com

Fantastische Vorspeisen und Pizzas beim beliebten Italiener nahe der Carnegie Hall.

⊞ 75 🚇 N, Q, R zur 57th St./7th Ave. 🅂 Alle gängigen Karten

🍽 UN DELEGATES' DINING ROOM $$
United Nations Plaza
Tel. 917/367-3314
www.ddr-reservations.com

Das Mittagessen mit UN-Delegierten ist eines von Manhattans bestgehüteten Geheimnissen. Prix fixe für 39,99 $.

⊞ 350 🚇 4, 5, 6 zur 42nd St. 🕙 Sa, So geschl. 🅂 Alle gängigen Karten

🍽 WHEELTAPPER $$
141 E. 44th St.
(im Fitzpatrick Hotel)
Tel. 212/351-6800
www.fitzpatrickhotels.com

Ein Irish Pub mit Eisenbahn-Motto, Kamin und Großbild-TV.

⊞ 100 🚇 S, 4, 5, 6, 7 zur 42nd St./Grand Central 🅂 Alle gängigen Karten

🍽 CHIPOTLE MEXICAN GRILL $
845 8th Ave.
(zw. 51st und 52nd Street)
Tel. 212/757-4312
www.chipotle.com

Preiswert und schmackhaft. Die in New York in vielen Filialen vertretene Kette (im Besitz von McDonalds) produziert mit Reis, Huhn, Rind- oder Schweinfleisch und Gemüse gefüllte Burritos.

⊞ 250 🚇 C, E zur 50th St. 🅂 Alle gängigen Karten

🍽 ESS-A-BAGEL $
831 3rd Ave. (zw. 50th und 51st St.)
Tel. 212/980-1010
www.ess-a-bagel.com

New Yorks beste Bagels, handgemacht und freundlich serviert, auch Desserts und Kaffee. Filiale auch in Midtown South.

⊞ 25 Tische 🚇 6 zur 51st St; E zur Lexington Ave. 💳 Alle gängigen Karten

🍴 ORIGINAL SOUP MAN $
259a W. 55th St.
Tel. 212/599-5900
originalsoupman.com

Hier stehen New Yorker Schlange, um große Portionen Hummercremesuppe, Bohnensuppe und Gumbo zu erstehen.

🚇 A, B, C, D, 1 zur 59th St./Columbus Circle 💳 AE, MC, DC, V

🍴 SCHMACKARY'S COOKIES
362 W. 45th St.
(zw. 8th und 9th Ave.)
Tel. 646/801-9866
www.schmackarys.com

Als »Old American Bakeshop« verkauft sich diese Bäckerei von dem aus Nebraska stammenden Zachary Schmahl. Cookies werden hier nicht nur in der normalen Chocolate-Chip-Variante zubereitet, sondern auch mit ausgefallenen Zutaten wie Ahornsirup und Speck und Ananas und Kokos.

🚇 A, C, E zur 42nd St./Port Authority 💳 Alle gängigen Karten

UPPER EAST SIDE

🏨 THE CARLYLE $$$$$
🍴 35 E. 76th St.
Tel. 212/744-1600
www.rosewoodhotel.com/The-Carlyle

Seit 1931 empfängt dieses Juwel von einem Hotel berühmte Gäste. Die Zimmer sind mit Antiquitäten, Audubon-Drucken, Badezimmern in Marmor mit Whirlpool und neuester Elektronik ausgestattet. Alternativ zur Übernachtung sei ein romantisches Dinner im **Carlyle Restaurant** empfohlen oder eine Veranstaltung im **Café Carlyle**, ein

Blick auf die witzigen Wandbilder in der **Bemelman's Bar** oder ein Tee in der **Gallery**, die dem Topkapi-Palast in der Türkei nachempfunden ist.

🛏 19, 65 Apartments 🚇 6 zur 77th St. 💳 Alle gängigen Karten

🏨 THE LOWELL $$$$$
28 E. 63rd St.
(zw. Park und Madison Ave.)
Tel. 212/838-1400
www.lowellhotel.com

Denkmalgeschützter Bau der 1920er-Jahre an einer ruhigen Straße. Geschmackvoll eingerichtet, gediegene Atmosphäre. Viele Suiten haben einen offenen Kamin, eine Küche und eine Bibliothek.

🛏 61 🚇 N, Q, R, 4, 5, 6 zur Lexington Ave./59th St. 🛗 💳 Alle gängigen Karten

🏨 THE MARK $$$$$
🍴 25 E. 77th St.
(zw. 5th und Madison Ave.)
Tel. 212/744-4300
www.themarkhotel.com

Elegantes, modern ausgestattetes Hotel. Große Zimmer mit Bädern in Marmor oder italienischer Keramik, Kunst und Luxus. Beliebt sind **Mark's Bar** und das holzgetäfelte **Mark Restaurant**.

🛏 180 🚇 6 zur 77th St. 🛗 💳 Alle gängigen Karten

🏨 THE PIERRE $$$$$
2 E. 61st St. (an der 5th Ave.)
Tel. 212/838-8000
www.thepierreny.com

Eleganz, Antiquitäten und Üppigkeit zeichnen dieses Hotel am Central Park aus. Das Fünf-Sterne-Hotel wurde für 100 Millionen Dollar renoviert und bekam einen neuen Spa- und Wellnessbereich.

🛏 206 🚇 N, R zur 5th Ave./59th St. 🛗 💳 Alle gängigen Karten

🏨 PLAZA ATHÉNÉE $$$$$
37 E. 64th St.

🏨 Hotel 🍴 Restaurant 🛏 Zimmer ⊞ Sitzplätze 🅿 Parkplätze 🚇 Metro 🕐 Geschlossen 🛗 Aufzug 📶 WLAN

(zw. Park und Madison Ave.)
Tel. 212/734-9100
www.plaza-athenee.com

Die kleinere New Yorker Version des Pariser Originals liegt in einem ruhigen Wohnblock. Einrichtung im Louis-Quatorze-Stil. Deluxe-Suiten haben ein Atrium und einen Balkon.

🛏 149 🚇 6 zur 68th St./Hunter College 🏋 🏧 Alle gängigen Karten

🏨 **THE REGENCY $$$$$**
540 Park Ave. (an der 61st St.)
Tel. 212/759-4100 oder
800/235-6397
www.loewshotels.com/
Regency-Hotel

Die Zimmer im eleganten Regency-Stil bieten Luxus wie Telefon und Fernsehen in den Marmorbädern.

🛏 288, 74 Suiten 🚇 N, Q, R, 4, 5, 6 zur Lexington Ave./59th St. 🏋 🏧 Alle gängigen Karten

🏨 **SHERRY-NETHERLAND HOTEL**
🍴 **$$$$$**
781 5th Ave. (an der 59th St.)
Tel. 212/355-2800 oder
877/351-9744
www.sherrynetherland.com

Dieses Boutique-Hotel von 1927 im neoromanischen Stil verspricht zeitlose Eleganz. Liebe zum Detail und freundlicher Service regieren: von den Kristallüstern bis zur Lobby, die der Vatikanischen Bibliothek nachgebildet ist, bis zu den Pagen in den Aufzügen. Alle Zimmer sind geräumig und individuell gestaltet, immer gibt es frische Blumen. Die Marmorbäder sind hinreißend, ebenso das Frühstück. Zu den Suiten gehören ein Wohnzimmer und eine Küchenzeile. Das Fitnesscenter ist super. Die Renovierung von 2006 gab dem legendären Restaurant, **Harry Cipriani,** einen neuen Look. Dieses außergewöhnliche Hotel am Rand des Central Park ist eine Diva unter den Hotels der Stadt.

🛏 53 🚇 N, R zur 5th Ave./59th St. 🏧 Alle gängigen Karten

🏨 **HOTEL WALES $$$**
🍴 **1295 Madison Ave.**
(an der 92nd St.)
Tel. 212/876-6000 oder
866/925-3746
www.hotelwalesnyc.com

Vornehmes Hotel von der Wende zum 20. Jh. mit geräumigen Suiten. Das Haus liegt nur einen Block vom Central Park entfernt. Mit zwei Restaurants, darunter das italienische **Paola's.**

🛏 45, 47 Suiten 🚇 6 zur 96th St. 🏧 AE, MC, V

🏨 **THE FRANKLIN $$$**
164 E. 87th St.
(zw. Lexington und 3rd Ave.)
Tel. 212/369-1000 oder
800/607-4009
www.franklinhotel.com

Geschmackvoll ausgestattete Zimmer mit Himmelbetten, nach Maß gefertigten Möbeln und Fotos von New York im haustierfreundlichen, romantischen Hotel. Jeden Abend gibt es Wein und einen Käsesnack für Gäste gratis.

🛏 53 🚇 4, 5, 6 zur 86th St. 🏧 AE, MC, V

🏨 **THE MARMARA MANHATTAN $$**
301 E. 94th St. (an der 2nd Ave.)
Tel. 212/427-3100
www.manhattan.marmaranyc.com

Dieses moderne Apart-Hotel mit schönen Balkonen eignet sich sehr gut für einen längeren Aufenthalt in New York. Von den Penthousesuiten ist die Sicht auf die Stadt am besten.

🚇 Q zur 96th St. 🏧 Alle gängigen Karten

🍴 **DANIEL $$$$$**
60 E. 65th St.
(zw. Madison und Park Ave.)
Tel. 212/288-0033
www.danielnyc.com

Dieser Gourmet-Tempel eröffnete 1999 im ehemaligen Mayflower Hotel (heute Eigentumswohnungen). Chefkoch und Besitzer Daniel Boulud taufte sein altes Lokal in der 20 East 76th Street um in Café Boulud, um hier ein noch größeres Daniel eröffnen zu können, »in venezianisch-byzantinischem Stil«. Boulud ist vor allem aus seiner Zeit im ehemaligen Le Cirque bekannt. Anders als das Dekor ist das Essen französisch: Auf der Grundlage alter französischer Landküchenrezepte zaubert Boulud moderne Kreationen für seine Gäste.

🍴 100 🚇 6 zur 68th St./Hunter College 💳 Alle gängigen Karten

🍴 THE MARK RESTAURANT BY JEAN-GEORGES $$$$$
Mark Hotel, 25 E. 77th St.
(zw. 5th und Madison Ave.)
Tel. 212/744-4300 oder
212/606-3030
www.themarkrestaurantnyc.com

Dieses innovative Restaurant mit einer vom Starkoch Jean-Georges Vongerichten geschaffenen Karte verbirgt sich im hinteren Bereich des Mark Hotel. Serviert wird edle Kost. Lecker: Tintenfisch vom Grill.

🛏 90 🚇 6 zur 77th St. 💳 Alle gängigen Karten

🍴 JO JO $$$$
160 E. 64th St.
(zw. Lexington und 3rd Ave.)
Tel. 212/223-5656
www.jean-georges.com

Außergewöhnliche Bistro-Küche von Jean-Georges Vongerichten. Empfehlenswert: Hummer und Schokoladenkuchen.

🛏 150 🚇 N, Q, R, 4, 5, 6 zur Lexington Ave./59th St. 💳 Alle gängigen Karten

🍴 ED'S CHOWDER HOUSE $$$
44 W. 63rd St.
(im Empire Hotel)
Tel. 212/956-1288
www.chinagrillmgt.com

Ein tolles Fischrestaurant direkt beim Lincoln Center mit einer interessanten Cocktailkarte und einem russischen Barkeeper, der mit seinen Gästen gern ein Pläuschchen hält. Ein neues Restaurant von Küchenmeister Ed Brown.

🪑 75 🚇 N, R, Q, 4, 5, 6 zur Lexington Ave./59th St. 💳 Alle gängigen Karten

🍴 PAOLA'S $$$
1295 Madison Ave. (an der 92nd St.)
Tel. 212/794-1890
www.paolasrestaurant.com

Wunderbare italienische Küche in der Upper East Side, hausgemachte Nudeln.

🪑 70 + 30 im Freien 🚇 6 zur 96th St. 💳 Alle gängigen Karten

🍴 AFGHAN KEBAB HOUSE II $$
1345 2nd Ave.
(zw. 70th und 71st St.)
Tel. 212/517-2776
www.afghankebabhouse2.com

Schmackhaft gewürzte, erschwingliche Gerichte, auch für Vegetarier. Am besten: die Combo Plate.

🪑 45 🚇 4, 5, 6 zur 68th St. 💳 Alle gängigen Karten

🍴 HEIDELBERG $$
1648 2nd Ave.
(zw. 85th und 86th St.)
Tel. 212/628-2332
www.heidelberg-nyc.com

Pilgerziel für Alte-Welt-Freunde, die Kartoffelpuffer, Wiener Schnitzel und Bier lieben.

🪑 80–85 🚇 4, 5, 6 zur 86th St. 💳 Alle gängigen Karten

🍴 SARABETH'S KITCHEN $$
1295 Madison Ave. (an der 92nd St.)
Tel. 212/410-7335
www.sarabeth.com

Gebäck und beliebter Brunch. Zum Frühstück geöffnet.

🪑 90 🚇 6 zur 96th St. 💳 Alle gängigen Karten

🏨 Hotel 🍴 Restaurant 🛏 Zimmer 🪑 Sitzplätze 🅿 Parkplätze 🚇 Metro 🕐 Geschlossen 🛗 Aufzug 📶 WLAN

🍴 SERENDIPITY 3 $$
225 E. 60th St.
(zw. 2nd und 3rd Ave.)
Tel. 212/838-3531
www.serendipity3.com

Traumhafte Eis-Sundaes und leichte Gerichte. Berühmt für gefrorene »heiße« Schokolade und seine illustre Kundschaft aus VIPs und Kindern jeden Alters.

🚇 165 🚊 N, R, Q, 4, 5, 6 zur Lexington Ave./59th St. 💳 Alle gängigen Karten

CENTRAL PARK

🍴 TAVERN ON THE GREEN $$$$
Central Park W. (an der 67th St.)
Tel. 212/877-8684
www.tavernonthegreen.com

Ein New Yorker Legende, die sich gerade neu erfunden hat, mit märchenhafter Lage direkt im Park.

🚇 über 1000 🚊 1 zur 66th St./Lincoln Center; A, B, C, D zur 59th St./Columbus Circle 💳 Alle gängigen Karten

🍴 CENTRAL PARK BOATHOUSE $$$–$$$$
Central Park
(E. 72nd St. und Park Dr. N. am See)
Tel. 212/517-2233
www.thecentralparkboathouse.
com

Schön angerichteter und sehr frischer Fisch und Meeresfrüchte. Am Wochenende Brunch, bei dem man die Ruderer auf dem See beobachten kann. Preisgünstiger in der Bar und im Express Café.

🚇 180 💳 Alle gängigen Karten

UPPER WEST SIDE

🏨 TRUMP INTERNATIONAL HOTEL UND TOWERS $$$$$
1 Central Park W.
(am Columbus Circle,
zw. 60th und 61st St.)
Tel. 212/299-1000 oder
888/448-7867
www.trumpintl.com

Donald Trumps Mega-Hotel an der Südwestspitze vom Central Park hat Zimmer mit riesigen Fenstern. Essen Sie im **Nougatine** oder bei **Jean Georges** (siehe S. 295) oder lassen Sie in Ihrer Suite für sich kochen.

🛏 176 Suiten 🚊 A, B, C, D, 1 zum Columbus Circle/59th St. 🏋 💳 Alle gängigen Karten

🏨 BEACON HOTEL $$$
2130 Broadway (an der 75th St.)
Tel. 212/787-1100 oder
800/572-4969
www.beaconhotel.com

Große Zimmer, tolle Lage.

🛏 248 Suiten 🚊 1, 2, 3 zur 72nd St. 💳 Alle gängigen Karten

🏨 EXCELSIOR $$$
45 W. 81st St. (zw. Columbus Ave.
und Central Park W.)
Tel. 212/362-9200
www.excelsiorhotelny.com

Große Zimmer im traditionellen Stil.

🛏 200 🚊 1 zur 79th St.; B, C zur 81st St./ Museum of Natural History 💳 AE, MC, V

🏨 LUCERNE $$$
201 W. 79th St.
(an der Amsterdam Ave.)
Tel. 212/875-1000 oder
800/492-8122
www.thelucernehotel.com

Klassische Zimmer in einem denkmalgeschützten Bau von 1904, nahe Central Park.

🛏 184 🚊 1 zur 79th St. 💳 AE, MC, V

🏨 HUDSON NEW YORK $$
358 W. 58th St. (an der 9th Ave.)
Tel. 855/516-1090
hudsonhotelnewyork.com

Die Auswahl an Zimmern in diesem schicken Hotel reicht von kleinen Standardzimmern für 139 $ bis zu Deluxe Studios für 349 $. Hübsche Dachterrasse, Billardtische und hippes Restaurant und Bar.

[🛏] 878 [Ⓜ] A, C, B, D zur 59th St./Columbus Circle [◆] Alle gängigen Karten

🍴 JEAN GEORGES $$$$$
1 Central Park W.
(im Trump International Hotel)
Tel. 212/299-3900
www.jean-georges.com

Beste moderne französisch-amerikanische Küche von Jean-Georges Vongerichten.

[🪑] 60 [Ⓜ] A, B, C, D, 1 zum Columbus Circle/59th St. [🕐] Sa M, So geschl. [◆] Alle gängigen Karten

🍴 CAFÉ LUXEMBOURG $$$$
200 W. 70th St. (zw. Amsterdam und West End Ave.)
Tel. 212/873-7411
www.cafeluxembourg.com

Klassischer Treffpunkt der Schickeria, Bistro-Gerichte.

[🪑] 107 [Ⓜ] 1, 2, 3 zur 72nd St. [◆] Alle gängigen Karten

🍴 NOUGATINE $$$$
1 Central Park W.
(im Trump International Hotel)
Tel. 212/299-3900
www.jean-georges.com

Lockere Version des Jean Georges mit Frühstück, Mittag- und Abendessen.

[🪑] 65–80 [Ⓜ] A, B, C, D, 1 zum Columbus Circle/59th St. [◆] Alle gängigen Karten

🍴 SHUN LEE CAFÉ $$$$
43 W. 65th St. (zw. Columbus Ave. und Central Park W.)
Tel. 212/595-8895
www.shunleewest.com

Eine der feinsten chinesischen Küchen New Yorks.

[🪑] 300 [Ⓜ] 1 zur 66th St./Lincoln Center [◆] Alle gängigen Karten

🍴 CAFÉ FIORELLO $$$
1900 Broadway
(zw. 63rd und 64th St.)
Tel. 212/595-5330
www.cafefiorello.com

Große Auswahl an vegetarischen Antipasti, schmackhafte Pizza und hervorragende Mousse au Chocolat, die das Servierpersonal am Tisch schlägt.

[Ⓜ] 1 zur 66th St./Lincoln Center [◆] Alle gängigen Karten

🍴 MINTON'S PLAYHOUSE $$$
206 W. 118th St
(zw. 7th und St. Nicholas Ave.)
Tel. 212/243-2222
www.mintonsharlem.com

Als Geburtsstätte des Bebop bezeichnet sich dieser renovierte, nur abends geöffnete Supper Club, in dem jeden Abend die Spitzen der Jazzmusik auftreten. Diese kulturelle Erfahrung sollten sich New York-Besucher nicht entgehen lassen!

[🪑] 60 [Ⓜ] C, B zur 116th St. [◆] Alle gängigen Karten

🍴 BARNEY GREENGRASS $$
541 Amsterdam Ave.
(zw. 86th und 87th St.)
Tel. 212/724-4707
www.barneygreengrass.com

Hierher kommt man wegen der geräucherten Fischspezialitäten. Tipp: Lachs, Eier oder Frischkäse mit Frühlingszwiebeln.

[🪑] 55 [Ⓜ] 1 zur 86th St. [🕐] Nur Frühstück und Mittagessen; Mo geschl. [◆] Nur Barzahlung

---

[🏨] Hotel [🍴] Restaurant [🛏] Zimmer [🪑] Sitzplätze [🅿] Parkplätze [Ⓜ] Metro [🕐] Geschlossen [⬆] Aufzug [📶] WLAN

THE HEIGHTS UND HARLEM

NEW LEAF $$$–$$$$
1 Margaret Corbin Dr.
Fort Tryon Park
Tel. 212/568-5323
www.newleafrestaurant.com

Perfekt nach einem Besuch von The Cloisters. In schönem Parkambiente bietet das New Leaf moderne amerikanische Küche, inspiriert vom Angebot auf den Märkten der Umgebung.

🍴 200 mit Terrasse 🕐 Schließt gelegentlich für Veranstaltungen; siehe Website 🚇 A zur 190th St. 💳 Alle gängigen Karten

RED ROOSTER $$–$$$
310 Lenox Ave.
Tel. 212/792-9001
www.redroosterharlem.com

Marcus Samuelssons neues Restaurant in Harlem serviert tolles Soul Food und hat sich sofort als echter Renner herausgestellt. Bill Clinton, Mitglieder der Band U2 und andere Promis waren schon Gäste in dem Lokal, das seinen Namen einer legendären Harlemer Flüsterkneipe verdankt. Tipps: würzige Entenleberpudding und das Brathähnchen.

🍴 160 🚇 2, 3 zur 125th St./Lenox Ave. 💳 Alle gängigen Karten

DINOSAUR BBQ $$
700 W. 125th St.
Tel. 212/694-1777
www.dinosaurbarbeque.com

Unter dem Riverside Drive Viadukt am Hudson. Tolles vom Grill in riesigen Portionen, dazu gute Livemusik und ein Kindermenü.

🍴 90 🚇 1 zur 125th St. 💳 Alle gängigen Karten

LONDEL'S $$
2620 Frederick Douglass Blvd.
(zw. 139th und 140th St.)
Tel. 212/234-6114
www.londelsrestaurant.com

Südstaaten-Küche mit Klassikern wie Huhn und Gemüse.

🍴 150 🚇 B, C, 2, 3 zur 135th St. 🕐 So A, Mo geschl. 💳 Alle gängigen Karten

SYLVIA'S $$
328 Lenox Ave.
(zw. 126th und 127th St.)
Tel. 212/996-0660
www.sylviassoulfood.com

Berühmtes Soul-Food-Restaurant mit Sonntagsbrunch und Jazzmusik am Samstagnachmittag.

🍴 300 🚇 2, 3 zur 125th St./Lenox Ave. 💳 Alle gängigen Karten

AUSSENBEZIRKE

BROOKLYN

PETER LUGER'S STEAKHOUSE $$$$
178 Broadway
(an der Driggs Ave.)
Tel. 718/387-7400
www.peterluger.com

Eines der besten Steakhäuser New Yorks.

🍴 150 🚇 J, M, Z zur Marcy Ave. 💳 Nur Barzahlung

RIVER CAFÉ $$$$
1 Water St.
(unter der Brooklyn Bridge)
Tel. 718/522-5200
www.rivercafe.com

Spektakulärer Blick auf die Skyline von Manhattan, im Sommer von der Terrasse. Zu empfehlen: Hummer, Lamm und Muscheln.

🍴 110 🚇 A zur High St./Brooklyn Bridge; 2, 3 zur Clark St. 💳 Alle gängigen Karten

BAMCAFÉ $$
30 Lafayette Ave.
Brooklyn Academy of Music
Tel. 718/623-7811
www.bam.org

Gute internationale Gerichte in einem Kulturbau, der zwei Stunden vor Veranstaltungsbeginn öffnet.

🏨 300 🚇 2, 3, 4, 5 zur Atlantic Ave. 💳 Alle gängigen Karten

🍴 TATIANA $$
3152 Brighton 6th St.
(am Brighton Beach Boardwalk)
Tel. 718/891-5151
www.tatianarestaurant.com

Schönes Lokal mit russischer Küche in Brooklyn. Sehr gut sind hier Suppen und Klöße.

🏨 100 🚇 B, Q bis Brighton Beach 💳 Nur Barzahlung

🍴 SKOVORODKA $$
615 Brighton Beach Ave.
(zw. Brighton 6th und 7th St.)
Tel. 718/615-3096
www.skovorodka.com

Russische Küche und Livemusik wird hier großgeschrieben: ukrainischer und grüner Borschtsch, Rinderzunge, Piroggen und Huhn Stroganoff sind nur einige der Leckerbissen.

🏨 60 🚇 Q zur Ocean Parkway 💳 Alle gängigen Karten

🍴 GRIMALDI'S $
1 Front St.
Tel. 718/858-4300
www.grimaldis-pizza.com

Eine der besten Pizzerien New Yorks mit rot karierten Tischdecken und einer Warteschlange.

🏨 50 🚇 C zur High St. 💳 Nur Barzahlung

🍴 TOM'S RESTAURANT $
782 Washington Ave.
Tel. 718/636-9738

Typischer Diner ein paar Straßen vom Brooklyn Museum; das hier gebotene Frühstück und Mittagessen lohnen den Weg.

🏨 75 🚇 2, 3 bis Eastern Pkwy./Brooklyn Museum 🕐 Mo–Fr A geschl. 💳 Nur Barzahlung

QUEENS

🏨 SHERATON LAGUARDIA HOTEL EAS $$$–$$$$
135-20 39th Ave.
Tel. 718/460-6666
www.sheratonlaguardiaeast.com

Modernes Airport-Hotel unweit des U.S. Open Tennis Center und dem neuen Citi Field der Mets. Mit Restaurant.

🛏 173 Zimmer + Suiten 🚇 7 zur Main St., Flushing 📶 💳 Alle gängigen Karten

🏨 BEST WESTERN CITY MOTOR INN VIEW $$$
3317 Greenpoint Ave.,
Long Island City
Tel. 718/392-8400 oder
800/780-7234
www.bestwesternnewyork.com

Die aus dem 19. Jh. stammende Schule wurde im Hotel umgewandelt und liegt unweit des City Field und des U.S. Open Tennis Center. Kostenloser Shuttle zum Flughafen LaGuardia.

🛏 72 🚇 7 zur 40th St. 💳 Alle gängigen Karten

🍴 ELIAS CORNER FOR FISH $$
24-02 31st St. (an der 24th Ave.)
Tel. 718/932-1510
www.eliascorner.com

Authentische griechische Küche mit Fischspezialitäten.

🏨 100 🚇 N zum Astoria Blvd. 🕐 Mo–Fr M geschl. 💳 Nur Barzahlung

🍴 JACKSON DINER $$
37–47 74th St.
(zw. Roosevelt und 37th Ave.)
Tel. 718/672-1232
www.jacksondiner.com

Gute indische Küche.

🏨 65 🚇 7 zur 74th St./Broadway 💳 Nur Barzahlung

🍴 JOE'S SHANGHAI $$
136-21 37th Ave.
(zw. Main und Union St.)
Tel. 718/539-3838
www.joesshanghairestaurants.com

Fantastische gefüllte Teigtaschen und andere Spezialitäten.

🍽 70 🚇 7 zur Main St. 💳 Nur Barzahlung

🍴 LA BOINA ROJA $
8022 37th Ave.
Jackson Heights
Tel. 718/424-6711

Kleines kolumbianisches Steakhouse, das zu den Steaks über 20 verschiedene Soßen anbietet. Chilenische und argentinische Weine.

🍽 100 🚇 7 zur 82nd St. 💳 Alle gängigen Karten

🍴 TOURNESOL, BISTRO $
50–12 Vernon Blvd.
Long Island City
Tel. 718/472-4355
www.tournesolnyc.com

Ein Hauch Frankreich: Muscheln in Weißweinsoße, Kaninchenterrine mit rotem Zwiebelkompott.

🍽 65 🚇 7 zum Vernon Blvd./Jackson Ave.
💳 AE

AUSFLÜGE

WESTLICH DES HUDSON
🏨 SAUGERTIES LIGHTHOUSE $$$
168 Lighthouse Dr.
Saugerties

Tel. 845/247-0656
www.saugertieslighthouse.com

Der alte Leuchtturm von 1869 wurde Mitte der 1990er-Jahre zu einem 2-Zimmer-B&B und einem Flussmuseum umgewandelt. Wer hier übernachten will, muss weit im Voraus buchen, da er ein beliebtes Ziel romantischer Ausflüge ist. Der Leuchtturm ist nur über einen 0,8 km langen Spazierweg oder per Privatboot erreichbar; es gibt keine Fährverbindung.

🛏 2 💳 Alle gängigen Karten

🍴 SHIP TO SHORE $$$$
15 West Strand Kingston
Tel. 845/334-8887
www.shiptoshorehudsonvalley.com

Das Lokal am Wasser ist eine Mischung aus edlem amerikanischem Bistro und altem New Yorker Steakhaus. Küchenchef Samir Hrichi bietet köstliche Variationen von Speisen aller möglichen Nationen, von der Bouillabaisse bis zum Neuseeland-Lamm. Köstlich ist auch der *tuna stack*.

🍽 70 💳 Alle gängigen Karten

🍴 MARINER'S HARBOR $$
1 Broadway, Kingston (am Wasser)
Tel. 845/340-8051
www.marinersharbor.com

Zwangloses Speisen drinnen und draußen, mit tollem Ausblick auf den Fluss. Spezialisiert auf Fischgerichte.

🍽 250 🕐 Mo geschl. 💳 Alle gängigen Karten

In New York gibt es alles, zu Höchst- und zu Tiefstpreisen. Viele New Yorker verbringen einen Gutteil ihrer Zeit damit, das eine oder andere Ende der Preislatte bei Einkäufen und Erledigungen stets im Auge zu behalten. In die Kaufhäuser geht man am besten unter der Woche, entweder am Morgen oder am frühen Nachmittag; einige haben bis weit in den Abend geöffnet. Kleinere Läden öffnen meist erst am späten Vormittag. Man sollte vorher eventuell anrufen, um die aktuellen Öffnungszeiten zu erfragen (manche Geschäfte sind im Sommer länger geöffnet).

Lower Manhattan ist vor allem ein Finanzviertel, doch gibt es auch hier viele Geschäfte aller Preisklassen. Nahezu alle Ketten haben ihre Filialen am South Street Seaport, daher sind sie hier nicht noch einmal aufgelistet. TriBeCa ist ein immer beliebteres Shoppingviertel, vor allem rund um die Franklin Street und den unteren West Broadway.

Die faszinierende Lower East Side war überwiegend jüdisch geprägt, heute ist sie ethnisch bunt gemischt. Dort einkaufen zu gehen ist etwas für den Abenteurer, der auf eine faszinierende Mischung aus Alt und Neu stoßen wird. Eine gute Idee ist hier ein Sonntagsbummel: Alles hat geöffnet (Geschäfte schließen jedoch am Samstag wegen Sabbat).

Das aufstrebende Viertel »NoLiTa« (North of Little Italy) liegt zwischen Houston und Spring Street sowie Lafayette und Elizabeth Street. Hier haben sich viele kleine Boutiquen niedergelassen. In der Lafayette Street gibt es moderne Möbelläden. SoHo ist ein Mekka für Einkäufer, allerdings sollte man den Trubel am Wochenende vermeiden.

Im West Village gibt es hier und da interessante Geschäfte. Bleecker und Christopher Street eignen sich gut zum Einkaufen. Das East Village ist ein höchst eigenwilliges Viertel, multiethnisch und immer neu, die Ninth Street zwischen der Second Avenue und der Avenue A ist eine wahre Fundgrube. In der Bond Street zwischen Lafayette Street und Bowery liegen viele Möbelläden, die vor allem auf den Verkauf älterer Möbel spezialisiert sind. Antiquitätengeschäfte gibt es in der 10th und der 11th Street vom University Place bis zum Broadway. Die Fifth Avenue ist die Shoppingmeile New Yorks, die Madison Avenue bietet einen Querschnitt durch die vornehmsten Geschäfte der Stadt. Das Time Warner Center am Columbus Circle ist voller Geschäfte und Attraktionen. Sowohl die Columbus als auch die Amsterdam Avenue bieten gute Einkaufsmöglichkeiten.

Am Broadway ist es immer voll; vergessen Sie aber auch nicht die Midtown um Macy's und Chelseas Seventh Avenue oder auch Harlem. Die angesagtesten Läden hat es in letzter Zeit in den Meatpacking District (siehe S. 93) gezogen.

Die größte Ansammlung von Geschäften in New York entsteht derzeit in Downtown: Das Westfield World Trade Center verfügt über 46 000 m^2 Verkaufsfläche. Neben den üblichen in Malls vertretenen Marken gibt es hier auch jede Menge Restaurants und andere Verpflegungsmöglichkeiten für müde Shopper.

Unmittelbar westlich des neuen World Trade Center entsteht im World Financial Center am Hudson ein weiteres Konsumparadies. Ein Glaspavillon verbindet den Brookfield Place mit der WTC Path Station. Somit kann man vom WTC schnell zu edlen Geschäften wie Hermès, Zegna, Bonobos, Salvatore Ferrragamo und Theory kommen. Nach der 250 Millionen Dollar teuren Renovierung des Brookfield gibt es hier eine Plaza im europäischen Stil, Restaurants am Wasser und außergewöhnliche Lokale, die ganz im Zeichen ihrer Chefköche stehen.

ACCESSOIRES UND SCHUHE

Dö Kham, 51 Prince St., Tel. 212/966-2404, www.dokham.com. U-Bahn: N, R zur Prince St. Tibetische Hüte u. a.

Harry's Shoes, 2299 Broadway, Tel. 855/642-7797, www.harrys-shoes.com. U-Bahn: 1 zur 86th St. Toller Laden für Familien.

The Hat Shop, 120 Thompson St., Tel. 212/219-1445, www.thehatshopnyc.com. U-Bahn: C, E zur Spring St. Vorm. geschl. Elegante Hüte.

Hermès, 691 Madison Ave., an der E. 62nd St., Tel. 212/751-3181. U-Bahn: N, R, Q zur 5th Ave./59th St.; 4, 5, 6 zur Lexington Ave./59th St. So geschl. Teure Pariser Seidentücher, Krawatten, Handtaschen.

Kiehl's, 109 3rd Ave. (an der 13th St.), Tel. 212/677-3171, www.kiehls.com. U-Bahn: N, Q, R 4, 5, 6 zum Union Sq.; L zur 3rd Ave. Hochwertige Schönheitsprodukte.

Tani, 131 W. 72nd St. (zw. Columbus und Amsterdam), Tel. 917/265-8835, www.tani nyc.com. U-Bahn: 1, 2, 3 zur 72nd St. Die hippsten Schuhe, große Auswahl.

T. O. Dey, 151 W. 46th St., Tel. 212/683-6300, www.todeyshoes.com. U-Bahn: A, C, 1, 2, 3 bis 42nd St. Öffnungszeiten telefonisch erfragen. Maßschuhe.

ANTIQUITÄTEN

Gill & Lagodich, 139 Franklin St., 2. Stock, Tel. 212/619-0631, www.gill-lagodich.com. U-Bahn: 1, 2, 3 zur Chambers St. Öffnungszeiten telefonisch erfragen. Antike Rahmen.

Manhattan Art & Antiques Center, 1050 2nd Ave. (zw. 55th und 56th St.), 212/355-4400, www.the-maac.com. U-Bahn: E zur 53rd/Lexington Ave. Über 100 Galerien.

Pageant Book & Print Shop, 69 E. 4th St., Tel. 212/674-5296, www.pageantprintshop. nyc. U-Bahn: 6 zur Bleecker St.; F zur 2nd Ave. Vorm. und Mo geschl. Hochwertige antike Karten und Drucke.

BÜCHER

Book Book, 266 Bleecker St., www.book booknyc.com. Tel. 212/807-8655. U-Bahn: A, B, C, D zur 4th St.

Central Park Kiosk, 60th St. und 5th Ave. April–Dez. tägl. geöffnet von 10 Uhr bis zur Dämmerung.

Housing Works Used Book Cafe, 126 Crosby St., Tel. 212/334-3324, www. housingworks.org/locations/bookstore-cafe. U-Bahn: B, D, F zum Broadway/Lafayette St. Schöner Laden für Bücherfreunde und Lounging.

Kitchen Arts & Letters, 1435 Lexington Ave., Tel. 212/876-5550, www.kitchenarts andletters.com. U-Bahn: 4, 5, 6 zur 86th St.; 6 zur 96th St. So, Mo (vorm.) sowie Sa im Juli und Aug. geschl. Tolle Auswahl an Kochbüchern.

Unoppressive Non-Imperialist Bargain Books, 34 Carmine St., Tel. 212/229-0079, www.unoppressivebooks.blogspot.com. U-Bahn: A, C, E, B, D, F, M zur W 4th St. Progressives Buchgeschäft mit schönen preisreduzierten Bildbänden.

Rizzoli, 1133 Broadway (zw. 25th und 26th St.), Tel. 212/759-2424, www.rizzoliusa. com. U-Bahn: R, W zur 23rd St. Bücher und Zeitschriften präsentiert in schöner Umgebung.

Strand, 828 Broadway (an der 12th St.), Tel. 212/473-1452, www.strandbooks.com. U-Bahn: 4, 5, 6 zur 14th St./Union Sq. Neue und Secondhand-Bücher, die Bücherreihen sind »18 Meilen lang.«

Westsider Rare & Used Books, 2246 Broadway (zw. 80th und 81st St.), Tel. 212/362-0706, www.westsiderbooks.com. U-Bahn: 1 zur 79th St. Seltene Kunstbücher und Literatur.

DIES & DAS

Apple, 767 5th Ave., Tel. 212/336-1440, www.apple.com/retail/fifthavenue. U-Bahn: N, Q, R, 4, 5, 6 zur Lexington Ave./59th St. Computer-Megastore.

Arianna Skincare, 193 Spring St., Tel.

857/277-0784, www.arianna-skincare.com. U-Bahn: C, E zur Spring St. Beautyprodukte mit Salzen und Mineralien aus dem Toten Meer.

The Art of Shaving, 141 E. 62nd St., Tel. 212/317-8436, www.theartofshaving.com. U-Bahn: N, R, Q, 4, 5, 6 zur Lexington Ave./59th St. Zubehör zur Bartpflege bzw. -entfernung oder nach Wunsch eine Rasur.

E.A.T., 1411 Third Ave., Tel. 212/717-8100, www.elizabar.com. U-Bahn: 6 zur 77th St. Geschenke für jedes Alter.

Fountain Pen Hospital, 10 Warren St., Tel. 212/964-0580, www.fountainpenhospital. com. U-Bahn: A, C zur Chambers St. Sa, So geschl. Günstige gebrauchte und neue Füller.

Leo Kaplan Ltd., 114 E. 57th St. (zw. Park und Lexington Ave.), Tel. 212/355-7212, www.leokaplan.com. U-Bahn: N, R, 4, 5, 6 zur 59th St. So geschl. Alte und neue Briefbeschwerer in allen Varianten.

Miu Miu, 1000 3rd Ave (zw. 59th und 60th St.), Tel. 212/705-2824, www.miumiu.com. U-Bahn: N, R, W zur Lexington Ave./59th St. Preisgünstige japanische Gebrauchsartikel und Schreibwaren in edlem Design.

Pearl River Mart, 395 Broadway, Tel. 212/431-4770, www.pearlriver.com. U-Bahn: 6 zur Canal St. Mehrstöckiger Laden mit chinesischen Produkten von guter Qualität: Bekleidung, Schreibwaren, Geschirr, u.v.m.

FOTOGRAFIE

Adorama Camera, 42 W. 18th St., Tel. 212/741-0052, 800/223-2500, www.adorama.com. U-Bahn: 1 zur 18th St.; 4, 5, N, Q, R zum Union Sq. Fr ab 14 Uhr, Sa geschl.

B & H Photo, 420 9th Ave., Tel. 212/444-6615, 800/606-6969, www.bhphotovideo. com. U-Bahn: A, C, E zur 34th St. Fr ab 13 Uhr, Sa geschl. Angemessene Preise für Foto- und Videoausrüstung und sämtliches Zubehör.

K & M Camera, 368 Broadway (zw. Franklin und White St.), Tel. 212/523-8340, www.

kmcamera.com. U-Bahn: J, N, Q, R, 6 zur Canal St.

HAUSHALTSWAREN

ABC Carpet & Home, 888 Broadway, Tel. 212/473-3000, www.abchome.com. U-Bahn: 6 zur 23rd St.; N, Q, R, 4, 5, 6 zum Union Sq. Unglaubliches Haus. Alles fürs Zuhause, außerdem Geschenke, Antiquitäten und vieles mehr.

JB Prince, 36 E. 31st St., 10. Stock, Tel. 212/683-3553, www.jbprince.com. U-Bahn: 6 zur 33rd St. Sa, So geschl. Messer und Küchenutensilien.

Le Fanion, 299 W. 4th St., Tel. 212/463-8760, www.lefanion.com. U-Bahn: 1 zur Christopher St. Französische Keramik.

D. Porthault, 470 Park Ave., Tel. 212/688-1660, www.dporthault.com. U-Bahn: 4, 5, 6 zur Lexington Ave./59th St. So geschl. Französische Luxuswäsche.

Fishs Eddy, 889 Broadway, Tel. 212/420-9020, www.fishseddy.com. U-Bahn: 4, 5, 6, L, N, Q, R, W zum Union Square. Witzig gestyltes Geschirr, u. a. mit Konterfeis von amerikanischen Politikern.

Waterworks, 215 E. 58th St. (zw. 2nd und 3rd Ave.), Tel. 212/371-9266, www.waterworks.com. U-Bahn: 4, 5, 6, N, Q, R zur Lexington Ave./59th St. Sa, So geschl. Mehr als nur ein Armaturenladen.

Woodard & Greenstein, 303 E. 81st St., (zw. 1st und 2nd Ave), Tel. 212/988-2906, www.woodardweave.com. U-Bahn: 6 zur 77th St. Sa nur auf Anfrage; So geschl. Bemalte amerikanische Antiquitäten vom Land, Quilts.

KAUFHÄUSER

Barney's, 660 Madison St. (an der 61st St.), Tel. 212/826-8900, www.barneys.com. U-Bahn: N, R, Q zur 5th Ave./59th St.; 4, 5, 6 zur Lexington Ave./59th St. Luxus-Kaufhaus für Mode, Kosmetik, Haushaltswaren. Beliebt bei allen, die im Trend liegen wollen. Besuchen Sie ebenfalls **Barney's Co-ops** für Sport- und Freizeitbekleidung: 101 7th

Ave., Tel. 646/264-6400; 2151 Broadway (an der 75th St.), Tel. 646/335-0978.

Bergdorf Goodman, 754 5th Ave. (an der 57th St.), Tel. 212/753-7300, www.berg dorfgoodman.com. U-Bahn: N, R zur 5th Ave./59th St. Elegante Mode.

Bergdorf Goodman Men, 745 5th Ave., Tel. 212/753-7300, www.bergdorfgood man.com. U-Bahn: E zur 5th Ave./53rd St.; N, R zur 5th Ave./59th St. Hochpreisige Männermode.

Bloomingdale's, (zwei Eingänge) 1000 3rd Ave./59th und Lexington, Tel. 212/705-2000, www.bloomingdales.com. U-Bahn: N, Q, R, 4, 5, 6 zur Lexington Ave./59th St.

Century 21, 1972 Broadway, Tel. 212/518-2121, www.c21stores.com. Markenartikel zu vernünftigen Preisen in der Nähe der Wall Street und in weiteren Filialen in Manhattan.

Henri Bendel, 712 5th Ave., Tel. 212/247-1100, www.henribendel.com. U-Bahn: E zur 5th Ave./53rd St.; N, R zur 5th Ave./59th St.

Lord & Taylor, 424 5th Ave., Tel. 212/391-3344, www.lordandtaylor.com. U-Bahn: B, D, F zur 42nd St.; 7 zur 5th Ave. Klassische Damenmode.

Macy's, 151 W. 34th St., Tel. 212/695-4400, www.macys.com. U-Bahn: B, D, F, N, Q, R, 1, 2, 3 zur 34th St. New Yorks größtes Kaufhaus.

Saks Fifth Avenue, 611 5th Ave., Tel. 212/753-4000, www.saksfifthavenue.com. U-Bahn: B, D, F zur 47th–50th St./Rocke-feller Center; E zur 5th Ave./53rd St. Flagshipstore für Mode.

KUNST UND KUNSTHANDWERK

Jerry Ohlinger's, 216 W. 30th St. (zw. 7th und 8th Ave.), 2. Stock, Tel. 212/989-0869, www.moviematerials.com. U-Bahn: A, C, E zur 34th St. Mo–Sa 11–19 Uhr. Standfotos und Filmplakate.

Triton Gallery, 690 8th Ave. (zw. 3rd und 4th St.), Tel. 212/765-2472, www.triton gallery.com. U-Bahn: A, C, E zur 42nd St. So geschl. Plakate von Broadway-Shows.

Urban Archeology, 143 Franklin St., Tel. 212/371-4646, www.urbanarcheology.com. U-Bahn: 1 zur Franklin St. Sa, So geschl. Be-eindruckende Architekturelemente und neue Stücke.

LEBENSMITTEL

Dean & Deluca, 560 Broadway, Tel. 212/226-6800, www.deandeluca.com. U-Bahn: N, R zur Prince St. Essen ist Mode.

Dylan's Candy Bar, 1011 3rd Ave. (an der 60th St.), Tel. 646/735-0078, www. dylanscandybar.com. U-Bahn: N, R, W zur Lexington/59th St. Ralph Laurens Tochter Dylan hat ihr eigenes poppiges Bonbonge-schäft eröffnet. Im dreistöckigen Flagship-Store gibt es auch ein Candy Café.

Economy Candy, 108 Rivington St., Tel. 212/254-1531, www.economycandy.com. U-Bahn: F zur Delancey St. Schokolade, Bonbons, Nüsse.

Eli's Vinegar Factory, 431 E. 91st St. (zw. York und 1st Ave.), Tel. 212/987-0885, www.elizabar.com. U-Bahn: 4, 5, 6 zur 86th oder 96th St. Große Auswahl an Essig und Öl sowie Käse und anderen Lebensmitteln; außerdem Wochenendbrunch.

Fairway, 2131 Broadway (an der 74th St.), Tel. 212/595-1888, www.fairwaymarket. com. U-Bahn: 1, 2, 3 zur 72nd St. Gourmet-Lebensmittel von hoher Qualität.

Ninth Avenue International Foods, 543 9th Ave. (an der 40th St.), Tel. 212/279-1000. U-Bahn: A, C, E zur 42nd St. So geschl. Tolle Auswahl an Gewürzen und getrockne-ten Früchten, griechische Dips und Käse.

Kalustyan's, 123 Lexington Ave., Tel. 212/685-3451, www.kalustyans.com. U-Bahn: 6 zur 28th St. Beste Gewürze, indi-sche Lebensmittel.

Li-lac Chocolates, 40 8th Ave. (an der Jane St.), Tel. 212/924-2280, www.li-lac chocolates.com. U-Bahn: A, C, E zur 14th St. Vorm. geschl. Hausgemachte Schokolade.

McNulty's, 109 Christopher St., Tel. 212/242-5351, www.mcnultys.com. U-Bahn: 1 zur Christopher St. Tee und Kaffee.

Mariebelle, 484 Broome St. Tel. 212/925-6999, www.mariebelle.com. U-Bahn: 1 zur Canal St. Gourmetschokolade in schön designter Verpackung. Mit Kakaobar; dort werden auch Desserts serviert.

Murray's Cheese Shop, 254 Bleecker St., Tel. 212/243-3289, www.murrayscheese.com. U-Bahn: A, B, C, D, E, F zur W. 4th St. Große Auswahl, versierte Verkäufer.

Myer's of Keswick, 634 Hudson St. (zw. Horatio und Jane St.), Tel. 212/691-4194, www.myersofkeswick.com. U-Bahn: A, C, E zur 14th St. Britische Lebensmittel.

New Kam Man, 200 Canal St. (an der Mott St.), Tel. 212/571-0330, www.newkamman.com. U-Bahn: J, M, Z, 6 zur Canal St. Asiatische Lebensmittel und Haushaltswaren.

Papabubble, 380A Broome St., Tel. 212/966-2599, www.papabubble.com. U-Bahn: 6 zur Spring St. Süßigkeiten in ausgefallenen Formen.

Russ & Daughters, 179 E. Houston St., Tel. 212/475-4880, www.russanddaughters.com. U-Bahn: F zur 2nd Ave. Mit der beste geräucherte Fisch und Kaviar.

Sullivan St. Bakery, 533 W. 47th St., Tel. 212/265-5580, www.sullivanstreetbakery.com. U-Bahn: C, E zur 50th St. Gutes Brot, gute Snacks.

Veniero's Pasticceria & Cafe, 342 E. 11th St., Tel. 212/674 7070, www.venierospastry.com. U-Bahn: L zur 1st Ave.; 6 zum Astor Pl. Süßes auf Italienisch.

Zabar's, 2245 Broadway (an der 80th St.), Tel. 212/787-2000, www.zabars.com. U-Bahn: 1 zur 79th St. Gourmet-Lebensmittel und Haushaltswaren.

MÄRKTE

The Annex/Hell's Kitchen Flea Market, 39th St. (zw. 9th und 10th Ave.), www.hellskitchenfleamarket.com. U-Bahn: A, C, E zur Port Authority/42nd St. Sa und So 9–17 Uhr. Mehr als hundert Händler verkaufen Antiquitäten, Kleidung, Bücher und ungewöhnliche Raritäten.

Flea Market at P.S. 183, 419 E. 66th St. U-Bahn: 6 zur 68th St. Nur Sa 6–16 Uhr.

Greenflea Market at M.S. 44, 100 W. 77th St. (zw. Columbus und Amsterdam Ave.), www.greenfleamarkets.com. U-Bahn: 1 zur 79th St. Nur So.

SoHo Antiques Fair, Ecke Broadway/Grand St. U-Bahn: 6 bis Canal St./Broadway. Sa und So.

Union Square Greenmarket, Union Sq. Park. www.grownyc.org/greenmarket/manhattan-union-square-m. U-Bahn: N, Q, R, W, 4, 5, 6 zum Union Sq. Mo, Mi, Fr und Sa. Lokale Farmer verkaufen ihre Produkte inkl. Blumen, Käse und Cider. Tolle Auswahl an ungewöhnlichen Waren und zu besonderen Themen.

MÖBEL: ANTIK UND MODERN

The Antiques Garage, 112 W. 25th St. (zw. 6th und 7th Ave.). U-Bahn: F zur 23rd St. Sa, So 9–17 Uhr. In dieser Parkgarage werden Teppiche, Möbel und mehr angeboten.

Cathers & Dembrosky, 43 E. 10th St., Tel. 212/353-1244. U-Bahn: R zur 8th St.; 6 zum Astor Pl. Feine Möbel. Nur nach Vereinbarung.

Crate & Barrel, 611 Broadway (an der W Houston St.), Tel. 212/780-0004, www.crateandbarrel.com. U-Bahn: N, Q, R, 4, 5, 6 zur Lexington Ave./59th St. Einfache Möbel und Küchenutensilien.

De Vera Objects, 1 Crosby St. (zw. Howard und Grand St.), Tel. 212/625-0838, www.deveraobjects.com. U-Bahn: N, Q, R, W zur Canal St. Venezianisches Glas, antiker Schmuck, japanische Schnitzereien u.v.m.

Property, 57 Walker St. (zw. Church St. und Broadway), Tel. 917/237-0123, www.propertyfurniture.com. U-Bahn: A, C, E, 6 zur Canal St. Designermöbel, die Anleihen an der Moderne nehmen. Einzelstücke von Achille Castiglioni bis Zot.

Wyeth's, 533 Canal St., Tel. 212/243-3661, www.wyeth.nyc. U-Bahn: 1 zur Canal St. So geschl. Moderne und restaurierte Möbel, Lampen und Keramik.

MODE

Abercrombie & Fitch, 720 5th Ave. (zw. 56t und 57th St.), Tel. 212/381-0110, www. abercrombie.com. U-Bahn: F zur 57th St. Coole Klamotten für junge Leute, die adrett aussehen wollen.

Agnès B., 50 Howard St., Tel. 212/431-1335, www.agnesb.us. U-Bahn: A, C zur Canal St. Designermode.

Anna Sui, 484 Broome St., Tel. 212/941-8406, www.annasui.com. U-Bahn: N, R zur Prince St. Designermode für Frauen.

A/X: Armani Exchange, 645 5th Ave. C-1A, Tel. 212/980-3037, www.armani exchange.com. U-Bahn: E, M zur 5th Ave./53rd St. Armani-Mode zum akzeptablen Preis: T- Shirts, Jeans, Jacken u.v.m.

Ben Freedman, 137 Orchard St., Tel. 212/674-0854, www.benfreedman.com. U-Bahn: F zur Delancey St. »Herrenausstatter« mit reduzierten Mänteln für britisches Wetter.

Brooks Brothers, 346 Madison Ave., Tel. 212/682-8800, www.brooksbrothers.com. U-Bahn: 4, 5, 6 zur 42nd St. Klassische Herrenmode.

Calvin Klein, 654 Madison Ave., Tel. 212/292-9000, www.calvinklein.com. U-Bahn: N, R zur 5th Ave./59th St.; 4, 5, 6 zur Lexington Ave./59th St. Amerikanischer Schick.

Century 21, 22 Cortlandt St., Tel. 212/227-9092, www.c21stores.com. U-Bahn: C, E zum World Trade Center. Mode zu Discount-Preisen.

Chanel, 15 E. 57th St., Tel. 212/355-5050, www.chanel.com. U-Bahn: N, R, Q zur 5th Ave./59th St. Designermode.

Comme des Garçons, 520 W. 22nd St., Tel. 212/604-9200, www.comme-des-garcons. com. U-Bahn: C, E zur 23rd St. Designermode.

Diane von Furstenberg, 874 Washington St., Tel. 646/486-4800, www.dvf.com. U-Bahn: L zur 8th Ave., A, C, E zur 14th St. Klassische Mode.

Diesel, 625 Madison Ave., Tel. 212/371-5240, www.diesel.com. U-Bahn: F zur 57th St. Italienischer Trend.

DKNY, 420 West Broadway (an der E. 60th St.), Tel. 646/613-1100, www.dkny.com. U-Bahn: C, E zur Spring Ave./59th St. Urbaner Chic.

Gucci, 725 5th Ave. (zw. 56th und 57th St.), Tel. 212/826-2600, www.gucci.com. U-Bahn: E zur 53rd St. »Heiße Klamotten« für jede Gelegenheit.

Hermès, 15 Broad St., Tel. 212/785-3030, www.hermes.com. U-Bahn: J zur Broad St. Im Herzen des Financial District. Elegante, edle Pariser Mode und Luxus-Lifestyle-Artikel.

Hollister, 668 5th Ave. (zw. 52nd und 53rd St.), Tel. 646/924-2556, www.hollister.com. U-Bahn: E, M zur 5th Ave./53rd St. Nette Klamotten für junge Leute, inspiriert von südkalifornischen Surfern.

Infinity, 1116 Madison Ave., Tel. 212/734-0077. U-Bahn: 4, 5, 6 zur 86th St. Mädchen- und Kinderbekleidung sowie Accessoires.

Levi's Store, 1501 Broadway, Tel. 212/944-8855 www.levi.com. U-Bahn: A, C, E, 1, 2, 3 zum Times Sq.

Patricia Field, 200 East Broadway, Tel. 212/966-4066, www.patriciafield.com. U-Bahn: F zum East Broadway. Etablierter Shop für verrückte Mode.

Paul Smith, 357 Bleeker St., Tel. 212/727-1701, www.paulsmith.co.uk. U-Bahn: 1 zur Christopher St. Geschmackvolle Herrenmode.

Resurrection, 45 Great Jones St., Tel. 212/625-1374, www.resurrectionvintage. com. U-Bahn: B, D, F, M zu Broadway/Lafayette St. Getragene und Vorjahresmode.

Trash & Vaudeville, 96 E 7th St., Tel. 212/982-3590, www.trashandvaudeville. com. U-Bahn: 6 zum Astor Pl.; N, R zur 8th St. Oben »Vaudeville«, unten »Trash«, viele Artikel aus vergangenen Tagen.

Uniqlo, 666 5th Ave. (zw. 52nd und 53rd St.), Tel. 877/486-4756, www.uniqlo.com. U-Bahn: E, M zur 5th Ave./53rd St. Schicke japanische Freizeitmode.

Versace, 647 5th Ave., Tel. 212/317-0224, www.versace.com. U-Bahn: E zur 5th Ave./ 53rd St. Italienische Mode vom Feinsten.

Zara, 750 Lexington Ave., Tel. 212/754-1120, www.zara.com. U-Bahn: N, Q, R, 4, 5, 6 bis Lexington Ave./59th St. Angesagte europäische Stile für Sie und Ihn.

SCHALLPLATTEN UND CDS

Academy Records & CDs, 12 W. 18th St., Tel. 212/242-3000, www.academy-records. com. U-Bahn: 1 zur 18th St. Gebrauchtes, vor allem klassische Musik.

SCHMUCK

Cartier, 653 5th Ave. (nahe 52nd St.), Tel. 212/466-3400, www.cartier.com. U-Bahn: E zur 53rd St. So geschl. Klassische, aber auch moderne Schmuckstücke.

Fred Leighton, 773 Madison Ave., Tel. 212/288-1872, www.fredleighton.com. U-Bahn: 6 zur 68th St./Hunter College. So geschl. Alter Schmuck.

Greenwich Jewelers, 64 Trinity Place (nahe Rector St.), Tel. 212/964-7592, www. greenwichjewelers.com. U-Bahn: R, 1 zur Rector St. Designerschmuck.

Jean's Silversmiths, 16 W. 45th St. (zw. 5th und 6th Ave.), Tel. 212/575-0723, www.jeanssilversmiths.com. U-Bahn: B, D, F, M zur 42nd St. Sa/So geschl. Antik-Silber.

Jewelry 55 Exchange, 55 W. 47th St., Tel. 212/593-7171, U-Bahn: B, D, F zur 47th–50th St./Rockefeller Center. Riesenauswahl an 30 bis 40 Ständen und in Shops.

Robert Lee Morris, 390 5th Ave., Tel. 212/764-3322, www.robertleemorris.com. U-Bahn: B, D, F, M, N, Q, R, W zur 34th St./ Herald Sq. Origineller Schmuck.

Tiffany & Co., 727 5th Ave., Tel. 212/755-8000, www.tiffany.com. U-Bahn: N, R zur 5th Ave./59th St. So geschl. Schmuck, Tafelsilber und andere Luxuswaren.

SPIELZEUG

American Girl Place, 609 5th Ave., Tel. 212/371-2220, www.americangirl.com. U-Bahn: B, D, F, M zur 47th–50th St./Rockefeller Center. Puppenpflege, Studiofotos und ein Restaurant zum Brunchen.

Chess Forum, 219 Thompson St., Tel. 212/475-2369, www.chessforum.com. U-Bahn: A, B, C, D, E, F zur W. 4th St. Im Herzen des West Village und mit einer unvergleichlichen Sammlung an Schachbrettern.

Dinosaur Hill, 306 E. 9th St. (zw. 1st und 2nd Ave.), Tel. 212/473-5850, www.dinosaurhill.com. U-Bahn: 6 zum Astor Pl. Marionetten und Bausätze. Wunderschön.

Forbidden Planet, 832 Broadway, Tel. 212/475-1576, www.fpnyc.com. U-Bahn: L, N, R, Q, 4, 5, 6 zum Union Sq. Sci-Fi-Megastore.

Nintendo World, 10 Rockefeller Plaza (an der 48th St.), Tel. 646/459-0800, www. nintendoworld.com. U-Bahn: B, D, F bis 47th–50th St./Rockefeller Center.

TASCHEN

Altman Luggage, 135 Orchard St., Tel. 212/254-7275, www.altmanluggage.com. U-Bahn: F zur Delancey St. Sa geschl. Günstige Taschen, Rucksäcke und Füller.

Big Drop, 174 Spring St., Tel. 212/343-3200, www.bigdropnyc.com. U-Bahn: C, E zur Spring St. Taschen, Kappen und Mode.

Gucci, 725 5th Ave., Tel. 212/826-2600. U-Bahn: E zur 5th Ave./53rd St. So vorm. geschl. Designertaschen.

Jutta Neumann, 355 E. 4th St., Tel. 212/982-7048, www.juttaneumann-new york.com. U-Bahn: J zur Essex St. Vorm. und So geschl., Mo nur nach Voranmeldung. Lederaccessoires.

Kate Spade, 454 Broome St., Tel. 212/274-1991, www.katespade.com. U-Bahn: C, E zur Spring St. Schicke Handtaschen.

Und wie New York unterhält! Die Frage ist nur, wie und für wie viel. Wie bei Restaurants und Shoppingadressen bietet New York auch das gesamte mögliche Spektrum an Unterhaltung. Größten Erfolg verspricht es, vorab zu planen, was man unbedingt sehen oder machen möchte, und den Rest dann einfach Last-Minute-Möglichkeiten zu überlassen. Die Magie New Yorks zeigt sich aber oft erst in den Momenten, in denen man in irgendeiner Straße ganz unerwartet etwas entdeckt – und einen jener exquisiten Zufallsfunde macht, von denen New Yorker immer wieder am liebsten erzählen.

Official NYC Information Center, 810 7th Ave. (an der 53rd St.), Tel. 800/NYC-VISIT. Filialen: **Times Square Center,** 7th Ave. (zw. 43rd und 44th St.), www.times squarenyc.org; **City Hall Kiosk,** Südspitze des City Hall Park; **South Street Seaport,** am Pier 15 und **Macy's Herald Sq.,** 151 W. 34 St. *(Tel. 212/484-1222, www.nycgo.com).* Manchmal werden Gratistickets für Konzerte und TV-Aufzeichnungen angeboten: **Theater Development Fund,** 520 8th Ave., Tel. 212/912-9770.

Nützliche Informationsquellen
Einen guten Überblick über das vielfältige und aktuelle Kulturangebot bieten: *The New York Times,* vor allem freitags und sonntags (in der Rubrik »Arts and Leisure«), *The New Yorker,* das Magazin *New York, The New York Observer, Village Voice, Time Out New York* und *Paper* (monatlich).

NÜTZLICHE WEBSITES
www.cityguideny.com Aktivitäten, Restaurants und Shopping – Vorschläge und Specials.
www.nymag.com Seite des Magazins *New York* mit »Best of«-Empfehlungen.
www.nytimes.com Seite der *New York Times* mit viel Kultur.
www.timeout.com/newyork Seite von *Time Out* mit großen und kleinen Events nach Datum und Art.
www.timessquarenyc.org Times Square Information Center, mit Neuigkeiten und Infos aus dem Viertel.

THEATER
New Yorks Theater umfassen ein weites Angebot, das vom Dauerbrenner am Broadway bis zu experimentellen Stücken in kleinen Kellertheatern des East Village reicht. Niemand wird sagen können, welches Stück das beste ist, jedes hat seine Qualität. Off-off-Broadway-Stücke mögen günstiger sein, können aber auch ziemlich anstrengen; gerissene Kartenkäufer ergattern für dasselbe Geld womöglich Karten für Aufführungen von Weltklasse. Offiziell gibt es 39 Broadway-Bühnen, rund 20 Off-Broadway-Bühnen (meist unter 500 Plätzen) und 300 Off-off-Broadway-Bühnen (weniger als 100 Plätze).

Informationsquellen
Es lohnt sich immer, direkt bei der Theaterkasse vorbeizuschauen. Oft gibt es Karten im Direktverkauf, Einzelplätze oder auch zurückgegebene Karten. Geöffnet sind die Kassen meist von 10 Uhr morgens bis nach Beginn der Vorstellung.

TKTS Booths Für 25–50 % Preisnachlass bei Broadway- und Off-Broadway-Karten stehen hier die Chancen gut. Das Lower Manhattan Center befindet sich an der South Street Seaport, 190 Front St. Nur für Matinee-Karten des nächsten Tages und Abendveranstaltungen (Mo–Sa 11–18 Uhr, So 11–16 Uhr). Die Hauptagentur befindet sich im Herzen des Theater District (47th St. und Broadway/Duffy Square). Sie ist Mo, Mi, Do–Sa 15–20, Di 14–20, So 15–19 für Abendveranstaltungen sowie Mi und Sa

10–14 und So 10–15 Uhr für Matineen geöffnet. Der Kiosk in Downtown Brooklyn, 1 Metro-Tech Center (Jay St. und Myrtle Ave., Brooklyn), von Di–Sa 11–18 Uhr für den gleichen Abend und Matineen am Folgetag.
Broadway League, Tel. 212/764-1122, www.broadwayleague.com. Informationen über aktuelle Aufführungen und Kartenverkauf.
New York Shakespeare Festival, Tel. 212/539-8500, www.publictheater.org. Freier Zutritt zum Sommerfestival des Public Theater im Delacorte Theater am Central Park (81st St.). Di–So um 13 Uhr werden zwei Tickets pro Person am Public Theater (425 Lafayette St., zw. 4th St. und Astor Pl.) oder im Delacorte ausgegeben. Man muss dazu aber ab 10 Uhr anstehen.
Prestige Entertainment, Tel. 800/243-8849, www.prestigeentertainment.com. Unabhängiges Vermittlungsbüro, macht Unmögliches oft möglich.
Telecharge, Tel. 212/239-6200 oder 800/447-7400, www.telecharge.com. Führt Reservierungen durch für Karten am Broadway und Off-Broadway. Zahlung mit Kreditkarte, Bearbeitungsgebühr.
Ticketmaster, Tel. 212/307-4100 oder 800/745-3000, www.ticketmaster.com. Verkauf wie Telecharge.

Broadway-Theater

Siehe Auflistung S. 133 f..
New Amsterdam, 214 W. 42nd St. (zw. 7th und 8th Ave.), Tel. 212/282-2900. U-Bahn: A, C, E, N, R, 1, 2 zum Times Sq. Herausragende Aufführungen und Produktionen. Auch Führungen werden angeboten

Off-Broadway-Theater

Astor Place Theater, 434 Lafayette St., Tel. 212/254-4370. Hier hat die Blue Man Group ihren lang anhaltenden Erfolg.
Brooklyn Academy of Music, 30 Lafayette Ave., Brooklyn, Tel. 718/636-4100, www.bam.org. Bekannte Einrichtung für innovative Aufführungen.

Classic Stage Company, 136 E. 13th St. (zw. 3rd und 4th Ave.), Tel. 212/677-4210, www.classicstage.org. U-Bahn: N, R, 4, 5, 6 zur 14th St. Alte Werke finden ihr Publikum in neuen Inszenierungen.
The Culture Project, 85 Delancey St., Tel. 212/925-1806, www.cultureproject.org. U-Bahn: B, D zur Grand St. Hervorragende Aufführungen mit soziopolitischer Ausrichtung. Meryl Streep hat hier schon co-produziert.
La Mama E.T.C., 66 E. 4th St., Tel. 212/352-3101, www.lamama.org. Off-Broadway-Vorreiter.
Lincoln Center Theater, 150 W. 65th St., Tel. 212/239-6200, www.lct.org. Top-Aufführungen.
Manhattan Theatre Club, 131 W. 55th St. und 261 W. 47th St. (Samuel J. Friedman Theater), Tel. 212/239-6200, www.mtc-nyc. org. Zwei Theater für neue und etablierte Autoren, Lesungen und Workshops.
New York Theater Workshop, 79 E. 4th St., Tel. 212/780-9037, www.nytw. Neue Stücke von jungen Regisseuren.
The Public Theater, 425 Lafayette St., Tel. 212/539-8500, www.publictheater.org. Eines der besten Theater New Yorks, gegründet von Joseph Papp.

TANZ

Beim TKTS (siehe S. 306) gibt es Tickets für bestimmte Tanzaufführungen.

Ballett

The American Ballet Theatre, Metropolitan Opera House, 65th und Broadway, Tel. 212/477-3030, www.abt.org. Klassiker und Stücke im traditionellen Stil. Die oberen Ränge sind weit von der Bühne entfernt. Auch Aufführungen ausländischer Ballettcompagnien.
New York City Ballet, David H. Koch Theater, 20 Lincoln Center Plaza, Tel. 212/496-0600, www.nycballet.com. Das berühmte Tanzensemble bringt Choreografien des Gründers George Balanchine, von Jerome

Robbins, Peter Martins und anderen auf die Bühne. Doppelsaison: kurz vor Thanksgiving bis Anfang März und acht Wochen ab Ende April/Anfang Mai.

Zeitgenössischer Tanz

Brooklyn Academy of Music, siehe Off-Broadway-Theater. Exzellente Modern-Dance-Truppen, schöne Bühne; das Next Wave Festival jeden Herbst lockt mit bekannten Künstlern und experimentellem Tanz, daneben weitere Festivals.

Joyce Theater, 175 8th Ave. (an der 19th St.), Tel. 212/691-9740, www.joyce.org. Eine der besten Tanzbühnen, große Vielfalt, Aufführungen vorwiegend mit jungen Künstlern.

New York City Center, 130 W. 55th St., Tel. 212/581-1212, www.nycitycenter.org. Regelmäßige Aufführungen mit berühmten, weniger bekannten und Gast-Truppen.

Andere Truppen und Bühnen

Alvin Ailey American Dance Theater, 405 W. 55th St. (9th Ave.), Tel. 212/405-9000, www.alvinailey.org. Amerikanischer Modern Dance.

Dance Theatre of Harlem, 466 W. 152nd St., Tel. 212/690-2800, www.dancetheatreofharlem.org. Nur selten in der Stadt.

New York Live Arts, 219 W. 19th St., Tel. 212/691-6500, www.newyorklivearts.org. Alternative Tanzaufführungen.

Juilliard, 155 W. 65th St., Tel. 212/769-7406 oder 212/799-5000, www.juilliard.edu. Die Juilliard School tritt im Peter Jay Sharp Theater *(416 W. 42nd St.)* auf.

Mark Morris Dance Group, 3 Lafayette Ave., Brooklyn, Tel. 718/624-8400, www.markmorrisdancegroup.org. Modern Dance.

Movement Research, 140 Second Ave., Tel. 212/598-0551, www.movementresearch.org. Seit den 1960er-Jahren kostenlose und preisgünstige Aufführungen.

Open-Air-Tanz im Sommer

Central Park Summerstage, Rumsey Playfield an der 72nd St., Tel. 212/360-2777, www.cityparksfoundation.org/summerstage. Im Juli und Anfang August freies Tanzprogramm am Freitag.

Lincoln Center Out of Doors, 70 Lincoln Plaza, Tel. 212/875-5766, www.lincolncenter.org. Kostenlose Tanzaufführungen im Freien.

Musik

Tickets gibt es direkt an der Kasse oder über eine Buchung (mit Aufschlag) durch Ticketmaster, Tel. 212/307-4100. Oder aber man fragt nach günstigen Karten für denselben Tag bei TKTS (siehe S. 306 f.).

Klassische Musik

Alice Tully Hall, Tel. 212/875-5030. Hausbühne der Chamber Music Society.

David Geffen Hall, Tel. 212/875-5030. Hausbühne der New York Philharmonic.

Bargemusic, Fulton Ferry Landing, Brooklyn, Tel. 718/624-4924, www.bargemusic.org. Donnerstags bis sonntags Konzerte auf einem Frachtkahn, herrlicher Blick auf Manhattan.

Brooklyn Academy of Music, siehe S. 307. Hausbühne des Brooklyn Philharmonic Orchestra, gespielt werden vor allem Stücke zeitgenössischer klassischer Komponisten.

Carnegie Hall, 881 7th Ave., 154 W. 57th St., Tel. 212/247-7800, www.carnegiehall.org. Einer der berühmtesten Konzertsäle der Welt.

Damrosch Park, Tel. 212/875-5000. Open-Air-Konzerte im Sommer.

Juilliard School of Music, Tel. 212/799-5000. Viele kostenlose Konzerte.

Kaufmann Concert Hall, 92nd St. Y, 1395 Lexington Ave., Tel. 212/415-5500, www.92y.org. Tolle Akustik, interessante Konzerte.

Lincoln Center for the Performing Arts, Columbus Ave. zw. 62nd und 65th St., Tel. 212/875-5000, www.lincolncenter.org.

Metropolitan Museum of Art, 5th Ave. und 82nd St., Grace Rainey Rogers Auditorium, Tel. 212/535-7710. Kammermusik.

Andere Aufführungsstätten klassischer Musik
Cathedral Church of St. John the Divine, Amsterdam Ave. (an der 112th St.), Tel. 212/316-7490, www.stjohndivine.org.
Central Park Summerstage, Tel. 212/360-2777, www.summerstage.org. Sommerkonzerte.
Church of St. Ignatius Loyola, 980 Park Ave., Tel. 212/288-3588, www.stignatius loyola.org.
Church of the Ascension, 12 W. 11th St., Tel. 212/254-8620.
The Cloisters, Fort Tryon Park, Inwood, Tel. 212/923-3700, www.metmuseum.org.

Oper
David H. Koch Theater, Lincoln Center, Tel. 212/496-0600, www.davidhkoch theater.com. Vielfältige Produktionen.
Juilliard Opera Center, siehe S. 308, Tel. 212/769-7406. Studentenaufführungen.
Metropolitan Opera House, Lincoln Center, Tel. 212/362-6000, www.metopera family.org. Eigenes Ensemble und Gäste, Aufführungen von Weltrang.
New York City Center, 130 W. 55th St., Tel. 212/581-1212, www.nycitycenter.org.

Musikbühnen
Viele Häuser akzeptieren keine Kreditkarten.
Apollo Theater, 253 W. 125th St., Tel. 212/531-5300 oder 212/531-5305, www. apollotheater.org. Traditionsreiche Bühne für afro-amerikanische Interpreten.
Beacon Theatre, 2124 Broadway (an der 74th St.), Tel. 212/465-6500, www.beacon theatre.com. Mainstream, aber auch außergewöhnliche Gruppen in schönem Art-déco-Ambiente.
Bitter End, 147 Bleecker St., Tel. 212/673-7030, www.bitterend.com. Kleine Bühne für Liedermacher.

Central Park Summerstage, siehe oben.
Irving Plaza, 17 Irving Pl., Tel. 212/777-6800, www.irvingplaza.com. Performer der zweiten Garde.
Joe's Pub, 425 Lafayette St., Tel. 212/967-7555, www.joespub.com. Breites Musikangebot und hippes Publikum.
Jones Beach Theater, Long Island, Tel. 516/221-1000, www.jonesbeach.com. Im Sommer Open-Air-Amphitheater für Top-Aufführungen.
Knitting Factory, 361 Metropolitan Ave., Brooklyn, Tel. 347/529-6696, www. knittingfactory.com. Progressiver Rock, experimentelle Musik u. a.
Madison Square Garden, 7th Ave. (an der 33rd St.), Tel. 212/465-6741, www. thegarden.com. Große Rockshows.
Mercury Lounge, 217 E. Houston St., Tel. 212/260-4700, www.mercuryloungenyc. com. Super Ort für neue Bands.
Nassau Coliseum, 1255 Hempstead Turnpike, Uniondale, Tel. 516/501-6700, www. nassaucoliseum.com. Große Rockshows.
Paddy Reilly's, 519 2nd Ave., Tel. 212/ 686-1210, www.paddyreillysmusicbar.us. Irischer Rock.
Radio City Music Hall, 1260 6th Ave., Tel. 212/465-6225, www.radiocity.com. Art-déco-Saal mit großen Veranstaltungen.
S.O.B's, 200 Varick St., Tel. 212/243-4940, www.sobs.com. Bühne für World Music.
Webster Hall, 125 E. 11th St., Tel. 212/ 353-1600. www.websterhall.com. Große Tanzbar in Downtown.

Jazz und Blues
Birdland, 315 W. 44th St., Tel. 212/581-3080, www.birdlandjazz.com. Klassiker für besten Jazz.
Blue Note, 131 W. 3rd St., Tel. 212/475-8592, www.bluenote.net. Hier treten große Namen auf.
Dizzy's Club Coca-Cola, Time Warner Center, 4. Stock, Broadway (an der 60th St.), Tel. 212/258-9595, www.jalc.org/dizzys. Angesagter, erschwinglicher Club für Jazz;

auf der Speisekarte Soul Food. Blick auf den Central Park.

Iridium, 1650 Broadway (an der 51st St.), Tel. 212/582-2121, www.theiridium.com. Erstklassige Musiker.

Jazz Standard, 116 E. 27th St., Tel. 212/576-2232, www.jazzstandard.net. Kombination aus Restaurant und Jazzclub.

Knickerbocker, 33 University Pl., Tel. 212/228-8490, www.knickerbockerbarandgrill. com. Gutes Programm mit Blueskonzerten.

Smalls, 183 W. 10th St., Tel. 212/252-5091, www.smallsjazzclub.com. Nachwuchskünstler im entspannten Nachtlokal.

Swing 46, 349 W. 46th St., Tel. 212/262-9554, www.swing46.com. Jazz, Blues und Swing.

Village Vanguard, 178 7th Ave. South (an der 11th St.), Tel. 212/255-4037, www. villagevanguard.com. Kellerclub, und zwar einer der besten.

Zinc Bar, 82 W. 3rd St. (zw. Thompson und Sullivan St.), Tel. 212/477-9462, www.zinc bar.com. Ausgezeichneter Ort mit winziger Bühne für Jazz und lateinamerikanische Rhythmen.

CABARET

Bemelmans Bar, Carlyle Hotel, 35 E. 76th St., Tel. 212/744-1600, www.rosewoodho-tels.com/en/carlyle. Tolles Ambiente, gute Pianisten.

Café Carlyle, 35 E. 76th St., Tel. 212/744-1600, www.thecarlyle.com. Klassische Shows (das Woody Allen Ensemble spielt montags Dixieland).

Don't Tell Mama, 343 W. 46th St., Tel. 212/757-0788, www.donttellmamanyc. com. Newcomer, Cabaret und Revuen.

The Duplex, 61 Christopher St., Tel. 212/255-5438, www.theduplex.com. Piano-Bar und Cabaret-Theater im West Village.

Joe's Pub, siehe oben.

CLUBS

(Siehe Kasten S. 241)

COMEDY

Broadway Comedy Club, 318 W. 53rd (zw. 8th und 9th Ave.), Tel. 212/757-2323, www.broadwaycomedyclub.com.

Caroline's Comedy Club, 1626 Broadway (an der 49th St.), Tel. 212/757-4100, www. carolines.com.

Comedy Cellar, 117 MacDougal St., Tel. 212/254-3480, www.comedycellar.com.

Comic Strip, 1568 2nd Ave. (zw. 81st und 82nd St.), Tel. 212/861-9386, www.comic striplive.com.

Dangerfield's, 1118 1st Ave. (an der 61st St.), Tel. 212/593-1650, www.dangerfields. com.

Gotham Comedy Club, 208 W. 23rd St., Tel. 212/367-9000, www.gothamcomedy club.com.

Stand Up NY, 236 W. 78th St., Tel. 212/595-0850, www.standupny.com. Kleine Bühne für bekannte und kommende Comedians.

Upright Citizens Brigade Theatre, 307 W. 26th St., Tel. 212/366-9176, www. ucbtheatre.com

FILM

Neben den normalen Hollywood-Filmen bietet New York eine unschlagbare Auswahl an Filmen, die sonst nie zu sehen sind, angefangen bei Premieren unabhängiger Filmemacher bis hin zu Open-Air-Kino im Bryant Park. Viele Museen sponsern Filmfestivals.

MovieFone, Tel. 212/777-FILM, www. moviefone.com, ist ein Ticket-Kaufsystem mit Bandansage zu allen Filmen der Stadt und den dazugehörigen nächstgelegenen Kinos.

The New York Film Festival, Tel. 212/875-5610, www.filmlinc.com, präsentiert von der Film Society des Lincoln Center, startet Ende September und zeigt zwei Wochen lang neue amerikanische und ausländische Filme.

Tribeca Film Festival, www.tribecafilm. com/festival. Premieren, Diskussionsforen und sonstige Ereignisse überall in der Stadt sowie eine Tribeca Family Street Fair. Schwerpunkt auf Filmen unabhängiger Filmemacher. Zwei Wochen im April und Mai.

Ausländische und unabhängige Filme
Angelika Film Center, 18 W. Houston St., Tel. 212/995-2570, www.angelikafilmcenter.com.
Asia Society, 725 Park Ave., Tel. 212/517-2742, www.asiasociety.org.
Cinema Village, 22 E. 12th St., Tel. 212/924-3363, www.cinemavillage.com.
Film Forum, 209 W. Houston St., Tel. 212/727-8110, www.filmforum.org.
French Institute, 55 E. 59th St., Tel. 212/307-4100, www.fiaf.org.
IFC Center, 323 6th Ave. (an der W. 3rd St.), Tel. 212/924-7771, www.ifccenter.com.
Lincoln Plaza Cinema, Broadway (zw. 62nd und 63rd St.), Tel. 800/982-2787, www.lincolnplazacinema.com.
Paris Theatre, 4 W. 58th St., Tel. 212/823-8945, www.theparistheatre.com.
Quad Cinema, 34 W. 13th St., Tel. 212/255-2243, www.quadcinema.com.
Walter Reade Theater, 165 W. 65th St. (zw. Broadway und Amsterdam Ave.), Tel. 212/875-5600.

Klassische Filme
Anthology Film Archives, 32 2nd Ave., Tel. 212/505-5181, www.anthologyfilmarchives.org.

Film Forum, 209 W. Houston St., Tel. 212/727-8110, www.filmforum.org.
Museum of Modern Art, 11 W. 53rd St., Tel. 212/708-9400, www.moma.org.
Museum of the Moving Image, 35th Ave. (an der 37th St.), Astoria, Queens, Tel. 718/784-0077, www.movingimage.com.
The Paley Center for Media, 25 W. 52nd St., Tel. 212/621-6600, www.paleycenter.org.
Public Theater, 425 Lafayette St., Tel. 212/539-8500, www.publictheater.org.
Whitney Museum of Art, 99 Gansevoort St, Tel. 212/570-3600, www.whitney.org.

Außergewöhnliche Kinos
AMC Loews Lincoln Square, 1998 Broadway (an der 68th St.), Tel. 212/336-5020. Riesige Leinwand mit 3D-Filmen.
The Ziegfeld, 141 W. 54th St., Tel. 212/765-7600, www.bowtiecinemas.com. Riesiger Kinopalast mit insgesamt 1400 Plätzen und samtbezogenen Sesseln. Sehenswert, egal welcher Film gerade gezeigt wird.

Kinderfilme
IMAX Theater, im American Museum of Natural History, Central Park W. (an der 79th St.), Tel. 212/769-5100, www.amnh.org.
Walter Reade Theater/Film Society of Lincoln Center, siehe ausländische und unabhängige Filme. Samstagmorgens werden Kinderfilme gezeigt.

Fette Zahlen verweisen auf Abbildungen. **GROSSBUCHSTABEN** nennen thematische Kategorien.

9/11-Denkmal »Empty Sky«, Jersey City 16, **16**
9/11 Memorial Museum **11**, 11, 63, 75, **77**, 77
9/11 Tribute Quilt 209
11. September 2001 11, 51, 62, 93
42nd Street 121, 124 f.
43rd Street 130 f.
44th Street 130 f.

A
Abyssinian Baptist Church 222 f.
Admiral Farragut Monument 110
African Burial Ground National Monument 63, 85
Algonquin Hotel 48, 123, 130 f.
Alice Austen House 243 f.
Alice in Wonderland-Figuren 192 f., **193**
Alma Mater **207**
Alphabet City 96
American Academy of Arts and Letters 215, 221
American Folk Art Museum 197, **209**, 209 f.
American Irish Historical Society (AIHS) 179, 180
American Museum of Natural History **206**, 206–208
American Radiator (Standard) Building 101, 119
Ansonia Hotel 196 f., 202
Antiquitäten 91, 250, 300, 303
Apollo Theater 226 f., 309
ARCHITEKTUR
    Einführung 50–55
    MoMA-Sammlung 144
    Wolkenkratzer **2**/**3**, **9**, 52 f., 112, 126, 138 f.
    Wolkenkratzertour 138 f.
    Spaziergänge 86 f., 138 f., 173
Asia Society and Museum 185
Astor House 50
Astor Place 96
Audubon Terrace 51, 220 f.
Ausflüge 257–264
    Hudson River Valley **257**, 257 f., 259 f., 260
    Hotel, Restaurants 298
    Karte 258 f.
    Long Island 259, 264 f., **265**
    Verkehrsmittel 258
Außenbezirke 228–254
    Bronx **247**, 247–251, **251**
    Brooklyn **232**, **239**, 232–241
    Hotels 296–298
    Karten 230 f., 235
    Queens **252**, 252–255, 255
    Restaurants 260
    Staten Island **242**, 242–246, **245**

B
Bagels 208
Bahnhöfe **4**, 54, **57**, 57, 113, 124 f., **125**, 269
Bar Sixtyfive 136 f.
Bartow-Pell Mansion 250 f.
Battery Park 67–69, 74 f.
Behinderung, Reisen mit 270
Bethesda Fountain Terrace 191
Bialystoker Synagogue 83
Billiou-Stillwell-Perine House 246
Bloomingdale's 153, 181
Börse *siehe* New York Stock Exchange
Booth, Edwin 109
Bow Bridge 189, 192
Bowling Green 63, 68
Bowne & Co. Stationers 49, 78
Bowne House 253
Brill Building 129
Broadway 307 f.
    Ermäßigte Karten 45
    Information 134
    Spaziergang 63, 74 f.
    Theater 46 f., **47**, **133**, 133 f., 306 f.
    siehe auch **THEATER**
Bronx **247**, 247–251, **251**
    Karte 230 f.
Brooklyn **232**, **239**, 232–241
    Karte 230 f.
    Livemusik 238
    Restaurants 296 f.
Brooklyn Academy of Music 230, 269, 296 f., 307 f.
Brooklyn Botanic Garden 238–240, **239**
Brooklyn Bridge **13**, 13, **15**, 15, 18, **52**, 52, 56 f., **228**, 229, 234
Brooklyn Bridge Park **52**, 233, 236
Brooklyn Children's Museum 238 f.
Brooklyn Heights 22, 54, 234 f.
Brooklyn Historical Society 234
Brooklyn Museum **236**, 237–240
Brücken **23**, 56–58
Buchhandlungen 65, 97, 104, 110, 114 f., 161, 179,
Bryant Park 118 f.

C
Cadet Chapel 261
Café Carlyle & The Carlyle Hotel 134, 291, 310
Canaan Baptist Church 226
Carnegie Hall 40, 44 f., 122 f., 129, 148, 308
Carousel 161, 191
Castle Clinton 39, 62 f., 67, 69
Cathedral of Saint John the Divine 214, **216**, 216
Central Park **7**, **12**, 12, **15**, 15, 19, 21, **186**, 188–193, **190**, **193**, **210**, 309

Central Park West 209
Central Park Zoo 161, 190
Central Presbyterian Church 183
Central Synagogue 139
Chanin Building 123, 125
Charging Bull **68**
Charles A. Dana Discovery Center 193
Chelsea 102 f., 107, **107**
Chelsea Hotel **103**, 103, 107
Chelsea Piers 103
Children's Gate 189
Children's Museum of Manhattan 210 f.
Chinatown 18, 63, 80 f., **81**, 274 f.
Chrysler Building **4**, 19, **24 f.**, 25, 73, 121, 125, **126**, 126
Church of Our Lady of Pompeii 95
Church of the Ascension 90, 92
Church of the Blessed Sacrament 202
Church of the Holy Apostles 101
Church of the Holy Trinity 153
Church of the Incarnation 101, 115
Church of the Most Precious Blood 81
Church of the Transfiguration 80
Citigroup Center 123
City Hall **76**, 76
City Hall Park **76**, 76, 306
City Island 250
Clermont SHS 262
Cloisters *siehe* The Cloisters
Columbia University 21, 35, 213, **217**, 217
Comedy Clubs 134 f., 310
Con Edison H. Q. 101
Coney Island 230, 238, 240 f.
Conference House 246
Coogan's Bluff 214
Cooper Union 96
Cooper-Hewitt National Design Museum, Smithsonian Institution 21, 172 f., **173**
Cotton Club 224 f., **225**
Cunard Building 74
Cyclone-Achterbahn 240 f.

D
Dag-Hammarskjöld-Kapelle 127
Daily News Building 101, 125
Dakota Apartments 51, 192, 196 f., 202 f.
David Zwirner Gallery 102
Dia Art Foundation 102
Dia:Beacon, Riggio Galleries 263
Dorilton Apartment Building 202 f.
Duffy Square 128
Duke Ellington **224**
Dyckman Farmhouse Museum 215, 220

E

East Village 96 f., **97**
  Karte 91 f.
Eastern States Buddhist Temple 80
Edgar Allan Poe Cottage 249
EINKAUFEN 22, 299–305
  Accessoires & Schuhe 300
  Antiquitäten 300
  Bücher 49, 78, 97, 161, 300
  Dies & das 300 f.
  Fifth Avenue 141
  Fotografie 301
  Haushaltswaren 301
  Kaufhäuser 141, 301 f.
  Kindersachen 304
  Lebensmittel 302 f.
  Märkte 303
  Meatpacking District 93
  Möbel 303
  Mode 93, 304 f.
  Schallplatten und CDs 305
  Schmuck 141, 305
  Souvenirladen, American Folk
    Art Museum 209
  Spielwaren 161, 207, 305
El Museo del Barrio 151, 184
Eldridge Street Synagogue 83
Ellis Island National Monument 10,
  18, 29, 62 f., **66**, 66
Empire State Building **10**, 10, 19, 22,
  41, 52, 54, **112**, 112, 126
ERLEBNISSE
  Ausgehen in Brooklyn 241
  Busrundfahrten 56
  Der ultimative Bagel 208
  Entdeckungsreise durch die schi-
    cken Läden und Restaurants
    des Meatpacking District 93
  Entspannen im Pacem in
    Terris 262
  Fahrt mit der Staten Island
    Ferry 243
  Festlich dekorierte Schaufenster
    141
  Fliegen lernen – am Trapez 102
  Governors Island erkunden 65
  Highlights in Harlem 226
  Hinter den Kulissen 129
  Historische Druckereien 49
  Im Comedy Club 134
  Konzert auf der Bargemusic 237
  Kutschfahrten und Reiten im
    Central Park 191
  Literaturveranstaltungen
    gratis 114
  Little Apple – New York für
    Kinder 161
  Manhattans Open-Air-
    Tanzpartys 199
  New York aus luftiger
    Höhe 204
  New York vom Top of the
    Rock 137

New Yorker Straßenfest mit-
  feiern 82
New Yorker Street-Food-
  Spezialitäten 131
Open Air im Sommer 119
Radfahren in Manhattan 69
Salute! Das echte Little Italy 248
Slow Food in New York genießen
  263
Spaziergang im Riverside Park
  South 30
Taverne aus dem 19. Jh. 36
Tour ins Long Island Wine
  Country 265
Workshops für Kinder und
  Jugendliche 47
ESSEN & TRINKEN
  Bagel 30, 117, 208, 282, 290
  Einführung 29–31
  Einkaufen 29–31, 302
  Festivals 82, 269
  Coffee Shops 31
  Delicatessen 31, 290
  Diners 31
  Imbissstände 131, 240
  Nachmittagstee **168**, 168, 279
  Kulinarische Touren 92
  Pizza 116 f., **117**
  Slow Food 263
  Street-Food-Spezialitäten 131
  Tavernen aus dem 19. Jh. 36
  Weinberge auf Long Island 265
Essex Street Market 84
Everett Children's Adventure Gar-
  den 248

F

Fahrrad mieten 69, 191
Federal Hall National Monument
  and Museum 39, **73**, 73
Federal Reserve Bank 74
Fernsehen 49 f., 103, 254
FESTE & FESTIVALS 268 f., 307 f.
  Chinese New Year 137
  Fest des hl. Gennaro 81 f.
  Filmfestival 84, 119, 268 f.
  Foodfestival 82
  Kunstfestival 97, 198
  Macy's Thanksgiving Day
    Parade **41**, 41
  Open-Air 119
  Musikfestival 198, 308 f.
  National Pickle Day **83**
  Prozessionen 27
  Puerto Rican Day 27
  Silvester 130, 269
  Sommerfestivals 30, 119
  St. Patrick's Day **26**, 26 f., 268
  Tanzfestival 308
Fifth Avenue 141, 178 f.
FILM 49 f., 310 f.
  Archiv 158
  Drehort NY 84, 103, 125, 149,
    183, 192, 183, 200, 210

Filme/Kinos 310 f.
Filmfestival 84, 119, 268 f., 310 f.
Museum of the Moving Image,
  254, 255, **255**
First Presbyterian Church 90, 92
First Shearith Israel Graveyard 81
Flatiron Building 52, 100 f., 110, **111**
Flughafen 59, 269 f.
Flushing Meadows-Corona Park 252
Folk Art Museum, ehemalig 146
Fort Lee Historic Park 260
Fort Tryon Park 213 f., 219
Forward Building 83
Fotografie 144 , 148, 301
Franklin Roosevelt NHS 263
Frick Art Reverence Library 154
Frick Collection **154**, 154 f.
Frick, Henry Clay **155**
Fraunces Tavern **34**, 34, 38, 62 f.,
  68 f.
Freedom Tower *siehe* One World
  Center
Freiheitsstatue **10**, 10, 18, 18, **27**,
  60, 62, **64**, 64 f.
Friedhöfe 37, 71, 74 f., 250

G

Galerien 102
Gagosian 102
Garibaldi-Meucci Museum 245,
  246
General Post Office 101, 113
General Theological
  Seminary 101–103
General Ulysses S. Grant National
  Memorial **218**, 218
Geschichte 20–41
Goethe-Institut New York 180
Governors Island 65
Grace Church 90, 97
Grace United Methodist Church 233
Gracie Mansion, the Mayoral
  Home 153, 185
Gramercy Park 108 f., **109**
Gramercy Park Hotel 108 f.
Grand Army Plaza **232**, 232 f.
Grand Central Terminal **4**, 124 f.,
  125
Great White Way 123, 132
Greenacre Park 127
Greenwich Village **12**, 12, 20, 22,
  35, **89**, 90–95, **93**, **95**
  Karten 90 f., 94
  Restaurants 92
  Spaziergang 94 f.
Greenwich Village & East Village
  90–97
  Hotels & Restaurants 275–278
Ground Zero und das 9/11 Me-
  morial **11**, 11, 63, 75, **77**, 77, 93
Ground Zero Museum
  Workshop 93
Guggenheim Museum **150**, 151,
  169–171, **170**

H

Hafen von New York 32, 58, 65, 243
Hall of Fame for Great Americans 249
Hamilton, Alexander **37**
Hamilton Heights Historic District 214, 223
Hamptons 265
Harlem Renaissance 224 f., **224**, **225**
Harlem und Umgebung 214 f., **222**, 222–227
Hayden Planetarium 207
Heather Garden im Fort Tryon Park 219 f.
Heights & Harlem 214–227
    Karte 215
    Restaurants 226, 296
Henry Luce Nature Observatory 192 f.
Herald Square 113
High Line **13**, 13, 20, 22, 26, 106 f., **107**
Hispanic Society of America 221
Historical Society 261
Historic Richmond Town 244 f., **245**
Hl. Elizabeth Ann Seton 63, 140
Hl. Gennaro 81 f.
Holy Communion Church 101
Holy Cross Church 124
Hotel des Artistes 197, 210
Hotel Theresa, ehemaliges 226
HOTELS 271–298
    Außenbezirke 297
    Chelsea Hotel **103**, 103, 107
    Greenwich Village & East Village 275–278
    Lower Manhattan 272–275
    Midtown North 283–291
    Midtown South 278–283
    New York Palace Hotel 54, 183, 283
    Paramount Hotel 130
    Plaza Hotel 149
    Preiskategorien 272
    Queens 297
    Upper East Side 291–294
    Upper West Side 294 f.
    Waldorf-Astoria Hotel 123, 138 f., **139**
Howard Gilman Gallery 166
Hudson River **17**, 17, 60
Hudson River Park 58, 69, 102
Hudson River Valley **256**, 257, 258 f., **260**, 260–263
    Karte 258
Huntington Hartford Gallery 55, 175
Hurricane Sandy 79, 177

I

Italian Opera House 43
International Center of Photography (ICP) 123, 148
Intrepid Sea-Air-Space Museum 148

J

Jacob K. Javits Convention Center 101, 113
Jacqueline Kennedy Onassis Reservoir 189
Jacques Marchais Museum of Tibetan Art 246
Japan Society Gallery 149
Japanese Hill-and-Pond Garden 240
Jersey City **16**, 16, **17**, 17
Jewish Museum 21, 174, **174**
John Street United Methodist Church 74
Judson Memorial Church 90 f., 92 f.
Juilliard School 200

K

Kandinsky Gallery 171
KARTEN
    Ausflüge 258 f.
    Außenbezirke 230 f.
    Außenbezirke, Brooklyn Heights 235
    Central Park 186 f.
    Greenwich Village 94
    Greenwich Village & East Village 90 f.
    Heights & Harlem 215
    High Line 106
    Lower Manhattan 62 f.
    Midtown North 122 f.
    Midtown North, Wolkenkratzertour 138
    Midtown South 100 f.
    Midtown South, Highline 106
    Midtown South, Ladies' Mile 110
    New Amsterdam 33
    Upper East Side 152 f.
    Upper West Side 196 f.
    Upper West Side, von Park zu Park 203
    Hudson River Valley 258
    Long Island 259
Karussell 161, 236
Kaufhäuser 141, 263
Kellereien 265
Kinder 45, 47, 102, 141, 161, 190, 193, 206, 236, 239, 240 f., 248, 262
KUNST & KULTUR 42–55
    Einkaufen 86, 102, 148, 158, 198, 300, 302
    Ermäßigungen 45, 134, 306 f.
    Fernsehen 49 f., 103, 254
    Festivals 97, 198
    Harlem Renaissance 224 f.
    Literatur 45–49, 51, 114 f., 182, 224 f.
    Open-Air-Konzerte und Aufführungen 119
    Zeitgenössische Kunst 86, 241
    siehe auch **ARCHITEKTUR**; **FILM**; **MUSIK**; **THEATER**
Kunstgalerien 102
Kunsthandwerk 149, 180, 198, 227, 234, 236, 302
Kutschfahrten 191

L

Ladies' Mile 110 f.
Lady Chapel 140 f.
Lefferts Historic House 236
Lincoln Center for the Performing Arts **44**, 198–200, **199**, 308
LITERATUR 45, 48 f., 51, 93, 95, 108, 114 f., 180, 182, 192, 196, 211, 224 f., 300
Little Italy **38**, 81, 92, 116 f., **117**
Long Island 258 f., 264–265, **265**
    Karte 259
Louis Armstrong House Museum 253 f.
Lower East Side 20, 22, 82–84
Lower East Side Tenement Museum 82 f.
Lower Manhattan **60**, 62–85
    Karte 62 f., 87
    Spaziergänge 74 f., 86 f.
    Restaurants 272–275
Luce Center for American Art 238
Luman Reed Gallery 204
Lyceum Theater 123

M

McGraw-Hill Building 123 f.
Macy's **41**, 41, 101, 113, 141, 268 f., 302
Madison Square Garden 101, 110, 113
Majestic Theatre **133**
MÄRKTE 303
    Chelsea Market 92, 105, 107, 199
    Essex Street Market 84
    Flohmärkte 303
    Lebensmittelmarkt am Union Square 111, 303
Manhattan **2/3**, 9, **10**
    siehe Lower Manhattan; Midtown South
Manhattanhenge **135**, 135
Marble Collegiate Church 33
Marcus Garvey Park 223
Marionettentheater 161, 188 f., 191 f.
Meatpacking District **13**, 13, 93
Memorial Presbyterian Church 233
Merchant's House Museum 90, 97
Metropolitan Museum of Art (Met) **12**, 12, 19, 22, 156–167, **159**, **161**, **162**, **165**, **166**, 219 f.
    Musikinstrumente 167
    Plan 157
    siehe auch The Cloisters

MetroCards 21, 270
Metropolitan Opera House (Lincoln Center) 44, 129, 198, 200, 307, 309
Midtown North 121–149, 123, 148
  Hotels & Restaurants 283–291
  Karten 122 f., 138
  Spaziergang 138 f.
Midtown South 99–120
  Karten 100 f., 106, 110
  Hotels & Restaurants 278–283
  Spaziergänge 106 f., 110 f.
Mohonk Mountain House 261
MoMA Design & Book Store 147
MoMA PS1 Contemporary Art Center 147, 230, 253, 255
Montgomery Place 262 f.
Morgan Library *siehe* The Morgan Library
Morris-Jumel Mansion 215, 221
Mossman Collection of Locks 131
Mother African Methodist Episcopal Zion Church 215, 222 f.
Mount Morris Park Historic District 223
Mount Vernon Hotel Museum & Garden 153, **181**, 181
Murray Hill 114 f.
Museum for African Art *siehe* The Africa Center
Museum of American Finance 63, 74, 85
Museum of American Illustration, Society of Illustrators 185
Museum of Arts and Design (MAD) 123, 149, 175
Museum of Biblical Art 197, 211
Museum of Bronx History 250
Museum of Chinese in America 80 f.
Museum of Costume Art 160
Museum of Jewish Heritage 63, 85
Museum of Modern Art (MoMA) **11**, 11, **43**, **142**, 142–147, **145**, **147**, 253, 311
Museum of Natural History **206**, 206–208
Museum of Sex 101 f.
Museum of the City of New York (MCNY) **176**, 176 f.
Museum of the Moving Image (MMI) 254, **255**
MUSIK
  Archive 199
  Ausstellungen/Sammlungen 167
  Bargemusic Konzert 237, 308
  Blick hinter die Kulissen 129
  Einführung 43 f.
  Jazz 94 f., 119, 148, 201, 224 f., 309 f.
  Klassisch 43 f., 148, 158, 180, 198–200, 308 f.
  Open-Air-Konzerte 192 f., 198, 308

Musicals 47, 96, 129, 198, 200
Oper 198–200, 309
Playlist New York 55
Veranstaltungsstätten 308 f.

N

National Arts Club 108
National Conservatory of Music 44, 44
National Museum of the American Indian: The George Gustav Heye Center 63, 67, 70, 74, 318
Neighborhoods 80
Neu-Amsterdam 32
Neue Galerie New York 153, **178**, 178 f.
New Amsterdam Theater 101
New Museum 82, 175
New Paltz 261
New Victory Theater 47
New York Academy of Sciences 153
New York Aquarium 241
New York Botanical Garden 22, 230 f., **247**, 247
New York City Ballet **194**
New York City Fire Museum 63, 85
New York City Opera 198
New York Hall of Science 252
New York Harbor 27
New-York Historical Society 204 f., **205**
N.Y. Life Insurance Co. 101
New York Palace Hotel 54, 183, 283
New York Public Library **50**, 100, 118 f., **119**, 118, 123
New York Public Library of the Performing Arts (Lincoln Center) 198 f.
New York Society for Ethical Culture 210
New York Society Library 153, 185
New York Stock Exchange (NYSE) **68**, 68, **72**, 72
N.Y. State Supreme Court 101
New York Times Building 28, 40, 123, 135, 175
New York Unearthed 63
New York Vietnam Veterans Memorial 69
New York Wheel 242
New Yorker Philharmoniker 44, 65, 193, 198
Nicholas Roerich Museum **211**, 211
Notfall 270
Nützliche Websites 268

O

Occupy Wall Street 177
Off-Broadway Theater 46, 306–308
Öffentliche Verkehrsmittel 21, 270
Off-off Broadway 46
Olana State Historic Site 262
Old Bethpage Village Restoration 264 f.

Old Cadet Chapel 261
Old Cathedral 63
Old Rhinebeck Aerodrome 262
Old Westbury House and Gardens 264
One World Trade Center (Freedom Tower) **11**, 11, **16**, 16, 28, 63, 74, **77**, 77, 204, *siehe auch* World Trade Center
Ono, Yoko 192, 211
Orientierung 19
Our Lady of Esperanza Church 221
Our Lady of Lebanon Cathedral 234

P

Pacem in Terris 262
Paramount Building 129
Paramount Hotel 130
Park an der 80th Street 119
Park Slope Historic District 232 f.
Peace Fountain **216**
Peggy Rockefeller Rose Garden 248
Penn Station **56**, 100, 113, 269
Pennsylvania Station *siehe* Penn Station
Pierre Billiou House 246
Pizza 116 f. **117**
Planting Fields Arboretum State Historic Park 264
Plaza Hotel 149
Pollock-Krasner House 265
Prospect Park 233, 236
Prospect Park Carousel 236
Plymouth Church of the Pilgrims 235
Praktische Tipps 267, 270

Q

Queens und Umgebung 252–255
  Hotel & Restaurants 297 f.
Queens Botanical Gardens 253
Queens Historical Society 253
Queens Museum of Art 252

R

Radfahren 65, 67, 69
Radio City Music Hall 136 f., 309
»Radio City« 137
Ralph Bunche Park 127
Ramble 19, 192
Reclining Figure 199
Reisegepäck 147
Reiseinformationen 268–270
Reiseplanung 268
Reiten 191
RESTAURANTS 271–298
  Außenbezirke 296–298
  Brooklyn 296 f.
  Einführung 29–31
  Greenwich Village & East Village 275–278
  Heights & Harlem 296
  Lower Manhattan 272–275
  Midtown North 283–291
  Midtown South 278–283

Pizza 116 f., **117**
Preiskategorien 272
Queens 297
Restaurant Week 286
Soul Food 226, 277, 296
Upper East Side 291–294
Upper West Side 294 f.
Riverside Park 21, 58, 202 f., 214, 218
Riverside Park South 30, 181
Robert Mapplethorpe Gallery 171
Rockefeller Center **20**, **120**, 122, **136**, 136 f.
Rockefeller Sr., John D. **176**
Rose Center for Earth and Space 197, 207 f.
Rose Museum an der Carnegie Hall 148
Rubin Museum 102
Rücksichtsvoll reisen 8

S

Sagamore Hill NHS 264
Sardi's 46, 130
Schiffe 58, 237, 243, 250
Schlittschuhverleih 118 *siehe auch* Eislaufen
Schomburg Center for Research in Black Culture 227
Seastreak Ferries 251
Senate House SHS 261
Seventh Regiment Armory 153, 182
Shakespeare in the Park 119, 192
Shakespeare Garden 192
Shea Stadium 24
Shearith Israel Synagogue 197, 202 f.
Sheep Meadow 191
Silk Stocking District 182 f.
Silvester 130, 269
Skulpturengarten im Pacem in Terris 262
Slow Food 263
Snug Harbor Cultural Center 243
Socrates Sculpture Park 255
SoHo 18, 84, **86**, 86 f.
Soldiers' and Sailors' Monument, Memorial Arch 197, 203, **232**, 233
Sonnenwende Manhattan **135**, 135
Sony Building 123
South Street Seaport Museum & Marketplace 39, 58, 75, 78 f., **79**
Spanish Harlem 152
SPAZIERGÄNGE
  Brooklyn Heights 234 f.
  Central Park Literary Walk 191 f.
  Govenor Island 65
  Greenwich Village 94 f.
  Harlem 225 f.
  Hudson River Valley, Stockade Historic District 261
  Lower Manhattan, Broadway 63, 74 f.
  Midtown North, Wolkenkratzertour 138 f.

Midtown South, Ladies' Mile, Madison Square Park zum Union Square 110 f.
Riverside Park South 30
SoHo, Gusseisen-Architektur 86
Upper West Side, von Park zu Park 202 f.
Spielwaren 141, 161, 207, 305
SPORT
  Basketball 103
  Bowling 103
  Bootsfahren, Central Park 191
  Chelsea Piers Sports and Entertainment Complex 103
  Eislaufen **20**, 103, 118, **136**, 136, 161, 193
  Fußball 103
  Golf 103
  Gymnastik 103
  Kajak 30
  Klettern 103
  Kutschfahrten Centralpark 191
  Laufstrecke am Jacqueline Kennedy Onassis Reservoir, Central Park 189
  Reiten im Centralpark 191
  Rollerblade-Kurse gratis 192
  Schlittschuhverleih 118
  Schwimmen im Central Park 193
St. Bartholomew's Church 54, 138
St. James Episcopal Church 183
St. James Roman Catholic Church 81
St. John's Episcopal 233
St. Luke in the Fields 95
St. Mark's Bookshop 96
St. Mark's Church in-the-Bowery 90, 97
St. Martin's Episcopal Church and Rectory 223
St. Nicholas Historic District 222
St. Patrick's Cathedral 6, 121, 123, 140 f., **141**, 285
St. Patrick's Old Cathedral 63, 81
St. Paul's Chapel 75, 205, 217
St. Peter's Episcopal Church 101
St. Philip's Episcopal Church 223
Staten Island und Umgebung **242**, 242–246, **245**
Staten Island Botanical Garden 243
Staten Island Children's Museum 243
Staten Island Ferry 22, 58, 65, **242**, 242 f.
Staten Island Museum 242
Staten Island Zoo 244
Statue of Liberty National Monument 65, *siehe auch* Freiheitsstatue
Stockade Historic District 261
Stone Barns Center for Food and Agriculture 263
Stony Point Battlefield State Historic Site (SHS) 260 f.

Strand Book Store 97
Straßenraster 19, 39, 135
Strawberry Fields 192, 202
Streetart **222**
Studio Museum 215, 225, 226, 227
Sugar Hill 55, 214, 223, 226
Swedish Cottage Marionette Theatre, Central Park 161, 188 f., 191 f.
Stuyvesant Fish House 90, 97

T

TANZ **194**, 198 f., 306
  Archive 198 f.
  Ballett 119, 307
  Open Air 119, 198 f., 308
  Salsa 199
  Tango 199
  Tage der offenen Tür 199
  Zeitgenössischer Tanz 97, 308
Taxis **14**, 14, 18, 27, 270
Tea & Sympathy 168, 278
Tee **168**, 168, 279
Temple Emanu-El 183
Thanksgiving Day Parade **41**, 41, 113
The Africa Center 180
The Cloisters Museum **213**, 219–221, **220**
The Drawing Center 62 f., 85
The Great White Way 132
The Heights und Harlem *siehe* Hights and Harlem
The Morgan Library & Museum 114 f., **115**
The Noguchi Museum 255
The Paley Center for Media 149, 311
The Public Theater 96, 307
THEATER 46 f., 55, 198–200, 306
  Archive/Sammlungen 176, 198 f.
  Avangarde 96
  Broadway-Theater 46 f., **47**, 129, **133**, 133 f., 306 f.
  Einführung 46 f
  Ermäßigungen 45, 134, 306
  Geschichte 46 f., 133 f.
  Hinter den Kulissen 45, 129
  Improtheater 134, 310
  Off-Broadway-Theater 46, 307
  Off-off Broadway 46
  Open Air 119, 192
  Workshops 47
Theodore Roosevelt Birthplace NHS 101, 109
Theresa Towers 226
Third County Courthouse 245
Times Square **11**, 11, **14**, 14, **28**, 47, 123, **129**, 128–131, 132
  Silvester 130, 269
Time Warner Center **201**, 201
Tipps der National Geographic-Reiseexperten 10–13
TKTS-Vorverkaufsstelle 45, 128, 134, 306–308

Tompkins Square Park 96, **97**
Top 5 Foto Tipps 14–17
Top of the Rock Observation
  Center 45, 137
TriBeCa 84, 299
TriBeCa Film Center 84
Trinity Church 37, **71**, 71, 74, 217
Trump Building 73
Trump Tower 123
Twin Towers 41, 63, 77

U
U-BAHN **6**, 18
  Etikette 67
  Tipps 21
  Wichtigste Linien 23
Union Club **182**, 182 f.
Union Square 23, 47, 110, 111, 116,
  168, 281, 301, 303
Union Square Savings Bank 111
Ukrainian Institute of America 180
Ukrainian Museum 90, 97
Unisphere 252
United Nations Plaza **127**, 127
UNTERHALTUNG 306
  Cabaret 94, 134, 310
  Chelsea Piers Sports and
    Entertainment Complex 103
  Clubs 241
  Comedy Clubs 134, 310
  Ermäßigungen 45, 134, 306
  Informationsquellen 306
  Kabarett 96
  Open-Air-Konzerte und
    Aufführungen 119
  siehe auch FILM; MUSIK;
    TANZ; THEATER
Upper East Side 150–185, **183**
  Hotels 291–294
  Karte 152 f.
  Restaurants 291–294
Upper West Side 21, 195–211
  Hotels 294–295
  Karten 196, 203
  Restaurants 294–295
  Spaziergang 202 f.

Unterwegs vor Ort 269 f.
U.S. Custom House 67, 70, *siehe auch*
  National Museum of the American
  Indian

V
Van Cortlandt House Museum 250
Valentine-Varian House 250
Vanderbilt Mansion 263
Veranstaltungen & Festivals 268 f.
VERKEHRSMITTEL
  Ausflüge 258
  Bahnhöfe **4**, 54, **57**, 57, 113,
    124 f., **125**, 269
  Brücken **23**, 56–58
  Busse 18, 21, 56, 258, 269 f.
  Flughäfen 59, 269
  Kutschfahrten 191
  nach New York 56–59
  New York Harbor 27
  Öffentliche Verkehrsmittel 21,
    270
  Orientierung 19
  Roosevelt Island Tram 181
  Staten Island Ferry 22, 58, 65,
    242, 242 f.
  Taxis **14**, 14, 18, 27, 270
  Tunnel 30, 56, 108, 235
  U-Bahn **6**, 21, 67, 23
Vereinte Nationen 53, 122, 127, 285
Villages 20, 22, 90
Visitor Information Center 20, 268
Vivian Beaumont Theater 198

W
Waldorf-Astoria Hotel 123, 138 f.,
  139
Wall Street **68**, 68, **72**, 72
Walt Whitman Birthplace 264 f.
Washington, George **161**
Washington Square Park 92 f., **93**
Washington's Headquarters State
  Historic Site 261
Wave Hill 249 f.
Weihnachtsdekoration **20**, **136**,
  136, 141

Weinberge 265
West Point **260**, 260 f.
West End Collegiate Church 197,
  202
Wetter 135 f., 268
Weltausstellung 209, 241, 252
West Point Museum 261
Whitby Hotel 130 f.
Whitman, Walt **48**
Whitney Museum of American Art
  20, 22, 103, 104 f. **105**, 311
Willett Street Methodist Episcopal
  Church 83
Wolkenkratzer **2**/**3**, **9**, 52 f., 112,
  126, 138 f.
Wollmann Rink 193
Woodlawn Cemetery 250
Workshops Met 161
World Trade Center
  9/11 Collections 205
  9/11 Memorial Museum **11**, 11,
    63, 75, **77**, 77
  9/11 Tribute Quilt 209
  11. September 2001 11, 51, 62,
    93
  One World Trade Center
    (Freedom Tower) **11**, 11, **16**,
    16, 28, 63, 74, **77**, 77, 204
  Survivor Tree 77
  Twin Towers 41, 63, 77
  Zwillingstürme 11, 175
Worth Monument 101

Y
Yankees 230, 247, 250 f.
Yankee Stadium 22, **251**, 251, 268
Yellow Cab (Taxis) **14**, 14, **266**, 267

Z
Zoos 191, 236, 244, 248 f., **249**
Zuccotti Park 74
Zwillingstürme 11, 175